LA ROUTE DES HELLS

COMMENT LES MOTARDS ONT BÂTI LEUR EMPIRE

Traduction: Serge Dubuc

**Catalogage avant publication
de la Bibliothèque nationale du Canada**

Sher, Julian

La route des Hells: comment les motards ont bâti leur empire

Traduction de: The road to hell

1. Hell's Angels - Histoire. 2. Motards (Gangs) - Canada - Histoire. I. Marsden, William. II. Titre.

HV6491.C3S4614 2003   364.1'06'60971   C2003-941622-4

DISTRIBUTEURS EXCLUSIFS:

- Pour le Canada
  et les États-Unis:
  MESSAGERIES ADP*
  955, rue Amherst
  Montréal, Québec
  H2L 3K4
  Tél.: (514) 523-1182
  Télécopieur: (514) 939-0406
  * Filiale de Sogides ltée

- Pour la France et les autres pays:
  INTERFORUM
  Immeuble Paryseine, 3, Allée de la Seine
  94854 Ivry Cedex
  Tél.: 01 49 59 11 89/91
  Télécopieur: 01 49 59 11 96
  Commandes: Tél.: 02 38 32 71 00
             Télécopieur: 02 38 32 71 28

- Pour la Suisse:
  INTERFORUM SUISSE
  Case postale 69 - 1701 Fribourg - Suisse
  Tél.: (41-26) 460-80-60
  Télécopieur: (41-26) 460-80-68
  Internet: www.havas.ch
  Email: office@havas.ch
  DISTRIBUTION: OLF SA
  Z.I. 3, Corminbœuf
  Case postale 1061
  CH-1701 FRIBOURG
  Commandes: Tél.: (41-26) 467-53-33
             Télécopieur: (41-26) 467-54-66
             Email: commande@ofl.ch

- Pour la Belgique et le Luxembourg:
  INTERFORUM BENELUX
  Boulevard de l'Europe 117
  B-1301 Wavre
  Tél.: (010) 42-03-20
  Télécopieur: (010) 41-20-24
  http://www.vups.be
  Email: info@vups.be

Pour en savoir davantage sur nos publications,
visitez notre site: **www.edhomme.com**
Autres sites à visiter: www.edjour.com •
www.edtypo.com • www.edvlb.com • www.edhexagone.com

Dépôt légal: 4e trimestre 2003
Bibliothèque nationale du Québec

ISBN 2-7619-1843-6

Gouvernement du Québec – Programme de crédit d'impôt pour l'édition de livres – Gestion SODEC – www.sodec.gouv.qc.ca

L'Éditeur bénéficie du soutien de la Société de développement des entreprises culturelles du Québec pour son programme d'édition.

Nous remercions le Conseil des Arts du Canada de l'aide accordée à notre programme de publication.

**Conseil des Arts   Canada Council
du Canada   for the Arts**

Nous reconnaissons l'aide financière du gouvernement du Canada par l'entremise du Programme d'aide au développement de l'industrie de l'édition (PADIÉ) pour nos activités d'édition.

JULIAN SHER et WILLIAM MARSDEN

LA ROUTE DES HELLS

COMMENT LES MOTARDS ONT BÂTI LEUR EMPIRE

LES ÉDITIONS DE L'HOMME

PROLOGUE

La source C-2994

La source est très près des motards et a une très bonne connaissance du milieu. Son potentiel est illimité.
RAPPORT CONFIDENTIEL DE LA GRC, 19 OCTOBRE 1994

Les tueurs avaient épargné un bébé de 18 mois que l'on avait retrouvé dans son berceau, pleurant à fendre l'âme. Les parents, eux, n'avaient pas été aussi chanceux.

C'était un autre dimanche paisible à la campagne. Nous étions le 10 septembre 2000. Ce jour-là, la maison qui se trouvait un peu en retrait de Cogmagun Road, à quelque 120 km de Halifax, avait été silencieuse. Trop silencieuse, peut-être, puisqu'une voisine avait décidé de s'y rendre pour voir si quelque chose clochait. Là, elle découvrit les corps de Kirk Mersereau, 48 ans, et de sa femme Nancy, 47 ans. Il s'agissait manifestement d'une exécution. Le couple avait une fillette de quatre ans qui, par bonheur, était chez sa grand-mère au moment du drame. Si elle avait été à la maison, il est probable qu'elle y serait passée elle aussi – les tueurs à la solde du crime organisé ne laissent jamais de témoins derrière eux; le bébé n'avait été épargné qu'en vertu de son jeune âge.

Le frère de Kirk, Randy, était un ancien Hells Angel qui avait rompu avec la bande pour établir son propre réseau de trafic de stupéfiants. Voilà un an qu'il avait disparu et on estimait qu'il avait été éliminé. Kirk, qui était lui-même un *dealer* de petite envergure, avait placé une prime de 50 000 $ sur la tête de tous ceux qui avaient été impliqués dans l'assassinat de son frère. À la GRC, Bruce Macdonald disait que « Kirk tenait les Hells Angels pour responsables de la disparition de Randy. Il jurait qu'il allait les faire payer pour ça. »

Au bout du compte, c'est lui qui a payé – personne ne peut menacer impunément les Hells. À ce jour, aucune accusation n'a été portée dans l'affaire ; la police n'a identifié aucun suspect. Dans ce livre, les détails de l'exécution de Kirk Mersereau par les Hells Angels sont révélés pour la première fois. Nous verrons comment l'un des dirigeants du chapitre montréalais a décidé que Mersereau devait être éliminé et comment, à la suite de pourparlers avec le président du chapitre de Halifax, un *hangaround* (un membre aspirant du club) a été désigné pour remplir ce mandat.

Mais alors même que les motards orchestraient froidement la mort de Mersereau, ils ignoraient qu'un informateur se cachait dans leurs rangs. Il y avait déjà plusieurs années que Dany Kane fournissait quotidiennement aux autorités des renseignements sur les Hells Angels, dévoilant leurs secrets les plus intimes. Les révélations que fit Kane à la police témoignent de l'expansion brutale et sanguinaire de cette bande de motards hors-la-loi, qui allait plus tard devenir l'organisation criminelle la plus puissante au Canada. Elles témoignent également du fait qu'à cette époque la police savait tout des Hells et de leurs désirs expansionnistes.

Il est très rare que l'on puisse jeter un regard aussi éclairé sur les services de renseignement de la police. Il est encore plus rare de pouvoir raconter l'histoire authentique d'un agent d'infiltration de la GRC – l'identité des informateurs est généralement tenue si secrète que même les dirigeants de la GRC ignorent tout d'eux.

Les classeurs de la GRC comptent des milliers de pages qui font état de l'ascension au pouvoir de caïds tels Maurice « Mom » Boucher, David « Wolf » Carroll et Walter « Nurget » Stadnick. Ces documents – qui ont été déposés à la cour – illustrent magnifiquement l'ampleur de ce mouvement criminel qui englobe le pays entier, de la Nouvelle-Écosse à la Colombie-Britannique en passant par l'Ontario et le Manitoba. Le présent ouvrage raconte l'histoire véridique d'un petit groupe de motards qui est devenu si puissant qu'il a secoué les fondements mêmes de notre système judiciaire.

Tout a commencé six ans avant le meurtre de Kirk Mersereau. Nous sommes au quartier général de la GRC. Dans son bureau du troisième étage, le sergent Jean-Pierre Lévesque compulse un classeur rempli de photos, certaines individuelles, qui ont été prises lors de rassemblements officiels. Lévesque se dit que si un seul d'entre eux consentait à se mettre à table, cela briserait définitivement cet étanche sceau de silence qui protège depuis toujours les motards criminalisés. La police n'était en effet jamais parvenue à infiltrer cet univers farouchement hermétique.

À l'époque, Lévesque était analyste en chef au Service canadien des renseignements criminels, un organisme de la GRC qui vise à conjuguer les efforts de plus d'une centaine d'agents de renseignements un peu partout au pays. Nous étions le 17 octobre 1994 et il y avait plusieurs années déjà que le SCRC s'intéressait aux bandes de motards criminalisés en général, et aux Hells Angels en particulier. De toute évidence, ceux-ci étaient en voie de devenir la plus importante organisation criminelle au pays, surpassant les gangs asiatiques, la pègre russe et même la traditionnelle mafia italienne.

Lévesque savait pertinemment que la police ne faisait pas le poids, que la guerre était ni plus ni moins que perdue. Jusque-là, la police n'avait pas jugé utile de s'en prendre aux motards, et maintenant elle patinait, cherchant désespérément à rattraper le temps perdu. Le problème était que personne ne savait qui tirait les ficelles chez les Hells et les autres bandes ; personne ne connaissait le fonctionnement de leur organisation, comment s'opérait le trafic de drogue et comment l'argent était blanchi. En vérité, la police n'aurait même pas su distinguer un honnête motocycliste amateur de Harley d'un motard hors-la-loi.

Les choses étaient particulièrement complexes au Québec, où un corps policier déchiré par le scandale, la corruption et les querelles intestines n'avait que faire de ces joutes brutales qui opposaient des bandes de motards rivales. Les autorités québécoises se fichaient en effet éperdument de la guerre des gangs qui, à l'époque, mettait la province à feu et à sang. À chaque semaine, des bombes venaient secouer la province entière, et pourtant la police ne réagissait pas, estimant qu'il s'agissait tout bonnement de « règlements de comptes ».

« Pour être franc, on se foutait pas mal de ce que faisaient les motards, déclarera plus tard le commandant André Bouchard, responsable de la division des crimes majeurs de la police de Montréal. Des criminels s'entretuaient et il aurait fallu qu'on intervienne ? Non, vraiment, on s'en foutait comme de l'an 40. »

À cette époque, Lévesque avait instauré le projet Pleins Feux, qui avait pour mandat de récolter le plus de renseignements possible au sujet des motards. Avec un peu plus de données, il serait peut-être possible de convaincre la police d'amorcer des enquêtes ciblées. En secouant le cocotier, on pourrait peut-être débusquer quelques délateurs. Qui sait ? Mais en dépit de ses bonnes intentions, Lévesque n'était pas parvenu à faire bouger les choses. Le projet Pleins Feux n'était rien de plus qu'un ramassis d'articles de journaux et de rapports de police.

Et voilà qu'il est là, à examiner sa collection inutile de photos de motards. L'exercice semble vain, pourtant un cliché retient son attention. Devant l'œil de l'appareil photo, des membres du club-école Demon Keepers de Belleville en Ontario sont réunis pour une photo de groupe. Tous ont la mine patibulaire du motard typique. Tous, sauf un : au premier rang, un genou au sol pour le bien de la composition photographique, se tient un jeune homme aux cheveux courts et bien coiffés ; ses lunettes fines et son visage rond lui donnent un petit air d'écolier trop sage pour jouer avec d'aussi vilains compagnons. Ce jeune homme originaire d'un petit village québécois et qui n'avait jamais su maîtriser ce regard vide, sauvage et impitoyable qu'arboraient les autres motards, c'était Dany Kane.

« Il avait l'air d'un rat de bibliothèque avec ses petites lunettes, de dire Lévesque. Pour une raison qui m'échappe, je ne pouvais pas m'empêcher de penser que ce gars-là n'était pas à sa place. Je fixais la photo en pensant à ça… et devinez qui a appelé, juste à ce moment-là ? »

Après sept misérables années de frustration dans l'univers des motards, après avoir purgé en prison une peine brève quoique particulièrement éprouvante, Dany Kane décide de devenir informateur. Mais il ne veut pas transiger avec la police de Québec – à laquelle il ne fait pas confiance – ni avec celle de Montréal – qui, à son avis, manque d'envergure. Désireux de s'adresser à la plus haute instance policière qui soit, Kane déniche le numéro d'Interpol dans l'annuaire téléphonique de la ville d'Ottawa. Il compose le numéro, croyant à tort que la célèbre organisation policière internationale est un amalgame du FBI, de la Drug Enforcement Agency (l'escouade antidrogue américaine) et de la GRC.

Dans les sphères du renseignement – et dans tout travail policier, d'ailleurs – le hasard joue parfois un rôle déterminant. Or, on peut dire qu'il s'est manifesté ce jour-là puisque les quartiers d'Interpol à Ottawa étaient situés dans le même bâtiment et sur le même étage que le bureau du sergent Lévesque. Qui plus est, celui-ci était au poste lorsque Interpol reçut l'appel de Kane.

« Je veux parler à quelqu'un qui travaille sur les motards » de dire Kane en prenant bien garde de révéler son identité. L'agent de la GRC qui est chargé de répondre aux appels d'Interpol met Kane en attente et se rend aussitôt au bureau de Lévesque. « J'ai un appel pour toi. Quelqu'un qui veut te parler. »

Lévesque décroche, écoute attentivement celui qui lui annonce qu'il veut se faire l'informateur de la police, puis pose quelques questions. « Connais-tu personnellement les dirigeants ? » lui demande-t-il. « Oui », de répondre son interlocuteur. Lévesque nomme ensuite les Hells qui sont à la tête de l'organisation : Walter Stadnick, Mom Boucher, des noms connus aujourd'hui mais qui n'étaient pas de notoriété publique à l'époque. Il demande à son interlocuteur s'il connaît ces individus. Celui-ci répond qu'il les connaît tous.

« Où sont situés les quartiers généraux des différents chapitres ? » demande encore Lévesque. L'homme au bout du fil nomme avec précision chaque emplacement.

L'agent de la GRC n'est pas impressionné outre mesure : il reçoit fréquemment des coups de téléphone de criminels qui prétendent vouloir incriminer leurs associés. Plus souvent qu'autrement, ces promesses n'aboutissent à rien. L'interlocuteur s'engage à rappeler le lendemain, puis il raccroche.

Lévesque téléphone aussitôt au caporal Pierre Verdon, agent du renseignement et expert interrogateur de la GRC à Montréal, pour lui faire part de sa conversation avec l'interlocuteur anonyme. Les deux policiers échafaudent rapidement un plan d'attaque : si l'homme téléphone tel que prévu, ils lui fixeront un rendez-vous auquel ils se rendront ensemble.

L'informateur potentiel tient parole et rappelle le lendemain à 13 h 30. Lévesque organise sans tarder une rencontre. « Soit à la porte Est du centre d'achats Pointe-Claire à 18 h précises. Tu vas avoir *Le Devoir* en dessous du bras gauche. Pas le bras droit. Pas *La Presse*. Pas le *Journal de Montréal*. *Le Devoir* en dessous du bras gauche. »

Une fois la conversation terminée, Lévesque contacte de nouveau Verdon. En prévision de l'entretien avec le délateur, ce dernier réserve une chambre au Best Western de l'aéroport de Dorval. À 18 h pile, leurs arrières assurés par un agent dans une seconde voiture, la fourgonnette conduite par Lévesque et Verdon pénètre dans le stationnement du centre commercial. Ils scrutent le bâtiment du regard et aperçoivent presque aussitôt la source potentielle. Leur homme est bel et bien là – à l'heure dite et à l'endroit désigné, ce qui est bon signe. Se garant à bonne distance, Lévesque ne distingue pas encore son visage. Il se faufile dans le centre commercial par une autre porte pour ressortir juste derrière l'homme qui l'attend toujours. « Suis-moi ! » lui lance-t-il.

Ce n'est que lorsqu'ils sont dans la fourgonnette que Lévesque se tourne vers son mystérieux interlocuteur. Il reconnaît alors le jeune homme au visage d'écolier de la photo des Demon Keepers. « Comment ça va, Dany ? » demande-t-il. Avec aplomb et sang-froid, l'intéressé le regarde droit dans les yeux et lui sourit.

Lévesque et Verdon conduisent alors leur nouvelle connaissance à l'hôtel en multipliant les détours pour s'assurer qu'ils ne sont pas suivis. Le trio pénètre dans la chambre à 19 h 15. Kane prend aussitôt les rênes de l'entretien, annonçant qu'il possède une connaissance intime du monde des motards, dont il côtoie les dirigeants. Il parlera de ses sept années de service au sein des Condors, des Evil Ones et des Demon Keepers ; de son rôle dans le trafic de drogue et d'armes ; de ses activités dans l'agence de danseuses Aventure, dont on lui a confié la gestion. Les deux agents de la GRC apprendront que Kane est un expert en explosifs qui fabrique des bombes pour les motards. Kane leur donnera les noms des principaux protagonistes montréalais et décrira la situation en Ontario, identifiant les clubs qui veulent se joindre aux Hells, ceux qui désirent se rallier à leurs rivaux, les Outlaws, et ceux qui cherchent à conserver leur indépendance.

Écrivant fébrilement les propos de Kane, Lévesque et Verdon ont bien du mal à contenir leur jubilation. Le délateur leur semble honnête, intelligent, et son discours est si ordonné et cohérent que l'on jurerait qu'il l'a répété maintes et maintes fois avant leur rencontre. Kane annonce aux deux policiers qu'il entend devenir membre à part entière des Hells et qu'il veut entretenir avec la GRC une relation continue. Pourquoi veut-il retourner ainsi sa veste ? Pour se venger… et pour l'argent – il compte être grassement payé pour l'information qu'il va divulguer. Veut-il signer un contrat, devenir un agent certifié de la GRC ? Consentirait-il à porter un micro ? « Non, pas tout de suite » de répondre Kane.

Les agents montrent ensuite à la future taupe des photos des Hells Angels réalisées par des équipes de surveillance. Kane connaît bon nombre d'entre eux uniquement par leur sobriquet – « Gyrator », « Toots », « Crow », « Zappa », etc. –, néanmoins il les connaît tous.

L'entretien prend fin à 22 h 30. Il aura duré trois heures et quart. Dans son rapport, Verdon inclura une note de frais de 7,13 $ pour « boissons non alcoolisées » et un montant de 88,88 $ pour la chambre. Un autre rendez-vous avec Kane est prévu pour la première semaine de novembre. « On va te contacter » annoncent les policiers avant de partir en camouflant avec peine leur enthousiasme.

La rencontre avec Kane aura-t-elle des répercussions ? Lévesque et Verdon ne peuvent l'affirmer, néanmoins, en cet instant précis, ils ne peuvent s'empêcher de penser qu'ils viennent de décrocher le gros lot, qu'ils sont sur le point d'infiltrer le cœur même de l'organisation des Hells Angels. À la sortie de l'hôtel, Pierre Verdon se tourne vers Jean-Pierre Lévesque et lui dit simplement : « Un bon gars. »

Le jour suivant, Verdon rédigea un rapport de 10 pages qu'il classifia « Protection B », ce qui constitue le deuxième plus haut degré de sécurité de la GRC. Le ton et le contenu de ce rapport démontrent que Kane a su viser juste. « La source est très près des motards et a une très bonne connaissance du milieu. Son potentiel est illimité et nous sommes d'avis qu'une telle opportunité ne se représentera probablement jamais… Une telle source pourrait nous servir non seulement pour nous renseigner sur le milieu des motards, mais sur toutes leurs activités illégales – et nous sommes tous conscients de la diversité de ces activités.»

La GRC ne fit tout d'abord aucune recherche concernant Kane sur les bases de données d'autres institutions policières. La raison de cette omission est fort simple : lorsqu'un agent effectue une recherche informatique de ce genre, un message est immédiatement transmis sur le réseau à tous les autres agents et policiers qui ont consulté le même dossier. Or, pour des raisons de sécurité, la GRC ne tenait pas à ce que d'autres corps policiers sachent qu'elle s'intéressait à Kane. Verdon et Lévesque se voyaient donc obligés d'avoir en leur précieuse source une confiance aveugle. Pour le meilleur ou pour le pire, ils devaient tirer profit de sa présumée position dans la communauté des motards ainsi que de son évidente implication dans un vaste éventail d'activités criminelles. Quelle était la véritable mesure de cette implication ? Ils ne le découvriraient que des années plus tard, lorsque leur entente avec Kane se verrait violemment dissoute. De toute manière, aux yeux de Verdon et Lévesque, une seule chose importait à ce moment-là : s'assurer de la collaboration de Dany Kane.

Mais avant de cimenter l'accord et d'ajouter le nom de Kane à la feuille de paie, les deux agents avaient besoin de l'appui financier de leurs supérieurs. Pas de problème : très anxieux d'infiltrer le milieu des motards, ils mordirent goulûment à l'hameçon. En ce qui avait trait à ce dossier, tous à la GRC étaient prêts à travailler de concert vers un même objectif. (Du moins au début. Nous verrons plus tard comment jalousie, complots et opportunisme viendront chambouler tout cela.)

La seconde rencontre avec Kane eut lieu le 30 octobre, soit 12 jours après la première. Verdon et Lévesque rejoignirent Kane à Ottawa, dans un stationnement sous-terrain. Le trio se rendit ensuite au Welcome Inn où Lévesque avait réservé une chambre. Ce jour-là, Kane reçut 500 $ en liquide et devint officiellement l'agent-source C-2994. Le nouvel informateur accepta l'argent en maugréant parce qu'il jugeait la somme insuffisante. À l'avenir, disait-il, il comptait être payé beaucoup plus. «Cet argent, il va falloir que tu le gagnes» de rétorquer Verdon du tac au tac.

En fin de compte, Kane et la GRC ont tous deux obtenu ce qu'ils voulaient : en plus d'être grassement payé pour ses services, le délateur était en voie d'assouvir sa vengeance contre ceux qui avaient profité de lui pendant des années sans récompenser ses efforts et sa loyauté ; quant à la police, elle avait enfin réalisé l'impossible en infiltrant le cercle hermétique des motards. L'entente fonctionnait à merveille... néanmoins, le plus dur restait à faire.

La GRC et, par la suite, la police de Montréal allaient en venir à considérer Kane comme le plus efficace – et le plus précieux – des agents d'infiltration de toute l'histoire du crime organisé. Petit à petit, Kane allait gravir les échelons de la hiérarchie des motards pour en atteindre le sommet. De son état de *hangaround*, il allait devenir l'un des principaux confidents des Nomads de Québec, ce chapitre des Hells qui avait à sa tête certains des plus éminents lieutenants de Maurice « Mom » Boucher. La carrière d'espion de Kane dura quelque six années, et pourtant bien peu de gens au sein des forces policières étaient au courant de sa dangereuse double vie.

Si la collaboration de Kane a permis aux autorités de porter un sérieux coup à l'empire des Hells Angels dans la Belle Province, elle n'a pu empêcher ceux-ci d'imposer leur suprématie dans le reste du pays. Alors même que les forces de l'ordre sévissaient contre les Hells au Québec, l'organisation avait doublé ses effectifs dans les autres provinces. Lorsque Mom Boucher fut condamné à la prison à vie au printemps 2002, les Hells comptaient 597 membres à part entière répartis dans 37 chapitres. Leur hégémonie criminelle s'étendait désormais sur l'ensemble du territoire canadien.

À cette époque, la police ontarienne avait dressé la liste des 10 plus grosses organisations criminelles de la province. En tête du peloton, devançant la mafia russe, la mafia italienne, les triades asiatiques, les gangs jamaïcains et tous les autres clubs de motards, trônent les Hells Angels. « Ils sont notre priorité numéro un, de déclarer Don Bell de l'Unité de lutte contre les bandes de motards (ULBM). Leur organisation est extrêmement sophistiquée. Les Hells sont en ce moment la plus grave menace pour la sécurité publique. »

Malheureusement, le cas de l'Ontario n'a rien d'exceptionnel : la menace des Hells Angels plane dorénavant sur la nation entière. En Nouvelle-Écosse, les Hells ont fait main basse sur le commerce de la cocaïne en éliminant systématiquement leurs rivaux. Au Manitoba, la résidence d'un officier de police fut incendiée et la guerre des gangs a culminé en une série de fusillades dans le centre-ville de Winnipeg. En Colombie-Britannique, province où évoluent certains des Hells les plus richissimes du continent nord-américain, l'organisation, profitant des maladresses de la GRC et de l'indifférence des politiciens, est parvenue à exercer une influence considérable sur le marché boursier et à monopoliser la contrebande à Vancouver et dans les ports environnants. Au Canada, grâce à la complicité de banquiers, de courtiers en valeurs mobilières et d'avocats véreux, les motards disposent d'un réseau complexe de blanchiment d'argent – le Canada est d'ailleurs reconnu dans le monde entier comme l'un des pays de prédilection pour ce genre d'activité.

« Les Hells Angels ont réussi là où tous les autres ont échoué, déclarait un agent de la GRC affecté à la surveillance des syndicats nationaux. Il s'agit de la première organisation criminelle à étendre ses activités à l'ensemble du pays. Trafic de drogue, prostitution, escroquerie, prêt usuraire, etc. Directement ou indirectement, les Hells contrôlent tout ça. »

C'est en effet ici que la présence des Hells est la plus marquée. Plus du quart de leurs membres officiels résident au Canada. Et, contrairement aux autres factions criminelles, les Hells Angels n'ont jamais tenu à cacher leur allégeance. C'est avec fierté et arrogance qu'ils affichent leurs couleurs.

Mais, puisque les Hells sont si visibles, comment se fait-il que l'on ne soit pas encore parvenu à les enrayer ? Eh bien, on dit que la route de l'enfer est pavée de bonnes intentions ; or, au Canada, elle serait plutôt jonchée de la négligence, de la corruption et de la stupidité des instances politiques et policières. Les Hells Angels règnent aujourd'hui sur le paysage criminel canadien parce que des politiciens n'en finissaient pas d'atermoyer tandis que des magistrats débordés, en manque d'effectif, perdaient des causes majeures ; ils règnent à cause de l'indolence et de la suffisance de notre système judiciaire et à cause de l'incompétence de certains juges ; ils règnent parce que les huiles des forces policières perdaient leur temps à se chamailler, contrecarrant de ce fait les efforts de leurs agents dans la guerre contre les motards; ils règnent parce que les citoyens qui ont eu le courage de s'insurger contre eux ont payé cet acte de bravoure de leur vie.

C'est cette intrigue où meurtre, trafic, contrebande et fraude s'entremêlent que nous vous raconterons ici, en grande primeur. La route des Hells est parsemée d'informations jamais divulguées auparavant et qui ont été rassemblées à partir de tables d'écoute policières, de vidéos de surveillance, de transcriptions de procès et d'entrevues réalisées avec des douzaines de témoins oculaires. Nous verrons également quelles stratégies secrètes la police a utilisées pour piéger Mom Boucher et ses associés.

Les Hells Angels continuent aujourd'hui de proliférer. Leurs chapitres se multiplient, leurs membres se font de plus en plus nombreux et, jour après jour, les cadavres ne cessent de s'amonceler le long de la route de l'enfer.

PREMIÈRE PARTIE

UNE TAUPE
CHEZ LES NOMADS

CHAPITRE PREMIER

Le fauteur de troubles

*Il règne par la terreur. Les gens ne le respectent pas
parce qu'il est digne de respect, mais parce qu'ils ont peur de lui.*
ANDRÉ BOUCHARD, COMMANDANT DE LA DIVISION DES CRIMES MAJEURS
DE LA POLICE DE LA CUM

Demandez à André Bouchard ce qui met un frein à l'efficacité de notre corps policier et il vous répondra : l'air con-
ditionné. Fort de ses 32 années de service, celui qui dirige
aujourd'hui la division des crimes majeurs à Montréal se souvient
d'une époque où, par temps chaud, les policiers patrouillaient
dans la ville toutes vitres baissées, sans le bénéfice d'un intérieur
climatisé. Fumeur invétéré, Bouchard s'allume une autre cigarette – il en fume deux paquets par jour – avant de déclarer :
« Dans ce temps-là, on patrouillait pas, on rôdait. On tendait
toujours l'oreille pour écouter ce qui se passait aux alentours. »

Bouchard estime que nos policiers se sont ramollis, qu'ils
pèchent par excès de confort. Dans leurs auto-patrouilles clima-
tisées, ils sont complètement isolés de leur environnement. Le commandant Bouchard déplore ceci : « Il n'y a plus de durs, dans la
police. J'aurai peut-être l'air d'un vieux croûton en disant ça, mais
ils ont totalement aboli l'aspect physique qu'il y avait autrefois dans
le métier de policier. Ce qu'on veut aujourd'hui, c'est une police
gentille et souriante. »

Selon Bouchard, cette approche est sans doute adéquate pour
la banlieue et les milieux ruraux, mais en ville, elle n'a pas sa place.
À l'instar de Mom Boucher, André Bouchard a grandi dans un
quartier ouvrier de l'est de la ville. Dans leur jeunesse, ils étaient

tous les deux des durs à cuire, des garçons coriaces qui ne craignaient pas la bagarre. Ce n'est qu'après l'adolescence qu'ils ont emprunté des voies diamétralement opposées : l'un vers l'ordre et la loi, l'autre vers le crime et le chaos. Pendant dix années, ces deux pôles se livreront un combat sans merci, une bataille épique qui secouera le Québec entier.

Avec ses 67 kg et son physique de nageur, Bouchard était svelte et athlétique lorsqu'il est entré dans la police en 1970. Il avait alors 20 ans.

Nommé garde du corps du commandant de son poste, le jeune agent fut vite recruté par l'équipe de hockey de la police. « J'étais pas le meilleur, mais j'étais un bagarreur » se souvient-il. En tant que brute de service, son rôle était de mettre au rancart le meilleur joueur de l'équipe adverse – ce qu'il faisait parfois durant la période d'échauffement, avant même que la partie n'ait commencé.

Au début des années 1970, époque où Bouchard patrouillait la rue Saint-Laurent à pied, les policiers avaient l'habitude de s'occuper des motards de façon expéditive. « Oubliez pas que c'était avant la Charte des droits et libertés, raconte-t-il. Quand on voyait un gars se promener sur la rue avec ses couleurs, on lui sacrait une volée pis l'affaire était réglée. »

La première bande de motards au Québec, les Popeyes, contrôlait la prostitution et faisait du recouvrement de dettes pour la mafia et pour les gangs francophones comme celui des frères Dubois. Dans leurs blousons gris, ils défiaient l'uniforme bleu qui symbolisait l'autorité policière. « Quand on voyait un Popeye avec ses couleurs, se remémore Bouchard, on lui criait : "Qu'est-ce qu'on t'a dit, la dernière fois ?" Après, on lui arrachait ses *patches* pis on les jetait à terre. C'était comme ça qu'ça fonctionnait à l'époque : c'était les gris contre les bleus ! »

Bouchard n'avait que faire de la campagne de sensibilisation, nouvellement instaurée à l'époque, qui avait pour objectif de favoriser une entente mutuelle entre policiers et motards. Pour ce faire, la police de Montréal avait nommé un agent de liaison dont l'unique fonction était de fraterniser avec les motards. Les hautes instances policières en étaient venues à la conclusion que, pour que cet agent très spécial puisse frayer avec les motards, il devait se laisser pousser les cheveux, se promener en Harley-Davidson et porter un blouson de cuir sur lequel seraient cousues ses « couleurs », c'est-à-dire son badge de police. Bouchard se rappelle que, du temps ou il était à l'Académie, l'agent de liaison s'était pointé dans leur classe avec une quinzaine de motards, le but étant que ceux-ci « fassent connaissance avec les recrues ».

« J'veux savoir c'que vous allez faire mettons qu'on prendrait une bière en rinçant nos moteurs à 1 h du matin, de demander l'un des motards à la classe. Si vous nous disez de partir pis qu'on vous envoye chier, kessé vous allez faire ? » Bouchard, qui était assis dans la dernière rangée, a levé la main avec insistance. « Ouais, toé dans le fond » dit le motard. « Monsieur, fit Bouchard très poliment, si vous me disiez d'aller chier, je prendrais la petite matraque qu'y nous donnent ici pis j'vous la fourrerais dans le cul tellement profond que vous vous souviendriez de moi pendant très longtemps. »

La réponse fit son effet. « Les instructeurs m'ont fait sortir de la classe, glousse Bouchard, visiblement amusé de ce souvenir. Ça a été le début d'une belle mésentente : depuis ce jour-là, les motards pis moi, on peut pus se sentir. Rien que d'les voir dans rue, j'devenais enragé. Je les haïssais vraiment. »

Le zèle qu'affichait alors Bouchard est compréhensible du fait qu'il obéissait à une sorte de tradition familiale. Son père était dans la police militaire avant de joindre les rangs de la Sûreté du Québec et ses frères aînés étaient tous deux policiers à la CUM. En juin 1970, André leur emboîte le pas.

Au fil des années, Bouchard a appris à tempérer ses ardeurs, à user non seulement de force, mais aussi de finesse. Tout au long de sa carrière, il s'est occupé tour à tour de vols par effraction et de vols de voiture ; à la brigade des mœurs, il s'est frotté aux parrains de la mafia italienne ; il est devenu un expert en matière de surveillance et a élucidé quantité d'homicides. Mais à travers toutes ces péripéties, il n'a jamais perdu de vue le problème des motards. Au milieu des années 1980, il a constaté une transformation inquiétante chez ces derniers : les personnages sales et pouilleux qui avaient jadis hanté la Main étaient soudain devenus un groupe homogène, organisé et discipliné. À l'insu des autorités, les Hells Angels avaient pris leur essor.

« On avait des problèmes avec les motards parce que nos patrons les prenaient pas au sérieux, de dire Bouchard. Quand toutes les p'tits clubs se sont ralliés aux Hells, on s'est dit : "Mais kessé qu'les grands boss attendent pour faire queque chose ?" Écoutez, ces gars-là se promenaient au centre-ville avec leurs couleurs, pis nous autres on pouvait même pus arracher leurs patches comme avant, sous prétexte qu'eux autres aussi avaient des droits. À ce moment-là, y avait pas d'escouade spéciale pour s'occuper de leur cas. Du point de vue de la loi, on avait aucune raison valable de les arrêter. »

C'est à cette époque qu'André Bouchard entend parler pour la première fois d'un motard du nom de Maurice Boucher. On disait que celui-ci trempait dans des affaires de drogue et de recel. « C'était un violent, se souvient Bouchard, un osti d'fou. Y était toujours à moitié gelé. Dans le temps, Mom faisait la job de bras. On lui disait : "Va battre ce gars-là" pis lui, y exécutait les ordres. »

Mais lorsque le voyou aux cheveux longs et au bandana a commencé à frayer avec le gratin des Hells, son comportement a changé du tout au tout. Dès lors, Maurice « Mom » Boucher s'est employé à devenir le chef incontesté de la meute. Bouchard fut témoin de la métamorphose. « C't'à c'moment-là que Mom s'est mis à avoir des grosses aspirations, dit-il. Y était ambitieux, violent pis impitoyable. »

Celui qui allait devenir le fauteur de troubles le plus redouté au Canada est né le 21 juin 1953, dans le petit village gaspésien de Causapscal. Deux ans plus tard, les Boucher s'installaient à Montréal avec leurs huit enfants, dans le quartier ouvrier de Hochelaga-Maisonneuve. Il ne fait aucun doute que la rudesse de ce milieu a contribué à endurcir le jeune Maurice. En 1975, alors qu'il connaissait certains démêlés avec la justice, la cour ordonnera qu'une analyse psychologique soit effectuée. Les résultats seront révélateurs, dévoilant un jeune homme extrêmement perturbé.

Ferronnier de son état, le père de Boucher avait la réputation d'être un homme sévère qui ne tolérait aucune incartade de la part de ses enfants. Lorsque le paternel buvait, il devenait colérique et violent. Maurice accueillait les excès de son père avec indifférence, se contentant de sortir de la maison lorsque celui-ci s'emportait.

Piètre étudiant, Maurice quittera l'école en neuvième année, à l'âge de 17 ans. L'année suivante, fort de ses 18 ans, il abandonnera le nid familial pour voler de ses propres ailes. Il continuera cependant d'entretenir un lien étroit avec sa mère, à qui il rendra visite régulièrement.

Hochelaga-Maisonneuve est un quartier bigarré et tentaculaire qui s'esquisse dans l'ombre du stade olympique pour s'étendre vers le sud, vers ces usines qui crachent en bordure du Saint-Laurent leur fumée poisseuse, puis vers l'est, où il se mêle aux vapeurs suffocantes des raffineries de pétrole. Ses habitants sont majoritairement blancs, pauvres et francophones. Il ne s'agit toutefois pas d'un ramassis de taudis : les balcons coquets et les cours minuscules sont généralement bien entretenus.

Dans ce quartier défavorisé, pour un jeune homme sans éducation ni métier, la drogue et le crime sont bien souvent les seuls recours. Maurice Boucher trouvera sa place dans l'un comme dans l'autre. Dès la fin de son adolescence, il se préparait des cocktails de drogues – haschich, LSD, amphétamines, héroïne et cocaïne – si enivrants qu'il en était devenu de plus en plus méfiant et même paranoïaque.

« Il avait peur de tout, précise l'analyse de 1975. Il lui arrivait souvent de se coucher avec une 303. »

Il se frottera pour la première fois au système judiciaire en avril 1973 ; le jeune homme de 19 ans aura alors à faire face à des accusations de vol à l'étalage. À la fin de l'année suivante, il sera arrêté pour vol avec effraction. De son propre aveu, il avait pris tant de Valium avant l'incident qu'il se souvenait à peine de ce qu'il avait fait.

Guy Pellerin, le criminologue qui a examiné Boucher en février 1975, souligne que celui-ci avait entrepris des démarches pour obtenir un poste dans le domaine de la construction, mais sans succès. « Il semble très déprimé. Il souffre d'insomnie et ne cesse de se poser des questions sur ce que l'avenir lui réserve… Il est normal que dans une telle situation un individu soit prêt à faire n'importe quoi pour s'en sortir. »

Pellerin s'est également arrêté sur le fait que la petite amie de Boucher était enceinte de huit mois. Le futur papa se faisait beaucoup de mauvais sang en songeant que son enfant allait naître et grandir avec un père derrière les barreaux. Le criminologue estimait que si son sujet était emprisonné, il n'en deviendrait que plus agressif. « L'avenir lui apparaîtrait encore plus sombre et peut-être qu'il n'hésiterait pas a recourir à des moyens plus virulents pour s'arracher à cette grisaille… Ses chances de réhabilitation sont directement liées à son désir de rectifier ses comportements répréhensibles et abusifs. Nous croyons qu'il en est arrivé à son heure de vérité. »

Malheureusement, à ce tournant fatidique de son existence, c'est la drogue et le crime qui allaient l'emporter. En janvier 1976, Maurice Boucher sera reconnu coupable de vol à main armée. Dans les années qui suivront, il multipliera les délits et sera arrêté pour vol et pour possession de carte de crédit volée. En septembre 1984, il sera reconnu coupable d'agression sexuelle et écopera d'une peine de 23 mois.

À cette époque, Boucher faisait partie d'une bande hétéroclite de motards, les SS. La référence hitlérienne n'était sans doute que symbolique – la bande n'était affiliée à aucun groupement néo-nazi –, néanmoins il y avait là une très nette connotation raciale. Au fond, Mom et ses SS n'étaient qu'un clan de voyous dont la seule rébellion était d'enfourcher leur moto et de pétarader à tous vents. La bande fut dissoute en 1984, toutefois Boucher ne tenait pas à en rester là. Le sentiment de puissance et l'esprit de camaraderie qu'il ressentait au sein d'une bande de motards lui étaient devenus indispensables. C'est alors qu'il a jeté son dévolu sur un club plus important, mieux organisé et dont la présence commençait à se faire sentir au Québec.

« Hell's Angels » était le sobriquet dont on avait affublé l'un des avions de bombardement de l'escadrille américaine durant la Deuxième Guerre mondiale. Vers la fin de la guerre, plus d'une douzaine d'appareils avaient été baptisés du nom du légendaire Boeing B-17. Un escadron de pilotes de chasse de l'armée américaine avait même adopté l'appellation.

De retour en Californie, l'un de ces pilotes a suggéré à ses amis motards de perpétuer la tradition. À cette époque, quantité de petits clubs de motards – les Booze Fighters, les Satan's Sinners, etc. – étaient disséminés çà et là dans le sud de la Californie. Le week-end du 4 juillet 1947, 2000 motards ont envahi la petite bourgade californienne de Hollister. L'incident défrayera la manchette partout aux États-Unis et l'American Motorcycle Association s'empressera de se dissocier de ces motocyclistes indignes qu'ils qualifieront de truands et de fauteurs de troubles. L'association insistera sur le fait que 99 p. 100 des motocyclistes sont d'honnêtes citoyens, respectueux des lois et de la propriété d'autrui. Les motards rebelles eurent tôt fait de tourner cette déclaration à leur avantage en se proclamant « un-pourcentistes », étiquette à laquelle les Hells Angels s'identifient toujours aujourd'hui.

C'est en 1948, à San Bernardino, que fut fondé le premier chapitre des Hells Angels. Le club contribua largement à établir dans l'inconscient collectif cette image romantique du motard rebelle qui fut exploitée par Hollywood dans les années 1950. Qui ne se souvient pas de L'équipée sauvage, ce film fabuleux dont l'histoire fut inspirée de la déprédation de Hollister et qui mettait en vedette Marlon Brando ? En 1957, Ralph « Sonny » Barger formera un second chapitre à Oakland, ville où les Hells établiront leurs quartiers généraux un an plus tard. À ce jour, Barger représente une sorte de père spirituel pour les Hells du Canada et du monde entier.

Alors que les premiers motards n'avaient d'autre objectif que de faire un maximum de grabuge, les Hells Angels se découvrirent une vocation d'entrepreneurs. Ils voulaient faire de l'argent, beaucoup d'argent. Or, ils ont vite compris qu'il n'y avait pas que le crime et la drogue qui pouvaient rapporter gros. Ils ont fait des marques déposées de leur nom, de leur emblème (une tête de mort hurlante portant un casque ailé) et de certaines de leurs couleurs (le rouge et le blanc; seuls les membres à part entière ont le droit de porter les pleines couleurs).

À la fin des années 1960, les Hells comptent environ 500 membres dont la plupart se trouvent en Californie. Des nouveaux chapitres ont été créés dans le nord-est des États-Unis, en Suisse, en Angleterre et en Allemagne de l'Ouest mais, à cette époque, les Hells n'ont pas encore franchi la frontière canadienne. À Montréal et dans le sud de l'Ontario, les Satan's Choice règnent; dans la ville de Québec, ce sont les Popeyes – ces motards au blouson gris à qui André Bouchard aimait tant faire des misères – qui sèment la terreur. Une rivalité parfois funeste oppose les deux gangs – à preuve ce membre des Popeyes, retrouvé pendu haut et court dans un cimetière.

Le 5 décembre 1977, les Hells Angels s'implantent officiellement en sol canadien : ayant assimilé près de 35 membres des Popeyes de Québec, ils constituent un chapitre à Sorel. Environ 30 ans après leurs débuts californiens, les Hells ont enfin réussi à passer la frontière. À la suite de cette première incursion, ils s'emploieront, lentement mais sûrement, à étendre leur hégémonie à la grandeur du pays. En 1984, l'organisation compte déjà un chapitre à Sherbrooke, un autre à Halifax et quatre en Colombie-Britannique. Au vu de l'expansion qui eut lieu dans les années 1980 et 1990, les autorités s'entendent aujourd'hui sur le fait qu'elles auraient dû réagir immédiatement à la présence des Hells plutôt que de les considérer comme une quantité négligeable, un simple ramassis de brutes bruyantes et alcooliques.

« Les Hells Angels ne faisaient l'objet d'aucune surveillance policière » raconte Andy Richards, de l'Agence de lutte contre le crime organisé de la Colombie-Britannique. Au début des années 1980, Richards, qui porte aujourd'hui le titre d'inspecteur, faisait ses premiers pas dans la police de Vancouver. « Quand on s'est enfin intéressés aux Hells au début des années 1990, on s'est dit "Merde ! c'est tout un problème qu'on a là !" »

Tandis que la police s'occupait d'autres priorités, les Hells érigeaient leur fief dans l'Ouest canadien, gagnant chaque jour en richesse et en puissance. Ils commencèrent par prendre le contrôle de trois autres clubs de motards, à Vancouver, Nanaimo et White Rock. Le 23 juillet 1983, ces clubs devinrent officiellement des chapitres des Hells Angels. Quelques mois plus tard, un quatrième chapitre fut formé dans l'est de Vancouver. Bientôt, les Hells eurent suffisamment de capital pour financer une fiesta monstre – ce qu'ils firent en août 1986, dans les confins de Angels Acres, un domaine de 17 arpents acheté par le chapitre de Nanaimo et comprenant plusieurs sites de camping ainsi qu'une gigantesque piscine. Des motards de toutes allégeances se rendirent à cette fête magistrale, certains venant d'aussi loin que la Suisse. En examinant la liste des invités, on s'aperçoit que les Hells obéissaient à une stratégie très précise, particulièrement en ce qui concernait les autres clubs canadiens qu'ils avaient conviés à Angels Acres. La fête n'était en fait qu'un prétexte pour assouvir davantage leurs désirs expansionnistes. Et s'ils préféraient l'assimilation pacifique à la guerre, ils étaient néanmoins prêts à parer aux deux éventualités. Les Hells étaient par ailleurs dotés d'une patience remarquable : ils mettront plus de dix ans à absorber les Grim Reapers d'Alberta et les Para-Dice Riders de l'Ontario, deux des clubs qui avaient fait acte de présence à Angels Acres en août 1986.

Puis les Hells Angels se sont dit qu'il était temps pour eux de redorer leur blason. Un changement d'image s'imposait. Tout à coup, les Hells se découvrirent une âme de philanthropes : ils firent des dons généreux à des œuvres de charité ; ils allèrent jusqu'à recueillir des fonds pour un enfant malade qui avait besoin d'une transplantation hépatique.

Du jour au lendemain, les motards sont devenus les chouchous des médias et sont même parvenus à s'attirer la sympathie de la police. Mais certains policiers, dont Andy Richards, n'étaient pas dupes. Richards a amorcé sa carrière de gardien de la paix dans les rues sordides de l'est de Vancouver, non loin du repaire des Hells. «Leur soudaine popularité m'inquiétait beaucoup, raconte-t-il. À l'Académie, j'avais assisté à des conférences données par des spécialistes qui nous avaient dit que ces gars-là faisaient partie du crime organisé, que le meurtre, l'extorsion et le trafic de drogue constituaient leur pain quotidien. Ce qui m'avait frappé, c'est que personne ne faisait quoi que ce soit pour les arrêter. Pendant ce temps-là, les Hells devenaient de plus en plus puissants, de plus en plus riches ; leurs activités criminelles continuaient de se ramifier. Moi, je les voyais tous les jours dans la rue. C'était très frustrant.» Richards devra attendre plus d'une décennie avant de s'attaquer à l'organisation des Hells. À cette occasion, il apprendra – à ses dépens, il va sans dire – à quel redoutable ennemi il avait affaire.

Pendant ce temps-là, la côte est du pays se faisait le théâtre d'autres manigances. L'un des clubs locaux de Nouvelle-Écosse, Thirteenth Tribe, avait l'habitude de transiger avec les factions montréalaises. En 1984, le club est sacré chapitre des Hells Angels. Forts de leur nouvelle union, les membres de Thirteenth Tribe prennent le contrôle de la prostitution et du commerce de la cocaïne à Halifax. S'étant enfuie après avoir été sauvagement battue, l'une de leurs travailleuses déclare à la police que les Hells empochent 40 p. 100 du salaire des filles.

Au milieu des années 1980, la GRC estime que le nombre de motards criminalisés s'élève à 400 au Québec et en Ontario, à 100 en Alberta et en Colombie-Britannique, et à 150 dans les autres provinces. C'est toutefois au Québec que bat le cœur de l'organisation des Hells; c'est là que se concentre leur pouvoir, là que leur croissance est la plus rapide. Fin 1984, les Hells assimilent un autre club, les Gitans de Sherbrooke. Leur avancée a quelque chose d'irrépressible.

Soudain, coup de théâtre: en 1985, on repêche cinq cadavres dans le fleuve Saint-Laurent. La police déclare que les victimes ont été battues, puis qu'elles ont été enchaînées et lestées à l'aide de briques avant d'être jetées à l'eau. On les identifiera comme étant des Hells du chapitre de Laval. Le 24 mars 1985, ils avaient été invités à Lennoxville, dans le repaire du chapitre local, et c'est là qu'ils auraient été exécutés. Le corps d'un sixième motard sera découvert deux semaines plus tard dans une chambre de motel; lui aussi avait été battu jusqu'à ce que mort s'ensuive. On dira par la suite que les gars de Lennoxville estimaient que leurs confrères lavallois pigeaient trop abondamment dans la drogue destinée au trafic – en d'autres mots, ils préféraient se la mettre dans le nez plutôt que de la vendre.

Lorsque l'un des seuls membres du chapitre de Laval à avoir survécu au massacre de Lennoxville, Yves « Apache » Trudeau, a décidé de devenir informateur, la police s'est empressée de saisir cette chance inespérée. Trudeau était loin d'être un enfant de chœur – de son propre aveu, il aurait été impliqué dans 43 meurtres –, mais les forces de l'ordre savaient qu'elles devaient faire certaines concessions pour arriver à bout des Hells.

Trudeau fut le premier d'une longue série de motards délateurs. Grâce à l'information fournie par ces mouchards, la police fut en mesure d'inculper 21 Hells, ce qui représentait près de la moitié de leurs effectifs au Québec. Deux avocats montréalais jeunes et dynamiques, André Vincent et René Domingue, plaideraient pour la Couronne dans ce premier grand procès criminel contre les Hells. Jean-Guy Boilard, le juge assigné à l'affaire, était un magistrat sévère et inflexible qui ne craignait pas de malmener un tantinet les avocats, néanmoins Vincent et Domingue avaient bon espoir. À ce moment-là, Vincent ne pouvait soupçonner que, près de 20 ans plus tard, il serait à nouveau confronté aux motards dans un autre mégaprocès. Quant au juge Boilard, il aurait durant sa carrière à trancher dans deux autres causes spectaculaires impliquant les motards.

René Domingue se souvient de la bataille acharnée qu'il a dû livrer au cours du procès de 1985. La police avait fait du bon travail, les pièces à conviction et les témoignages contre les Hells étaient particulièrement compromettants, néanmoins la partie n'était pas gagnée d'avance. « Ils disposaient d'un budget faramineux pour assurer leur défense, raconte Domingue. Ils pouvaient se payer les meilleurs avocats. »

Vincent et Domingue eurent en effet à surmonter plusieurs obstacles, dont un de taille : au douzième jour d'audience, l'un des membres du jury avoua qu'un Hells lui avait promis la somme de 100 000 $ en échange d'un verdict d'acquittement. Le juré – qui avait déjà reçu un à-valoir de 25 000 $ – fut inculpé et le procès continua avec les 11 jurés restants.

Au bout du compte, les deux procureurs eurent gain de cause : après trois longues années de poursuites, Vincent et Domingue obtinrent vingt verdicts de culpabilité contre un seul acquittement ; cinq des accusés furent condamnés à perpétuité.

Mais les politiciens semblaient un peu trop empressés de crier victoire. Certains allaient jusqu'à prétendre que le coup de grâce avait été porté, que le Québec avait été définitivement libéré de l'emprise des motards. Selon Domingue : « La police et les politiciens semblaient très heureux du résultat. Je ne sais pas si c'était de la naïveté de leur part, mais ils s'imaginaient vraiment que c'était la fin des Hells Angels. »

Ce ne sera malheureusement pas la dernière fois que les autorités sous-estimeront les Hells de la sorte. Il était vrai que les Hells Angels du Québec avaient été diminués, beaucoup diminués par les querelles intestines ainsi que par l'œuvre des informateurs et des magistrats, cependant ils n'avaient pas dit leur dernier mot. Deux individus, un jeune drogué en sevrage de l'est de Montréal et un petit dur qui aimait se battre dans les rues de Hamilton, étaient sur le point de sauver toute l'organisation.

Comme bien d'autres motards, Maurice Boucher tira de précieuses leçons des événements qui avaient mené à la débâcle des Hells Angels. Entre autres choses, le massacre de Lennoxville lui avait fait comprendre qu'il devait arrêter de consommer de la drogue pour être accepté par le groupe. Le commandant André Bouchard se souvient de l'atmosphère qui régnait à ce moment-là dans le cercle des motards : « Le massacre de Lennoxville leur a vraiment donné la chienne. Mom et ses chums ont compris qu'ils devaient arrêter leurs simagrées avec la drogue. »

Boucher prend donc la décision de ne plus se droguer. Après la dissolution des SS, il se rallie au chapitre de Sorel des Hells Angels. Le 1er mai 1987, il devient un membre à part entière de l'organisation. L'un de ses anciens confrères SS, Normand « Biff » Hamel, se joindra à eux peu après, cependant la plupart des amis de Boucher suivront à cette époque une tout autre voie. Salvatore Cazzetta et son frère Giovanni ne veulent pas faire partie d'une grosse organisation internationale dans laquelle ils n'auront pour ainsi dire aucun pouvoir. Plutôt que de se joindre aux Hells, les deux ex-SS fondent un club rival : les Rock Machine. Deux amis intimes de Mom Boucher adhéreront à la nouvelle bande, soit André Sauvageau et un colosse du nom de Paul « Sasquatch » Porter.

Au moment où les frères Cazzetta cimentaient les assises de leur nouvelle organisation, Boucher gravissait les échelons du pouvoir au sein des Hells Angels. Le club avait grand besoin d'un chef ambitieux et déterminé ; or, Maurice Boucher possédait ces deux attributs. En l'espace de quelques années à peine, il serait appelé à diriger la redoutable section Nomad des Hells et deviendrait le motard le plus puissant du Québec. Il faut dire aussi qu'il était un as de la promotion, conscient de son propre degré de visibilité et toujours partant pour s'afficher devant les caméras. « Il le faisait exprès, de dire André Bouchard. Dès que les Hells se montraient en public et que les médias étaient là, il se foutait droit devant la caméra, souriait et agitait la main pour mieux se faire voir. Mais il ne parlait jamais, et c'était tant mieux parce que, pour vous dire franchement, il était pas capable d'aligner deux mots l'un à la file de l'autre. »

Boucher n'était peut-être pas un intellectuel ou un brillant orateur, mais il était très certainement un leader né. Il possédait toutes les qualités d'un bon administrateur et son sens des affaires était particulièrement développé. «Il est très intelligent dans sa façon de gérer son entourage, concède le commandant Bouchard. C'est un vrai leader. Si c'était pas un bandit, il ferait un excellent gestionnaire d'entreprise.»

Maurice Boucher a sans doute des qualités honorables, mais il est aussi un homme cruel et sans pitié. S'il a le sentiment que quelqu'un menace son empire, il l'éliminera sans hésiter, peu importe qu'il s'agisse d'un ami ou d'un ennemi. «Il règne par la terreur. Les gens ne le respectent pas parce qu'il est digne de respect, mais parce qu'ils ont peur de lui.»

Les Hells qui faisaient partie de l'entourage immédiat de Maurice Boucher provenaient pour la plupart du même milieu que lui, c'est-à-dire qu'ils étaient des francophones issus de quartiers urbains défavorisés; d'autres avaient grandi à la campagne, dans quelque coin perdu du Québec. Ils étaient des provinciaux dans tous les sens du terme, ayant peu voyagé et s'intéressant peu à ce qui se passait par-delà les frontières du Québec. Trois Nomads faisaient toutefois exception à cette règle du fait qu'ils étaient canadiens-anglais. De ce trio, un homme de petite taille, natif de Hamilton, se démarquera. Walter Stadnick était un visionnaire doublé d'un homme d'affaires retors. C'est lui qui transformera l'organisation des Hells en un empire d'envergure nationale.

CHAPITRE 2

Le visionnaire

Il avait pressenti que c'était une mine d'or. À ses yeux,
les Hells Angels étaient une grosse compagnie et
c'était lui le P.D.G. Il voyait ça comme une grosse
organisation internationale et lucrative.
LE SERGENT JOHN HARRIS, POLICE DE HAMILTON

Avec son 1 m 63 et ses 72 kg, Walter « Nurget » Stadnick n'a pas un physique particulièrement imposant, surtout pour un motard. Pourtant, personne n'ose jamais le contrarier – on dit même de lui qu'il inspire le respect aux parrains de la mafia. Son sens de la discipline et des affaires l'a mené au sommet de l'organisation des Hells.

La majorité des associés de Mom Boucher œuvrent dans une localité bien précise. Les motards ont en effet tendance à limiter leurs activités à la ville ou à la région où ils ont grandi ; il est très rare qu'ils s'aventurent hors de ce territoire restreint. Stadnick, en revanche, était un véritable nomade : il était né et avait grandi à Hamilton ; il avait de la famille et des amis à Winnipeg ; et il était l'un des chefs des Hells au Québec.

Plus que tout autre, Stadnick s'est battu pour faire des Hells Angels un réseau national. Même si elles visaient à contrecarrer ses efforts, les forces de l'ordre ne pouvaient s'empêcher d'admirer sa ténacité et son esprit d'entreprise. « Il a tissé des liens très étroits avec un certain groupe d'individus, puis il les a façonnés comme il l'entendait » raconte Rick Lobban, un sergent-détective qui, pendant une vingtaine d'années, a suivi de près la carrière de Stadnick.

Jean-Pierre Lévesque, l'analyste de la GRC qui a enrôlé l'informateur Dany Kane, éprouve la même admiration envers le personnage. « Il voyageait partout au pays, dit-il. Il connaissait tout le monde et tout le monde le connaissait. Il entretenait vraiment pour les Hells de grandes aspirations ; il savait que plus leur nom serait reconnu, plus ils feraient d'argent. »

Wolodumyr Stadnick a grandi dans un quartier petit-bourgeois de Hamilton, en Ontario. Du temps où il fréquentait l'école secondaire, il avait formé avec une poignée de copains une bande qu'ils avaient baptisée les Cossacks. Les jeunes rebelles portaient des casques qui – du moins l'espéraient-ils – leur donnaient l'allure de féroces guerriers cosaques. La bande aimait courir dans les champs qui bordaient l'extrémité sud de la ville, mais Stadnick, plus sérieux, se lassa vite de ces jeux. En 1978, il se joint aux Wild Ones, qui avaient la réputation d'être de vrais durs. Aux dires de la police, les Wild Ones avaient l'habitude de faire le sale boulot de la mafia et d'autres organisations criminelles. Leur spécialité était de terroriser les petits commerçants en plaçant des bombes dans leur établissement, et ce, afin de leur soutirer de l'argent. « Les Wild Ones avaient mis sur pied une opération de racketérisme très sophistiquée » se souvient Ken Robertson. À cette époque, Robertson était sergent et il s'intéressait de très près aux activités de la bande. Trois décennies plus tard, le policier devenu chef de police de Hamilton serait de nouveau confronté à Stadnick.

Le jeune Walter n'était pas un criminel particulièrement imposant. John Harris a eu ses premiers démêlés avec Stadnick à la fin des années 1970. Harris n'était alors qu'un simple agent de police patrouillant les rues de la ville en uniforme et il se souvient qu'en ce temps-là Stadnick ne se démarquait pas vraiment physiquement. « Il était tout petit, dit le policier. C'était vraiment pas le membre le plus visible de la bande – je dirais même qu'il passait complètement inaperçu. Par contre, il était très intelligent. » Dans la décennie qui allait suivre, Harris allait devenir l'ennemi juré de Stadnick.

Sur le plan physique, Harris est l'antithèse de Walter Stadnick : ancien ailier défensif pour les Tigers Cats de Hamilton, il a le gabarit et la carrure d'un footballeur. C'est d'ailleurs en partie à cause de sa taille imposante – 122 kg, 1 m 98 – qu'il décroche le poste de spécialiste des motards de la police de Hamilton en 1981. « Je suis sûr que ma stature y était pour quelque chose, admet-il. Ils avaient besoin d'un colosse pour intimider les motards. »

À l'âge de 26 ans, Stadnick se rend à Montréal avec quelques-uns de ses amis motards. Leur but : se joindre aux Hells Angels. Pour un anglophone unilingue de l'Ontario – qui, de surcroît, appartient à un club pour le moins modeste –, il s'agit là d'une entreprise audacieuse.

Mais l'ambitieux Stadnick allait vite apprendre combien violente est la loi des motards. L'un des clubs les plus importants en Ontario, les Outlaws, ne vit pas d'un bon œil que Stadnick et les Wild Ones se joignent à une bande rivale et envoyèrent donc une équipe de truands à Montréal pour les éliminer. Les meurtriers à la solde des Outlaws ouvrirent le feu dans un bar de la métropole, tuant l'un des amis de Stadnick et en blessant un autre.

Les choses ne sont pas plus roses pour les Wild Ones en Ontario : les Outlaws font sauter un de leurs membres en connectant une charge explosive au contact de sa voiture ; deux autres Wild Ones meurent peu après alors que la bombe qu'ils fabriquent leur explose à la figure ; un quatrième membre perdra une jambe dans une autre explosion. En peu de temps, les Wild Ones ont pour ainsi dire été rayés de la carte.

Ce genre de carnage en aurait dissuadé plus d'un, mais Stadnick, lui, était bien décidé à continuer sur la voie qu'il s'était tracée. « À ce moment-là, raconte Harris, beaucoup de motards se sont dit : Peut-être bien que cette vie-là est trop dangereuse pour moi. Mais les purs et durs comme Stadnick ne s'en laissaient pas imposer ; ils voulaient toujours devenir des Hells Angels. Je suis sûr que Stadnick pensait que ce genre de choses ne lui arriverait jamais, qu'il était trop intelligent pour se faire piéger comme ça. »

Walter Stadnick décida donc de persévérer. Et sa ténacité porta fruit puisque, grâce à son charisme et à sa bravade, il réussit à s'intégrer au cercle de motards le plus hermétique et le plus redouté au pays. En 1982, Walter « Nurget » Stadnick devient un membre à part entière des Hells Angels. La chose force l'admiration : gagner la confiance des Hells du Québec était tout un exploit pour un anglophone. Lorsque les Hells ont célébré leur cinquième année d'activité au Québec, Stadnick fut invité au repaire de Sorel pour festoyer avec les grosses têtes de l'organisation, ce qui en dit long sur l'estime qu'on lui vouait.

Alors que d'autres motards bravaient chaque jour la mort dans la guerre qui les opposait à des bandes rivales et à la police, Stadnick, curieusement, a failli perdre la vie à cause d'un serviteur de Dieu. Nous sommes en septembre 1984, date qui marque le premier anniversaire du décès de Yves «The Boss» Bluteau, le regretté président national des Hells. Une procession de motards pétarade près de Drummondville ; ils se rendent à une fête donnée en mémoire de leur défunt chef. Au moment où les motos s'engagent dans une intersection, empressé de voir le pape Jean-Paul II – qui était alors de passage au Canada pour la première fois –, un prêtre brûle un stop et frappe de plein fouet le cortège des Hells.

Un motard perdit la vie lors de cette collision entre le ciel et l'enfer. Quant à Stadnick, son réservoir à essence explosa. Il racontera plus tard que la chaleur était si intense qu'elle avait fait fondre son casque. Il s'était instinctivement protégé les yeux et le visage en les couvrant de ses mains, ce qui avait quelque peu limité les dégâts ; néanmoins, il perdit plusieurs doigts et fut grièvement brûlé aux bras, au nez et aux joues. Le prêtre s'en sortit sans une égratignure.

L'avocat de Stadnick, Stephan Frankel, raconte que lorsqu'il a rendu visite pour la première fois à son client à l'hôpital St. Joseph's de Hamilton, il avait peine à le reconnaître tant ses brûlures étaient sérieuses. La guérison fut longue et pénible mais, tout au long du processus, Stadnick fit preuve d'un cran et d'une détermination remarquables. N'empêche que, alité de la sorte, le jeune motard était une proie facile pour les Outlaws. Stadnick était conscient de sa vulnérabilité et son anxiété se voyait avivée par le fait que Mario Parente, le chef des Outlaws, avait récemment tenté d'éliminer deux Hells de Montréal qui étaient de passage en Ontario. Stadnick devait faire quelque chose pour assurer sa propre sécurité. C'est alors qu'il eut une brillante idée.

Ce fut son épouse qui contacta le sergent John Harris. «Nous voulons savoir s'il est possible d'engager des policiers pour protéger Walter» demanda-t-elle. «Ça, c'est au chef d'en décider» de rétorquer l'autre.

Quelle ne fut pas la consternation de Harris lorsqu'il apprit que le chef de police avait approuvé la requête de madame Stadnick. «Je n'étais pas content, mais alors là pas du tout, admet-il. À mon avis, la décision du chef remettait en question notre intégrité. Quand on me disait que Stadnick avait les mêmes droits que les autres citoyens, je répondais : "Ouais, mais n'oubliez pas qui il est et ce qu'il est." »

Au terme de sa guérison, Stadnick retourne au Québec. Ce qu'il voit là le consterne : leurs rangs décimés par les querelles et les arrestations, les Hells pataugent, sans chef ni orientation précise. C'est dans ce climat marqué par le chaos et l'impuissance que Walter Stadnick, de concert avec un jeune loubard du nom de Maurice «Mom» Boucher, prendra la gouverne des Hells.

À première vue, le tandem Stadnick–Boucher semblait plutôt mal assorti : le premier était petit, chétif, anglophone et cultivé ; le second était grand, costaud, unilingue francophone et peu scolarisé. Ils avaient cependant une chose en commun : tous deux savaient que pour s'imposer et rester en vie dans les Hells, il fallait avoir une nature impitoyable. Chacun savait pertinemment qu'il avait besoin de l'autre. Le rôle de Boucher serait d'assurer la suprématie de la bande dans les milieux de la drogue et de la prostitution ; celui de Stadnick serait de donner aux Hells la vision nécessaire pour mener à bien leurs aspirations expansionnistes.

En 1988, les médias et la police rapportent que Walter Stadnick a été élu président national des Hells Angels. Encore une fois, il s'agissait là d'un exploit de taille pour un anglophone de l'Ontario qui, quelque six années plus tôt, avait osé se rallier à un groupe de motards francophones du Québec. Il est vrai que les options des Hells étaient limitées à ce moment-là, la majorité d'entre eux ayant été assassinés ou emprisonnés. «Stadnick a été élu par défaut, estime John Harris. Personne d'autre dans les Hells n'avait l'ancienneté ou les capacités intellectuelles nécessaires pour faire ce genre de boulot. »

Stadnick lui-même a toujours nié qu'il détenait un poste officiel au sein de l'organisation. «Ce sont les médias qui m'ont nommé président des Hells, rien que parce que je suis plus visible que les autres » déclarait-il. Mais la police de Hamilton avait bien du mal à croire que Stadnick n'avait pas bénéficié d'une solide promotion, surtout considérant qu'il s'affichait partout en ville au volant d'une Jaguar noire flambant neuve – qui, disait-on, n'était que l'un des nombreux avantages sociaux reliés à sa nouvelle fonction.

Si le titre de président national était approprié pour Stadnick, ce titre semblait beaucoup plus prestigieux qu'il ne l'était en réalité. Comment en effet pouvait-on prétendre diriger une organisation dont les chapitres préservaient jalousement leur autonomie, une organisation dont chaque membre répugnait à prendre des ordres de qui que ce soit ? Dans les faits, l'autorité de Stadnick était limitée. Plutôt que de donner des ordres, il se devait d'inciter tous ces motards récalcitrants à travailler ensemble. Mais la véritable force de Stadnick est qu'il avait une vue d'ensemble, une vision très nette de l'état de l'organisation au Canada. Il voyait bien qu'au Québec, les Hells se devaient de restaurer complètement leur infrastructure, tâche qui incomberait à Mom Boucher. Il voyait également que sur les deux côtes, soit à Halifax et en Colombie-Britannique, les nouveaux chapitres étaient en plein essor.

Stadnick était conscient que les Hells ne pourraient établir un réel empire au Canada sans une implantation systématique dans les provinces centrales. Pour ce faire, il devait cibler tout particulièrement le Manitoba et l'Ontario. Le Manitoba était le point de distribution à partir duquel la drogue était acheminée dans l'ensemble du pays ; quant à l'Ontario, et particulièrement la région du Golden Horseshoe, il représentait un point chaud pour la drogue, la prostitution et pour tous les autres produits de la criminalité. Or, Stadnick était l'homme qu'il fallait pour assurer l'expansion des Hells en Ontario. Bien qu'étant membre d'un chapitre québécois du club, il n'en était pas moins ontarien. Il connaissait bien le sud de cette province et avait une résidence permanente à Hamilton.

Cela dit, les Hells rencontreront en Ontario une farouche opposition. La province la plus riche au Canada comptait en effet déjà deux importantes bandes de motards : les Outlaws et les Satan's Choice. Les Outlaws n'aimaient pas les Hells et ils n'avaient pas Stadnick à la bonne. Au milieu des années 1980, ils avaient planifié de faire sauter, à l'aide d'un lance-roquettes, un bar de Hamilton géré par Stadnick. L'attaque ne fut prévenue que grâce à l'intervention de la police. Quant aux Satan's Choice, ils s'étaient associés aux Grim Reapers de l'Alberta et aux Los Brovos du Manitoba pour éviter d'être assimilés par les Hells. Un rapport de la GRC concluait que « [...] Les trois bandes, bien que demeurant indépendantes, semblent en être arrivées à une entente mutuelle destinée à les protéger contre toute agression extérieure ».

Accompagné de quelques émissaires québécois, Stadnick s'est employé à courtiser des clubs ontariens mineurs comme les Loners, les Para-Dice Riders et les Vagabonds. Les Loners n'ont pas refusé tout de go l'offre des Hells, cependant ils étaient réfractaires à toute alliance formelle. « Cette affaire est sur la glace pour le moment » affirmait Dany Kane aux agents de la GRC. Quant aux Vagabonds, ils invitèrent les représentants des Hells à une fête dont la sécurité était assurée par les Para-Dice Riders. Ceux-ci étaient divisés devant la perspective de se rallier aux Hells : la moitié d'entre eux était pour, l'autre moitié était contre. Kane rapporte néanmoins que : « Quand les Hells visitent les Riders à Toronto, ils sont toujours bien accueillis. »

Walter Stadnick était un homme patient et tenace. Une fois que son idée était faite, il n'abandonnait jamais la partie. En juin 1993, il organisa une équipée avec une centaine de Hells. Le groupe se rendit à Wasaga Beach, en Ontario, endroit que plusieurs bandes rivales fréquentaient assidûment. Par leur présence, les Hells tenaient à signifier à leurs rivaux qu'ils n'avaient pas dit leur dernier mot. Un policier qui était présent au rassemblement se souvient de l'effet produit par l'arrivée des Hells. « C'était comme s'ils disaient aux autres clubs : "Personne ne va nous dire où on peut ou ne peut pas aller. On va aller où ça nous chante, quand ça nous chante. C'était comme si on assistait à l'arrivée d'un monarque." »

Stadnick mit sept années à implanter les Hells en Ontario – mais, comme nous le verrons, il n'aura pas l'occasion de profiter des fruits de son labeur. Au bout du compte, son triomphe sera encore plus spectaculaire que ce que la police, les bandes rivales ou même les Hells eux-mêmes auraient pu imaginer.

Au Manitoba, les résultats furent moins longs à venir. Pourtant, de prime abord, les choses s'annonçaient plus compliquées dans cette province qu'en Ontario. De un, les Hells n'y étaient pas bienvenus ; de deux, Winnipeg comptait davantage de gangs que toute autre ville canadienne – plus de deux douzaines de bandes auxquelles adhéraient environ deux mille jeunes qui étaient presque tous des adolescents. De plus, le Manitoba abritait deux clubs de motards, les Spartans et les Los Brovos, qui étaient établis au Canada depuis 1967, soit près de dix ans avant les Hells. Ces gars-là étaient des motards plus traditionnels en ce sens qu'ils aimaient surtout se promener en moto et faire la fête. Ils trempaient bien sûr dans certaines activités illégales, mais leur organisation n'était pas aussi sérieuse ou aussi franchement criminelle que celle des Hells.

Rick Lobban connaît les motards de Winnipeg mieux que quiconque. Il fut un temps où ses cheveux gris, qu'il porte maintenant courts et bien coiffés, étaient longs et foncés. Il arbore toujours à l'épaule gauche le tatouage qu'il avait à l'époque et il demeure à ce jour un fervent motocycliste – quoiqu'il préfère les motos japonaises aux Harley. Lobban est entré dans la police de Winnipeg en 1975, à l'âge de 17 ans. Sept ans plus tard, il était nommé détective, ce qui lui permit d'évoluer au sein de la brigade des mœurs. « Je voulais devenir détective parce que je savais que ça me donnerait plus de liberté, explique-t-il. Je n'aimais pas la rigidité, la structure à laquelle on nous astreint quand on travaille en uniforme. »

En 1985, en raison de la politique de rotation des effectifs policiers de Winnipeg, Lobban se voit forcé de reprendre l'uniforme. C'est alors qu'il fera la connaissance de Ray Parry, une recrue de vingt-sept ans qui était dans la police depuis un an. « Rick s'intéressait aux motards, de dire Parry. C'est lui qui m'a donné la piqûre. »

Lorsqu'ils patrouillaient, les agents en uniforme évitaient autant que possible les motards, considérant qu'ils étaient du ressort de la brigade des mœurs. Sur ce point, Lobban et Parry différaient de leurs collègues. Les deux hommes ne dédaignaient pas montrer leurs couleurs aux motards du coin. Chaque mercredi soir, ils se rendaient au Grant Hotel, dans le quartier sud de la ville. Les membres des Los Brovos se réunissaient souvent là pour boire un coup. Les deux policiers y faisaient acte de présence, mais sans jamais forcer la note, simplement pour signifier aux motards que le territoire leur appartenait à eux aussi. « Nous les traitions de façon équitable et nous ne les provoquions jamais, précise Lobban. Notre but n'était pas d'entrer en conflit avec eux. »

Lobban savait que les Hells chercheraient éventuellement à s'implanter à Winnipeg. Il s'agissait après tout d'un point stratégique pour la distribution de narcotiques. La marijuana n'y transitait pas nécessairement, puisqu'on en faisait pousser un peu partout au Canada ; par contre, la cocaïne en provenance d'Amérique du Sud qui était expédiée à Halifax, à Vancouver et à Montréal devait obligatoirement passer par Winnipeg avant d'être acheminée vers l'Ontario et la Colombie-Britannique. Winnipeg était le point névralgique d'un couloir de trafic de drogue que s'étendait de l'est à l'ouest du pays. « Il était inévitable que les Hells viennent s'établir ici, de dire Lobban. Ce n'était qu'une question de temps. »

Or, ce temps est venu avec Walter Stadnick. Dans les années 1990, celui-ci ira très fréquemment à Winnipeg pour rendre visite à sa petite amie Tiffany et à leur fils Damon – nom qui, écrit à l'envers, s'épelle « Nomad ». Mais Stadnick ira là aussi pour inciter des bandes autonomes à se joindre aux Hells Angels et lorsque l'occasion se présentera, pour imposer sa loi.

Les motards du Manitoba entretenaient des sentiments mitigés envers les Hells. D'un côté, les membres des Spartans et des Los Brovos gardaient jalousement leur territoire et considéraient les Hells comme des envahisseurs ; en revanche, le pouvoir et le prestige des Hells avaient pour ces bandes manitobaines quelque chose de séduisant. « On a jamais vraiment accepté la présence des Hells, explique Ernie Dew, un membre vétéran des Los Brovos. Il faut comprendre que pendant des années c'était nous le plus gros club de la province. L'arrivée des Hells nous a fait mal à l'amour-propre. »

Dew a grandi sur une ferme à Snowflake, dans le Manitoba. Il a quitté le nid familial à 13 ans pour travailler dans une conserverie où il gagnait 1,75 $ de l'heure. Il se souvient qu'il avait économisé pour s'acheter sa première moto, une petite Keystone. Vinrent ensuite une Honda, puis une Suzuki et enfin une Harley FXR 1982. À l'âge de 22 ans, Kew s'était définitivement converti à la vie de motard. Apprenant la nouvelle, sa femme – il était marié à l'époque – lui avait posé un ultimatum : « Tu choisis : c'est moi ou la bande. »

Dew n'a pas hésité une seconde : « Bon, ben, à plus tard » lui avait-il lancé.

Peu après, il est devenu un Los Brovos. « J'aimais leur esprit de camaraderie. On était comme des frères qui se baladaient ensemble en moto. »

Malgré toute la fierté qu'éprouvait Dew en arborant les couleurs des Los Brovos, les Hells Angels, avec leur fabuleuse organisation, exerçaient sur lui un attrait certain. « Les Hells, c'est LE club, disait-il. Quand on devient membre, c'est comme de passer dans les ligues majeures. »

Du haut de son 1 m 93, Ernie Dew dominait Walter Stadnick ; néanmoins, il ne pouvait s'empêcher de ressentir une vive admiration à son égard. « Il est venu plusieurs fois à notre repaire, de raconter Dew. Je prenais toujours le temps de m'asseoir avec lui pour bavarder. C'était un homme intelligent et très respecté. »

En ce temps-là, Stadnick essayait tant bien que mal de convaincre les motards du Manitoba de s'unifier – ou du moins d'arrêter de se battre entre eux. Dans le cas des Los Brovos, le problème était qu'ils n'arrivaient pas à s'entendre avec leurs rivaux, les Spartans. Les deux clans avaient brièvement fusionné en 1984, portant ainsi leurs rangs au nombre impressionnant de 130 membres mais, selon Lobban, « chaque club est resté distinct ; ils ne parvenaient pas à se fondre en un tout homogène ».

Certains membres des Spartans n'approuvaient pas la fusion et ont formé une bande secrète, les Silent Riders. Leur leader, une brute à la barbe épaisse du nom de Darwin Sylvester, avait amorcé des pourparlers avec les Hells de Montréal en 1980 et 1983. Maintenant qu'il était à la tête de son propre club, il entreprit de courtiser à nouveau les Hells Angels, allant même jusqu'à rendre visite aux chapitres de la Colombie-Britannique. La réaction des leaders des Los Brovos ne se fit pas attendre : contrariés d'abriter une bande de dissidents dans leurs rangs, ils déclarèrent la guerre aux Silent Riders qui se virent forcés de brûler leurs couleurs et de se séparer.

Quelques années plus tard, Sylvester est reconnu coupable de trafic de drogue et de possession d'armes. À sa sortie de prison en 1990, il décide de reconstituer les Spartans dans le but avoué de s'en prendre aux Brovos.

Les deux bandes – les Los Brovos et la nouvelle mouture des Spartans – courtiseront avec une ferveur égale les Hells Angels. De leur côté, les Hells mettront un temps à choisir lequel des deux clubs candidats mérite de porter ses couleurs. Stadnick visitera fréquemment les deux factions rivales pour tenter de déterminer laquelle a le plus de potentiel. « Stadnick avait beaucoup d'influence sur les motards de Winnipeg, et ça, même avant que les Hells s'installent ici, affirme Ray Parry. Il avait mis sur pied son propre réseau d'associés. »

Les Spartans prirent une longueur d'avance en septembre 1993 alors que la police portait un grand coup à leurs rivaux. Dans la plus importante razzia de l'histoire de la ville, les forces de l'ordre saisirent 20 millions de dollars en cocaïne et en héroïne ; des descentes de police furent effectuées dans 70 résidences, dont le repaire des Brovos, et 16 membres du club furent inculpés pour trafic de drogue et blanchiment de fonds. Les médias firent grand cas de l'opération mais, malheureusement, il s'agissait plutôt d'un coup de publicité ponctuel pour la police et les politiciens. La rafle n'aura aucun effet à long terme puisque, au bout du compte, trois des seize Brovos qui furent arrêtés à cette occasion seront choisis pour former le premier chapitre manitobain des Hells Angels. Aucun des Spartans de Winnipeg ne sera admis dans l'organisation.

Pendant que les autorités se félicitaient de leur coup de filet, Walter Stadnick enrichissait ses effectifs au Manitoba. En 1995, il contribuera à la création d'une troisième bande, les Redliners, qui sera presque exclusivement composée de Spartans désenchantés du leadership de Darwin Sylvester. Les Redliners étaient destinés à devenir le club-école des Rockers, qui étaient eux-mêmes le club-école des Nomads au Québec. En procédant de la sorte, Stadnick distanciait les dirigeants des Hells – et lui-même par la même occasion – des activités criminelles de leurs sous-fifres, le but étant de tirer les ficelles en prenant le moins de risques possible.

« Avec les Redliners, Stadnick voulait créer un groupe qui aurait le pedigree nécessaire pour devenir un chapitre des Hells » déclare Lobban. Et au début, tout indiquait que son plan allait fonctionner.

Les nouveaux protégés de Stadnick établirent leurs quartiers généraux au 929, rue Notre-Dame. Il s'agira du premier repaire de motards bâti selon le concept du «bunker». Tout fut peint en noir et en gris – couleurs de leur club affilié, les Rockers – et un système de sécurité sophistiqué fut mis en place : portes électromagnétiques, génératrice électrique, caméras de surveillance, etc. Au bout du compte, la structure de parpaings et de plaques blindées, avec ses cloisons remplies de sable, était une véritable forteresse.

Ray Parry se rappelle qu'à l'époque Stadnick se rendait souvent à Winnipeg pour prendre connaissance des progrès de ses poulains. Il affichait à leur égard un souci maniaque du détail, allant jusqu'à spécifier la longueur à laquelle ils devaient porter leurs cheveux. «Les membres des Redliners avaient tous une apparence impeccable, voire raffinée, de raconter Parry. Ils soignaient leur *look* et étaient toujours bien coiffés… Dans leur apparence et dans leur comportement, ils calquaient la façon de faire des Hells Angels. En tous cas, les Redliners se démarquaient vraiment des autres clubs de motards du Manitoba.»

Selon ce que Kane révélera à la GRC, déclaration qui fut déposée devant les tribunaux, Stadnick s'était rendu au Manitoba en 1995 «afin d'établir le corridor de vente de drogue entre Thunder Bay, en Ontario, et Winnipeg». Moins d'un an après leur implantation à Winnipeg, le service de livraison des Hells est pleinement opérationnel. Kane énumère ainsi les détails d'une livraison effectuée à la mi-avril 1996. Tout d'abord, un courrier part de Montréal et prend le train pour Winnipeg avec 3 kg de cocaïne – 3,5 kg qui seront livrés à Toronto sur le chemin du retour. À Winnipeg, un contact lui donne les cartes d'affaires de neuf hôtels locaux. Les cartes sont numérotées de un à neuf : Place Louis-Riel est le numéro 1, le Sheraton est le numéro 2, le Windsor Park Inn est le numéro 3, etc. Le courrier se choisit un hôtel parmi ceux-là, prend une chambre et compose un numéro de téléavertisseur qui lui a été donné auparavant – en l'occurrence, le 204 931 1695. Il communique alors les chiffres correspondant au numéro de téléphone de l'hôtel et à son numéro de chambre. Seules les personnes qui sont en possession de la liste numérotée des hôtels peuvent déchiffrer ce code. Peu après, quelqu'un se présente à sa chambre pour prendre livraison de la marchandise. «Le gars qui est venu chercher la coke n'est lui aussi qu'un courrier pour Stadnick, affirmait Kane. Les courriers de l'organisation ne se connaissent pas et ils ne posent pas de questions. » Le courrier montréalais se rendait ensuite au deuxième hôtel et répétait le processus.

Pour qu'une affaire aille rondement, il faut un minimum de stabilité. Or, les motards sont des individus instables et violents. Stadnick dut donc travailler d'arrache-pied pour endiguer les rivalités existant entre les Redliners, les Spartans et les Los Brovos. Ernie Dew, vétéran des Brovos, raconte : « La guerre a duré des années. Il y a eu des fusillades, des batailles à coups de couteau et des attentats à la bombe. » En 1996, trois motards associés aux Brovos assassinent trois Redliners pour une histoire de drogue et de prostitution. Les exécutions sont particulièrement brutales, même selon les critères extrêmement violents des motards : les victimes seront poignardées à répétition ; leurs corps seront mutilés et leurs yeux arrachés.

Selon Parry : « Stadnick a fait son possible pour calmer les esprits. Il voulait rétablir la paix parce que la guerre entre les gangs nuisait aux affaires. »

En septembre 1997, les Spartans commettent une grave bévue alors que deux de leurs membres violent une adolescente. Pour les aspirants Hells Angels, l'incident est catastrophique. Les Los Brovos deviendront dès lors les favoris des Hells, choix qui sera manifeste le week-end du 18 octobre 1997, à l'occasion du treizième anniversaire des Brovos. Stadnick se présentera au repaire de la bande le mardi précédant le début des festivités, suivi peu après par un long cortège de Hells en provenance de tous les coins du pays.

Le repaire des Brovos se trouvait dans une ancienne église philippine du quartier Elmwood. En prévision de la fête, la bande avait fixé des plaques blindées aux fenêtres et installé des caméras de surveillance. Pour les besoins de la cause, l'autel qui avait autrefois accueilli les rites du culte fut transformé en bar.

Pour les Los Brovos, l'événement devint un exercice de relations publiques ; les célébrations du week-end visaient en effet à inclure tous les résidents du quartier. Encore une fois, l'influence des Hells se faisait sentir : c'était eux qui, les premiers, avaient compris l'importance d'une image publique positive. Dans sa couverture de l'événement, la *Winnipeg Free Press* parlera de « *biker kindness* » – la gentillesse des motards. Une commerçante locale particulièrement entreprenante installera même un stand à hot-dogs à proximité du repaire des Brovos. « Ils ont acheté des hot-dogs à tous les enfants du quartier » racontera-t-elle.

Les résidants âgés du quartier se diront enchantés de leurs nouveaux voisins. « Voilà 33 ans que j'habite ici et je ne me suis jamais senti aussi en sécurité, affirmera l'un d'eux. Tant que les motards seront là, les cambrioleurs n'oseront pas venir chez moi. »

Au terme des festivités, les Hells annoncèrent que les candidatures de vingt-quatre Brovos et de neuf de leurs associés était retenues à titre d'essai ; avant de devenir membres à part entière, les postulants allaient devoir prouver à Stadnick qu'ils étaient dignes de porter les couleurs du club.

Les choses avaient bien changé dans l'univers des motards depuis quelque temps. On se souviendra de l'époque où les Los Brovos s'étaient associés aux Grim Reapers d'Alberta et aux Satan's Choice de l'Ontario dans le but de juguler l'expansion des Hells. Or, en juillet 1997, les Hells Angels réussissaient à assimiler les Reapers et courtisaient ouvertement Satan's Choice. Ernie Dew se souvient qu'au Manitoba, les Hells avaient mené une campagne de recrutement assidue : « Ils ont absorbé les Grim Reapers en Alberta, puis ils sont venus nous trouver en disant : "Allez, les gars, faites comme les autres, joignez-vous à nous. Eh ben, c'est ce qu'on a fait." » Le policier spécialiste des motards Rick Lobban a une vision plus prosaïque de la chose : « Pour les Brovos, s'associer aux Hells était une question de survie. S'ils ne l'avaient pas fait, ils auraient été annihilés. »

Une fois leur choix arrêté aux Brovos, les Hells Angels n'avaient plus besoin des Redliners et la bande fut dissoute quelques mois plus tard. Un seul d'entre eux sera récupéré par Los Brovos : Bernie Dubois, le protégé de Stadnick. Les Hells remplaceront ensuite les Redliners par un autre club-école : plus dangereux et plus violents que leurs prédécesseurs, les Zig Zags sèmeront la terreur dans les rues de Winnipeg.

Bien que la crème des motards du Manitoba se trouvait maintenant rassemblée sous l'emblème des Hells, la police et les politiciens ne faisaient toujours rien pour enrayer l'expansion du club mythique. « Quand les Hells Angels sont arrivés au Manitoba, les autorités d'ici n'ont rien fait pour adapter le système policier et judiciaire à la menace qu'ils représentaient, de dire

Gord Mackintosh, un politicien qui faisait partie de l'opposition à l'époque. Je me souviens que lorsque j'ai abordé le sujet des gangs et du crime organisé à l'Assemblée dans les années 1990, un des ministres m'a ri au nez. »

Les rires se sont tus lorsque les bombes ont commencé à sauter et les coups de feu à résonner dans les rues de Winnipeg. Et, à ce moment-là, Mackintosh était en bonne position pour agir.

Au cours des années 1990, Stadnick a évité la prison à maintes reprises en remportant plusieurs batailles judiciaires. Pour une raison ou une autre, les tribunaux ne parvenaient jamais à le reconnaître coupable de quoi que ce soit. Le 16 juin 1992, la GRC arrête Stadnick à l'aéroport de Winnipeg, alors que celui-ci cherchait à transporter plus de 81 000 $ en liquide. En vertu de la loi sur le contrôle des stupéfiants, le président national des Hells est accusé de possession de produits de la criminalité. Mais arrêter quelqu'un qui transporte beaucoup d'argent est une chose ; prouver que cet argent provient de la vente de drogue en est une autre.

Deux mois plus tard, Stadnick et un de ses bons amis, Donny Magnussen, font la fête au cabaret Rolling Stone ; des membres des Spartans et des Los Brovos ainsi que quelques prostituées les accompagnent. Deux agents de la police de Winnipeg, qui n'étaient pas en service à ce moment-là, ont la mauvaise idée de se moquer d'eux et de les provoquer. Les fauteurs de troubles furent promptement éconduits par les videurs de l'établissement, mais les témoins oculaires rapportent que, une fois dehors, les policiers ont poussé le sacrilège à l'extrême en enfourchant la Harley de l'un des motards. Une bataille féroce s'ensuivit... et les deux policiers se retrouvèrent à l'hôpital, le visage couvert de coupures et d'ecchymoses. Stadnick et Magnussen furent arrêtés, mais la Couronne, choquée du comportement inconvenant des gardiens de la paix, a retiré les accusations.

Le procès dans lequel Stadnick ferait face à des accusations de possession de produits de la criminalité devait débuter le 4 octobre 1993, mais dut être reporté à une date ultérieure à cause d'un article paru dans le *Winnipeg Sun*, qui faisait état de la carrière de Stadnick et l'identifiait comme le chef des Hells. L'avocat de Stadnick a immédiatement demandé un arrêt des procédures, prétendant qu'à cause de l'article, son client ne pouvait espérer un procès équitable. L'avocat estimait par ailleurs que Melanie Verhaeghe, la jeune journaliste qui avait écrit l'article, se devait de révéler ses sources à la cour.

Verhaeghe découvrit bientôt que Don Magnussen, l'ami de Stadnick, la prenait régulièrement en filature. « Chaque fois que je me retournais, dit-elle, il y avait un grand type blond aux cheveux longs qui était là dans une jeep noire. J'avais vraiment très peur. » Aux dires de Verhaeghe, l'avocat de Stadnick l'aurait approchée à la fin du procès et lui aurait dit : « On sait tout de toi. » L'avocat aurait en effet engagé un détective privé pour suivre la journaliste et capter ses moindres mouvements sur vidéo.

Au bout du compte, le juge décida de rejeter la requête d'arrêt des procédures. Le procès eut donc lieu, mais le procureur de la Couronne retira les accusations 15 mois plus tard, faute de preuves. « M. Stadnick est très heureux qu'il n'y ait pas eu de condamnation » déclarait son avocat. Il ne dira cependant pas ce que son client faisait à l'aéroport de Winnipeg avec une somme pareille.

Les autorités n'eurent pas plus de chance lorsque Stadnick fut arrêté en Ontario pour « possession de drogue en vue de faire le trafic ». Il était à ce moment au domicile de l'ancien président des Satan's Choice, Douglas Freeborn. Stadnick était en possession de 330 g de haschisch, mais Freeborn déclara aux policiers que la drogue lui appartenait. Encore une fois, le chef des Hells s'en était tiré à bon compte. Plus tard, alors qu'une roulotte appartenant à Stadnick était sous surveillance, un policier trouva sur le terrain environnant un contenant Tupperware rempli d'amphétamines. Les agents replacèrent le contenant là où ils l'avaient trouvé, espérant attraper Stadnick la main dans le sac quand celui-ci viendrait le récupérer. Mais Stadnick ne vint jamais et les policiers durent se contenter de détruire les narcotiques.

« Stadnick n'avait pas son pareil pour éviter les tribunaux, déclare Don Bell de l'Unité de lutte contre les bandes de motards. Tout le monde savait qui il était et ce qu'il faisait, mais il était trop rusé pour nous. Parce qu'il ne s'impliquait jamais directement dans ses activités criminelles, il était très difficile de recueillir des preuves contre lui et de l'inculper. En tant qu'enquêteur spécialiste des motards, il m'en coûte de dire ça, mais Stadnick personnifiait le professionnalisme des Hells. »

Stadnick allait parfois jusqu'à porter des accusations contre la police elle-même. Le sergent John Harris reçut un jour un coup de fil de Stadnick dans son bureau de Hamilton.

« Je veux parler au sergent Harris, dit la voix au bout du fil.

— C'est moi-même, de répliquer Harris.

— Walter Stadnick à l'appareil.

— C'est une blague, c'est ça ? fit le policier interloqué.

— Non, non ! C'est bel et bien moi, Walter Stadnick ! » d'insister le leader des Hells, visiblement offusqué du scepticisme de son interlocuteur.

Harris demanda à Stadnick s'il ne voulait pas venir lui rendre visite, rien que pour discuter. Le motard, bien entendu, refusa l'invitation. Il détestait parler aux policiers, mais détestait encore davantage être vu en leur compagnie, disait-il.

« Je veux porter plainte, continua Stadnick. La boucle de ma ceinture est foutue. »

Le président des Hells possédait en effet une boucle de ceinturon en or massif sur laquelle était gravé le logo de la bande. À ses dires, ce bijou, qui était de toute évidence de très mauvais goût et pesait plus de deux kilos, avait été abîmé lors d'une arrestation. Stadnick exigeait réparation. Harris rétorqua qu'il ne savait rien de cette affaire, puis raccrocha brusquement. Le motard intentera par la suite une poursuite contre Harris et les autres policiers qui l'avaient arrêté et réclamera 500 $ en dommages et intérêts.

La cause fut entendue à la cour des petites créances. Le juge n'accorda pas au chef des Hells son 500 $, mais l'avocat de Stadnick, Stephan Frankel, soutenait que son client venait de remporter une victoire d'ordre moral. « Les responsables ont dû se présenter à la cour pour répondre de leurs actions, dit-il. Il s'agissait d'une question de principe. Mon client voulait leur dire: "Écoutez, vous n'avez pas le droit de me marcher sur les pieds rien que parce que ça vous chante ! " »

S'il est une chose que Stadnick n'aurait su tolérer, c'est qu'on lui marche sur les pieds – ou sur ceux des Hells. Maintenant que son organisation était bien implantée au Manitoba, il était plus que jamais déterminé à réaliser sa vision d'un empire criminel national. Pour ce faire, il lui manquait une chose : le territoire de l'Ontario. Poussé par son désir de réussir, il commettra cependant une erreur capitale.

Stadnick et ses collègues québécois décidèrent que la première chose qu'ils devaient faire pour infiltrer l'Ontario était d'y constituer un club-école. Il s'agissait en somme de la même stratégie qu'ils avaient appliquée au Manitoba avec les Redliners. L'établissement d'un club-école était un excellent moyen pour les Hells d'afficher leurs couleurs au nez et à la barbe de cette bande qui monopolisait le territoire ontarien depuis trop longtemps déjà : les Outlaws.

Fondés en 1993, les Demon Keepers seront le premier club-école des Hells en Ontario. Pour diriger la bande, les leaders québécois choisiront un jeune motard brillant et plein de promesses du nom de Dany Kane. Stadnick avait un faible pour Kane, sans doute parce qu'il s'identifiait à lui – à l'instar du chef des Hells, Kane était plus calme, plus posé que la majorité des motards.

Quelle que soit la raison pour laquelle Kane fut choisi, il n'en demeure pas moins qu'il s'agissait là d'un risque considérable pour l'organisation. Dans l'univers sinistre et dangereux des motards, tout le monde doit se méfier de tout le monde. Or, Stadnick dérogera à cette règle en faisant confiance à Dany Kane. Ce sera là l'erreur la plus monumentale de sa vie.

CHAPITRE 3

Kane le traître

Dany Kane a le goût du risque. C'est son petit côté James Bond.
BENOÎT ROBERGE, SERGENT-DÉTECTIVE DE LA POLICE DE MONTRÉAL

Notre objectif global était de faire de lui un agent d'infiltration afin qu'il puisse incriminer tout le chapitre des Nomads.
GAÉTAN ST-ONGE, SERGENT À LA GRC

Le petit village de L'Acadie est enfoui dans un coin perdu de la campagne, à une trentaine de kilomètres au sud de Montréal. Lorsqu'un automobiliste s'y arrête, c'est généralement parce qu'il s'est égaré. Comme tant de villages québécois, son unique monument historique est une église catholique érigée en 1802. La flèche de son clocher est seule à transpercer l'horizon dans une mer étale de culture maraîchère qui se déploie dans toutes les directions sur plusieurs kilomètres. En hiver, le minuscule hameau est à la merci des vents et de la neige et, dans la chaleur moite et torride de ses étés, quelques rares érables constituent les seules oasis de fraîcheur. On y trouve une école, une épicerie, un bureau de poste, et pas grand-chose d'autre.

À l'entrée du village, on aperçoit un bungalow dont les parements d'aluminium sont couleur coquille d'œuf: c'est là qu'a grandi Dany Kane. Il a passé sa jeunesse sur les berges de la rivière L'Acadie, entouré de granges et de fermes bretonnes centenaires, au sein d'un décor bucolique bien différent des banlieues ontariennes de Walter Stadnick et du quartier pauvre de Hochelaga-Maisonneuve qui fut l'univers de Mom Boucher. Pour certains, ce type de paysage rural est synonyme de paix et de tranquillité, mais pour Kane, ce sera le tremplin qui le propulsera dans un monde d'infamie et de violence.

Dany Kane est né en octobre 1968. Son père, Jean-Paul Kane, exerce le métier de briqueteur; sa mère, Gemma Brideau, une Acadienne du Nouveau-Brunswick, reste à la maison pour s'occuper de Dany et de ses deux sœurs. Les Kane sont pauvres et la mère est souvent malade. Pour alléger le fardeau de la mère, Dany est confié à un oncle qui habite un village voisin. C'est là qu'il passera ses semaines, ne retournant chez lui que pour les weekends et les jours fériés. Dany sera le seul des enfants Kane à être écarté de la sorte – ses sœurs resteront toujours auprès des parents. Se sentant délaissé, abandonné, le jeune Dany se repliera sur lui-même et développera ce tempérament solitaire qui le caractérise.

Lorsque Dany réintégrait le foyer familial, son plus grand plaisir était de donner un coup de main à son père. Germain Godin, qui à l'époque était propriétaire de l'unique épicerie de L'Acadie, se souvient que père et fils étaient pratiquement inséparables. Le frêle petit garçon se montrait toujours empressé d'assister son papa dans ses diverses activités. Et quand il n'était pas aux côtés du paternel, Dany travaillait à l'épicerie pour se faire un peu d'argent de poche. « C'était un bon employé, de dire l'ancien épicier, il était toujours très poli. Je n'ai jamais eu de problème avec lui. D'ailleurs, les Kane étaient une bonne famille. »

Sur le plan scolaire, Dany n'est pas particulièrement doué. Enfant actif, il a du mal à rester assis des heures durant sur un banc d'école à écouter sagement le professeur. À 16 ans, il quitte définitivement l'école et se déniche un boulot. C'est alors qu'il se lie d'amitié avec Robert Guimard, un voisin de ses parents. Guimard initiera le jeune Dany à la motocyclette. Aux commandes de sa première moto, Kane découvrira l'univers des motards, leurs combines et, surtout, leurs bars de danseuses.

À 17 ans, Kane commet son premier délit, un vol avec effraction. Il travaillera ensuite pour Patrick Lambert, un motard appartenant aux Condors, un petit club de Saint-Hubert. Un an plus tard, Kane devient membre des Condors. Peu après son intromission, il est de nouveau inculpé pour vol avec effraction; la cour le condamnera à payer une amende de 250 $. Ces premiers délits ne firent sans doute pas de lui un dangereux criminel, néanmoins, ils lui ont permis de gagner la confiance et le respect des Condors. Sa carrière de motard criminalisé était bel et bien lancée. Kane travaillera pour Lambert pendant six mois et gagnera environ 700 $ par semaine en approvisionnant les *dealers* de la région en drogues de toutes sortes.

Lorsque les Condors fusionneront avec un club satellite des Hells Angels, les Evil Ones, Kane se verra forcé de prouver sa valeur aux nouveaux associés. Contrarié par cet état de choses, il quittera la bande pour mettre sur pied son propre réseau de vente de drogue, d'armes et de cigarettes de contrebande. Il établira six principaux points de vente dans des bars situés au sud de L'Acadie, près de la frontière américaine ; il fera également la livraison à domicile pour quelques clients réguliers.

De 1990 à 1992, le commerce de la drogue permettra à Dany Kane de réaliser un profit net de 3 000 $ par semaine. Durant cette même période, il vendra entre 30 et 50 armes à feu – chaque transaction lui rapportant de 300 $ à 400 $ supplémentaires –, mais il apprendra aussi à fabriquer des bombes. Il s'achètera ensuite 4,5 kg de plastic C4 au coût de 5 000 $ et s'exercera à faire exploser des souches. Lorsque les autorités ont vent de son manège, Kane déclare qu'il n'a pas l'intention de faire sauter qui que ce soit ou quoi que ce soit. En dépit de ces bonnes paroles, il n'hésitera pas, quelque temps plus tard, à dynamiter le Delphis, un bar de La Prairie.

Les aléas de ses activités criminelles contraindront bientôt Dany Kane à user de violence. À un moment, il battra sauvagement trois clients qui n'avaient pas réglé leurs dettes ; il enfoncera le canon de son arme dans la bouche d'un des hommes, promettant qu'il lui fera sauter la tête s'il ne paie pas. En septembre 1992, Kane et trois de ses acolytes s'en prennent à deux individus qui lui ont subtilisé des armes. Kane matraque l'un d'eux à coups de pistolet et lui tire accidentellement une balle au visage. La police l'arrête et, lors du procès qui s'ensuivra, Kane plaidera coupable à des charges de kidnapping, de complot pour meurtre, de voies de fait, d'usage illégal d'une arme à feu et de possession d'une arme à feu avec numéro de série effacé. Il sera condamné à 25 mois d'incarcération.

En janvier 1994, après avoir passé dix mois en prison et cinq mois en maison de transition, Dany Kane redevient un homme libre. Son séjour en taule lui confère un certain prestige auprès de la communauté criminelle locale.

Jusque-là, Kane avait choisi de demeurer à l'écart des motards. À sa sortie de prison, il découvre que ses ex-confrères des Evil Ones se sont emparés de son territoire. Kane se voit donc dans l'impossibilité de reprendre ses lucratives activités criminelles. Acculé à une impasse, il est néanmoins trop orgueilleux pour se joindre de nouveau aux Evil Ones – cela aurait été pour lui comme d'admettre sa propre défaite. C'est alors qu'il décide d'outrepasser la hiérarchie de son ancien club-école et de proposer sa candidature directement aux Hells Angels.

L'audace de Kane portera fruit : Stadnick et un autre Hells anglophone, David «Wolf» Carroll, accepteront de lui accorder leur parrainage. Carroll, un natif de Halifax, était en charge des chapitres de la côte Est. Il était également l'une des figures de proue du chapitre montréalais, qui contrôlait les Evil Ones. Stadnick et Carroll connaissaient Kane et lui faisaient confiance. Pas étonnant, compte tenu que Kane savait se tenir – contrairement à la majorité des motards, il ne passait pas son temps à râler et à se lamenter –, qu'il ne buvait pas, ne prenait pas de drogue et avait une personnalité attachante. Kane était par ailleurs intelligent et fiable ; lorsqu'on lui demandait de faire une chose, on pouvait être certain qu'elle serait faite. Et puis il savait tenir sa langue. En fait, sa seule réelle faiblesse était le sexe. Il se vantait souvent de ses prouesses amoureuses et de la longueur de son membre, mais il y avait une chose qu'il tenait secrète : il était bisexuel. Kane taisait la chose parce que, dans l'ensemble, les motards n'aiment pas les gays.

Travailler pour les Hells fut pour Kane une expérience éprouvante. Il devait être disponible 24 heures sur 24, 7 jours sur 7. Ses fonctions étaient multiples : on se fiait à lui pour livrer de la drogue, des armes et des femmes ; il était le chauffeur particulier de Carroll et de Stadnick ; lorsque les motards organisaient une fête, il devait assurer la sécurité. Qui plus est, Kane devait lui-même assumer toutes les dépenses encourues dans l'exercice de ses fonctions – les Hells Angels sont particulièrement radins de ce côté-là. Après une année entière de ce régime, Kane commençait à fatiguer. Il était par ailleurs très contrarié du fait que Stadnick et Carroll n'avaient toujours pas fait de lui un membre à part entière.

Il se prenait souvent à songer au temps où c'était lui le patron, lui qui décidait. Maintenant, il n'était plus qu'un subalterne, un vulgaire homme de main.

Dans l'organisation des Hells Angels, une recrue fait généralement ses débuts au sein d'un club satellite. Si elle fait bien son travail, elle sera promue au rang de *hangaround* – membre aspirant. À ce stade, la recrue n'est pas autorisée à porter les couleurs des Hells, mais elle est néanmoins considérée comme partie intégrante du club. L'étape suivante est celle de *prospect*, c'est-à-dire candidat ou membre apprenti. Le *prospect* est autorisé à porter un écusson indiquant le nom du chapitre auquel il appartient. Si tout se passe bien, il sera ensuite sacré membre *full patch* et portera les pleines couleurs du club. Certains mettront des années à gravir tous ces échelons ; d'autres n'y parviendront jamais. C'est qu'il s'agit là d'un processus complexe qui tient compte à la fois du potentiel du Hells en herbe et de ce qu'il peut apporter à l'organisation. Pour qu'un nouveau membre soit admis, il faut aussi qu'il y ait un poste vacant. Ceux qui sont jugés plus profitables à l'organisation en tant que subalternes seront gardés indéfiniment à ce niveau. De même, ceux qui ne contribuent pas suffisamment au succès financier des Hells se verront cantonnés aux plus bas échelons de sa hiérarchie. Et si aucun membre en règle ne consent à vous parrainer, alors vos chances d'accéder aux échelons supérieurs sont pratiquement nulles. La plupart des subalternes qui travaillent pour les Hells abandonnent au bout d'un moment – quand ils ne finissent pas en prison ou au cimetière. Seul un très faible pourcentage d'entre eux arborera un jour les pleines couleurs.

Voilà plusieurs années que Dany Kane travaillait pour les Hells. Or, il n'avait toujours pas été nommé *hangaround*. Sa chance tournera cependant en 1993 lorsque Carroll et Stadnick lui demanderont de mettre sur pied trois chapitres satellites à Cornwall, Ottawa et Toronto. Le nouveau club s'appellerait les Demon Keepers et Kane en serait le chef. Il s'agissait là d'une opération importante puisqu'elle marquerait le début de l'implantation des Hells en Ontario. La première mission de Kane serait de prendre possession d'un territoire en bordure de Toronto, puis de déclarer une guerre ouverte aux Outlaws. Tout à coup, l'avenir s'annonçait plus rose pour Dany Kane.

Une fois la bande établie, Kane et ses Demon Keepers ont commencé à afficher leurs couleurs en Ontario, dans de petites municipalités tell Belleville, et ce, dans le but d'intimider les bandes rivales et de les convaincre de se rallier aux Hells Angels. « Lors de mon séjour en Ontario, nous avons fait plusieurs complots de meurtre pour éliminer le groupe de motards les Outlaws, révélera Kane, sept ans plus tard, dans la confession écrite qu'il livrera à la police. On a commencé à les surveiller et à surveiller les bars qu'ils fréquentaient. » Le policier montréalais qui allait travailler avec Kane, le sergent-détective Benoît Roberge, raconte comment les choses se sont passées à l'époque : « L'attitude des Hells était : Nous voulons le territoire de l'Ontario et nous le prendrons par la force s'il le faut. Ils ont décidé que la meilleure façon d'impressionner les motards ontariens était de tuer des Outlaws. »

Kane se retrouva à la tête d'un groupe qu'il qualifiera plus tard de « parfaits imbéciles ». Ceux-ci ne lui accordaient par ailleurs pas le respect que l'on doit à un chef. David Carroll était là, mais il ne lui était d'aucun secours du fait qu'il buvait beaucoup. Quant à Stadnick, il était trop occupé à courtiser les Para-Dice Riders et les Satan's Choice pour prêter main-forte à Dany Kane. Celui-ci commençait d'ailleurs à se demander si Stadnick n'était pas en train de se servir de lui comme d'un pion sur un échiquier. Le plan du grand chef était peut-être de détourner l'attention des autorités vers Kane et sa bande ; de cette manière, Stadnick pourrait s'employer à rallier les plus gros clubs de l'Ontario aux couleurs des Hells sans avoir la police sur le dos.

Frustré et rongé par l'incertitude, Kane n'en continua pas moins de remplir vaillamment sa mission. Puis arriva la date fatidique du 1er avril 1994, date que les Demon Keepers s'étaient fixée pour passer à l'action et éliminer les Outlaws. Ce qu'ils ignoraient, c'est que les autorités québécoises avaient averti la Police provinciale de l'Ontario (OPP) que quelque chose se tramait du côté des Hells. Lorsque Kane et ses acolytes arrivèrent à Belleville pour mettre leur plan à exécution, les forces de l'ordre les attendaient de pied ferme. Kane, qui avait deux revolvers chargés dans sa voiture, fut seul à être inculpé. Le chef des Demon Keepers avait été pris au piège alors que sa troupe de « parfaits imbéciles », elle, s'en était tirée. Pour Kane, c'était là une cruelle humiliation. Il plaida coupable à des charges de possession illégale d'une arme à feu et de possession de produits de la criminalité et écopa de quatre mois d'emprisonnement. À la suite de l'incident, Stadnick a ordonné la dissolution immédiate des Demon Keepers et a coupé les ponts avec ses membres.

Lorsque Kane est sorti de prison, il s'est retrouvé sans travail ; ses perspectives d'avenir au sein de la communauté des motards étaient pour ainsi dire inexistantes. Par bonheur, c'était toujours un gars dynamique et plein de ressources. Après mûre réflexion, il a décidé d'offrir ses services à Scott Steinert, un *prospect* ambitieux du chapitre montréalais des Hells. Kane estimait que Steinert avait un potentiel fou. « Steinert a commencé au bas de l'échelle, de dire le sergent-détective Benoît Roberge, mais il s'est vite imposé comme un leader en puissance durant la guerre des gangs qui a secoué le Québec. » Kane s'intéressait aussi à Steinert parce que celui-ci bénéficiait dans l'organisation de l'appui de membres importants. Le parrain de Steinert était nul autre que Robert « Tiny » Richard, que d'aucuns considéraient comme le Hells le plus redouté et le plus respecté au Canada. Qui plus est, Richard venait de remplacer Stadnick à la présidence nationale des Hells Angels. (Comme bien des surnoms de motard, le sobriquet « Tiny » – minuscule – était tout à fait ironique : fort de son 1 m 90 et de ses quelque 100 kg, Robert Richard n'avait vraiment rien de minuscule. Il mourra d'une crise cardiaque en 1996.)

Le plan de Kane était simple : Steinert lui ouvrirait la voie lorsqu'il deviendrait membre à part entière des Hells. Kane estimait que la promotion de Steinert surviendrait dans l'année.

Mais le plan tombera à l'eau lorsque Wolf Carroll forcera Kane à joindre les rangs de ses anciens compagnons d'infortune, les Evil Ones. Pour Dany Kane, il s'agissait bel et bien d'une rétrogradation. Humilié, Kane se retrouvait par ailleurs coincé entre Steinert et Carroll, deux motards violents qui se détestaient mutuellement. Et si le premier était promis à un brillant avenir au sein des Hells, le second, du moins aux yeux de Kane, n'avait pas grand-chose à offrir à l'organisation. Kane disait de Carroll qu'il était un très mauvais homme d'affaires et un gestionnaire médiocre. « Wolf fait beaucoup d'argent, de dire Kane, mais il n'est pas capable de le garder. » De fait, à un certain moment, Carroll s'est vu forcé d'emprunter de l'argent au club pour s'acheter une voiture.

Steinert, par contre, était agressif, audacieux et ambitieux. Il voulait envoyer Kane à Kingston, en Ontario, pour fonder un nouveau club, projet qu'il comptait mettre en branle dès qu'il aurait obtenu ses pleines couleurs. Même si Steinert n'était qu'un *prospect*, Kane décida de mettre en lui tous ses espoirs. Pour l'heure, il se devait cependant d'obéir à Carroll. Le monde des Hells est rempli de complots et d'intrigues, aussi le motard ambitieux doit-il se montrer prudent, manœuvrer avec circonspection s'il ne veut pas se retrouver avec une balle dans la tête. « Moi j'aime ça travailler pour deux Hells, dira Kane à ses contacts de la GRC. Comme ça, je peux patiner entre les deux. » Cette duplicité lui permettait par ailleurs d'éviter les boulots ennuyeux ou trop dangereux.

Mais, en son for intérieur, Kane avait bien d'autres raisons de jouer ce double jeu. Au fil du temps, son amertume envers les Hells n'avait cessé de grandir. Il estimait que l'organisation l'utilisait depuis des années et qu'elle ne lui avait jamais donné quoi que ce soit en retour. Qui plus est, il avait l'impression que les Hells le méprisaient ; et ça, c'était la goutte qui avait fait déborder le vase. À sa sortie de prison en 1994, Dany Kane décide que les Hells vont payer. « Il nous a dit qu'il voulait se venger » raconte un de ses contacts à la GRC. Depuis le jour où ses parents l'avaient rejeté en l'obligeant à aller vivre chez son oncle, Kane avait appris à camoufler sa détresse et son ressentiment. Il tenait maintenant à exprimer ces émotions, voire à les exploiter. Il admettra plus tard que cela l'excitait de nourrir des sentiments et des projets secrets, que cela le valorisait tout autant que de chevaucher sa moto en exhibant ses couleurs.

Kane aurait pu contacter la police dès sa sortie de prison, mais il lui fallait d'abord préparer le terrain en se ménageant une place honorable au sein des Hells. Les autorités devaient sentir qu'il avait un plan de carrière sérieux, qu'il avait soigneusement planifié l'affaire. Il ne s'agissait pas de passer pour un motard stupide et désespéré qui ne cherchait qu'à assouvir ses désirs de vengeance. En procédant intelligemment, il accroîtrait sa valeur en tant qu'informateur. Dany Kane entendait monnayer chèrement sa trahison. C'était là un aspect important du projet, car il avait grand besoin d'argent. Il devait songer au bien-être de sa femme et de ses trois enfants. Ainsi qu'il l'a dit aux agents de la GRC lors de leur première rencontre, il voulait entretenir une relation continue avec la police… une relation qui paierait en argent comptant. Pour devenir le chef des Hells, il devait disposer d'importantes ressources financières. Ah ! quel bonheur ce serait de voir leur gueule lorsqu'ils apprendraient la chose ! Imaginez : le chef des Hells de Montréal, le leader du groupe criminel le plus puissant au Canada, travaillant pour la police !

Pour Kane, trahir ainsi les Hells serait un réel délice. Maintenant, après des mois de préparatifs, il était prêt.

Kane savait qu'il possédait un précieux atout : il était différent des autres motards. Le petit garçon solitaire de L'Acadie n'avait pas connu ce milieu violent et criminalisé dans lequel avaient grandi ses pairs. « N'étant pas issu d'un milieu criminel, Kane n'avait pas développé d'aversion envers les autorités, déclare le sergent-détective Roberge. Il ne s'était jamais dit : Moi, je ne parlerai jamais à la police. Chez la plupart des motards, ce genre d'antipathie est inné. Et puis, Dany Kane a le goût du risque. C'est son petit côté James Bond. »

Le 17 octobre 1994 à 14 h précises, soit six mois après son arrestation à Belleville, en Ontario, Kane compose le numéro qui fera de lui une taupe de la GRC.

À la suite de sa quatrième rencontre avec Kane, Jean-Pierre Lévesque se voit forcé de confier le délateur à un autre agent. Son poste de coordinateur national le tient très occupé à Ottawa et puis ce n'est pas vraiment son boulot de s'occuper des informateurs. À partir de ce moment, Gaétan St-Onge, le supérieur de Pierre Verdon, prendra la relève. Ce seront St-Onge et Verdon qui, pendant trois ans, se chargeront de recueillir les révélations de Dany Kane.

Dans les mois qui suivront, l'informateur rencontrera Verdon et St-Onge jusqu'à trois fois par semaine – il y aura dix rendez-vous en novembre, neuf en décembre et dix-huit en janvier. De 500 $ par semaine, le salaire de Kane passera bientôt à 1 000 $. Dès avril 1995, la GRC consentira à payer son informateur vedette 2 000 $ par semaine. Durant cette période, Kane tiendra ses contacts au courant des activités, des déplacements et des projets des principales têtes dirigeantes des Hells Angels. Il parlera des complots de meurtre qui se manigançaient, de plans dans la guerre contre les Rock

Machine ainsi que des projets d'expansion en Ontario et au Manitoba. Tout achat d'armes ou d'explosifs était rapporté par Kane à la police. Chaque semaine, la GRC obtenait un compte rendu détaillé de tout ce qui se tramait chez les Hells et dans leurs clubs satellites. Verdon inscrira ces renseignements dans des rapports manuscrits qui totaliseront 842 pages.

De par ses liens avec Steinert, Carroll et, indirectement, Stadnick, Kane avait accès à trois des Hells les plus ambitieux et les plus brutaux au pays. En décembre 1994, l'informateur donnait à Verdon et à St-Onge de précieuses informations concernant des complots meurtriers, des activités illégales et des attentats à la bombe impliquant les Hells Angels; il leur a également appris que les Hells entretenaient des liens d'affaires étroits avec certains caïds de la mafia italienne. Dans un rapport daté du 14 novembre 1994, Verdon écrit : « Biff Hamel, un autre membre des Hells Angels de Montréal, est le collaborateur principal de Mom Boucher. Les deux individus entretiennent de bonnes relations avec les dirigeants de la mafia italienne et ils sont considérés comme les Hells les plus riches de Montréal. »

Après des années de tâtonnements, la police avait enfin une idée du fonctionnement des Hells. Kane a identifié pour la GRC les bars de Montréal, de Sorel et des Laurentides qui étaient contrôlés par la bande ainsi que ceux qu'ils tentaient de s'approprier à Ottawa et à Gatineau. Il parla des visites que les Hells du Québec firent à Toronto dans le but de négocier une alliance avec les clubs locaux. Il donna les numéros de téléphone et de téléavertisseur de plusieurs motards, ce qui permit à la police de mettre ces numéros sur écoute. Au Ramada Inn de Longueuil et lors de conversations téléphoniques, Kane révélait tous les secrets des motards. En échange, Verdon lui donnait 500 $ par semaine en coupures de 100 $.

Le 4 décembre 1994, Kane revint de la fête annuelle des Hells à Sherbrooke avec une foule d'informations pertinentes : qui était venu, qui n'était pas là; qui avait été admis dans la bande, etc. Aux dires de l'informateur, il s'agissait d'une occasion très spéciale pour Stadnick qui célébrait son dixième anniversaire au sein de l'organisation. Pour célébrer l'événement, on lui avait donné une boucle de ceinture en or massif – cette boucle même que, par la suite, la police sera accusée d'avoir endommagée. Kane mit la GRC au courant des dernières manigances des Hells, des transactions effectuées relativement au trafic de la drogue. Très excité de ce qu'il venait d'apprendre, Verdon n'a pu s'empêcher de se moquer de ses homologues de la Sûreté du Québec : « Ils n'ont à peu près que la moitié de l'information que nous avons sur le *party* de Sherbrooke, et ce, même s'ils ont couvert l'événement. De notre côté, grâce à la source, le coût total de cette couverture n'a été que de 250 $. »

Ce jour-là, Kane révéla une nouvelle particulièrement inquiétante : les Hells Angels planifiaient de former une section spéciale à Montréal, un groupe d'élite qu'ils baptiseraient « les Nomads ». Jusque-là, les motards avaient toujours installé leurs repaires à l'écart des grands centres urbains. L'une des raisons de ce choix était que les troupes de la Sûreté du Québec étaient plus faciles à berner que les impressionnants effectifs policiers d'une grande ville. À la campagne, les bunkers des Hells découpaient le paysage comme autant de forteresses médiévales. À Sherbrooke, la silhouette rouge et blanche du repaire des Hells, juchée à flanc de colline, dominait la vallée environnante. En face de la ville de Québec, à Saint-Nicolas, le bunker de l'organisation était protégé par des portes blindées, des caméras de sécurité et des barrières de ciment. La ville de Trois-Rivières abritait elle aussi son chapitre des Hells. En fait, les clubs les plus près de Montréal étaient ceux de Sorel et de Saint-Basile-le-Grand.

Bientôt, ces cinq clubs jusque-là autonomes deviendraient tributaires des Nomads. Ceux-ci en viendraient à contrôler la distribution de la drogue à travers toute la province ; ils établiraient définitivement la suprématie de Montréal dans la hiérarchie de l'organisation. Maintenant qu'ils avaient conquis le reste de la province, les Hells allaient prendre d'assaut la métropole. Le rapport de Verdon relate ainsi ce rebondissement décisif de l'histoire des Hells :

Les Hells Angels de Montréal vont se diviser en deux pour former un groupe de Nomads. Ces derniers sont environ une dizaine et ils vont avoir pour territoire toute la province de Québec. Ils vont mettre de la pression sur les clubs qui ne fonctionnent pas assez au niveau de la vente de drogues. Seuls quelques Hells Angels sont au courant de cette information. C-2994 l'a appris parce qu'il était présent au local. Les HA veulent commencer à s'habituer à changer de mentalité, car il se pourrait qu'un jour ils soient déclarés une organisation criminelle.

Maurice « Mom » Boucher serait nommé chef des Nomads. Parmi les membres de cette unité spéciale, on retrouverait Scott Steinert, David « Wolf » Carroll, Walter « Nurget » Stadnick, Donald « Pup » Stockford, Gilles « Trooper » Mathieu, Normand « Biff » Hamel et Louis « Melou » Roy.

Mom établirait le quartier général des Nomads sur la rue Bennett, dans une affreuse bâtisse grise de trois étages. Surplombé de trois énormes antennes paraboliques, l'édifice serait entouré de puissants projecteurs et défendu par de féroces bergers allemands. Non loin du repaire se trouvait le poste de police 23, et juste à côté du poste, le gymnase Pro-Gym, l'antre favori de Mom et de ses acolytes.

C'était dans cette section du quartier Hochelaga-Maisonneuve que Mom Boucher avait grandi, là qu'il avait erré durant son adolescence, assommé par la drogue. Mais aujourd'hui, les choses étaient bien différentes. Aujourd'hui, ce fief lui appartenait. Il en était le maître absolu.

De leur propre aveu, les Nomads seraient « plus rock and roll » que tous les autres chapitres. En d'autres mots, ce serait eux les plus dangereux. Grâce à Kane, la GRC aura eu vent de leur existence plus de deux mois avant leur instauration – les Nomads ne commenceront à afficher leurs couleurs qu'en février 1995. Dès lors, la priorité de Verdon et de St-Onge était d'aider leur taupe à infiltrer ce nouveau groupe d'élite.

Les agents savaient que l'objectif de Mom Boucher n'était pas simplement de restructurer l'organisation. En créant les Nomads, le chef des Hells déclarait la guerre à toutes les factions rivales, à commencer par les Rock Machine. Bientôt, la déflagration des bombes résonnerait partout dans Montréal. Kane fut en mesure de dire à la GRC qui fabriquait ces bombes, qui était responsable des attentats et où étaient stockés les explosifs. Pour l'organisme policier, il s'agissait là d'informations capitales.

Aux dires de Kane, les Hells disposaient à ce moment de près de 10 kg de C4. Steinert était en charge de la fabrication des bombes. Le vieux copain de Kane, Patrick Lambert, avait acheté 24 télécommandes dans un magasin de jouets ; les appareils seraient modifiés de manière à pouvoir déclencher une charge explosive. Selon Kane, Lambert conservait des détonateurs dans son logement du 2289, Hochelaga. L'informateur prétendait cependant ignorer le numéro de l'appartement. C'était la première fois que Kane taisait certaines informations à la police. Au grand dam de la GRC, il procédera souvent ainsi par la suite, ne dévoilant qu'une partie de ce qu'il savait. (Nous verrons plus tard que sa réticence aura des conséquences funestes.) Pour l'heure, Verdon et St-Onge ne tenaient pas à harceler leur précieuse source pour lui soutirer un supplément d'informations – de toute manière, ils étaient enchantés des renseignements qu'ils avaient obtenus jusque-là. Compte tenu des risques qu'il courait, la prudence de Kane était bien compréhensible.

Le 2 décembre 1994, Kane annonce que Steinert et son équipe ont placé « de deux à huit bombes dans divers endroits à Montréal ». Selon la source, chaque bombe comprenait cinq bâtons de dynamite de type Super Frac 7000. « Les attentats ont pour but de signifier aux Rock Machine et à leurs alliés que les Hells Angels ont la ferme intention de s'approprier le territoire montréalais » écrira Verdon dans son rapport.

La perspective de bombes disséminées çà et là dans la métropole était extrêmement alarmante. La police de la CUM fut alertée et, grâce aux renseignements fournis par Kane, trouva deux bombes artisanales dans un quartier achalandé de l'est de la ville. La chance était du côté des forces de l'ordre ce jour-là : les détonateurs avaient déjà été déclenchés, mais ils n'étaient pas suffisamment puissants pour faire exploser la dynamite.

L'événement a incité Verdon et St-Onge à la prudence en leur faisant comprendre que Kane était une source dangereuse qui se devait d'être manipulée avec précaution. Dany Kane était une bombe à retardement qui risquait d'exploser à tout moment. Les deux agents comprendront également à ce moment-là que l'information fournie par Kane était trop précieuse pour être utilisée contre une poignée de subalternes. Une fois que l'informateur occuperait un poste élevé au sein des Hells, il pourrait peut-être être employé dans le cadre d'une opération ciblée visant à inculper ses dirigeants, mais pour l'instant il devait être tenu à l'écart de tout soupçon. Pour assurer la réalisation de leurs objectifs à long terme, Verdon et St-Onge devaient s'abstenir de partager ouvertement les renseignements fournis par C-2994 avec d'autres corps policiers. Ces renseignements devaient être utilisés avec la plus grande prudence. La GRC ne se contenterait pas de pincer quelques misérables poseurs de bombes : elle voulait s'en prendre aux gros bonnets de l'organisation des Hells Angels.

Le fait que Kane fournissait une information extrêmement détaillée et spécifique venait sensiblement compliquer les choses. Dans les trois années qui allaient suivre, la GRC se verrait confrontée encore et encore à un sérieux dilemme éthique : d'un côté, elle se devait d'intervenir pour empêcher meurtres, attentats à la bombe et autres crimes prédits par Kane ; de l'autre, elle risquait en utilisant ces renseignements de signer l'arrêt de mort de son informateur. En ce qui avait trait aux attentats à la bombe, le dilemme s'avérait particulièrement épineux puisque les renseignements fournis par Kane donnaient à la GRC le pouvoir de sauver la vie d'innocents citoyens. Mais quels renseignements divulguer et lesquels garder secrets ? Et, surtout, avec qui devait-on partager cette information ?

Deux jours plus tard, les craintes de Verdon se virent justifiées lorsque Kane lui annonça que la police et les motards faisaient circuler la rumeur voulant qu'il y ait un traître dans les rangs des Hells. Kane avait entendu deux agents de la Sûreté du Québec dire que la GRC avait une source chez les motards. Verdon et St-Onge allaient devoir redoubler de prudence. Néanmoins, alors que la guerre des gangs faisait rage et que le nombre de morts allait sans cesse croissant, il devint de plus en plus difficile pour la GRC de garder secrets les renseignements obtenus grâce à Kane.

Les révélations de Dany Kane concernant les attentats à la bombe soulevèrent bientôt une autre question d'ordre moral au sein de la GRC. Aux dires de l'informateur, il n'y avait que quatre Hells qui étaient au courant des attentats ; or, il était de ceux-là. Pour les agents de la GRC, il était évident que Kane faisait partie de l'équipe de Steinert – il leur avait d'ailleurs déjà avoué qu'il savait où se procurer des explosifs et comment fabriquer des bombes. Mais jusqu'à quel point l'informateur était-il impliqué dans la fabrication et la pose des bombes ? La GRC l'ignorait, néanmoins, une chose était certaine : Kane jouait un rôle de premier plan dans l'affaire puisqu'il connaissait précisément l'emplacement de chaque bombe. Si Kane n'avait pas été directement impliqué, les Hells ne lui auraient jamais révélé ce genre d'information. Quoi qu'il en soit, la GRC ne semblait pas s'inquiéter outre mesure du degré d'implication de sa source ; les rapports de son service de renseignements ne font aucune mention de cet aspect de l'affaire. Ils n'évoquaient qu'indirectement ce conflit éthique en rappelant à Kane qu'il ne devait pas commettre d'actes criminels. À la lumière des rapports de Verdon, il est évident que les agents proféraient ce genre d'avertissement pour la forme, sans vraiment se soucier de savoir si leur source participait ou non à des activités criminelles. La GRC savait d'ailleurs fort bien que pour faire partie des Hells – et plus particulièrement des Nomads – il fallait nécessairement avoir commis des crimes graves. Mais peu importait, au fond, puisque la GRC avait absolument besoin de Kane au sein des Nomads. C'était le seul moyen dont elle disposait pour toucher le cœur même de l'organisation. Il était si important pour elle d'atteindre cet objectif que toute autre considération, en comparaison, devenait dérisoire.

Trois ans plus tard, lorsque les détails de l'affaire seront connus du public, la GRC aura à répondre de son manque de scrupules. Dans un rapport adressé à ses supérieurs, St-Onge fera alors clairement état des objectifs de l'opération : « L'objectif à court terme (cinq ans) de C-2994 était de devenir *hangaround*, le premier échelon… L'objectif à long terme aurait été de devenir *prospect* – ce titre donne presque tous les droits d'un membre… Notre objectif était qu'il devienne agent pour incriminer tout le chapitre des Nomads, c'est-à-dire les irréductibles. » Dans ce même rapport, on voit que St-Onge ne se faisait aucune illusion quant à l'implication de sa source dans diverses activités criminelles. « Dans ce milieu, pour gravir les échelons supérieurs, vous vous devez d'aider le club de façon significative, c'est-à-dire en commettant un ou des crimes graves ou en enrichissant le club et vous-même. »

À la fin de 1994, bien que Kane n'avait travaillé que deux mois pour le compte de la police, il était clair que la GRC s'était engagée dans une histoire d'espionnage sordide et dangereuse. Mais une fois dans l'engrenage, il lui était impossible de faire marche arrière. La GRC avait besoin d'un voleur pour attraper des voleurs, d'un tueur pour attraper des tueurs. Or, pour ce faire, elle se devait de fermer les yeux sur les activités criminelles de son protégé.

En décembre 1994, Mom Boucher et ses troupes commencèrent à planifier leur offensive contre les Rock Machine. À cette occasion, Kane déclara aux agents de la GRC que Steinert lui avait demandé de prendre des photos aériennes de la ville entière, de manière à ce qu'ils puissent délimiter les zones à attaquer. Le plan des Hells était d'éliminer, à coups de bombes et de mitraillettes, les Rock Machine et leurs alliés, les Outlaws. L'assaut aurait lieu début janvier. Les Hells chargèrent Kane de recueillir des renseignements au sujet de leurs rivaux. L'informateur loua donc des appartements à partir desquels il pouvait surveiller les allées et venues des Rock Machine.

Kane révéla également à la police que les Hells disposaient d'une flotte de fourgonnettes volées dans lesquelles seraient placées les bombes. L'un de ces véhicules fut employé le 5 décembre pour éliminer un membre des Rock Machine. On projetait d'utiliser une autre fourgonnette piégée pour attaquer l'un des repaires de la bande, mais la mission fut avortée parce que des enfants jouaient dans la rue non loin de là – quelques mois plus tard, les Hells ne feront pas preuve d'une telle délicatesse. Les rapports de la GRC démontrent qu'à cette époque, les Hells Angels et leurs clubs satellites mettaient tout en œuvre pour se procurer le plus de pistolets, de mitraillettes, de dynamite et de plastic possible. De toute évidence, ils étaient en train de se constituer un formidable arsenal. À un moment donné, pour s'exercer, ils ont fait sauter une voiture sur une route de campagne isolée ; ils ont également testé leurs mitraillettes au Polo Ranch, un bar de Sorel appartenant à l'organisation.

Selon Kane, Mom Boucher se préparait définitivement à engager les hostilités. « Mom Boucher des Hells Angels de Montréal est celui qui donne les ordres dans l'exécution des plans concernant la guerre avec les Rock Machine. Scott Steinert est l'exécuteur » écrivait Verdon. Boucher et ses sbires en profitèrent également pour mettre un peu d'ordre dans leurs rangs. Ils n'étaient pas satisfaits de certaines nouvelles recrues qui, à leur avis, « se la coulaient douce ». Mom Boucher ne faisaient pas confiance aux membres qui n'étaient pas prêts à risquer leur vie pour gagner la guerre. Le chapitre montréalais stipula donc qu'il n'accepterait plus de nouveaux membres et qu'il prolongerait la période probatoire de ses *hangarounds* actuels.

À ce stade de leur enquête, Verdon et St-Onge décidèrent qu'il était temps pour eux de voir de leurs propres yeux les repaires et les entrepôts d'explosifs dont Kane leur avait parlé. Le 19 décembre, les deux agents, accompagnés de Kane, visitent les bâtiments des Hells à Montréal, Sorel et sur la Rive-Sud. Ils relayèrent ensuite certains renseignements choisis à la police de Montréal. Cette dernière mettra sous surveillance un garage où, aux dires de Kane, les Hells entreposaient des véhicules volés. Deux semaines plus tard, la police saisit deux fourgonnettes contenant 50 bâtons de dynamite chacune. « Cette perquisition a sauvé des vies » proclamera St-Onge dans son rapport. La police de Montréal exprimera sa gratitude en donnant 2 000 $ à la GRC pour payer une partie du salaire de sa mystérieuse source.

Début janvier 1995, la guerre des motards s'intensifiera et débordera même des frontières du Canada. Normand Baker, un Rock Machine soupçonné d'avoir tué un Hells quelques mois auparavant, est en vacances au Mexique, à Acapulco. Le soir du 4 janvier, il se rend à un bar pour boire un coup avec des amis. C'est alors que François Hinse, un *prospect* des Hells de Trois-Rivières, s'approche de Baker et lui dit «bonne année» avant de l'abattre d'une balle bien placée. Les clients du bar pensent d'abord que c'est une blague ; ils battront vite en retraite lorsqu'ils verront Baker baignant dans son sang. Un ami de la victime, aidé des serveurs de l'établissement, attrapera Hinse et appellera la police. Le tueur sera promptement arrêté. Tout indique qu'il aura à faire face à une peine sévère.

Quatre jours plus tard, Kane annonce à ses contacts de la GRC que les Hells avaient fait les démarches nécessaires pour que Hinse soit libéré. D'ici là, de dire Kane, l'assassin passerait son temps à l'infirmerie de la prison où il aurait accès à des drogues et à des prostituées. Boucher entretenait des liens étroits avec la police d'Acapulco, si bien que Hinse serait relâché moyennant un pot-de-vin de 5 000 $. « Les Hells ont des contacts dans tous les domaines dans la région d'Acapulco, écrira Verdon dans son rapport. À peu près tout le monde est achetable dans ce milieu. »

Comme de fait, le 15 janvier à 17 h, Hinse fut libéré de sa geôle mexicaine. L'arme du crime, que la police avait eu en sa possession, avait disparu ; les témoins oculaires, soudain, se sont tus. Dans son rapport, Verdon notait : « Notre source ignore pourquoi les témoins ont décidé de ne pas parler. Il ne peut pas dire s'ils ont été tués – ce qui est une très nette possibilité. Le Mexique nous informe de la libération de Hinse malgré toutes les preuves contre lui. Il s'agit d'un cas flagrant de corruption. »

L'incident mexicain aura tout de même eu une conséquence positive : il aura prouvé le bien-fondé des renseignements fournis par Kane. Verdon et St-Onge pouvaient désormais faire confiance à leur informateur. Le rapport de Verdon souligne ce fait : « En effet, il est entendu dans le milieu que les Hells Angels auraient investi un million de pesos pour acheter les autorités mexicaines. Les événements ont donné raison à la source C-2994, ce qui nous prouve une fois de plus son importance et sa fiabilité. » En écrivant cela, Verdon lançait un message très clair à ses supérieurs : si vous ne donnez pas à Kane les sommes qu'il exige, alors nous perdrons la source la plus précieuse dont nous disposons.

Mais il n'y avait pas qu'au Mexique que la police était corrompue. La GRC apprendra bientôt de la bouche de Kane qu'il y avait des fuites à la Sûreté du Québec ainsi que dans les corps policiers de Brossard et de Greenfield Park. « Les Evil Ones ont des contacts dans la police de Brossard » disait Kane dans un rapport qui fut déposé à la cour. L'informateur prétendait par ailleurs que la police avait fourni aux Hells des photos de chacun des membres des Outlaws et des Rock Machine. Devant l'éventualité d'une collaboration illicite entre les motards et la police, la GRC aurait à redoubler de méfiance.

Et puis il y avait toujours la question de ce que la GRC devait faire avec l'information fournie par Kane. Devait-elle préserver sa source ou sauver des vies ? Le 20 janvier, Kane fait visiter à Verdon et à St-Onge l'appartement où Patrick Lambert entrepose la dynamite des Hells et où des bombes et des détonateurs à distance sont fabriqués. Le bail de l'appartement est au nom d'une danseuse nue que Lambert paie 250 $ par mois pour ce service. Normalement, lorsque la police détient ce genre d'information, elle met immédiatement l'endroit sous surveillance et organise peu après une razzia. Même si cela entrait en conflit avec d'autres aspects de son enquête, la GRC devait viser à protéger les autres locataires de l'édifice. Or, elle ne l'a pas fait. Il est vrai qu'elle a relayé l'information à la police de Montréal, mais il n'y eut aucune arrestation. La police, tout comme la GRC, ne voulait pas que l'informateur soit démasqué. Le sergent Pierre Lemire était en charge des services de renseignement de la GRC à l'époque. Dans le cadre de la guerre contre les motards, il avait donné la directive suivante : « Avec la guerre qui se livre, tous les membres des divers clubs impliqués sont tout à fait conscients des dangers qui les menacent. Nous agirons seulement dans le cas d'une menace directe et précise contre un individu. » En d'autres mots, l'enquête avait préséance sur la sécurité des innocents qui vivaient dans l'édifice bourré d'explosifs.

Au fond, même cette promesse de la GRC d'agir « en cas de menace directe et précise contre un individu » ne voulait rien dire. Kane emmènera un jour Verdon et St-Onge dans un immeuble de la rue Désery à Montréal et leur dira que l'homme qui occupe l'appartement 1 est une cible prioritaire pour les Hells.

Dans les semaines suivantes, Kane dévoila l'identité de 16 autres cibles des Hells dans le conflit avec les Rock Machine. La police prit la chose sous cet angle : ces gars-là se trouvaient au beau milieu d'une guerre ; s'ils n'étaient pas assez intelligents pour se douter que leurs adversaires cherchaient à les éliminer, ce n'était pas aux autorités à les en informer.

Il y aura un bref arrêt des hostilités en mars lorsque Mom Boucher partira en vacances au Mexique – où, aux dires de Kane, il a acheté plusieurs propriétés ; un affidavit de la police nous apprend d'ailleurs que Boucher possède 50 p. 100 des parts d'un hôtel d'Ixtapa. Selon l'informateur, Boucher aurait ordonné un cessez-le-feu jusqu'à son retour.

De retour à Montréal, le chef des Nomads découvre qu'une guerre intestine s'est déclarée au sein de ses troupes. Scott Steinert, qui n'était encore qu'un *prospect*, s'était attiré les foudres de ses confrères et supérieurs en formant le Groupe de Cinq, une unité spéciale qui s'était donné le mandat de s'approprier les bars de la rue Crescent à Montréal et de la rue York à Ottawa. Wolf Carroll était furieux, et pour cause : il s'agissait là de son territoire. Steinert et son Groupe de Cinq comptaient également s'en prendre au territoire de Stadnick en s'installant à Kingston, à Winnipeg et à Toronto.

Steinert avait par ailleurs fondé sa propre agence de danseuses, Sensation. En compétition directe avec l'agence Aventure de Wolf Carroll, Sensation avait pour mission de prendre le contrôle de toutes les agences de danseuses du Québec. Il s'agissait là d'un domaine extrêmement lucratif ; les motards faisaient fortune en fournissant des danseuses non seulement au Québec, mais dans tout le Canada et aux Caraïbes. Un caïd de la mafia new-yorkaise s'était récemment adressé à Steinert parce qu'il avait besoin de danseuses pour un club que la pègre venait d'ouvrir en République Dominicaine. Kane dira à ses contacts de la GRC que le complexe dominicain – qui incluait le club, mais aussi une marina et des condos – était une façade, une affaire mise sur pied pour blanchir l'argent de la mafia. Là aussi, Steinert voulait sa part de gâteau. En fait, tout ce qui rapportait gros l'intéressait. C'était un bon gagneur. Il expédiait des tonnes de cocaïne et de haschisch sur le réseau canadien des Hells. Mom Boucher admirait beaucoup cet esprit d'entreprise de Steinert. Le chef des Hells se considérait lui-même comme un homme d'affaires accompli. Il se couchait tôt et se levait avant l'aube parce qu'il estimait que c'est à la lumière du jour que les meilleures affaires se concluent. Steinert voyait les choses de la même façon ; c'est pour cela que Mom le respectait.

Sur ce point, Wolf Carroll différait de Steinert et de Boucher. Il aimait certes faire de l'argent, mais faire la fête l'intéressait davantage que brasser des affaires. Un policier qui avait appris à bien connaître Carroll du temps où celui-ci avait été mis sur écoute décrit ainsi le personnage : « C'est le genre de gars qui croit encore que la vie de motard se résume à boire de la bière et à avoir du plaisir. Il est très désappointé du fait que c'est maintenant l'aspect financier qui a pris le dessus chez les Nomads. »

Pour l'instant, Boucher était du côté de Steinert. Carroll aurait à prendre son mal en patience. Au vu de ces développements, la GRC s'inquiétait de la santé de son protégé ; elle ne voulait pas que C-2994 soit pris entre deux feux dans cette guerre intestine qui menaçait de secouer les Hells. De fait, l'informateur s'est retrouvé en plein cœur du conflit, coincé entre Carroll et Steinert. En mars 1995, Carroll demande à Kane de le conduire à Halifax. Steinert refuse de laisser partir Kane. Une virulente prise de bec s'ensuit. Beaucoup plus audacieux et violent que Carroll, Steinert est un tueur, un ambitieux qui ne permettrait jamais aux privilèges du rang de faire obstacle à ses aspirations. Carroll a donc dû céder et Dany Kane est resté à Montréal.

Si la profession d'informateur comportait ses dangers, elle avait aussi ses plaisirs. Kane aimait bien donner du fil à retordre – subrepticement bien sûr – à ses motards de patrons. C'est par pure malice qu'il dira à la GRC que Steinert était un Américain qui, bien qu'ayant passé l'essentiel de sa vie au Canada, n'avait jamais demandé la citoyenneté canadienne. Parce qu'il avait un dossier criminel, les autorités étaient en droit de la déporter. Verdon et St-Onge ont alerté le service de l'immigration, qui a aussitôt engagé une procédure de déportation. Steinert – qui ne savait pas que son subalterne était à l'origine de ses ennuis présents – s'est vu forcé d'engager un avocat spécialisé en droit de l'immigration pour défendre sa cause. Les problèmes d'immigration de Steinert firent les délices de Kane pendant trois bonnes années. Steinert se demandait souvent où il pourrait aller s'il était déporté. Boucher lui suggéra un jour d'aller vivre au Mexique, précisant qu'avec ses contacts là-bas, il pouvait lui acheter une citoyenneté pour la modique somme de 30 000 $.

Au printemps 1995, Kane apprendra combien périlleuse pouvait être la vie d'informateur. L'informateur avait révélé à la GRC que Richard Lock, l'un des sbires de Steinert, avait administré, avec l'aide d'un complice mafioso, une solide raclée au propriétaire du Crescent Bar parce que celui-ci refusait de payer l'argent de la protection ainsi que les 10 p. 100 des bénéfices qu'on exigeait de lui. La GRC fit part de l'incident à la police de Montréal. Par la suite, un détective de la ville rencontrera Lock dans un restaurant et lui dira : « Toi et tes gars, vous avez battu le propriétaire du Crescent. » Le problème était qu'il n'y avait eu aucun témoin présent lors de l'incident et que Lock était certain que sa victime n'avait pas porté plainte à la police. Ayant eu vent de la chose, Kane était furieux. Il estimait que la GRC ne savait pas tenir sa langue. Verdon et St-Onge enjoignirent aussitôt la police de se montrer plus discrète.

La dernière semaine de mars s'avéra encore plus périlleuse pour Kane. Mom Boucher venait d'être emprisonné après avoir été reconnu coupable de possession d'une arme à feu. Kane apprendra qu'un agent de la SQ, s'adressant à Boucher, s'était vanté du fait que la police avait un informateur chez les Hells. Verdon et St-Onge étaient consternés. Leur rapport subséquent laisse entendre que la nouvelle avait causé des remous dans les rangs des Hells Angels. « D'après C-2994, Mom Boucher soupçonnerait six individus » écrivirent-ils. Les suspects de Boucher étaient : Scott Steinert ; deux membres des Rockers ; un sympathisant et un *prospect* des Hells ; et, finalement, Kane lui-même. « Notre source était donc très nerveuse, d'ajouter Verdon et St-Onge. Sigman lui aurait dit que puisqu'il était le moins connu de Boucher, celui-ci le considérait comme son suspect principal. » Kane a également révélé à la GRC que les Hells avaient interdit à quiconque n'était pas un *prospect* ou un membre en règle de pénétrer dans leurs repaires. « Tout le monde est paranoïaque, disait Kane. Personne ne fait confiance à personne. »

La GRC ne pouvait rien faire pour venir en aide à Kane. Verdon et St-Onge attendirent avec impatience la tournure des événements, espérant que leur source ne serait pas découverte. Quelques jours plus tard, tout était encore au beau fixe. Kane semblait l'avoir échappé belle. « Aucun indice sérieux ne laisse croire que C-2994 a été identifié » écrivit St-Onge dans son rapport. Au pire, concluait-il, l'incident aura « attisé la méfiance des Hells ».

Aux yeux de Steinert, les soupçons de Boucher ne sont que paranoïa et Kane ne doit pas s'en inquiéter outre mesure. Mais l'informateur ne pouvait faire autrement que de s'inquiéter – tout comme la GRC, d'ailleurs. Durant ses années de collaboration avec Kane, la GRC entendit parler de nombreuses « fuites » où des policiers informaient les motards des activités des autorités. À plusieurs reprises, Kane donnera à la GRC des photos de membres des Rock Machine que la police avait fournies aux Hells Angels. Au fil du temps, la GRC a resserré le secret entourant Kane, exerçant un contrôle de plus en plus strict de l'information qu'elle divulguait aux autres organismes policiers.

Kane et ses contacts ont pu enfin respirer lorsque la SQ a arrêté plusieurs Hells Angels grâce à un motard informateur du nom de Serge Quesnel. Mais ce que la GRC ignorait, c'était que Mom Boucher demeurait convaincu que Quesnel, qui n'avait pas accès à des renseignements capitaux au sein des Hells, n'était pas le délateur auquel le policier de la SQ avait fait allusion. Dès lors, Boucher devint obnubilé par l'idée de démasquer l'informateur qui se cachait dans ses troupes et il comptait mettre en place des mesures visant à dissuader les motards de retourner leur veste. Le chef des Nomads disait à ses amis qu'il était prêt à «brasser ben de la marde» pour trouver le délateur. De sa cellule, Boucher ressassait sans cesse le scénario des arrestations et des saisies qui avaient eu lieu ces derniers mois. C'est en songeant aux événements qui avaient précédé la perquisition de la fourgonnette pleine d'explosifs qu'il en est venu à la conclusion que ce que le policier de la SQ lui avait dit était vrai : un délateur se cachait bel et bien chez les Hells.

Boucher commença alors à élaborer un plan diabolique pour empêcher que ce genre de choses ne se reproduise à l'avenir, plan qui allait s'avérer funeste pour deux individus qui travaillaient pour les forces de l'ordre.

Nous sommes le mercredi 9 août 1995. Il est 12 h 40 et le soleil caresse doucement cette belle journée d'été. Daniel Desrochers (11 ans) et Yan Villeneuve (10 ans) jouent sur la pelouse de l'école Saint-Nom-de-Jésus lorsque la jeep de Marc Dubé (20 ans) explose en projetant des éclats de métal dans toutes les directions. Au son de la déflagration, le petit Yan se couvre instinctivement la tête. Lorsqu'il risque un œil aux alentours, il aperçoit son copain Daniel, étendu sur le sol en position fœtale : un morceau de métal de 3,4 cm x 1,9 cm x 1 cm lui a fracassé le crâne et s'est logé dans son cerveau. Terrorisé, en larmes, Yan court à la maison pour dire à sa mère ce qui s'est passé.

Plongé dans un coma profond, Daniel s'accrochera à la vie pendant quatre longues journées avant de mourir sur son lit d'hôpital. «Quand je suis partie travailler ce matin-là, se rappelle Josée-Anne Desrochers, mes trois enfants dormaient encore. Quand je suis revenue à la maison, mon fils n'était plus là. Je n'ai même pas eu le temps de lui dire adieu. » Sachant que la mort du petit Daniel serait très mauvaise pour l'image de leur club, les Hells ont catégoriquement nié leur implication dans l'affaire. Pour montrer leur bonne foi, ils ont offert une importante somme d'argent à la mère de la victime, soi-disant pour la réconforter durant cette terrible épreuve. Furieuse, Josée-Anne Desrochers fustigera sévèrement les motards… et les autorités. « Ça me dégoûte. Je ne leur pardonnerai jamais… Voilà cinq ans que ça dure et le gouvernement n'a absolument rien fait. »

Plus que tout autre événement dans la guerre des motards, la mort de Daniel Desrochers a galvanisé l'opinion publique. Partout au pays, les médias présentaient à une population indignée les images du carnage ainsi que celles des funérailles de l'enfant. Dans l'affaire, le public blâmait davantage la police que les motards. Comment se faisait-il que la police et le gouvernement n'étaient pas capables de protéger leurs citoyens contre une poignée de criminels ? Face au tollé du peuple québécois et canadien, les autorités ne pouvaient plus ignorer les agissements des motards sous prétexte qu'il s'agissait de « règlements de comptes ». Les bureaux de Jacques Duchesneau, chef de la police montréalaise, furent inondés d'appels. « Les gens nous demandent pourquoi c'est arrivé, dira-t-il lors d'une conférence de presse, et ils ont raison. Après tout, on ne vit pas à Beyrouth. » Faute de mieux, la police a mis sur pied une ligne ouverte 24 heures sur 24 pour quiconque aurait de l'information concernant la guerre des gangs.

La mort de Daniel a même réussi à ébranler des policiers endurcis de la trempe d'André Bouchard. Le commandant de la police de Montréal avait l'habitude de voir des motards s'entretuer ; la plupart du temps il les laissait faire mais, brusquement, voilà que les règles du jeu avaient changé. « Je suis sûr que la personne qui a pressé le bouton du détonateur a vu qu'il y avait des enfants de l'autre côté de la rue. C'est impossible qu'elle ne les ait pas vus. »

En état de panique, la police de Montréal contacte la GRC dans l'espérance que sa fameuse source sache quelque chose au sujet de l'attentat. À 18 h ce soir-là, St-Onge téléphone à Kane. Celui-ci lui dit que personne chez les Hells ne sait pourquoi Dubé a été éliminé. Il n'était pour l'organisation qu'un courrier de bas étage. Personne ne comprend pourquoi quelqu'un s'est donné la peine de tuer un personnage si peu important.

Dans les jours qui suivront, Kane parlera de la fête que les Evil Ones étaient en train d'organiser ; il parlera du voyage de Wolf Carroll à Halifax et des projets de vacances du Rocker Paul Fontaine ; mais à propos de l'attentat à la bombe qui avait causé la mort de Daniel Desrochers, pas un mot.

Ce n'est que deux semaines plus tard que Kane abordera le sujet. Il dira alors à la GRC que les Hells avaient effectivement posé la bombe – et plus précisément, Steinert. La veille de l'attentat, Steinert avait commandé trois détonateurs à distance à Patrick Lambert ; il en avait absolument besoin pour le soir même, disait-il. « Steinert était très excité, déclarera Kane. Il n'arrêtait pas de se vanter en disant qu'il allait faire quelque chose de très rock and roll. » Le lendemain, toute la ville saura de quoi il s'agissait.

Kane remarquera qu'après la mort de l'enfant, Steinert n'était plus aussi bavard que de coutume. « Depuis ce jour-là, Steinert ne dit plus rien au sujet de ses bombes, dira l'informateur. Steinert a demandé à certains proches ce qu'ils pensaient de cet événement et aussi si l'auteur de cet attentat méritait d'être liquidé. Après que les proches eurent indiqué que l'auteur de cet acte de violence méritait d'être liquidé, Steinert est devenu silencieux et très songeur. »

Mais tous ces renseignements n'expliquaient pas pourquoi l'attentat avait eu lieu. Dubé, la principale victime visée, travaillait pour les Hells. Or, pourquoi les Hells auraient-ils décidé de faire sauter un des leurs ? Kane fournira un motif potentiel lorsqu'il dira aux agents de la GRC qu'avant l'attentat à la bombe du 9 août, Mom Boucher s'était déclaré insatisfait de ses troupes parce que, selon lui, elles ne se donnaient pas corps et âme à cette cause qu'était la guerre contre les bandes rivales. Pour relancer les hostilités, Boucher envisageait de faire éliminer un de ses Hells et de mettre le meurtre sur le compte des Rock Machine. Il estimait que ce serait là un formidable appel aux armes.

Steinert était assez fou pour mettre le plan de son chef à exécution. Verdon et St-Onge voyaient en Steinert un « psychopathe cruel et violent qui est incapable de se contrôler lui-même ». Le *prospect* ambitieux et sanguinaire n'irait évidemment pas jusqu'à sacrifier un membre à part entière – ce serait trop risqué pour lui –, par contre, supprimer un courrier de bas étage tel que Dubé ne posait pas problème. Le fait que le responsable de l'attentat ait fait sauter sa charge alors que des enfants se trouvaient à proximité démontre qu'il avait la ferme intention de faire un maximum de grabuge, et ce, en plein cœur du territoire de Mom Boucher. Bref, exactement ce qu'il fallait pour attiser la colère des Hells. Dans leur rapport, Verdon et St-Onge écriront que la conduite étrange de Steinert indiquait qu'il était probablement l'auteur – ou l'un des auteurs – de l'attentat.

Mais qu'en était-il de Kane? Était-il impliqué d'une façon ou d'une autre dans l'affaire? Après tout, il avait lui-même avoué fabriquer et poser des bombes pour les Hells; qui plus est, il faisait partie de l'équipe de Steinert. Les rapports de la GRC ne disent pas si Kane fut interrogé ou pas au sujet de son implication dans l'attentat du 9 août. Où était-il à ce moment-là? Qu'avait-il fait ce jour-là? Verdon et St-Onge refusent d'aborder le sujet. Une chose est certaine: Dany Kane n'a jamais parlé de ses propres activités meurtrières à la GRC. Et celle-ci ne l'interrogera jamais à ce sujet.

Entre 1994 et 1997, Kane aurait participé à l'élimination d'au moins 11 membres des Rock Machine. De son propre aveu, il fabriquait des bombes et des détonateurs à distance pour les Hells. C'est lui qui a posé la bombe qui a fait sauter le restaurant Green Stop à Châteauguay. Il a également posé des bombes dans deux bars contrôlés par les Rock Machine, mais il ne les a pas fait détoner parce qu'il y avait trop de clients sur les lieux. Il n'était par ailleurs pas impossible que Kane ait aidé Steinert à faire sauter la bombe qui avait tué le petit Daniel Desrochers. Kane faisait partie d'une unité spéciale des Hells, les Commandos; leur mandat était d'annihiler les factions Rock Machine du sud de Montréal.

Le 3 mars 1996, Kane s'était rendu à Brossard avec Roland Labrasseur, un toxicomane qui lui avait volé de la drogue. Là, il le tuera et laissera sa dépouille en bordure de l'autoroute. Kane n'avait jamais parlé de Labrasseur à la GRC mais, après la mort de Daniel Desrochers, il mentionnera le fait qu'il avait été soldat dans l'armée canadienne et qu'il s'y connaissait en détonateurs et en explosifs. En vérifiant l'information, Verdon découvrit que Labrasseur avait bel et bien été dans les Forces armées, par contre il n'y avait jamais acquis de formation relative aux explosifs. Il savait comment lancer une grenade, mais c'était à peu près tout. En vérité, Labrasseur était un pauvre type, un cocaïnomane sans envergure et pas très futé. Kane dira à ses contacts de la GRC que c'était Daniel Bouchard, un *dealer* de drogue à la solde des Hells, qui avait tué Labrasseur. Justement, la GRC de Sept-Îles soupçonnait Bouchard de trafic de drogue et l'avait à l'œil depuis un moment. Le 3 avril, désireux d'en savoir un peu plus sur l'énigmatique Bouchard, St-Onge s'envole pour Sept-Îles. Ce n'est que plusieurs années plus tard qu'il découvrira que Kane l'avait mis sur une fausse piste.

Kane omettra également de mentionner à la GRC qu'il avait été impliqué dans le meurtre de Stéphane Boire en septembre 1995. La police découvrira le cadavre en juillet 1996, à quelques kilomètres au nord de Trois-Rivières. Le corps se trouvait dans un état de décomposition avancée ; un tatouage était le seul signe distinctif restant. Soupçonnant qu'il s'agissait d'un motard, St-Onge contactera Kane. « Il m'a dit qu'il y avait de fortes chances que ce soit Stéphane Boire, un motard qui est disparu de la circulation depuis septembre 1995 » écrira St-Onge dans son rapport du 11 juin 1996. Cinq ans plus tard, Kane avouera à la police que c'était lui qui s'était débarrassé du corps, mais que c'était Daniel Bouchard, l'assassin de Labrasseur, qui avait tué Boire.

Tout cet imbroglio de meurtres, d'accusations et de complicités renvoie à la question suivante : combien de personnes l'informateur vedette de la GRC avait-il tuées ? À ce jour, St-Onge affirme que bien que Kane ait parfois dissimulé certains faits, il n'a jamais menti à la police. Il avait pourtant bel et bien menti en ce qui avait trait aux meurtres de Boire et de Labrasseur. La police apprendra par la suite que lorsque Kane se disait innocent d'un meurtre, c'était généralement que, bien qu'il fût complice dans l'affaire, il n'avait pas lui-même appuyé sur la gâchette.

Kane fera preuve d'un peu plus de franchise en ce qui concerne son implication dans des activités criminelles comme le trafic de drogue. Le 9 novembre 1995, par exemple, il dira aux agents de la GRC qu'il devait se rendre à Thunder Bay pour y conclure au nom de Steinert plusieurs affaires relatives au commerce de la cocaïne. Selon Kane, le marché du nord de l'Ontario était particulièrement avantageux à ce moment-là : le kilo de cocaïne s'y vendait 50 000 $, contre 32 000 $ à Montréal.

Mais la GRC devait bien se douter que leur source commettait d'autres crimes outre la vente de drogues. « Nous étions très inquiets du fait que Kane commettait peut-être des crimes graves, admet St-Onge. Les renseignements qu'il nous fournissait étaient capitaux, mais on se demandait tout de même comment il pouvait savoir tout ça s'il ne commettait pas les crimes lui-même. » Chaque fois qu'elle fait affaire avec un informateur, la police est confrontée à ce genre de dilemme. Mais, dans le cas de Kane, on parlait de meurtres et d'attentats à la bombe ; cela soulevait de sérieuses questions d'ordre moral. Or, tout au long de son association avec Kane, la GRC s'est efforcée de fermer les yeux sur ses plus sinistres activités. « À cette époque, il y avait des attentats à la bombe à toutes les semaines et Kane pouvait nous décrire chacune de ces opérations dans ses moindres détails » de dire St-Onge. En fait, la GRC estimait qu'elle devait se montrer complaisante à l'endroit de Kane parce qu'elle n'avait pas d'autre moyen d'infiltrer l'organisation des Hells Angels.

En septembre 1995, Kane annonce que Mom Boucher lui-même l'a invité à se joindre aux Rockers, la brigade de choc attachée aux Nomads.

La GRC exulte. Il s'agit là d'une excellente nouvelle.

CHAPITRE 4

Branle-bas à Halifax

Kane est cuit. Nous le tenons.

Tom Townsend, agent de la GRC à Halifax

L e 23 septembre 1995, six semaines après la mort de Daniel Desrochers, Serge Ménard, ministre de la Sécurité publique, annonce la mise en place d'une escouade spécialisée qui sera baptisée « Carcajou ». En choisissant ce mammifère féroce et agressif comme symbole, le gouvernement espérait inspirer les forces policières du Québec dans leur lutte contre les motards.

Il s'agissait d'une première au Québec et au Canada. Bien que les initiatives conjuguées entre la GRC et les corps de police régionaux étaient choses courantes, jamais une escouade de cette ampleur n'avait été constituée auparavant dans le seul but de combattre le crime organisé. Deux autres provinces qui se trouvaient sous l'emprise des Hells Angels allaient suivre l'exemple du Québec.

À ses débuts, l'équipe de Carcajou était composée d'une trentaine d'enquêteurs de la SQ et de la police de Montréal ; ce nombre sera bientôt porté à plus de 70 enquêteurs, dont certains provenant de la GRC. L'opération bénéficiera d'un budget quasi illimité et son mandat sera on ne peut plus clair : démanteler les bandes de motards criminalisées. Serge Barbeau, directeur général de la SQ, promettra aux journalistes que cette escouade d'élite allait « mettre un terme à la vague de violence actuelle ».

La nouvelle unité fut d'emblée comme un baume sur le cœur d'une population québécoise harassée par ces carnages, ces bombes et ces balles, par ces cadavres qui se multipliaient depuis le début de la guerre des gangs. Un citoyen particulièrement enthousiaste fit cadeau à la nouvelle équipe d'un carcajou empaillé qu'il avait abattu autrefois. Le trou de balle était encore visible sur le ventre de cet animal qui allait devenir la mascotte de l'escouade – il trône d'ailleurs toujours à l'entrée des quartiers généraux montréalais de Carcajou.

En dépit de l'espoir et de l'engouement que suscitait le projet, les membres de Carcajou ne tarderont pas à sombrer dans le piège de la corruption et des querelles intestines. Et les choses se compliqueront davantage lorsque Dany Kane, l'homme sur lequel les autorités comptaient pour leur fournir des renseignements sur les motards, verra sa position compromise au sein des Hells.

Pour Serge Barbeau, les motards n'étaient qu'un problème parmi tant d'autres. À cette époque, le grand patron de la Sûreté du Québec avait en effet d'autres chats à fouetter. La confusion la plus totale régnait parmi ses troupes. Il y avait déjà plusieurs décennies que la SQ était vue comme une sorte de milice solitaire qui n'avait de comptes à rendre à personne ; la rumeur disait que ses agents étaient des cow-boys qui faisaient les choses à leur manière, sans égards pour le règlement. La police de Montréal ne leur faisait pas confiance et n'était pas encline à partager de l'information ou à collaborer avec eux. « Ils vous subtilisaient des renseignements, vous mentaient au sujet de leurs informateurs et s'attribuaient tout le mérite quand vous faisiez une arrestation ou une saisie » se souvient Kevin McGarr, un détective de la police de Montréal à la retraite.

Un an avant la mise en place de l'escouade Carcajou, la SQ croyait fermement qu'elle venait de remporter une victoire sans précédent en accomplissant ce qu'aucun autre corps policier n'était parvenu à faire auparavant : elle avait réussi à arrêter Gerry Matticks. Gangster irlandais bénéficiant de liens d'affaires étroits avec les Hells Angels, Matticks était l'homme qui contrôlait tous les arrivages de drogue au port de Montréal. En mai 1994, la SQ l'inculpait de l'importation de 26,5 tonnes de haschisch, ce qui représentait trois conteneurs remplis à pleine capacité. En ce qui concernait les autorités, l'affaire était dans le sac : Matticks serait reconnu coupable et il écoperait d'une très longue peine de prison.

Malheureusement, les choses ne se passèrent pas ainsi.

Lors du procès, la SQ dut faire face à des allégations de «plantage» de preuves. En péchant par excès de zèle, la SQ s'était mise dans le pétrin : lors du procès, la SQ dut faire face à des allégations de «plantage» des documents au domicile de l'accusé. Dommage que la SQ ne savait pas que Matticks était illettré ! Le juge fit libérer Matticks et ordonna que la SQ fasse l'objet d'une enquête interne. Quatre policiers de la SQ furent accusés de fabrication de preuves, de faux témoignage et d'entrave à la justice. Ils furent acquittés mais le mal était fait : plus personne ne faisait confiance à la SQ. Au cours de l'enquête interne reliée à l'affaire Matticks, les dirigeants de la SQ usèrent d'intimidation pour influencer les enquêteurs. On parlera ensuite de subornation de témoins, de tables d'écoute illégales et de faux témoignages. En 1996, le gouvernement oblige Barbeau à démissionner et constitue une commission d'enquête publique qui sera présidée par l'ancien juge en chef de la Cour supérieure du Québec, Lawrence Poitras.

Finalement, 2 ans et 20 millions de dollars plus tard, la commission Poitras remet un virulent rapport de 1 700 pages qui dépeint la SQ comme une organisation rongée par l'incompétence, la déviance et la corruption. La commission recommande l'instauration de réformes majeures et accuse les hauts gradés de la SQ d'entrave à la justice, de falsification de preuves et de subornation de témoins. La SQ aura même poussé l'incompétence et la complaisance à son extrême en plagiant un rapport de la police de Montréal sur le crime organisé. La commission portera un sérieux coup à Michel Arcand, qui était alors chef de l'escouade Carcajou. Arcand et un autre haut gradé de la SQ seront soupçonnés d'avoir fait obstacle à une enquête interne visant trois de leurs officiers. Bien qu'aucune accusation ne sera déposée contre Arcand, le juge Poitras déplorera son attitude méprisante et affirmera que sa nomination à la tête de l'unité antimotards constitue une décision «totalement inappropriée».

La réaction du gouvernement provincial ne se fit pas attendre : quelques dirigeants de la SQ, incluant Arcand, durent se retirer et furent remplacés par un directeur intérimaire n'appartenant à aucun corps policier. La SQ se trouvait peut-être à l'aube d'une nouvelle ère, n'empêche que l'affaire Matticks avait irrémédiablement terni sa réputation. Et le premier à profiter du scandale fut Maurice Mom Boucher. Les déboires de la SQ amusaient beaucoup le chef des Nomads. Peu après que le rapport Poitras fut rendu public, Kane discuta de l'affaire avec Boucher dans les douches du Pro-Gym. Dans le journal qu'il tenait à l'intention de la police, Kane écrivait que Mom prétendait qu'il avait payé très cher pour faire publiciser les écarts de conduite de la SQ et pour convaincre le gouvernement de mettre sur pied une commission d'enquête. « Mom m'a dit que c'était lui qui avait poussé les politiciens à démarrer l'enquête Poitras et que même les frères Matticks ne savaient pas ça. Il m'a dit aussi qu'il avait payé ses avocats pour fouiller dans les magouilles de la SQ. »

Au bout du compte, la commission Poitras a failli causer le démantèlement de Carcajou. La dégringolade de la SQ n'a toutefois pas pris tout le monde par surprise ; certains vétérans de la police de Montréal – André Bouchard, par exemple – la savaient inévitable depuis un moment déjà. Depuis ses débuts dans les rues des quartiers chauds du centre-ville de Montréal, Bouchard avait été témoin de l'ascension de Mom Boucher et de ses Hells. Au fil des ans, le policier avait pris du galon et un peu de poids, mais sa philosophie envers les motards était restée la même : pour leur faire mal, il fallait les frapper fort et les frapper souvent.

Bouchard était là en 1995, au tout début de l'opération Carcajou. On lui avait alors confié une escouade chargée d'enquêter sur plusieurs bandes de motards de Sherbrooke et de Québec, dont les Rock Machine. Ses expériences avec la SQ avaient toujours été désastreuses et maintenant qu'il faisait partie de l'équipe, il comprenait pourquoi : les querelles intestines faisaient rage entre les hauts gradés de l'organisation et ses agents montréalais ; à tous les niveaux, on s'arrachait les budgets et la gloire ; les méthodes préconisées par ses policiers étaient peu orthodoxes, pour ne pas dire douteuses. Toutes ces failles de la SQ entravèrent sérieusement l'efficacité de l'escouade Carcajou.

À Sherbrooke et à Québec, Bouchard engagea les hostilités en effectuant des razzias dans les repaires et les bars des motards. Sa stratégie était d'arrêter le plus de suspects possible en espérant qu'ils parleraient. Les hautes instances de la SQ voulaient que ce soit des agents de la police de Montréal qui fassent ce boulot parce que les motards avaient l'habitude d'intimider les policiers locaux. «Quand la police de la place faisait une descente chez les motards, raconte Bouchard, les gars leur disaient des trucs dans le genre : "Aye, ta femme travaille-tu encore au salon de coiffure, tsé, celui au coin de la rue ? "» Mais André Bouchard n'était pas homme à se laisser intimider. Lorsqu'il procédait à une razzia, il revêtait toujours son uniforme d'officier de police, casquette incluse ; cela lui permettait de se démarquer des autres policiers qui, eux, portaient tous un jean et un blouson au dos duquel on lisait le mot POLICE en grosses lettres dorées. «On rentrait dans la place pis on alignait les gars à plat ventre sur le plancher. Quand y en avait un qui parlait, je criais : "Fermez toutes vos crisse de gueules !" Je voulais être certain qu'ils sachent qui j'étais, qu'ils sachent que si y menaçaient ma femme ou mes enfants, j'hésiterais pas à leur tirer dessus. »

Bouchard se souvient de ses débuts dans Carcajou et de l'atmosphère positive qui régnait alors au sein de l'équipe. L'escouade ne manquait pas de ressources. On lui accordait sans chipoter tout ce dont elle avait besoin – voitures, avions, équipement de surveillance, tables d'écoute, effectifs supplémentaires, etc. Le policier se vit même offrir une Taurus flambant neuve pour remplacer sa vieille Chrysler K. Mais Bouchard se rendit vite compte que quelque chose ne tournait pas rond. Les budgets faramineux et tout le cirque médiatique qui entourait la SQ à ce moment-là étaient en train de monter à la tête de ses cohortes. Bouchard se souvient d'une occasion en particulier où il s'était rendu à Québec pour faire connaissance avec des enquêteurs de la SQ avec lesquels il comptait travailler. Ceux-ci lui donnèrent rendez-vous dans un restaurant chic de la ville. «J'arrive au restaurant pis les gars sont sur le *party*, à manger des plats raffinés et à boire du vin à 50 $ la bouteille. À la fin, quand j'ai vu que personne payait, je me suis dit : Kessé qu'y se passe icitte ? C'est-tu un bar protégé ? J'ai fini par apprendre qu'ils mangeaient et buvaient à l'œil parce que quand un Hells ou un Rock Machine allait là, ils le laissaient tranquille. Je dois dire que quand j'ai vu ça, ça m'a inquiété. » Bouchard admet que, du temps où il travaillait à la brigade des mœurs, il lui arrivait de se faire offrir un verre de scotch par un proprio qui appréciait le réconfort d'une présence policière dans son établissement. Ce n'était peut-être pas strictement réglementaire, mais ce n'était rien, comparé à ce repas somptueux dont ses collègues et lui avaient bénéficié à Québec.

Mais les abus ne se limitaient pas aux soupers «pot-de-vin». Les policiers de la SQ commencèrent bientôt à présenter à leur chef des notes de frais exorbitantes que Bouchard refusera systématiquement de signer. «Quand mes gars de la police de Montréal interrogent une source dans un petit hôtel du centre-ville pis qu'y se commandent quatre Coke, une pizza pis un club sandwich, je trouve ça raisonnable. Mais les gars de la SQ m'arrivent avec des reçus pour une chambre au Ritz Carlton, des bouteilles de vin, un souper dans un grand restaurant. Y en a qui me sont arrivés avec une note de frais de 800 $! Je leur ai dit: "Allez chier, je la signe pas! Quand vous interrogez un trou d'cul, vous l'emmenez dans un motel, pas au Ritz Carlton!"» Bouchard fulmina de plus belle lorsqu'il apprit que les frais qu'il venait de rejeter avaient par la suite été ratifiés par un autre officier de la SQ.

Outre cette question de compte de dépenses, la SQ avait bien d'autres problèmes. De un, les autres organismes policiers n'approuvaient pas ses méthodes. Bouchard se souvient du soir où la SQ lui avait téléphoné pour l'avertir qu'elle était sur le point de procéder à une saisie de dynamite. Quand Bouchard parla de mobiliser l'équipe d'intervention spéciale (SWAT) de la police de Montréal, la SQ a répliqué que ce n'était pas nécessaire: l'homme qui transportait la dynamite était une de leurs sources.

Bouchard était furieux. «Vous pouvez pas faire ça! lança-t-il. On implique pas comme ça une source dans des activités criminelles!» En bref, la SQ se préparait à piéger quelqu'un en commettant elle-même un délit. «Je veux rien avoir à faire là-dedans» d'assurer Bouchard.

En dépit des avertissements de son collègue, la SQ a procédé comme elle l'entendait. Pour éviter tout conflit avec d'autres corps policiers, la Sûreté choisira ensuite de taire ses activités. «Les gars de la SQ menaient des opérations secrètes, de dire André Bouchard. Nous, on savait rien. D'habitude, on l'apprenait le jour suivant, quand on arrivait au poste pis que les cellules étaient pleines de prévenus qu'ils avaient arrêtés sans nous avertir.»

Bouchard, qui était lieutenant-détective à l'époque, quittera Carcajou en 1996 afin de passer les examens qui lui vaudraient le grade de commandant. Un an plus tard, le chef de police Jacques Duchesneau retirera tous ses effectifs de l'opération Carcajou. La commission Poitras soulignera que Carcajou était le théâtre d'une guerre intestine entre les différents corps policiers. Elle notera également que la stratégie de la SQ dans Carcajou était de minimiser le rôle joué par les membres des autres organisations policières dans le but de mettre en valeur sa propre contribution.

À travers le chaos qui déchirait les forces de l'ordre au Québec, Dany Kane continuait de faire son travail en infiltrant l'organisation des Hells Angels de plus en plus profondément.

Le sergent de section Gaétan St-Onge fut l'un des premiers officiers de liaison et représentants des services de renseignements de Carcajou. Il se souvient du jour où il s'est présenté pour la première fois aux quartiers montréalais de l'escouade : dans le même bureau que lui, lui faisant face, se trouvait le sergent-détective Benoît Roberge de la police de Montréal.

Tous deux intelligents et dynamiques, St-Onge et Roberge s'entendirent d'emblée. Ni l'un ni l'autre n'appréciait l'attitude et les méthodes de la SQ. En 1989, du temps où il était analyste des renseignements à la police de Montréal, Roberge avait constitué un dossier sur les Hells Angels et les Rock Machine. À l'époque, la majorité des policiers de la province croyaient que les motards étaient inoffensifs. « Quand j'ai essayé de convaincre les dirigeants de la SQ qu'il y avait une guerre qui se tramait chez les motards, ils ont ri de moi » se souvient-il.

Dans les bureaux de Carcajou, St-Onge et Roberge entameront une relation de travail efficace et durable. Nous étions alors en 1996, et cela faisait déjà deux ans que le premier partageait assidûment avec le second les renseignements fournis par Kane. Roberge savait que son collègue de la GRC détenait là une source en or, mais ce qu'il ignorait, c'est qu'il allait bientôt jouer un rôle déterminant dans la saga de Dany Kane.

St-Onge et Verdon continuaient de rencontrer Kane deux ou trois fois par semaine. Toute information divulguée par ce dernier et jugée pertinente était relayée aux enquêteurs de Carcajou – du moment qu'elle ne mettait pas en péril la vie de l'informateur, bien entendu. Kane était le seul agent d'infiltration dont disposait

Carcajou. Le délateur avait dressé à l'intention de la GRC la liste des numéros de téléphone et de téléavertisseur de tous les Hells du Canada ; cette liste était mise à jour hebdomadairement. Kane informera la GRC des codes qu'utilisent les Hells lorsqu'ils communiquent entre eux et il leur dira où sont cachés leur drogue, leurs armes et leurs explosifs. Le Rocker André «Toots» Tousignant se baladait avec deux cadavres dans le coffre de sa voiture ? La GRC en était informée. Le même homme achetait une quantité importante d'un nouvel explosif ? La GRC l'apprenait aussitôt. Verdon et St-Onge apprendront de la bouche de Kane que les Hells avaient trouvé sur Internet la recette que Timothy McVeigh avait employée pour fabriquer la bombe chimique avec laquelle il avait fait sauter un édifice gouvernemental à Oklahoma City en 1995. Les Hells entreposaient dans un appartement de Longueuil tous les produits nécessaires à la confection d'une bombe semblable.

Tous ces renseignements leur étaient transmis par la source C-2994.

Outre ses descriptions détaillées des activités des Hells, Dany Kane offrait à la police une vue d'ensemble du fonctionnement de leur organisation. Kane expliquera par exemple aux autorités comment les Hells désignaient ceux qui seraient en charge du commerce et du trafic de la drogue. Le choix dépendait des contacts, des aptitudes et des moyens financiers de chaque candidat. Des cellules autonomes étaient ensuite constituées aux différents niveaux opérationnels du réseau, chacune ayant ses contacts et ses secrets, chacune générant ses propres bénéfices. Kane tenait la GRC informée des activités de ces différentes cellules.

Des enquêteurs de Carcajou appartenant à la SQ et à la police de Montréal harcelaient régulièrement St-Onge pour qu'il leur donne le nom de sa fameuse source. En avril 1995, un sergent-détective de la police de Montréal demande à St-Onge de lui dévoiler l'identité de C-2994. Comme de bien entendu, St-Onge refuse. Heureusement d'ailleurs, car le sergent-détective sera ensuite soupçonné de complicité avec les motards et renvoyé.

Informé par Kane des fuites de renseignements qui transpiraient du côté de la police, St-Onge s'inquiétait du fait que plusieurs membres de Carcajou cherchaient à découvrir la véritable identité de C-2994. «Carcajou était un bordel total, dira l'agent de la GRC. La SQ nous enviait notre source et elle nous demandait tout le temps de dévoiler son identité. Parce que c'était comme ça qu'ils procédaient, eux, à la SQ : ils donnaient toujours le nom de leurs sources. Ils ne se souciaient pas de préserver leur anonymat ni du fait qu'elles pouvaient être démasquées. »

Quand St-Onge insistait sur le fait que même les grands patrons de la GRC ne connaissaient pas l'identité de C-2994, la SQ se montrait sceptique. « Dans la GRC, leur disait St-Onge, la source est la responsabilité de l'agent avec qui elle travaille. Personne d'autre ne fait affaire avec elle. »

De fait, la GRC a toujours jalousement protégé ses informateurs. Mais, ce faisant, elle fermait trop volontiers les yeux sur leurs délits et leurs manigances. La GRC donnera 2 000 $ par semaine à Dany Kane pour ses services, mais elle ne cherchera jamais à savoir s'il se servait de cet argent pour financer ses activités criminelles.

Qui plus est, la GRC estimait que Kane devait disposer de moyens financiers suffisants pour assurer sa crédibilité auprès des Hells. Tout motard digne de ce nom avait ses méthodes pour blanchir l'argent provenant de ses activités illicites ; or, il était normal que Kane dispose lui aussi de tels moyens. C'est dans cette optique que, en juillet 1996, la GRC donnera 30 325 $ à Kane pour financer la création d'une revue intitulée *Rencontres Sélectes*. S'adressant à la communauté homosexuelle, le magazine serait principalement composé d'annonces classées placées par des *go-go boys*, des services d'escortes et de lignes téléphoniques érotiques. Kane avait l'intention de se servir du périodique pour lancer sa propre agence de rencontre gay. Le sergent St-Onge trouvait qu'il s'agissait là d'une excellente idée. À ses supérieurs, le policier justifiera la somme allouée au projet de la façon suivante : « Comme le magazine va rapporter de l'argent à notre informateur, il n'aura pas à mettre sa vie en danger en commettant des crimes sérieux. Il nous faut autant que possible assurer sa sécurité pour qu'il puisse continuer de nous fournir des renseignements. »

En approuvant la requête de Kane, la GRC faisait ses entrées dans l'industrie du sexe. En vérité, c'était l'argent du contribuable qui finançait la publication de l'hebdomadaire. Verdon et St-Onge prenaient la chose très au sérieux – ils ont même procédé à une analyse de marché pour accroître les chances de succès de leur protégé. «Pour qu'une revue de ce genre fonctionne, il faut mettre le paquet sur le graphisme» annoncera St-Onge à ses supérieurs avant de leur présenter une maquette de la couverture du premier numéro.

Kane ne publiera finalement que quelques numéros de *Rencontres Sélectes*. Bien qu'il se soit soldé par un échec, le projet s'avérera déterminant sur un point: il aura jeté Kane dans les bras d'un homme qui allait lui attirer beaucoup d'ennuis et compromettre l'infiltration de la GRC au sein des Hells Angels.

Le 12 février 1997, Verdon et St-Onge interrogent Kane au sujet d'une fusillade qui avait eu lieu quelques semaines auparavant dans les environs de Québec. Pour la première fois, l'informateur mentionne le nom d'Aimé Simard. Kane sait tout de l'histoire: cinq individus associés aux Rock Machine ont fait feu sur Simard à partir d'une voiture; celui-ci riposte avec son .44 Magnum, atteint deux d'entre eux et se débarrasse ensuite de son arme.

Comme de coutume, Verdon et St-Onge ne demandent pas à Kane d'où il tient son information. Or, l'histoire de l'informateur est mensongère. Simard avait bel et bien tiré sur les deux individus, mais il n'y avait jamais eu d'échange de coups de feu. C'est Kane qui avait inventé tout ça. Il faut dire que Simard lui avait également menti en lui disant qu'il était allé à Québec pour supprimer un homme qui l'avait identifié à tort comme étant un revendeur de drogue pour le compte des Rock Machine. En vérité, Simard s'était rendu dans la Vieille Capitale avec un ami qui devait de l'argent à son *dealer*; là, il avait abattu le *dealer* et sa petite amie en pleine rue.

Il y avait une raison pour laquelle les histoires des deux hommes ne concordaient pas: trois mois auparavant, Kane et Simard étaient devenus amants. Simard a menti à Kane parce qu'il voulait l'impressionner en lui faisant croire qu'il était impliqué dans des combines sérieuses; Kane a menti à la police pour faire croire que Simard était en état de légitime défense. Verdon et St-Onge savaient que Kane avait quitté sa femme, mais ils ignoraient qu'il entretenait une relation amoureuse avec Simard. «On ne savait même pas qu'il était bisexuel», admet St-Onge.

Kane et Simard ne formaient pas un couple particulièrement assorti. Ils n'avaient à proprement parler rien en commun. Simard

avait étudié la gestion, la comptabilité et l'administration policière à Québec dans le but de devenir policier. C'était un type très
corpulent qui, à l'époque, pesait dans les 160 kg. Il s'est fait agra-
fer l'estomac par la suite et a perdu pas mal de poids ; néanmoins,
il est resté et sera sans doute toujours grassouillet. Alors même qu'il
étudiait pour entrer dans la police, Simard était un criminel proli-
fique. Il avait été reconnu coupable de 80 délits mineurs – vol, émission de chèques sans provision, vol à l'étalage, etc. – et il avait fait
de la prison pour avoir menacé quelqu'un avec une arme à feu. Un
psychologue pourrait faire l'hypothèse que Simard se comportait
ainsi parce qu'il avait grandi avec un père alcoolique. Et puis c'était
le petit Aimé qui, à l'âge de 10 ans, avait découvert le corps de ce père
indigne, gisant sans vie sur le divan du salon. Indépendamment des
raisons qui l'avaient poussé sur la voie du crime, on ne pouvait pas
dire qu'Aimé Simard était un criminel très doué. La police dira de
lui qu'il agissait comme s'il avait voulu se faire prendre.

À sa sortie de prison, Simard envisage de quitter Québec pour
s'établir à Montréal. Le jeune homme de 29 ans songe alors à
étudier la psychologie juridique. Soucieux de ne pas se retrouver seul
dans une ville inconnue, il place une annonce dans *Rencontre
Sélectes…* et Kane lui répond. Simard confiera plus tard à la police
que Kane lui avait téléphoné pour la première fois en novembre
pour lui dire qu'il devait se rendre à Halifax, mais qu'il pouvait faire
une halte à Québec pour le rencontrer. Kane ne parlera jamais de
ce voyage à Halifax à ses contacts de la GRC. En revanche, il leur dira
que Wolf Carroll avait envoyé des hommes de main en Nouvelle-
Écosse pour prendre le contrôle de certains bars et établir un territoire
de drogue. Il est probable que Kane faisait partie de la troupe de
choc dépêchée par Carroll. Quoi qu'il en soit, la prochaine mission
secrète de Kane à Halifax s'avérera beaucoup plus déterminante.

Simard a promptement invité Kane à la maison de sa mère.
Mme Simard étant en vacances en Floride, les deux hommes se sont
retrouvés seuls. Lorsque Kane a aperçu le bain tourbillon qui se
trouvait au sous-sol, il a demandé à son hôte s'il pouvait l'utiliser.
«Bien sûr», de répondre Simard. Les deux hommes se sont dés-
habillés, puis ils se sont installés. Simard se montrera fort impressionné par le tatouage des Hells Angels que Kane porte au bras.
Celui-ci lui dira qu'il est *prospect* – ce qui était faux ; Kane faisait

partie des Rockers à ce moment-là. Anxieux de trouver crédit aux yeux de son nouvel ami, Simard dira qu'il a fait de la prison pour avoir fait feu sur un policier.

Kane a alors demandé à son hôte s'il voulait coucher avec lui. «J'ai dit oui» admet Simard.

Peut-être est-ce le fait qu'ils étaient tous deux si différents l'un de l'autre qui les a attirés l'un vers l'autre. Kane et Simard se trouvaient en effet à deux pôles opposés. Le premier exerçait toujours sur lui-même et sur son entourage un contrôle très strict; le second n'avait aucun empire sur lui-même et sur ses émotions. Kane était un obsessif. Il avait quitté sa femme pour plusieurs raisons, dont l'une était qu'elle possédait trop d'animaux domestiques. Or, Kane se disait allergique aux bêtes. Le motard était par ailleurs extrêmement soucieux de son apparence. St-Onge se souvient que la mise de son informateur était toujours impeccable: ses bottes en peau d'alligator étaient toujours propres et reluisantes; ses blousons de cuir étaient toujours de la plus haute qualité; il ne portait que des jeans et des lunettes griffés. Mais il n'y avait pas que dans son habillement que Dany Kane se montrait obsessif. Sa forme physique lui tenait également beaucoup à cœur. Kane se vantait à qui voulait bien l'entendre qu'il était musclé, fort et en santé, mais en réalité sa santé ne devait pas être si formidable qu'il le prétendait puisqu'il prenait des stéroïdes. «Il nous montrait ses muscles à tout bout de champ, se rappelle St-Onge. Il enlevait sa veste, bandait ses biceps et disait: "Mes muscles ont vraiment grossi, vous trouvez pas?"»

Mais ce que Kane aimait par-dessus tout, c'était le sexe. Un jour, il a téléphoné à St-Onge alors qu'il était au lit avec une danseuse. Sans dire un mot à l'agent de la GRC, il a refilé le combiné à sa compagne qui, de sa voix la plus langoureuse, s'est mise à décrire à son interlocuteur invisible tout ce que Kane l'étalon était en train de lui faire. St-Onge a écouté pendant un moment en se demandant qui pouvait bien lui faire une blague pareille.

«Kane était très tendu dans ce temps-là, affirme St-Onge. Je pense que les stéroïdes qu'il prenait le rendaient nerveux.» Il faut dire que l'informateur avait de gros tracas à ce moment-là. La rivalité entre Carroll et Steinert avait atteint son apogée. Celui-ci avait maintenant ses pleines couleurs et il comptait toujours accaparer une partie du territoire québécois, ontarien et manitobain. Ces territoires étant le fief de Wolf Carroll et de Walter Stadnick, cela créait de sérieuses tensions au sein des Hells. L'effusion de sang semblait inévitable et, effectivement, elle surviendra en mai 1996, alors qu'un des bras droits de Steinert, Donald Magnussen, tuera un membre des Los Brovos en visite chez les Hells à Halifax.

Tuer un invité dénote un manque de civisme flagrant, même pour un Hells. Mais, outre le fait qu'il s'agissait d'une déplorable bévue, le meurtre s'avérait problématique parce qu'il avait eu lieu à Halifax, c'est-à-dire sur le territoire de Wolf Carroll. Personne n'avait le droit de tuer qui que ce soit à Halifax sans le consentement de Wolf Carroll – et cela s'appliquait tout particulièrement aux gars de Steinert. L'incident était doublement regrettable du fait que Stadnick s'employait depuis un moment déjà à convaincre les bandes de Winnipeg, dont Los Brovos, à se rallier aux Hells. Stadnick était vraiment furieux. Kane rapportera à la GRC que Carroll et Stadnick voulaient tous deux liquider Magnussen, et peut-être même Steinert. Aux dires de l'informateur, Carroll aurait engagé le garde du corps personnel de Mom Boucher, Toots Tousignant, pour éliminer Magnussen. Les rapports de Verdon indiquent qu'à ce moment-là, les factions montréalaises des Hells Angels sont très divisées.

Cinq mois plus tard, Magnussen était toujours en vie. Tousignant n'avait manifestement pas fait son travail. En octobre 1996, Carroll, Stadnick et Pup Stockford offriront 10 000 $ à Kane pour supprimer l'indésirable. Puisque Magnussen faisait confiance à Kane, raisonnaient-ils, il était logique que celui-ci n'aurait aucun mal à l'approcher et à le tuer.

Kane était vraiment dans de beaux draps. D'un côté, Carroll, Stadnick et Stockford étaient des personnages de première importance dans l'organisation des Nomads ; il aurait donc été malaisé pour Kane de rejeter leur requête. D'un autre côté, Steinert était le parrain du plus jeune fils de Kane ; or, pouvait-il réellement tuer le meilleur ami d'un homme qu'il considérait comme un frère ? Et puis, Kane savait fort bien que s'il tuait Magnussen, c'en serait fini de lui. Coincé dans un dilemme insoluble, Dany Kane n'entrevoyait qu'une possibilité : demander l'aide de la GRC.

Kane n'avait pas l'habitude de discuter avec la GRC des histoires de meurtre dans lesquelles il était personnellement impliqué, mais, vu les circonstances, il n'avait d'autre choix que d'enfreindre cette règle. En fait, il souhaitait que la police intervienne, qu'elle fasse quelque chose pour qu'il n'ait pas à tuer Magnussen.

Le sergent-détective Benoît Roberge rendra visite à Magnussen à deux reprises, espérant qu'il consentirait à collaborer avec la police s'il apprenait que sa tête était mise à prix. Par la suite, Magnussen dira à Kane qu'il s'était moqué de Roberge quand celui-ci lui avait annoncé la nouvelle. Le policier, par contre, rapporte une tout autre version des faits : selon lui, Magnussen est terrorisé, mais il craint de se mettre sous la protection des autorités.

L'échéance approchait et Kane se trouvait toujours dans une impasse. En fin de compte, ce sera Mom Boucher qui lui sauvera la mise. Le président des Nomads déclarera que puisque Magnussen était le bras droit d'un membre à part entière, seul un Hells qui avait ses pleines couleurs était autorisé à l'éliminer. Un simple Rocker comme Kane ne possédait pas ce droit. Boucher annoncera ensuite que c'était à Stadnick d'exécuter la sentence parce qu'il était celui à qui la mort de Magnussen profiterait le plus. Kane s'était tiré d'un bien mauvais pas. Quant à Magnussen, son heure approchait – d'autant plus qu'il commettra bientôt une autre bévue : en février 1997, accompagné de deux autres motards, il tabassait à la sortie d'un bar du boulevard Saint-Laurent à Montréal le fils de Vito Rizzuto, l'un des caïds de la mafia montréalaise. Le motard se défendra en proclamant qu'il ne savait pas que sa victime était le fils de Rizzuto. Le mafioso, disait la rumeur, avait juré de venger l'honneur de son fils.

La mafia voulait sa peau. Les Nomads voulaient sa peau. Bref, Magnussen était un homme mort. Son corps sera repêché en 1998, tiré des eaux de ce que la police appelle affectueusement « le cimetière préféré des Hells Angels », en l'occurrence le fleuve Saint-Laurent. Le fait que le corps de Steinert sera retrouvé en aval un an plus tard prouve sans l'ombre d'un doute que ce sont les Nomads qui ont exécuté les deux hommes. Et à coups de marteau !

C'est à cette époque que Simard a commencé à fréquenter très assidûment les amis motards de Kane. Celui-ci habitait alors avec sa petite amie à Montréal et Simard passait beaucoup de temps avec eux. Il est ensuite devenu le chauffeur de Kane. Bien que Simard n'était pas particulièrement compétent – il eut deux accidents en peu de temps –, Kane goûtait le fait d'avoir un chauffeur à sa disposition. Cela montrait à son entourage, du moins l'espérait-il, qu'il était devenu l'une des étoiles montantes de la société des Hells.

Lorsque Simard conduisait son amant à ses rendez-vous avec Verdon et St-Onge dans des hôtels du centre-ville, Kane avait l'impression de berner tout le monde, ce qui l'amusait beaucoup. Simard ne se doutait pas que son ami était informateur pour la GRC ; et la GRC ne soupçonnait pas que Simard était son chauffeur. La supercherie procurait à Dany Kane un délicieux sentiment de supériorité. D'ailleurs, il traitait Simard comme un larbin, un pion qu'il pouvait manipuler à sa guise. Or, quand Aimé Simard fera feu sur deux personnes à Québec, Kane entreverra enfin quel usage il pouvait faire de lui.

Robert MacFarlane était propriétaire à Halifax d'une compagnie qui vendait des systèmes d'alarme et des téléphones cellulaires. Homme d'affaires, certes, mais aussi fauteur de troubles. Grand amateur de cocaïne et de stéroïdes, l'homme de 34 ans était un associé des Hells Angels.

Tous ceux qui le connaissent décrivent MacFarlane comme un vantard, un violent et un fanfaron. Il aimait s'en prendre à des gens qui n'étaient pas de taille à se défendre de lui. Un policier de Halifax évoque ainsi l'individu : « Quand je patrouillais le centre-ville et que je voyais Bob MacFarlane entrer dans un bar, je savais tout de suite qu'il y aurait du grabuge. C'était une grande gueule, un type très imbu de lui-même. »

Les Hells se sont vite lassés du cirque de MacFarlane. Il avait provoqué la bagarre dans un bar de Vancouver contrôlé par les Hells et avait profité de l'occasion pour se vanter de ses connexions avec les motards de la côte Est. Il n'était toutefois pas plus populaire à Halifax. Dans sa ville natale, il fréquentait un bar appartenant à Paul Wilson, un bon ami de Wolf Carroll. « MacFarlane était un trou du cul qui tapait sur les nerfs de tout le monde, de déclarer Bruce Macdonald, un policier de la GRC qui était chargé de surveiller les motards du coin. En fin de compte, c'est ça qui l'a perdu. »

L'inévitable arriva : quelqu'un a mis un contrat de 25 000 $ sur la tête de MacFarlane. Or, ce sera Dany Kane qui se verra confier cette tâche.

C'était pour Kane l'occasion rêvée d'utiliser Aimé Simard. « On y va tous les deux et c'est toi qui vas le tirer, dira-t-il à Simard. Comme ça, je vas pouvoir voir comment tu opères, pis ça va te faire un peu d'argent de poche. Si tu fais ben la job, ça va être un bon point pour toi dans l'organisation. Y vont se souvenir que tu as fait ça pour eux. » D'entrée de jeu, Simard était partant.

Les deux hommes louèrent donc une Buick LeSabre blanche et prirent la route en direction de Halifax. Ils feront une courte halte à Québec pour rendre visite à la sœur de Simard.

Une très mauvaise surprise les attendait à Oromocto, une ville en banlieue de Fredericton au Nouveau-Brunswick. Dans cette région voisine des Maritimes, l'autoroute transcanadienne est la voie de prédilection des trafiquants de drogue. Or, dans le cadre de l'Opération Pipeline, la GRC avait mis en place des barrages routiers destinés à ralentir le transit des stupéfiants. Avec leur plaque d'immatriculation du Québec, leurs blousons de cuir et leurs tatouages, Kane et Simard correspondaient au profil type du trafiquant. Les agents Gilles Blinn et Dale Hutley invitèrent le duo à se garer sur l'accotement, puis ils procédèrent à un contrôle d'identité. Simard avait de faux papiers, si bien que son nom ne figurait pas dans la banque de données de la police. Kane, par contre, avait un dossier volumineux dans les archives informatiques des forces de l'ordre. Lorsque Blinn découvrit qu'il était en présence d'un motard notoire, il décida de fouiller le véhicule.

Si les deux policiers n'ont pas remarqué le pistolet que Simard avait glissé dans sa ceinture, c'est sans doute parce qu'ils se méfiaient davantage de Kane. Celui-ci leur donnait froid dans le dos avec son air dur et impitoyable, tandis que Simard, lui, souriait et blaguait gentiment avec eux. Dans le coffre de la voiture, Blinn trouvera deux émetteurs-récepteurs portatifs, une radio de police ainsi que plusieurs valises. Kane ordonnera alors au policier de ne rien toucher. Il n'était pas autorisé à poursuivre la fouille sans mandat, de préciser Kane. Blinn n'ayant effectivement aucun motif raisonnable, dut laisser partir les deux hommes. Si les choses avaient mal tourné, il est probable que Simard aurait abattu les deux agents. Aux dires de Kane, Simard disait souvent qu'il voulait tuer un policier.

Lorsque l'agent Blinn a consulté le dossier de Kane sur le réseau informatique de la police, St-Onge en a été aussitôt informé. Lorsque Blinn a fait une recherche concernant Kane sur le réseau informatisé du Centre d'information de la police canadienne (CIPC), St-Onge a reçu ce que l'on appelle un « silent hit » dans son ordinateur, c'est-à-dire un message signalant que le dossier de son informateur avait été consulté. C'est pratique courante pour les agents de la GRC que de mettre le nom d'une source sous observation dans le réseau du CIPC. Ainsi, chaque fois qu'un policier effectue une recherche à partir de ce nom, cette recherche est enregistrée dans l'ordinateur de l'agent concerné. De cette façon, si un autre policier quelque part au Canada s'intéresse à un informateur de la GRC, l'officier en charge de cet informateur est promptement mis au courant de la chose. Bref, lorsque St-Onge est arrivé à son bureau le lendemain, il a constaté avec surprise que l'agent Blinn avait vérifié les antécédents de Kane. Une question surgit alors pour St-Onge : qu'est-ce que Kane pouvait bien manigancer au Nouveau-Brunswick ? À la fois inquiet et intrigué, St-Onge décide de contacter Gilles Blinn. Dès qu'il a Blinn au bout de la ligne, les questions fusent : Kane était-il accompagné ? par qui ? Dans quel type de véhicule se trouvait-il ? Qu'est-ce qu'il transportait ? Dans quelle direction se dirigeait-il ?

Blinn était curieux de savoir pourquoi St-Onge s'intéressait tant à Kane. St-Onge se contenta de lui dire que Kane faisait partie d'une unité spéciale qui enquêtait sur les motards.

Plus inquiet que jamais, St-Onge laisse un message à Kane sur son téléavertisseur. Au bout d'un certain temps, n'ayant pas obtenu de réponse, il tente de nouveau sa chance. St-Onge transmettra ainsi plus de cinq messages à son informateur, mais sans succès.

Il faut dire qu'à ce moment-là, Kane avait trop à faire pour se préoccuper de son téléavertisseur. Simard et lui étaient sur le point d'arriver à Halifax et ils devaient songer à localiser leur cible. Ils convinrent bientôt que le plus simple était d'abattre MacFarlane à la sortie de son commerce – qui, ironie du sort, avait pour nom le Spy Shop (la boutique de l'espion).

Arrivés à Halifax, Kane et Simard garent leur véhicule juste en face du Spy Shop. Ils surveilleront l'endroit jusqu'à la fermeture, mais sans succès : MacFarlane ne viendra pas. Les deux hommes passent la nuit dans un motel, puis reprennent leur poste le lendemain. Ce jour-là, ils verront MacFarlane à plusieurs reprises, mais ils ne pourront l'éliminer parce que celui-ci ne sera jamais seul. Fatigués d'attendre, Kane et Simard iront s'entraîner au gymnase du coin, puis ils iront au cinéma.

Le jeudi 27 février 1997, le motard et son compagnon achètent 10 homards et demandent au chef du motel de les apprêter. Après un copieux repas, ils se rendent une nouvelle fois au Spy Shop. Lorsque MacFarlane quitte l'endroit accompagné de deux autres personnes, Kane et Simard décident de le prendre en filature. Ils le suivront jusque dans un parc industriel situé aux limites de la ville. Là, dans un vaste entrepôt, MacFarlane conservait une collection de voitures antiques qu'il voulait montrer à ses amis.

MacFarlane avait déjà remarqué qu'une voiture l'avait suivi depuis sa boutique. Lorsque la Buick blanche vint se garer derrière lui, MacFarlane sortit en trombe de sa voiture, bien décidé à affronter les intrus. Ce furent là ses derniers pas. Le voyant s'approcher ainsi, Simard, qui est assis côté passager, pointe son arme dans sa direction et fait feu à plusieurs reprises. Blessé mais toujours vivant, MacFarlane s'enfuit en hurlant. Ses compagnons sortent de sa voiture et l'imitent. Sans faire ni une ni deux, Simard part à leur poursuite en brandissant une seconde arme, un pistolet de calibre 9 mm. Mais Aimé Simard est d'une maladresse incroyable : alors qu'il court derrière MacFarlane, le pantalon d'exercice qu'il porte lui descend jusqu'aux genoux et le fait trébucher. Simard le retirera calmement avant de poursuivre sa course. Il réussira enfin à abattre MacFarlane d'une balle dans la nuque.

Alors qu'il s'éloignait de sa victime, Simard entendra deux coups de feu. Se retournant, il apercevra son complice qui, arme au poing, se tenait près du corps de MacFarlane. Kane avait fait mine de tirer sur ce dernier, mais en réalité ses balles n'avaient pas atteint leur cible. Selon St-Onge, Kane aurait manqué MacFarlane intentionnellement pour pouvoir dire à la police que ce n'était pas lui l'assassin.

Empressés de quitter Halifax, Simard et Kane prennent immédiatement la route en direction de Montréal. En chemin, ils ne

s'arrêteront qu'une seule fois pour jeter leurs armes, leurs vêtements ainsi qu'une plaque d'immatriculation volée de la Nouvelle-
Écosse dans un petit bois qui bordait l'autoroute. Les deux hommes
se croyaient sains et saufs, mais ce qu'ils ignoraient, c'est que la
caméra de surveillance d'un entrepôt voisin avait capté et enregistré leur crime. La bande n'était pas d'assez bonne qualité pour
permettre l'identification des meurtriers, néanmoins elle permit
à la police d'avoir une idée du type de véhicule qu'ils conduisaient.
Les autorités lancèrent aussitôt un avis de recherche décrivant deux
individus de race blanche et de sexe masculin au volant d'une berline quatre portes blanche.

Les meurtres ne sont pas monnaie courante dans les Maritimes,
aussi était-il peu probable que l'avis de recherche passe inaperçu.
Or, curieusement, les deux policiers qui étaient en mesure d'identifier les passagers de la voiture blanche, soit Blinn et St-Onge,
ne répondirent pas à l'appel, et ce, en dépit du fait que les enquêteurs de Halifax avaient lié MacFarlane aux motards. Le chef des
opérations criminelles de la GRC à Halifax notera dans son rapport
que St-Onge « pouvait identifier les suspects mais n'a contacté
personne suite à la diffusion de l'avis de recherche ». Lorsque
St-Onge a demandé à Kane ce qu'il faisait à Halifax, celui-ci a
répondu qu'il servait de chauffeur à des danseuses nues.

St-Onge avait d'autres chats à fouetter. Son nouveau patron, le
sergent de section Pierre « Patame » Bolduc, un policier trapu et
jovial doté d'un faciès de bouledogue et d'un surnom apparemment dénué de sens, n'était pas un grand admirateur de la source
C-2994. Au début des années 1990, Bolduc avait participé à une
ambitieuse initiative policière visant à démanteler le réseau montréalais de trafic de drogue et de blanchiment d'argent. Par le biais
d'un « faux » bureau de change, la GRC avait pu arrêter et inculper
plusieurs individus reliés à la mafia italienne et aux cartels
colombiens. La police avait par ailleurs saisi des millions de narcodollars ainsi qu'un cargo entier de cocaïne. Or, une source qui
ne menait pas à des arrestations ni à des saisies importantes représentait aux yeux du sergent Bolduc une dépense totalement inutile.
Que rapportait C-2994 à la GRC ? se demandait-il. Outre le fait
que l'informateur coûtait au corps policier 2 000 $ par semaine,
on lui payait ses locations de voitures, on avait réglé pour lui

une dette de $10 000 et on lui avait donné 32 000 $ pour publier une revue de sexe qui n'avait pas fonctionné. À quoi tout cela rimait-il? Voulant en avoir le cœur net, Bolduc entreprit d'éplucher les rapports de St-Onge et de Verdon.

Une fois son examen terminé, Bolduc était bien embêté : les renseignements fournis par C-2994 étaient certes révélateurs, mais il n'y avait pas là de quoi échafauder un procès. En fin de compte, ces informations avaient quelque chose d'anecdotique, si bien qu'elles n'étaient dans l'ensemble d'aucune utilité pour la GRC. C-2994 ne donnait pas à la police de quoi se mettre sous la dent. C'était à se demander pour qui il travaillait. S'agissait-il bel et bien d'une taupe de la GRC qui avait infiltré les motards... ou était-ce un motard qui avait infiltré la GRC?

Le sergent Bolduc était bien décidé à en avoir le cœur net.

Dany Kane contactera la GRC peu après son retour de Halifax. Le 5 mars, Verdon et St-Onge lui donneront rendez-vous dans un hôtel de la Rive-Sud de Montréal. Lors de cette rencontre, Verdon prendra neuf pages de notes manuscrites ; Kane avait vraiment beaucoup de choses à leur raconter. Cela dit, il s'agissait principalement de ce genre d'information anecdotique que Bolduc décriait. Kane dira par exemple à ses contacts que les Hells Angels du Québec avaient acheté un lot d'actions de la compagnie de téléphones cellulaires Erikson. Il racontera aussi qu'un *dealer* avait demandé à Mom Boucher l'autorisation de vendre de l'héroïne. Les règlements des Hells interdisaient la vente d'héroïne, néanmoins Boucher donna son accord – à condition bien sûr que le *dealer* lui donne sa part et tienne la chose secrète.

Si Verdon et St-Onge ont questionné Kane au sujet de son voyage à Halifax, leur rapport n'en fait aucune mention. Il est pourtant certain qu'à ce moment, les deux policiers étaient au courant qu'un *dealer* de cocaïne de Halifax qui travaillait pour les motards avait été assassiné et que leurs collègues de la GRC en Nouvelle-Écosse cherchaient désespérément deux suspects que l'on avait aperçus au volant d'une berline blanche quatre portes.

Six jours plus tard, Verdon et St-Onge organisent un autre rendez-vous. Cette fois, Kane leur parlera d'Aimé Simard, affirmant que celui-ci faisait partie d'un commando spécial de

Rockers qui avait pour mission de supprimer des membres des Rock Machine. L'informateur décrira Simard comme « un gars dangereux, imprévisible, capable de tout ». Sur ce point, Kane avait raison. Dès son retour à Montréal, Simard fera une autre victime : il abattra d'une balle un ami qui avait été témoin des deux meurtres qu'il avait commis à Québec. Kane fera par ailleurs une description avantageuse de son amant, soutenant que c'était un beau gaillard de 1 m 72, 68 kg – en vérité, Simard pèse plus de 110 kg. Encore une fois, les deux agents ne feront aucune mention du meurtre de MacFarlane et du voyage à Halifax.

La rencontre suivante aura lieu le 14 mars. Verdon et St-Onge ne parleront toujours pas de l'incident de Halifax. Kane dira à Verdon et St-Onge que les Rockers et les Hells ne faisaient plus confiance à Simard : il est trop imprévisible, il a une grande gueule et se vante toujours de ses exploits. » Cet état de choses n'empêchera pas Kane de partir en Jamaïque avec Simard quelques semaines plus tard.

Simard reviendra de Jamaïque bronzé et reposé. Puis, le 28 mars, il commettra un autre meurtre. Sa victime, Jean-Marc Caissy, un membre des Rock Machine, jouait dans une ligue de hockey dont faisaient partie des trafiquants de drogue affiliés aux Rockers. Quand Caissy les menacera à la pointe du fusil durant une partie, les trafiquants demanderont aux Rockers d'assurer leur protection. Ceux-ci chargeront Aimé Simard de s'occuper de Caissy.

Simard abattra le Rock Machine d'une balle au visage à la sortie de l'aréna. Au lieu de s'enfuir, l'assassin prendra calmement son cellulaire et composera le numéro de téléavertisseur de Pierre Provencher, le chef des Commandos. Il transmettra à celui-ci le code suivant : 555 357. Les trois premiers chiffres signifiaient que Caissy avait été éliminé ; les trois derniers désignaient le calibre de l'arme que Simard avait utilisée – un .357 Magnum. Son boulot terminé, Simard se rendra au Pro-Gym pour discuter tranquillement avec ses amis motards. Il laissera l'arme du crime dans une case du vestiaire, puis il rentrera chez lui.

Deux jours plus tard, Kane appellera St-Onge pour lui dire que Simard était le meurtrier de Jean-Marc Caissy. Il annoncera également au policier que, le soir même, Simard allait frapper encore une fois. St-Onge contactera immédiatement la police de

Montréal pour lui refiler le tuyau. Celle-ci tentera bien de localiser Simard, mais sans succès. Dans la soirée, Simard battra sauvagement un *dealer* à coups de batte de base-ball.

Pendant ce temps, au Pro-Gym, le concierge trouve l'arme de Simard en nettoyant le vestiaire. Les autorités identifieront le revolver comme étant celui utilisé dans le meurtre de Caissy. Tenant déjà de Kane que l'assassin était Aimé Simard, la police placera le Pro-Gym sous surveillance dans l'espoir que le tueur reviendra récupérer l'arme du crime. Comme de fait, le meurtrier se pointera au gym le 11 avril. La police le prendra la main dans le sac.

Dans les trois jours qui vont suivre, Simard sera interrogé sans relâche. Au bout du compte, il consentira à énumérer la liste de ses victimes à la police, à condition que celle-ci promette de ne pas utiliser cette information contre lui.

Les autorités découvriront bientôt que tous les meurtres de Simard ont été commis en sol québécois, sauf un : celui de Robert MacFarlane. Le lundi 14 avril 1997, le sergent-détective Benoît Roberge annonçait à la GRC de Halifax que ses hommes avaient capturé l'assassin de MacFarlane et qu'ils étaient maintenant à la recherche de son complice. À 14 h le même jour, dans un hôtel de la Rive-Sud, Kane, Verdon et St-Onge se rencontrent pour la 135ᵉ fois. Le salaire hebdomadaire de l'informateur s'élève maintenant à 4 000 $.

Les deux agents savent que Simard a été arrêté et qu'il a consenti à témoigner contre ses anciens complices ; ils savent que Kane et Simard se connaissent bien ; ils savent que Kane se trouvait à Halifax lorsque MacFarlane a été tué. Or, en dépit de tous les renseignements dont ils disposent, Verdon et St-Onge n'interrogeront toujours pas Kane au sujet de son emploi du temps à Halifax. Qui plus est, le rapport qu'ils rédigeront à la suite de la rencontre s'avérera plutôt positif. Kane dira à ses contacts que les Rockers et les Hells ne s'inquiétaient pas du fait que Simard avait retourné sa veste. C'était un menteur notoire ; pas un jury ne croirait un mot de ce qu'il dirait.

Ce jour-là, Kane avait une grande nouvelle à annoncer: Gilles «Trooper» Mathieu voulait proposer sa candidature aux Nomads en tant que membre aspirant (*hangaround*). Après trois longues années d'attente et de misère, Dany Kane obtenait son dû. Pour la

GRC, il s'agissait là d'une excellente nouvelle; cette source qui leur coûtait si cher allait enfin rapporter quelque chose. Verdon et St-Onge exultaient, cependant leur joie sera de courte durée. Kane était en effet sur le point de devenir l'homme le plus recherché au Canada.

À partir de ce moment-là, tout se passa très vite. La police de Montréal informa la GRC qu'elle tenait à interroger Kane, précisant qu'elle savait – ou du moins soupçonnait – qu'il n'était nul autre que la source C-2994. La SQ se montra elle aussi désireuse d'interroger Kane. La GRC de Halifax annonça qu'elle allait envoyer deux agents à Montréal pour étudier la confession de Simard et pour faire enquête.

À Montréal, la Division C répondit à ce soudain intérêt envers Kane en fermant les écoutilles. Le mardi 15 avril, Verdon, St-Onge et John McLaughlan, l'officier en charge des services de renseignements, discuteront de leurs options avec le surintendant Rowland Sugrue, chef de la section des enquêtes criminelles. La GRC était aux prises avec un réel dilemme: si elle protégeait Kane, elle aurait la possibilité d'infiltrer encore plus profondément l'organisation des Hells Angels; si elle coopérait avec les autres corps policiers, Kane serait arrêté et leur projet tomberait à l'eau. Au cours de la réunion, St-Onge insistera sur le fait que Kane n'avait pas tué MacFarlane. Il ira même jusqu'à affirmer que Kane était incapable de tuer qui que ce soit.

Dans un rapport subséquent, St-Onge déclarera qu'il comprenait pourquoi Kane avait «volontairement omis» de lui parler du meurtre de MacFarlane. St-Onge dira que Kane n'avait pas eu l'impression de faire quoi que ce soit de mal puisque ce n'était pas lui qui avait appuyé sur la gâchette. S'il avait consenti à participer à l'homicide, ce n'était que parce qu'il voulait que les Nomads le nomment *hangaround* – ce qui était précisément ce que ses contacts de la GRC souhaitaient. En se faisant le complice de Simard, Kane servait donc les intérêts de la GRC. Verdon et St-Onge feront par ailleurs le nécessaire pour exonérer leur informateur de tout blâme. «Après trois ans de rencontres assidues, écrivait St-Onge dans son rapport, le caporal Verdon ainsi que moi-même croyons C-2294 incapable d'un tel crime.»

St-Onge ne se doutait pas à quel point il se trompait au sujet de sa précieuse source. De toute manière, son plaidoyer n'aura pas réussi à convaincre le surintendant de l'innocence et de l'importance de C-2994. N'étant pas prêt à risquer la réputation de la GRC simplement pour préserver une source, Sugrue décide que ses troupes se doivent de coopérer avec leurs collègues de Halifax. La police de Montréal et la SQ ne seront cependant pas autorisées à enquêter sur Kane puisque rien ne prouvait que celui-ci avait commis quelque crime que ce soit au Québec. Les ordres de Sugrue étaient on ne peut plus clairs : la GRC de Montréal devait relâcher Kane ; aucun agent de la Division C ne devait entrer en contact avec lui ou recevoir d'appels de lui ; Kane ne devait plus recevoir d'argent de la GRC. Sugrue ajoutera qu'aucune autre organisation policière ne devait être informée du fait que Kane était une source de la GRC. Son statut d'informateur devait demeurer confidentiel. Cette dernière directive démontre clairement que la GRC voulait à tout prix éviter que Kane tombe aux mains d'un autre organisme policier.

Le lendemain de la réunion avec Sugrue, les deux enquêteurs de la GRC de Halifax atterrissaient à l'aéroport de Dorval. Le sergent G. A. Barnett et l'officier de police Tom Townsend furent aussitôt conduits aux quartiers généraux de la GRC à Montréal.

Quelques heures plus tard, Barnett et Townsend savaient tout de Kane, incluant le fait que, pendant trois années, il avait été une source confidentielle de la GRC montréalaise. Ils apprirent également qu'aucun membre de Carcajou ne savait que Kane était informateur pour la GRC. « La confidentialité de cette source doit être préservée » dira-t-on à Townsend et à Barnett.

Ayant juré de garder le secret, les deux agents haligoniens se rendirent au quartier général de Carcajou, où la tension était à son comble. Lorsqu'il apprit que la police de Montréal avait accordé l'immunité à Simard en échange de son aveu, Barnett s'empourpra. Essayant tant bien que mal de contenir sa colère, il demanda aux policiers qui étaient présents : « Pourquoi avez-vous fait un *deal* avec Simard sans nous avertir et sans notre consentement ? »

« Vous saviez même pas qui avait tué MacFarlane avant que Simard nous fasse ses aveux, de répondre l'un des enquêteurs de Carcajou. Vous devriez être content au lieu de critiquer. »

Mais Barnett et Townsend étaient loin d'être contents. Le jour suivant, ils annoncèrent aux membres de Carcajou qu'ils ne s'estimaient pas tenus de respecter l'entente prise avec Simard. Au terme de l'enquête, la GRC de Halifax entendait inculper Aimé Simard pour le meurtre de Robert MacFarlane. Qui plus est, Townsend et Barnett annoncèrent qu'ils voulaient interroger Simard séance tenante. La police de Québec leur dira alors que leur détenu n'était pas en état d'être interrogé : il n'était pas dans son assiette parce qu'il regrettait d'avoir dénoncé son ami et amant, Dany Kane.

Au sein de l'équipe Carcajou, on se doutait bien que Kane était l'informateur dont la GRC s'était servi pour infiltrer les motards. Quand Barnett a annoncé qu'il avait l'intention d'arrêter Kane, les gars de Carcajou se sont montrés sceptiques. « J'aimerais bien que vous l'arrêtiez, de dire l'un d'eux, mais ça me surprendrait que vos patrons vous laissent faire. »

Pendant ce temps, à Halifax, Craig Botterill, l'avocat qui allait représenter la Couronne dans l'affaire, réclamait à grands cris l'arrestation de Dany Kane, n'était-ce que pour l'empêcher de tuer quelqu'un d'autre. Botterill soulignait le fait que Kane était la seule personne qui pouvait témoigner de l'implication des Hells Angels dans le meurtre de MacFarlane et qu'il était donc capital que la police prenne Kane avant que les Hells ne décident de l'éliminer. Mais la police de Montréal ne semblait pas se préoccuper de ce genre de détail. Elle préférait attendre que Simard ait signé un contrat d'informateur avant d'intervenir.

Chacune des forces policières impliquées dans l'affaire – la police de Montréal, la SQ et la GRC – voulait être la première à mettre le grappin sur Dany Kane. Or, le sergent Gaétan St-Onge était seul à avoir accès à Kane et il tenait à ce que les choses demeurent ainsi – du moins pour l'instant. Même si C-2994 avait commis un crime, St-Onge estimait qu'il était de son devoir de préserver le secret de son identité. Cela faisait partie de l'entente qu'il avait conclue avec Kane trois ans plus tôt ; et cette entente, il avait la ferme intention de la respecter. Mais en protégeant Kane, St-Onge savait fort bien qu'il se protégeait lui-même. Comme l'avait si bien dit un mémo interne de la GRC : « Une divulgation de l'identité de la source… risque de susciter une réaction négative de la part des médias. »

Avec l'approbation de ses supérieurs, St-Onge renoue contact avec Kane. Des rencontres auront lieu le 17 et le 25 avril. Tous les renseignements divulgués par l'informateur seront ensuite communiqués à l'escouade Carcajou. St-Onge savait que Kane allait être arrêté sous peu – la GRC de Halifax travaillait diligemment en ce sens. L'important pour la GRC n'était plus d'éviter que son informateur soit arrêté, mais de tout mettre en œuvre pour qu'il demeure sous son égide.

Le mercredi 30 avril à 14 h 30, Verdon et St-Onge pénétraient dans la chambre 524 du Ramada Inn de Longueuil et laissaient deux messages sur le téléavertisseur de Kane pour l'avertir qu'ils étaient sur place et l'attendaient. L'informateur arriva peu après et, presque aussitôt, St-Onge reçut un appel d'un des dirigeants de Carcajou, qui semblait très mécontent. « Gaétan, je sais ce que tu es en train de faire et je veux que tu arrêtes ça tout de suite, lui dit-il. Pis appelle ton boss, y veut te parler. »

Contactant le bureau de Sugrue, St-Onge parla à l'inspecteur MacLaughlan et au sergent de section Bolduc. Ceux-ci lui enjoignirent d'attendre avant d'arrêter Kane. L'avertissement venait trop tard : Verdon avait déjà informé Kane de ses droits. À la suite de l'arrestation, Verdon et St-Onge ont confié leur prisonnier à Townsend. Barnett, Townsend et Kane se rendirent à l'aéroport de Saint-Hubert où un avion de la GRC les attendait. Le trio s'envolera pour Halifax quelques instants plus tard, laissant derrière eux une meute de carcajous très contrariés.

Juste avant son départ, Kane se tournera vers St-Onge et lui dira : « J'ai rien fait à Halifax. Dire que les Nomads allaient me nommer *hangaround* ! »

— Si les enquêteurs de Halifax sont venus jusqu'ici, de rétorquer St-Onge, c'est parce qu'ils ont d'autres preuves contre toi à part la confession de Simard. »

Et St-Onge avait raison : les indications de Simard avaient permis de retrouver l'une des armes utilisées pour assassiner MacFarlane. Les autorités avaient par ailleurs récupéré le pantalon que Simard avait laissé sur les lieux du crime et elles avaient les images vidéo captées par la caméra de surveillance. Toutes ces pièces à conviction se trouvaient maintenant entre les mains de la GRC de Halifax. « Kane est cuit, dit Townsend à St-Onge. Nous le tenons. »

Peu convaincu, St-Onge se fit l'avocat du diable. « C'est un peu tôt pour crier victoire, prophétisa-t-il. Dès qu'on a affaire à un motard, on peut pas être sûr de rien. Tout peut arriver. »

CHAPITRE 5

Le tueur intrépide

Y voulaient tellement être sûrs que tu serais couvert
de sang qu'y t'en ont injecté.
LE SERGENT-DÉTECTIVE ROBERT PIGEON DE LA SQ,
LORS DE SON INTERROGATOIRE AVEC STÉPHANE GAGNÉ

Maintenant que Dany Kane était sous les verrous, la police n'avait plus aucune idée de ce qui se tramait chez les Hells Angels. Les autorités allaient devoir s'accoutumer à cet état de choses, car il était peu probable qu'elles réussiraient à enrôler un autre informateur de la trempe de Kane. Depuis qu'un agent de la SQ lui avait malencontreusement révélé en 1995 qu'une taupe se cachait dans ses rangs, Mom Boucher s'était juré d'enrayer pour de bon l'espionnage policier au sein des Hells Angels et il était prêt à tout pour atteindre cet objectif.

Dès mai 1997, Boucher envisage de déclarer la guerre au système judiciaire tout entier. Il se disait alors que si les Hells éliminaient quelques gardiens de prison, quelques juges et quelques politiciens, plus personne n'oserait s'attaquer à leur empire. Le problème était de mettre ce plan à exécution. Les Nomads étaient certes un ramassis de meurtriers, mais Boucher avait besoin d'un assassin assez fou et assez courageux pour tuer des représentants des forces de l'ordre.

Boucher trouvera ce tueur intrépide en la personne de Stéphane Gagné.

Tout comme Mom Boucher, Stéphane Gagné a grandi dans le quartier ouvrier de Hochelaga-Maisonneuve. Son père, qui s'était fait amputer les deux jambes à hauteur des tibias, parvenait tant bien que mal à gagner sa vie comme lutteur professionnel. Son oncle avait été un tueur à gages légendaire qui travaillait pour les frères Dubois lorsqu'il fut abattu au cours d'une fusillade nocturne en 1974.

Gagné quitte l'école en septième année. En mal de ressources, l'adolescent décide de suivre l'exemple de son oncle et d'emprunter la voie de l'illégalité. Or, tout comme son oncle avant lui, le jeune Stéphane découvre bientôt qu'il est un criminel doué. Il se met à vendre de la drogue à ses anciens compagnons de classe, mais l'essentiel des profits servira à financer sa propre consommation. Jusqu'à la fin de son adolescence, Gagné sera, de son propre aveu, « tout le temps ben gelé ». Ses drogues de prédilection sont le hasch et le PCP. Outre ses activités de *dealer*, il participe à des cambriolages et à des vols de voiture. L'adolescent se constitue vite un dossier criminel impressionnant : vol de voiture, vol avec effraction, trafic, bris de probation, etc.

À 24 ans, Stéphane Gagné faisait déjà des affaires d'or en vendant de la drogue. Son épouse, Marie-Claude Nantais, le seconde dans ses activités illicites et fait office de chauffeur lorsqu'il y a des livraisons à effectuer. Gagné opère en outre plusieurs piqueries et fumeries de crack avec un partenaire du nom de Tony Jalbert. L'affaire s'avère très lucrative, chaque associé faisant jusqu'à 6 000 $ par semaine – le revenu annuel de chacun s'élève à environ 250 000 $. Gagné est un type fort et musclé qui sait jouer de ces atouts lorsque les circonstances l'exigent. Ses confrères motards lui ont donné le surnom de « Godasse » vu qu'il n'a pas son pareil pour botter le cul de ceux qui ne paient pas leurs dettes de drogue.

À leurs débuts, Gagné et Jalbert n'appartiennent à aucun gang. Libres entrepreneurs de leur état, ils s'approvisionnent auprès de plusieurs fournisseurs différents. Puis, en 1994, la guerre des gangs vient mettre un terme à leur douce indépendance. Les deux hommes deviennent en quelque sorte victimes de leur propre succès : leurs piqueries sont si profitables qu'elles ont attisé la convoitise des Rock Machine mais aussi de leurs rivaux, les Hells Angels. Un jour, Gagné reçoit un appel d'un membre des Rockers, le club-école des Hells. Paul « Fonfon » Fontaine lui dira simplement : « Tu vas fermer tes piqueries. » Gagné a tout de suite compris que la chose était non négociable. Il s'agissait ni plus ni moins que d'un ordre.

Après mûre réflexion, Gagné et son partenaire décident d'entrer en contact avec Mom Boucher. Gagné se rend alors chez Frank Rock, une boutique de l'est de la ville spécialisée dans la vente de téléavertisseurs, et il donne au propriétaire son propre numéro de pagette afin qu'il le communique à Boucher. Le lendemain matin, Gagné reçoit un message urgent : il doit immédiatement retourner à la boutique Frank Rock pour y rencontrer Mom Boucher.

Lorsque Gagné arrive chez Frank Rock, le chef des Nomads est déjà sur les lieux. D'un signe de la main, Boucher invite le nouvel arrivant à garder le silence, puis il l'entraîne dehors. Mom se montrera très aimable envers Gagné, l'appelant même par son surnom, « Godasse ». Suivis d'un garde du corps, les deux hommes marcheront sur la rue Sherbrooke, discutant affaires dans un langage principalement composé de signes et de codes gestuels – par exemple, Gagné se touchera le nez pour signifier qu'il voulait parler de cocaïne, puis se touchera le bras pour indiquer qu'il voulait que Boucher lui avance la drogue. Aucun sujet n'était évoqué directement.

Gagné obtiendra finalement ce qu'il voulait. Boucher l'autorisera à continuer de vendre de la drogue, la seule différence étant qu'il travaillerait désormais pour les Hells – plus précisément pour Paul Fontaine.

En décembre 1994, Stéphane Gagné aura l'occasion de prouver sa loyauté aux Hells Angels. Lors d'une opération d'infiltration menée par la SQ, Gagné est arrêté puis jeté en prison pour deux ans moins un jour pour avoir vendu 1,5 kg de cocaïne à un détective de la SQ du nom de Robert Pigeon. À ce moment-là, Gagné et Pigeon ne se doutaient pas que leurs chemins se croiseraient de nouveau trois ans plus tard et que cette rencontre allait mener à la chute de Mom Boucher. Pour l'heure, Pigeon n'était rien de plus aux yeux de Gagné qu'un autre policier anxieux de procéder à une autre arrestation.

À cette époque, la prison de Bordeaux était contrôlée par des factions rivales de motards. Prétendant qu'il est des Hells, Gagné refuse d'être incarcéré dans l'aile C, qui est le fief des Rock Machine.

Mais comme son dossier ne mentionne aucun lien avec les motards, les dirigeants de la prison décident de l'installer tout de même dans l'aile C. Le jour même, des membres des Rock Machine se rendent dans sa cellule et lui enjoignent de se rallier à eux. L'un d'eux, Jean Duquaire, futur chef des Bandidos, jettera une photo de Mom Boucher par terre et ordonnera à Gagné de la piétiner. Celui-ci refusera et sera battu si violemment qu'il devra être transporté à l'hôpital de la prison.

La vengeance de Gagné sera rapide et brutale. Aidé de plusieurs prisonniers, il battra Duquaire à coups de barre de fer. Un autre détenu surprendra leur manège et Gagné fera de lui un complice en le forçant à poignarder Duquaire. Aucun des agresseurs ne sera inculpé, néanmoins les gardiens savent fort bien qui est responsable de la bagarre. Gagné sera transféré séance tenante à la prison de Sorel. C'est là qu'il rencontrera Mom Boucher pour la seconde fois – le chef des Nomads y purgeait une peine de six mois pour possession illégale d'une arme à feu.

Mom Boucher considérait la prison de Sorel comme son territoire personnel. Il régnait en maître sur les détenus, mais aussi sur les gardiens. (Une gardienne du nom de Nicole Quesnel qui avait refusé d'accorder un laissez-passer spécial à Boucher avait vu sa maison de Saint-Lambert ravagée par un incendie criminel.) Lorsque Gagné a raconté à Boucher comment il avait défendu son honneur à Bordeaux, celui-ci s'est montré très impressionné. Pour exprimer sa gratitude, Boucher demandera à son fils Francis de donner chaque semaine une certaine somme d'argent à l'épouse de Gagné. À partir de ce moment, le petit *dealer* montréalais et le leader des Nomads deviendront inséparables. Gagné ne parviendra pas à convaincre l'administration du pénitencier de le transférer dans la même aile que son mentor ; néanmoins, les deux hommes s'inscriront chez les Alcooliques Anonymes et les Narcomanes Anonymes uniquement pour se voir et discuter. À cette époque, Boucher semble nourrir une obsession malsaine envers les gardiens de prison et il mentionne souvent qu'il a de grands projets pour eux.

Maurice Boucher sera libéré de prison au milieu de l'été 1995. La libération de Gagné ne viendra qu'en avril de l'année suivante mais, aussitôt relâché, le *dealer* contactera Francis Boucher pour lui dire qu'il veut voir son père. Le lendemain matin, Mom lui donne rendez-vous dans son repaire de la rue Bennett. Les deux hommes décident de dîner ensemble. « J'ai une job importante pour toé, de lui dire Boucher. Je veux que tu sois disponible. »

Deux jours plus tard, Boucher se rendit chez Gagné à l'improviste, accompagné de son garde du corps personnel, Toots Tousignant. Mom procédait généralement de cette façon, préférant se manifester brusquement le moment venu de passer à l'action plutôt que d'avertir ses troupes à l'avance. C'était pour lui une façon de garder ses plans secrets, de rester imprévisible aux yeux et aux oreilles de l'ennemi.

Gagné serait chargé ce jour-là de sa première mission. Mom lui donna 1 000 $ en argent comptant avant de l'entraîner dans Verdun, un quartier ouvrier du sud de Montréal. Lorsque leur voiture passe devant le repaire des Rock Machine, le chef des Nomads expose enfin son plan : les Hells et les Rockers vont prendre d'assaut la bâtisse et abattre tous ses occupants à la mitraillette. Le rôle de Gagné allait être de créer diversion en faisant sauter une voiture garée à proximité. Boucher s'est bien gardé de prononcer le mot « bombe » ou l'expression « faire sauter ». Pour faire comprendre à Gagné où il voulait en venir, il a serré le poing, puis a brusquement ouvert la main ; c'était le signe employé pour désigner une explosion.

Dans les semaines suivantes, Mom Boucher vit ses plans contrecarrés à plusieurs reprises. Chaque fois que Gagné tentait de poser sa bombe, curieusement, la police était déjà sur les lieux. Ce que les Hells ignoraient, c'était que Dany Kane avait informé les autorités de leur projet d'attaque contre les Rock Machine. Gagné parvient finalement à poser sa bombe mais, le 23 août, la police découvre et perquisitionne le véhicule piégé qui contient quelque 90 kg de dynamite. Selon les spécialistes en explosifs, la charge aurait pu occasionner d'importants dommages aux bâtiments voisins et provoquer la mort de douzaines de passants innocents.

Tandis que les contretemps se multipliaient, Stéphane Gagné se faisait de plus en plus impatient. S'il voulait être un jour accepté au sein des Rockers, il devait montrer qu'il était capable de violence. Le club-école des Hells comprenait deux types différents d'unités offensives : les « équipes de base-ball », dont le rôle principal était de frapper l'ennemi et de détruire les commerces et propriétés contrôlés par les bandes rivales ; et les « équipes de football », qui se chargeaient des meurtres et des attentats à la bombe. Dans la hiérarchie des Rockers, les membres des équipes de football sont supérieurs à ceux des équipes de base-ball. S'étant joint à une équipe de football qui, selon lui, n'était pas assez active, Gagné contacta Paul Fontaine et Toots Tousignant. Ceux-ci dirigeaient leur propre équipe de football dans le village gay de Montréal ; or, Gagné voulait se joindre à eux. Fontaine et Tousignant approuvèrent son transfert. Quelle ne fut pas la consternation de Gagné lorsqu'il découvrit que sa nouvelle équipe était encore plus prudente que la précédente ! Les gars de Fontaine et de Tousignant étaient littéralement paralysés par la paranoïa. Ils redoutaient d'être l'objet d'une surveillance électronique, craignaient que des traîtres se cachent parmi eux et communiquaient à l'aide d'un code gestuel rudimentaire. Parfois, au lieu de parler, ils écrivaient sur des tableaux magnétiques des messages qui étaient aussitôt effacés. Et ils ne parlaient jamais de leurs crimes précédents, par souci de dissimulation mais aussi par déni, comme si l'acte n'avait jamais été commis.

La première victime de Gagné – et sa première erreur – fut Christian Bellemare, un petit revendeur de Hochelaga-Maisonneuve qui lui devait 12 000 $ et refusait de payer. En mars 1997, accompagné d'un complice du nom de Steve Boies, Gagné attirait sa victime dans un chalet des Laurentides. Ce qui aurait dû être un meurtre routinier s'est alors changé en une grotesque comédie. Le complice de Gagné fait feu sur Bellemare alors que celui-ci escalade un banc de neige. La cible s'écroule, mais elle n'est pas morte. Lorsque Gagné tente de l'achever à bout portant, son pistolet s'enraye. Tandis que le tueur en herbe s'escrime avec son arme, la victime terrifiée implore à grands cris la clémence de ses bourreaux. Excédé, incapable de faire fonctionner son arme, Gagné étranglera Bellemare à mains nues. Les deux assassins l'enfouiront sous la neige et repartiront promptement pour Montréal.

Mais Gagné et Boies avaient commis une bévue monumentale : leur victime n'était pas morte. Après leur départ précipité, Christian Bellemare avait repris conscience et était parvenu à se traîner jusqu'à un chalet voisin où on lui était venu en aide. Gagné et Boies apprirent la chose le lendemain en lisant les journaux. Craignant les représailles des Hells, les deux hommes décident de se planquer. Un mois plus tard, fatigués de vivre comme des parias, Boies et Gagné émergent de leur cachette pour découvrir que les Hells ne leur en veulent pas d'avoir bâclé leur premier meurtre.

Peu après, Gagné sera promu au rang de *hangaround* dans l'organisation des Rockers. Cela pouvait sembler prestigieux de prime abord, mais en vérité il n'était rien de plus qu'un laquais qui devait obéissance et satisfaction à ses maîtres. En plus d'avoir à vendre de la drogue pour gagner sa croûte, le nouveau *hangaround* avait à remplir diverses fonctions, dont celle de garde du corps. Lorsque les Hells voyageaient, c'était Gagné qui portait les bagages. Lorsque les Hells allaient dans un bar ou au restaurant, Gagné devait s'installer seul à une table pour surveiller la porte et les clients. Il ne devait laisser personne s'approcher de ses patrons, à l'exception des femmes. Il était tenu d'avoir une arme sur lui en tout temps. Si quelqu'un entrait dans l'établissement et se rendait directement aux toilettes, Gagné devait le suivre pour voir de quoi il retournait. « Si le gars laissait ses empreintes digitales un peu partout, ça voulait dire qu'il était pas un tueur, affirme Gagné. C'est des trucs du genre qu'on apprend dans le milieu. »

Gagné faisait régulièrement de la surveillance. Les Hells disposaient de véhicules de surveillance semblables à ceux de la police. Trois de ces véhicules étaient entreposés dans un garage de la Rive-Sud : une camionnette Mazda P-2000 ; une Mazda 323 ; et une fourgonnette de plus de 8 m de longueur sur laquelle était peint le nom d'une entreprise de plomberie. Ce dernier véhicule était équipé de plusieurs caméras ; une série de batteries donnait au système une autonomie de 72 heures. Tous les véhicules de surveillance des Hells avaient des vitres teintées.

Les Hells avaient même caché une caméra dans une boîte de Kleenex qu'ils plaçaient sur le tableau de bord ou près de la vitre arrière. Ils pouvaient ainsi quitter le véhicule, le laissant tranquillement garé à un endroit stratégique tandis que la caméra enregistrait. Gagné allait chercher la boîte le jour suivant et remettait la cassette à Mom Boucher. Un jour, Mom lui demande de filmer les funérailles de la mère du célèbre mafioso Frank Cotroni. Le chef des Nomads voulait avoir des photos de tous ceux qui seraient présents parce qu'il songeait à déclarer une guerre ouverte à la mafia italienne – après qu'il en aurait fini avec les Rock Machine, bien entendu.

Soldat zélé et obéissant, Stéphane Gagné cherchait constamment à plaire à ses supérieurs. «Si les Hells partait en randonnée et s'arrêtaient en chemin, Gagné profita de l'occasion pour astiquer leurs motos, raconte un policier de Québec. Quand il y avait un *party*, il s'occupait de garder les frigidaires pleins et il servait des *drinks* à tout le monde.» Aucun Hells n'allait chercher lui-même sa bière lorsque Gagné était de service.

À l'été 1997, Gagné verra son rêve de devenir un Hells Angels se concrétiser davantage. On lui confiera alors une mission qui, espérait-il, allait lui permettre de gagner ses pleines couleurs de Rocker.

Ainsi que Kane l'avait annoncé à la GRC, Mom Boucher était bien déterminé à colmater les fuites qui minaient son organisation. Si les Hells tuaient des gardiens de prison, des policiers, des juges et des magistrats, plus personne n'oserait les inculper ou témoigner contre eux. C'était du moins ce qu'espérait le chef des Nomads.

En juin 1997, Mom Boucher déclare officiellement la guerre aux autorités. Pour la police, la chose n'aurait pu survenir à pire moment. Maintenant que Kane était en prison, les forces de l'ordre n'avaient plus personne pour les informer des plans des Hells. Il est effarant de penser que si la GRC avait surveillé son informateur plus étroitement et l'avait empêché de tuer MacFarlane, la vie de deux gardiens de prison aurait été épargnée.

Boucher engagera les hostilités en ordonnant à Fonfon Fontaine et à Toots Tousignant de tuer des gardiens de prison, tâche que les deux hommes confieront à leur aspirant Rocker le plus fiable et le plus serviable, Godasse Gagné. Par une chaude soirée de juin, Gagné se tapira dans les bois qui entourent le centre de détention de Rivière-des-Prairies, une institution de faible capacité mais à sécurité maximum où sont détenus les prisonniers en instance de procès. Chaque matin, les autobus bleus du ministère de la Justice conduisent des prisonniers au palais de justice du centre-ville de Montréal. Le centre de détention lui-même se trouve à une centaine de mètres de la route, camouflé derrière une forêt particulièrement dense. Gagné s'installera à l'orée du bois, à un endroit d'où il pourra surveiller le stationnement de la prison. Il avait garé sa voiture un peu plus loin, avait marché le long d'une route de gravier, puis s'était glissé sous une clôture. Il répétera le processus plusieurs fois dans les jours suivants, s'installant au même endroit et observant attentivement tout ce qui se passait dans le stationnement. En bon chasseur, Gagné se cherchait une proie.

Au bout de quelques jours, l'aspirant Rocker a repéré un homme en complet qui, mallette à la main, montait dans une rutilante Oldsmobile V8. Comme celui-ci quittait son poste avant que les gardes aient terminé leur quart, Gagné en a conclu qu'il s'agissait d'un administrateur ou d'un cadre supérieur. Quoi qu'il en soit, cet homme serait pour lui une cible facile.

Un soir, Gagné s'est installé dans sa voiture et a attendu que l'homme à la Oldsmobile quitte la prison. En le suivant, il a découvert qu'une fois arrivé au boulevard Henri-Bourassa, l'homme tournait à gauche, c'est-à-dire en direction opposée de l'autoroute. Or, l'autoroute était la porte de sortie de Gagné, la voie qu'il emprunterait pour s'enfuir une fois son crime commis. Bref, il avait besoin d'une victime qui tournerait à droite. L'homme à la Oldsmobile était sauf.

Gagné comptait retourner sur place le lendemain soir pour repérer une autre proie potentielle mais, le lendemain, il reçut un message de Toots Tousignant qui lui intimait de se présenter séance tenante au repaire de la rue Bennett. Lorsqu'il arriva sur les lieux, Tousignant l'attendait dehors. « J'aurais un *screw* (un gardien de prison) à faire à Bordeaux et pis j'ai pensé à toé parce que les *screws* à Bordeaux y t'en ont faite arracher. »

De prime abord, Gagné ne semblait pas emballé. « Ben, moi, je suis occupé sur de quoi d'autre avec Fonfon » fit-il. « Inquiète-toi pas, de rétorquer Tousignant, je vas m'organiser avec Paul et puis je vais te revenir là-dessus. »

Ce jour-là, le jeudi 19 juin, Toots et Gagné se rendirent à Bordeaux pour préparer le coup. Leur plan était simple: lorsqu'un garde quitterait la prison, ils le suivraient en moto et le tueraient sur l'autoroute qui mène au pont de Laval; ils changeraient ensuite leur moto pour une voiture qu'ils auraient préalablement garée non loin de là, à un endroit stratégique. Ils convinrent que la deuxième sortie de l'autoroute, qui menait à une série de centres commerciaux, était l'emplacement idéal pour effectuer le changement de véhicule.

Maintenant que tout était planifié, les deux hommes étaient prêts à passer à l'action. Quelques jours plus tard, ils se rendirent dans un garage de la rue Saint-André, au centre-ville de Montréal. Là, deux motos volées les attendaient. Leur choix s'est arrêté sur une Suzuki Katana 1981. Ils enfilèrent un pantalon et un blouson de nylon bleu par-dessus leurs vêtements ainsi que des gants ; ils se mirent un bas de nylon sur la tête pour éviter de laisser des traces de cheveux dans leur casque. Dans les poches des blousons, ils trouvèrent trois armes à feu, dont un revolver et un pistolet semi-automatique. Ils enfourchèrent ensuite leur moto, Gagné conduisant et Tousignant s'étant installé à l'arrière, puis ils partirent en direction de la prison de Bordeaux.

D'entrée de jeu, Gagné eut des problèmes avec la moto. L'embrayage patinait et l'accélération n'était pas satisfaisante – sans doute parce que Toots était trop lourd. Au vu de ces développements imprévus, les deux motards décidèrent d'abandonner la mission et de retourner au garage.

Tousignant et Gagné tenteront de nouveau leur chance dans la soirée du jeudi 26 juin. Ils se prêteront au même rituel d'habillement que la fois précédente, se préparant dans le silence, conscients qu'ils devaient arriver à Bordeaux avant 21 h 45, heure du changement de quart des gardes. Gagné se sentait stressé, angoissé. Il prenait de grandes inspirations pour se calmer les nerfs.

Gagné enfoncera deux revolvers dans la ceinture de son pantalon, tout contre son ventre. Tousignant coincera un pistolet semi-automatique à l'arrière de son pantalon ; de cette façon, Gagné, qui serait cette fois le passager, aurait accès aux trois armes.

Le premier gardien de prison qu'ils suivirent ce soir-là conduisait une jeep Cherokee grise. À l'intersection qui, vers le nord, menait à l'autoroute et à Laval, l'homme tourna vers le sud. Une autre victime venait d'être épargnée. Les deux motards retournèrent précipitamment à Bordeaux dans l'espoir de filer un garde qui, lui, tournerait en direction de Laval.

Diane Lavigne travaillait à Bordeaux depuis 11 ans. À l'époque, elle avait été l'une des premières femmes à être engagées par l'institution, et sans doute goûtait-elle le milieu carcéral parce que son père avait été gardien de prison pendant près de 30 ans. Solide gaillarde au sourire radieux et aux cheveux roux, mère de deux enfants, elle occupait à Bordeaux un poste administratif et habitait un bungalow à Saint-Eustache.

Ce jeudi 26 juin fut pour Diane Lavigne un jour comme les autres. Son quart de travail terminé, elle quittera son bureau, pointera son départ, empruntera la sortie qui mène au stationnement et se dirigera vers sa fourgonnette blanche. D'ordinaire, elle s'habille en civil avant de rentrer chez elle, mais ce jour-là, pour une raison ou une autre, elle décidera de conserver son uniforme. Elle fera un petit signe au garde-barrière en quittant le parking au volant de son véhicule. Comme de coutume, elle tournera à gauche sur le boulevard Gouin, puis encore à gauche sur Salaberry. Elle s'engagera ensuite sur l'autoroute, ne remarquant pas les deux hommes en bleu qui la suivaient en moto. Et pourquoi les aurait-elle remarqués? Elle avait effectué ce même parcours des milliers de fois au cours des 11 dernières années.

À cette heure, la lumière déclinait rapidement. Tousignant releva la visière de son casque pour avoir une meilleure visibilité. Maintenant qu'ils se trouvaient sur l'autoroute, il était temps de passer à l'action. «Fais-le avant le pont» dit-il à Gagné.

Tout semblait aller rondement, mais ce que les deux motards ignoraient, c'était qu'une seconde employée de Bordeaux, Danielle Leclair, avait quitté le stationnement de la prison immédiatement après Diane Lavigne. Leclair roulait juste derrière sa consœur de travail lorsque la moto de Gagné et de Tousignant l'a dépassée en trombe.

La moto gagnait rapidement du terrain sur la mini-fourgonnette blanche. Gagné a donné deux tapes sur la cuisse de son complice pour lui signifier qu'il était prêt, puis il a empoigné l'un des revolvers qu'il portait à la ceinture. Tousignant a ralenti à hauteur du véhicule de sa victime. Gagné se concentra sur la conductrice, apercevant sa chemise d'uniforme bleue et l'insigne blanc que les gardiens portent à l'épaule. Puis il appuya sur la gâchette à trois reprises.

L'un des projectiles atteindra Diane Lavigne à l'avant-bras gauche. Un autre traversera le haut de son bras gauche et lui perforera un poumon ; c'est cette balle qui lui sera fatale.

Gagné avait le sentiment d'avoir atteint sa cible, mais il ne savait pas si sa victime était morte ou simplement blessée. Curieusement, la conductrice de la fourgonnette ne semblait pas avoir remarqué sa présence. Quoi qu'il en soit, la mission des deux hommes était terminée. Gagné fit signe à Tousignant d'accélérer.

Danielle Leclair avait très distinctement entendu les détonations, mais elle n'avait aucune idée de ce qui s'était passé. Voyant le véhicule de Lavigne se diriger vers l'accotement, elle ralentit pour vérifier si sa collègue avait eu une crevaison. Mais la circulation était dense et Leclair roulait trop vite pour pouvoir s'arrêter. Le lendemain matin, elle apprendrait qu'elle venait d'assister à une exécution.

Tousignant et Gagné larguèrent leur moto dans le stationnement d'un centre commercial, puis montèrent à bord de leur voiture de fuite. Ils empruntèrent l'autoroute en sens inverse, croisant la mini-fourgonnette blanche qui semblait avoir été abandonnée sur le bas-côté. La circulation était fluide ; les voitures et les camions filaient à vive allure. Personne ne s'intéressait au véhicule de Diane Lavigne.

Les deux assassins sont retournés au garage de la rue Saint-André pour retirer leurs vêtements de motocyclistes. Gagné a mis casques, pantalons, gants et blousons dans un sac, puis il s'est rendu en voiture dans un coin isolé de l'est de la ville. Il versera un bidon d'essence sur les vêtements compromettants et les fera brûler.

Pendant ce temps, une dépanneuse s'arrêtait sur l'autoroute pour remorquer le véhicule de Diane Lavigne. Lorsque le conducteur a vu qu'elle était inerte, affaissée sur le volant, il a tout de suite appelé le 911.

Gagné ignorait toujours que sa victime était une femme ; dans le feu de l'action, il n'avait vu qu'un garde en uniforme. Il apprendra la chose le jour suivant en écoutant les nouvelles. Le lendemain matin, Paul Fontaine se présentera chez lui et l'amènera au repaire de la rue Bennett. Mom Boucher et Trooper Mathieu étaient là, mais personne ne fit mention de l'exécution. Les quatre hommes se rendirent chez un fleuriste de la rue Sainte-Catherine.

Une fois sur les lieux, Mom a demandé à voir le proprio. «Il est sur le point d'arriver» répondit l'employé. «Ah, ces tapettes-là! de s'exclamer Boucher. C'est comme les femmes, c'est tout le temps en retard!»

Le patron de l'établissement arriva peu après et alla aussitôt chercher trois bouquets dans son local de stockage réfrigéré. Il connaissait son client. Chaque vendredi matin, Mom Boucher achetait des fleurs pour son épouse et pour sa maîtresse, Louise Mongeau – qui avait l'habitude d'appeler son dangereux criminel d'amant «minou» ou «mon p'tit chaton». Personne ne savait à qui était destiné le troisième bouquet.

Laissant cellulaires et téléavertisseurs dans les véhicules par mesure de précaution, le quatuor est allé se promener sur la rue Sainte-Catherine. Gagné et Fontaine laissaient leurs supérieurs les précéder. «Moi et pis Toots, c'est fait» de chuchoter Gagné à Fontaine. Il voulait que Mom sache qu'il s'était acquitté de sa mission. Il voulait qu'on lui accorde la reconnaissance qui lui était due. Dès qu'il a appris la nouvelle, Fontaine est allé voir son chef et lui a murmuré quelque chose à l'oreille. Boucher s'est immédiatement arrêté pour attendre Gagné.

«C'est beau, mon Godasse, d'approuver Boucher. Pas grave si elle avait des totons. Y faut pas que tu parles de ça à personne parce que c'est 25 ans. Si la peine de mort existait encore, tu te ferais pendre.» Mom s'est ensuite tourné vers Mathieu. «Qu'est-ce que t'en penses, Trooper?» lança-t-il. «C'est beau, mon Godasse» de rétorquer Mathieu.

Gagné était si fier de lui-même qu'il en rougissait de plaisir. Il avait le sentiment qu'il était sur la bonne voie, qu'il allait bientôt obtenir ses pleines couleurs.

Les quatre hommes poursuivent leur promenade un moment, Mom et Trooper à l'avant, Gagné et Fontaine suivant derrière. Lorsqu'ils réintègrent le repaire de la rue Bennett, ils trouvent plusieurs de leurs confrères attablés autour d'un poste de radio, écoutant attentivement les nouvelles. L'annonceur parle de Diane Lavigne. Dès qu'il mentionne qu'elle est morte, les motards poussent de grands cris de joie, se félicitent mutuellement en se donnant de grandes claques dans le dos. Gagné et Toots s'étreignent avec emportement. Ils sont tout sourire, et pour cause: ils ont fait du bon boulot. Toute la bande se rendra ensuite Chez Paré, un club de danseuses du centre-ville qui offre un buffet de rôti de bœuf gratuit à ses clients du midi.

La viande était tendre. Les assassins ont mangé avec appétit.

Le 1er juillet 1997, Fontaine et Tousignant sont sacrés *prospects* des Nomads. C'est là leur récompense pour avoir orchestré avec succès la mort de Diane Lavigne. Des fax – que la police interceptera – seront envoyés à tous les membres des Hells pour annoncer la nouvelle. Le lendemain soir, Tousignant téléphonera à la famille et aux amis pour se vanter de sa promotion. Sa ligne étant sur table d'écoute, la police sera à même de constater à quel point tuer est un acte banal pour un motard. Ces gens-là se vantent sans aucun remords des meurtres qu'ils commettent, comme s'il s'agissait d'accomplissements remarquables. Tousignant appellera d'abord Ève, son épouse. Lorsque Rick, son fils, répond, Toots lui demande s'il a aimé jouer dans le parc avec lui plus tôt dans la journée. Puis il lui demande de passer l'appareil à sa mère.

— J'ai eu mon *patch* hier, d'annoncer le motard.

— Tu l'as eu?

— Ouais! Je le savais, hein?

— Je suis tellement fière de toi.

— Ouais!

— T'es fier de toi?

— Ouais.

— Tu l'as mérité.

— Tu sais, j'ai juste le bas, là.

— Oui, oui. Je sais.

— Est-ce que t'as annoncé la nouvelle à Ricky?

— Non.

— Non? Dis-lui pas, d'abord. Fais juste lui montrer.

À peine avait-il dit au revoir à sa femme que le motard appelait sa maîtresse.

— Chus tombé *prospect*.

— Aaaahhh! Ouiiii!

— Ouais.

— All right! Félicitations.

— Merci.

— Chus contente pour toi.

— Ouais, mais y me reste une autre porte à ouvrir. J'ai hâte d'être *full patch*.

— Combien de temps ça va te prendre ?

— P'tê't un an, ça dépend. Je vas essayer de le faire en six mois. »

Si Gagné n'avait pas encore été nommé *prospect*, c'était parce qu'il avait été attaqué par un Rock Machine. Celui-ci lui était rentré dedans avec sa voiture. Gagné, qui chevauchait sa moto lors de la collision, était vraiment mal en point. Il mit un mois entier à se rétablir. L'entrée de sa chambre d'hôpital était protégée par d'impressionnants gardes du corps.

Une fois sur pied, Gagné a aussitôt repris ses activités de trafiquant de drogue. Il continua un temps d'œuvrer en tant qu'homme de main pour les Hells puis, le 21 août, il sera enfin récompensé pour le meurtre de Diane Lavigne. Au cours d'une fête organisée par le vice-président des Rockers, Gagné recevra ses couleurs de *striker* (*prospect*). Un échelon de plus et il atteindrait enfin le niveau de membre à part entière. Pour en arriver là, il lui suffisait de commettre un autre meurtre.

Tous frémissants de leur récente promotion, Gagné et Fontaine sont retournés au centre de détention de Rivière-des-Prairies. Il leur fallait une autre victime, un autre garde à éliminer pour faire plaisir à Mom Boucher et pour faire peur aux autorités. Peut-être ont-ils mis trop de temps à choisir leur proie car, au début du mois de septembre, Boucher commençait à donner des signes d'impatience. Il voulait savoir pourquoi ses hommes n'avaient pas encore mené à bien leur mission. La tâche de Gagné se trouvait compliquée du fait que Fontaine était contre l'idée de tuer un autre gardien de prison. Mais plus le temps passait et plus Boucher se faisait insistant.

Le confident de Mom Boucher, Normand Robitaille, se mit bientôt à harceler Gagné au sujet de l'affaire. « Comment ça se passe avec Fonfon ? » demandait-il sans cesse à Gagné. Celui-ci lui répondit enfin qu'ils avaient du mal à déterminer quelle route ils emprunteraient pour s'enfuir une fois leur boulot terminé. C'était une excuse comme une autre, mais le bras droit du chef des Nomads ne fut pas dupe. Il refila un tuyau à Gagné : l'autobus de la prison passait souvent par la rue Saint-Jean-Baptiste. C'était, selon

Robitaille, un excellent chemin pour prendre la fuite. Gagné se rendit sur place et constata qu'il s'agissait effectivement d'une bonne idée.

Le mercredi 3 septembre, à 15 h, Gagné et Fontaine repèrent un garde qui quitte le centre de détention. Son nom est Richard Auclair. Impatient de conclure l'affaire, Gagné entend abattre sa victime au premier feu rouge.

« Comment tu te sens ? lui demande Fontaine.

— Je me sens bien. Toi ?

Gagné jette alors un coup d'œil à son complice. Celui-ci lui semble complètement déstabilisé.

« On le fait pas, de dire Fontaine.

— Comment ça, on le fait pas ?

— Je sais qu'y faut qu'on le fasse, mais on le fait pas. Le *getaway* est pas à mon goût. Je sais qu'y a moyen de passer ailleurs, mais y faut que j'en parle avec quelqu'un.

Tandis que Richard Auclair leur file entre les doigts, Paul Fontaine s'explique. « Je veux pas pogner 25 ans pour avoir tué un gardien de prison. Tuer des Rock Machine, ça me dérange pas. C'est nos ennemis. Mais ça… »

Puis, sans attendre la réplique de son complice, Fontaine se rend au garage du 2095, rue Losch à Saint-Hubert, endroit que Steve Boies a loué pour que les Hells puissent entreposer leurs véhicules volés. Fontaine ne veut pas faire cette mission à dos de moto. Il veut une fourgonnette pour effectuer le meurtre proprement dit et une voiture pour assurer leur échappée. Il lui faut absolument discuter de tout cela avec Mom Boucher, ce qu'il fera le lendemain, au repaire de la rue Bennett. Les deux hommes iront discuter dehors, suivi de près par Gagné. « J'ai besoin de ça » dira Fontaine en faisant avec ses mains le signe qui signifie « voiture ». « Fais qu'est-ce que t'as à faire pis tu me parleras après » répondra simplement Boucher.

Les Hells Angels constituent une organisation hautement efficace. Dès la fin de la journée, Gagné fut informé du fait que les véhicules dont Fontaine et lui avaient besoin étaient à leur disposition. Effectivement, lorsqu'il revient chez lui, une Dodge Caravan volée l'attend sagement devant la maison.

Gagné était un assassin très prudent. Comme il avait oublié ses gants, il a retiré ses espadrilles et ses chaussettes et a enfilé ses bas sur ses mains avant de monter dans le véhicule. Il tenait à ne laisser aucune empreinte digitale à l'intention de la police. Tandis qu'il conduisait la fourgonnette jusqu'au garage de la rue Losch, Gagné restait à l'affût d'une autre Dodge Caravan blanche. Après avoir repéré un véhicule identique au sien dans un stationnement désert, l'apprenti Rocker a reporté la plaque d'immatriculation de ce véhicule sur un papier stencil. Une fois arrivé au garage, il fabriquerait une copie de la plaque – technique qu'il avait apprise en prison.

Le véhicule que les meurtriers allaient utiliser pour prendre la fuite se trouvait également dans le garage de la rue Losch. Il s'agissait d'une Mazda 323 de couleur or, fournie par Daniel Foster, un concessionnaire automobile qui était un ami et associé de Mom Boucher. Foster était un visiteur fréquent au repaire des Nomads. Il avait même enregistré deux de ses compagnies à cette adresse.

Le vendredi 5 septembre, Gagné et Fontaine retournent à Rivière-des-Prairies pour y débusquer une nouvelle proie. C'est alors qu'ils remarqueront l'autobus de la prison. Le véhicule arrivait tous les matins à 6 h 45 précises pour transporter des prisonniers à la cour municipale de Montréal. Or, sur la route menant à la prison, il y avait une voie ferrée ; chaque matin, le bus devait s'arrêter au passage à niveau. C'était là une occasion rêvée pour les deux meurtriers : ils auraient tout leur temps pour supprimer les deux occupants du véhicule, puis ils pourraient se sauver sur la route qui, vers l'est, conduisait à une forêt dense. Là, ils feraient brûler leurs armes et la fourgonnette avant de s'enfuir dans la Mazda dorée. Fontaine approuvait ce plan sans réserve.

Le lundi suivant, le 8 septembre, Stéphane Gagné et Paul Fontaine dissimulent leur Mazda dans la forêt qui borde le centre de détention, puis se rendent au passage à niveau à bord de la Dodge Caravan. Il est 6 h 15 du matin. Les deux hommes se préparent à tendre leur embuscade.

Fontaine vérifie nerveusement son 357 Magnum. C'est lui qui est censé exécuter la victime ; au fond, Gagné n'est là que pour protéger ses arrières. Mais lorsque Gagné mentionne qu'il est fort possible que l'un des gardes soit armé, Fontaine dit : « Bon, ben d'abord je vas faire le conducteur pis toi tu vas t'occuper de l'autre. »

Gagné note que son complice, qui est habituellement calme et posé, semble en proie à une terrible angoisse. Il acquiesce néanmoins, puis empoigne son 9 mm semi-automatique. Les deux hommes descendent de voiture et vont s'embusquer près de la voie ferrée. Tout est en place. Ils n'ont plus qu'à attendre.

Dix minutes plus tôt, Pierre Rondeau, quarante-neuf ans, père d'un adolescent, quittait le stationnement sous-terrain du palais de justice de Montréal au volant d'un petit autobus bleu. Son assistant, Robert Corriveau, 51 ans, s'était installé côté passager dans un siège qui faisait face au conducteur. Les deux hommes répétaient chaque matin le même périple, se rendant au centre de détention de Rivière-des-Prairies, puis ramenant les prisonniers qui devaient comparaître en cour durant la journée. Ils s'arrêtaient parfois pour s'acheter un beigne et un café et empruntaient à l'occasion une route différente, simplement pour varier un brin leur routine habituelle. Ce matin-là, Rondeau prendra une décision en apparence anodine, mais qui allait s'avérer fatidique : il se rendrait au centre en passant par le boulevard du Tricentenaire. Ce faisant, il allait forcément devoir faire une halte au passage à niveau avant de traverser la voie ferrée.

Le chauffeur d'autobus et son assistant étaient en train de discuter lorsqu'ils se sont arrêtés devant le chemin de fer. C'est alors que Corriveau vit un homme tout de noir vêtu pointer une arme dans leur direction.

Pour courtaud et corpulent qu'il fût – 110 kg, 1 m 70 –, Paul Fontaine n'en était pas moins agile. Se hissant sur le capot du bus à la vitesse de l'éclair, il fera feu sur Rondeau à bout portant à travers le pare-brise. Trois de ses balles atteindront le conducteur ; l'une d'entre elles ricochera dans son corps, endommageant son cœur, son foie ainsi que ses deux poumons.

Gagné jouera de malchance : lorsqu'il tire sur sa cible, son arme s'enraye. Corriveau en profite pour chercher refuge dans les entrailles de l'autobus. Gagné vide alors la chambre de son pistolet et fait feu sur Corriveau à travers la porte du véhicule. Continuant de tirer pour couvrir sa fuite, Gagné rejoindra Fontaine qui était déjà retourné à la fourgonnette. Une de ses balles atteindra Rondeau, mais Corriveau, miraculeusement, s'en tirera indemne et appellera aussitôt le 911 à partir de son cellulaire.

Démarrant en trombe, Gagné se dirige vers le bois où est cachée leur voiture de fuite. Avant d'abandonner la fourgonnette, il vide un bidon d'essence de cinq gallons à l'intérieur, craque une allumette… et se retrouve au cœur d'un brasier monstrueux. Il se jette dehors et ferme précipitamment la porte de la fourgonnette. La peau de son visage, grièvement brûlée, prend aussitôt une teinte cramoisie.

Godasse Gagné avance en titubant vers la Mazda. Il ne songe pas qu'en fermant la porte de la fourgonnette, il a étouffé l'incendie qu'il venait de déclencher. Les armes du crime ne seront pas détruites et seront par la suite récupérées par la police.

Alors qu'ils sont sur le point de quitter les lieux, les assassins remarquent une femme se tenant dans un abri d'autobus non loin de là. Son nom est Nancy Dubé et elle attend l'autobus qui la mènera au magasin de meubles et d'électroménagers où elle travaille. A-t-elle vu quelque chose ? De toute manière, ils ne peuvent rien y faire : leurs armes sont dans la fourgonnette. « T'as oublié la licence » de dire Fontaine. Gagné aurait en effet dû retirer la fausse plaque d'immatriculation qu'il avait confectionnée pour la Caravan. « Ouais, je l'ai oubliée, répondra-t-il avec impatience. Enwèye, on décrisse. »

Leur mission terminée, Fontaine et Gagné retournèrent dans Hochelaga-Maisonneuve. Avant de le quitter, Fontaine dira à son complice d'appeler Steve « Mononcle » Boies ; il se chargerait de détruire toutes les pièces à conviction. « Surtout, oublie rien. Va faire disparaître toutes tes affaires » d'insister Fontaine. Mais Gagné savait ce qu'il avait à faire. Il avait laissé les armes dans la fourgonnette en flammes ; restaient les vêtements et les souliers. Il se rendit à Saint-Bruno et fit brûler ces objets compromettants au milieu d'un terrain boisé et isolé. La peau de son visage devenait de plus en plus rouge et lui faisait très mal, néanmoins il continuait d'être hanté par l'image de la femme dans l'abri d'autobus.

Gagné retourna ensuite au garage de la rue Losch où il reçut un appel de Fontaine. « Aye ! Dans le garage, y a une boîte de balles pis une plaque de char. Fais-les disparaître. Appelle

Mononcle pour t'aider à faire ça. Une fois que ça va être faite, reste chez vous, sors pas. »

Fontaine craignait que les brûlures de son complice ne le trahissent. La police recherchait déjà des suspects parmi les motards, aussi fallait-il éviter que Gagné montre son visage fraîchement ravagé en public. C'est pourquoi Fontaine préférait que Boies se charge de détruire les preuves. Et puis Boies ne savait rien de leur mission. Il avait bien aidé Gagné à fixer les fausses plaques sur la Caravan, mais personne ne lui avait dit à quoi servirait le véhicule. On ne lui en dirait pas plus lorsqu'il se débarrasserait de la boîte de cartouches, qu'il nettoierait le garage et conduirait la Mazda dorée à la ferraille pour qu'elle y soit broyée. Boies pouvait s'interroger tout son soûl, il ne pourrait jamais prouver que ces choses étaient liées au meurtre de Rondeau. Fontaine ne se doutait pas qu'il commettait une grave erreur en demandant à Boies de l'aider dans cette affaire.

Mais la journée de travail de Stéphane Gagné était loin d'être terminée. Lorsqu'il arriva chez lui, il reçut un message de Tousignant sur son téléavertisseur. Gagné lui téléphona aussitôt.

« Es-tu occupé ? » de demander Tousignant.

Gagné était exténué. Il ne désirait qu'une chose : se coucher. Par contre, il savait qu'il valait mieux ne pas mentir à un Hells. « Non, je suis pas occupé » répondra-t-il. Tousignant le chargera alors d'acheter des boîtes de boulons chez Réno Dépôt. (Ces boulons seront insérés dans une bombe qui devait faire sauter les bureaux de l'avocat montréalais des Rock Machine. Par chance, une secrétaire découvrira la bombe avant qu'elle n'explose.)

Cette nuit-là, l'assassin dormira du sommeil du juste. Sans doute rêvera-t-il du jour où les Rockers lui donneraient enfin ses pleines couleurs. Le lendemain matin, à la première heure, Normand Robitaille cognait à sa porte. « Tu vas prendre des vacances dans l'Ouest canadien » a-t-il annoncé à Gagné en lui tendant une énorme liasse de billets.

Cette fois, il n'y aurait pas d'effusions de joie dans le repaire de la rue Bennett… et pas de dîner Chez Paré.

Fontaine rendra visite à Gagné plus tard dans la journée pour lui apprendre que ses plans de voyage avaient été changés.

Employant le tableau magnétique de Gagné pour éviter que leur conversation ne soit interceptée par quelque micro caché, Fontaine écrira : « Tu vas t'en aller en République dominicaine. Va acheter des billets d'avion tout compris pour une semaine, un pour toi, un pour ta femme pis un pour ton petit. Pis prends du soleil, ça va camoufler ta face brûlée. »

D'aucuns seraient en droit de se demander si le bronzage est vraiment la meilleure façon de traiter une brûlure au visage, n'empêche que les Hells Angels pensaient vraiment à tout. Lorsque Gagné revint de vacances une semaine plus tard, il se rendit au Pro-Gym avec Fontaine pour y rencontrer Mom Boucher. Après sa séance d'entraînement et son café rituel au casse-croûte du gymnase, le chef des Nomads était disposé à s'occuper de Gagné. « Pis, ton voyage, ça ben été ? a-t-il demandé. C'est de valeur qu'y fallait que t'amène ta femme, parce qu'y a des osti de belles pitounes en République. »

Cette remarque facétieuse n'était qu'une entrée en matière. Maintenant, il était temps de parler affaire. En regardant Gagné droit dans les yeux, Boucher lui dit : « C'est pas Mom qui te parle en ce moment, c'est les Hells. Tu sais, on a fait faire ça alentour de nous autres pour plus qu'y ait de délateurs. Astheure, celui qui va parler y va pogner 25 ans de prison. Vous avez parlé de ça à personne, hein ? »

Le chef des Nomads marqua une pause avant de continuer. « Y as-tu quelqu'un d'autre qui est au courant ? » dit-il enfin.

Gagné allait mentionner le nom de Steve Boies lorsque Fontaine l'a interrompu. « Non, personne est au courant » affirmera-t-il d'une voix calme et pleine d'assurance. Gagné était estomaqué du fait que son complice venait de mentir à Mom Boucher, mais il devait s'efforcer de n'en rien laisser paraître. Il était vrai que Boies ne pouvait établir un lien direct entre eux et le meurtre de Rondeau, néanmoins il avait participé à la destruction des preuves. Gagné estimait que Boucher aurait dû être averti de l'implication de Steve Boies. Si Mom apprenait la chose par la suite, ce serait lui, Gagné, qui serait jugé fautif. Les relevés de la compagnie de téléphone démontreraient que c'était lui qui était entré en contact avec Boies… et Fontaine ne serait que trop heureux de le blâmer pour avoir impliqué Boies dans l'affaire. Mais maintenant que

Fontaine avait menti, il était trop tard pour revenir en arrière. En dénonçant la tromperie de son complice, Gagné sèmerait le doute dans l'esprit de Mom Boucher. Et quand Mom nourrissait quelque incertitude que ce soit, des gens mouraient. Or, dans ce cas-là, c'était sa propre vie qui était en jeu. Il décida donc de taire le mensonge de Fontaine.

Un peu plus tard dans la journée, Gagné parlera de l'incident à Toots Tousignant. « Je sais que c'est pas toi qui as menti, mais c'est sûr que Fonfon va essayer de t'faire passer pour un menteur, dit Tousignant. C'est grave parce que si tu mens à ces gars-là, y vont te tuer. C'est correct de mentir à la police, mais entre motards, y faut toujours dire la vérité. »

Du côté des autorités, le mystère s'épaississait. Un second agent des services correctionnels était mort et la police ne détenait encore aucune piste. À la fois terrifiés et frustrés, les gardiens de prison décidèrent de mener leur propre enquête. C'est alors que Serge Boutin apprit que le nom de Gagné avait été mentionné en rapport avec le meurtre.

Boutin gérait le réseau de vente de drogue des Hells dans le village gay de Montréal. Paul Fontaine était son partenaire. Stéphane Gagné et Steve Boies étaient ses employés.

Soucieux d'être tenu au courant de tout ce qui se passait dans son milieu, Boutin avait ses espions. Lorsqu'un de ses *dealers* sortait de prison, Boutin le questionnait, cherchait à savoir ce qui s'y disait, quelles rumeurs circulaient, etc. Or, en octobre 1997, Serge Boutin apprit une nouvelle troublante : les gardiens de Bordeaux soupçonnaient que Stéphane Gagné était impliqué dans les meurtres de Diane Lavigne et de Pierre Rondeau. Chaque fois qu'un nouveau détenu arrivait à la prison, les gardes lui posaient des questions à cet effet. Boutin savait pertinemment ce que cela signifiait : la police utilisait les gardiens pour obtenir des renseignements sur l'affaire. Gagné, qui était un fauteur de troubles notoire dans le milieu carcéral, était devenu le suspect numéro un. Les noms de Paul Fontaine et d'André Tousignant avaient également été mentionnés.

Boutin décide bientôt de discuter de tout ça avec Gagné et Fontaine.

« Écoute, Stéphane, dit-il à Gagné, les *screws* de Bordeaux disent que t'es impliqué dans le meurtre des deux gardiens. »

La nouvelle laisse Gagné et Fontaine sans voix.

Trois semaines plus tard, ayant eu vent de la rumeur, Mom Boucher donnera rendez-vous à Fontaine et à Gagné en face du restaurant Lafleur situé à l'angle des rues Ontario et De Lorimier. « Es-tu au courant qu'y a du monde qui sont à Bordeaux pis des sympathisants des Hells, là ; quand ils passaient au classement, des gardiens leur disaient : "Tu connais-tu ça, un gars qui s'appelle Godasse ?" Les gars y disaient oui. Là les gardiens disaient : "Ben, tu savais-tu que c'était Godasse qui avait tué les gardiens de prison ?" »

Apprenant la nouvelle de la bouche de son supérieur, Gagné ne savait comment réagir. Il s'est contenté de sourire et de rire nerveusement.

Mom, lui, n'avait pas envie de rire. « Ben, ça, c'est parce que t'étais trop tannant quand t'étais en prison. C'est pour ça que, les gardiens, y doivent penser que c'est toi. »

Après la rencontre avec Boucher, Gagné était très troublé. Il savait qu'il venait de passer un test, que Mom lui avait parlé de l'affaire pour jauger sa réaction. La confiance que Boucher avait en lui avait été ébranlée. Or, si le chef des Nomads doutait de vous ne fût-ce qu'un instant, vous étiez un homme mort. Ça, Stéphane Gagné ne le savait que trop bien.

Tenaillé par l'angoisse, Gagné tentera quelques jours plus tard de mettre les choses au clair. Il se rendra au repaire de la rue Bennett et demandera audience auprès de Boucher. « Pas de problème, dira celui-ci. Viens, on va aller parler dehors. »

Gagné commencera par expliquer à son chef qu'il prenait toujours les précautions nécessaires pour s'assurer que ses gars ne parleraient pas à la police. « Je fais comme toi, de dire Gagné, je prends leur numéro d'assurance sociale pis leur numéro de permis de conduire. »

Boucher ne semblait pas s'intéresser le moins du monde au discours de son subalterne. « On va en faire d'autres *screws* » a-t-il annoncé.

Gagné n'en croyait pas ses oreilles. « Hé ! y sont tous suivis, maintenant, dit-il. Y sont tous escortés par la police. »

« C'est pas grave, d'assurer Boucher. On va faire des bœufs, des juges pis des couronnes, mais ça, c'est pas pour toi, ça, Godasse. Toé, t'as faite ta part. »

Lorsque Gagné quittera la rue Bennett ce jour-là, il se sentira délivré d'un grand poids : les doutes qu'entretenait Mom Boucher à son égard semblaient s'être dissipés. Dans les six semaines qui suivront, il travaillera à l'expansion de son commerce de drogue et se préparera en vue du vingtième anniversaire des Hells Angels du Québec. Les festivités, qui étaient prévues pour le samedi 6 décembre, allaient attirer des Hells de tous les coins du pays. Gagné serait chargé d'aller chercher les invités à l'aéroport pour les conduire à la fête. Il espérait que ses chefs profiteraient de l'occasion pour lui donner ses pleines couleurs.

Nous sommes le jeudi 4 décembre 1997. Le commandant André Bouchard est assis dans la « Grosse Bertha », sobriquet dont la police de Montréal a affublé l'autobus qui abrite son poste de commande mobile. Devant son incapacité à résoudre le meurtre des gardiens, la police avait décidé de resserrer l'étau en assurant la mise en place du projet HARM (Hells Angels et Rock Machine). À l'origine, le projet avait été baptisé « Projet Respect » parce qu'il visait à inculquer le respect du système et de la police aux motards criminalisés. Mais les hommes de la trempe d'André Bouchard n'aimaient pas ce nom. Le mot respect n'inspirait pas la crainte. Et puis, qu'est-ce que les motards avaient à foutre du respect ? Le verbe *harm*, lui, voulait dire « faire du tort » ou « nuire à » en français. Or, c'était exactement cela que voulaient les autorités : nuire aux motards ; les frapper, et les frapper fort. Bouchard avait fait confectionner pour ses troupes des t-shirts et des casquettes sur lesquels on voyait un requin en train d'avaler un Harley-Davidson. L'image manquait peut-être d'élégance, néanmoins, elle rappelait aux policiers qu'ils avaient la mission d'anéantir les motards. Ceux-ci appréciaient d'ailleurs peu ce logo railleur – ce qui constituait une raison de plus de l'utiliser.

Les policiers affectés à HARM commencèrent par acheter de la drogue dans des établissements contrôlés par les motards – clubs de danseuses, bars, restaurants, etc. Cette première étape a permis à la police de fermer une vingtaine de clubs où se déroulaient ces activités, mais elle lui a aussi permis d'identifier plus d'une centaine de *dealers*, courriers et autres individus impliqués dans le commerce de la drogue.

Ce qui nous amène au 4 décembre et au commandant Bouchard, assis dans la Grosse Bertha.

La voix d'un policier crépite sur la radio. « J'ai besoin d'aide, dit la voix. Envoyez-moi du renfort. » À l'arrière-plan, Bouchard perçoit distinctement une autre voix qui dit : « Pensez-vous que vous avez assez de *guns* pour toute nous tirer ? »

Le moins que l'on puisse dire, c'est que cela n'augurait rien de bon. Ce soir-là, Bouchard supervisait pas moins de 17 équipes. Pour l'heure, ces unités étaient occupées à faire des razzias dans les bars et les clubs de danseuses contrôlés par les motards ainsi que dans les domiciles des motards eux-mêmes. Il s'agissait là d'une vaste entreprise qui monopolisait l'ensemble des effectifs de la brigade des mœurs et des diverses escouades antidrogue. Qui plus est, un nombre important de policiers en uniforme avait été mobilisé. L'appel de détresse provenait d'une agence de danseuses située sur le boulevard Rosemont. Les équipes de surveillance avaient assuré aux policiers qu'il n'y aurait probablement là que trois employées et deux motards, si bien que l'on ne s'attendait pas à ce qu'il y ait du grabuge. Et pourtant il y avait ce policier qui gueulait dans la radio parce qu'il avait absolument besoin de renfort. Bouchard envoya aussitôt un appel aux patrouilles qui, normalement, auraient dû être disponibles. Il n'obtint aucune réponse.

« Ah pis, d'la marde ! » a-t-il lancé avant de prendre le volant de la Grosse Bertha. Quelques secondes plus tard, l'éléphantesque véhicule bondissait, toutes sirènes dehors, dans les rues congestionnées du centre-ville de Montréal. Lorsqu'il arriva à l'adresse dite, le commandant gara son mastodonte en plein milieu de la rue, agrippa son revolver et sa casquette, puis escalada en trombe l'escalier menant à l'agence. À sa grande surprise, il y avait un monde fou à l'intérieur : une vingtaine de motards, dont quatre femmes... et quatre policiers qui brandissaient leurs fusils en criant : « Tout le monde à terre ! Écrasez-vous ! » Bouchard étant le seul à porter l'uniforme – les autres agents étaient vêtus d'un jean et d'un blouson –, tous les regards se sont braqués sur lui. En une seconde, il avait pris le contrôle de la situation. L'un des motards, un colosse, eut la mauvaise idée de s'avancer vers lui en arborant un air menaçant. «Tu m'niaises-tu?» grogna le policier avant de terrasser le forcené d'une droite au visage. «Y en a-tu un autre qui veut faire son smatte?» lance-t-il ensuite à la ronde. Personne n'a osé répondre. À partir de ce moment, ils se sont tous étendus à plat ventre sur le sol et sont sagement restés dans cette position jusqu'à l'arrivée des renforts.

En fouillant les bureaux de l'agence, la police a trouvé de la drogue et des photos de motards qui forniquaient tantôt avec des danseuses et tantôt entre eux. Elle a également trouvé une carte de la ville de Montréal qui avait été divisée en secteurs représentant les territoires de différents groupes de motards ainsi que l'emplacement des commerces qu'ils contrôlaient.

Lors des raids effectués en ce jour fatidique, la police a procédé à des arrestations massives et a réquisitionné 18 voitures, 67 armes à feu, ainsi que 2,5 millions de dollars en drogues de toutes sortes.

Un des motards qui furent arrêtés répondait au nom de Steve Boies. Celui-là même qui avait aidé Godasse Gagné à se débarrasser des pièces à conviction après le meurtre de Pierre Rondeau.

Le détective qui avait arrêté Boies se nommait Mike Vargas. Né de parents péruviens, Vargas avait grandi à Montréal et parlait couramment le français, l'anglais et l'espagnol. Ses collègues avaient pris l'habitude de le taquiner en prétendant que, indépendamment de la langue qu'il parlait, ils ne comprenaient pas un traître mot de ce qu'il racontait. Honnête et bon travailleur, Vargas avait rapidement gravi les échelons de la police pour se hausser au rang de détective. Le soir du 4 décembre, il avait arrêté Boies dans les environs du parc Lafontaine. Les revendeurs de drogue faisaient des affaires d'or dans ce parc fréquenté par les gays et les prostitués mâles.

La police avait également fouillé le domicile de Boies. Là, dans une glacière cachée sous le comptoir de la cuisine, elle avait trouvé plusieurs kilos de cocaïne. Boies, qui avait été reconnu coupable de trafic et attendait le prononcé de sa sentence, était alors passible de 15 années d'emprisonnement. Or, il était pleinement conscient de la gravité de sa situation.

Vargas remplissait la paperasse relative à l'arrestation de Boies lorsque celui-ci le fit demander. «Je veux te parler» lui dit-il.

Vargas l'a amené dans une salle d'interrogatoire en se demandant ce qu'il pouvait bien manigancer.

« Si tu veux faire un *deal* avec moé, d'annoncer Boies, je peux te dire qui c'est qui a tué les gardes. C'est Godasse Gagné. »

Vargas lui a alors fait signe de se taire. « Attends. Reste assis là pis dis pas un mot. »

Bouchard et ses hommes prenaient une pause café lorsque Vargas a fait irruption dans le bureau du commandant. Il était 5 h du matin. Bouchard se souvient que Vargas était blanc comme un drap.

« Tu croiras pas ce qui vient d'arriver, dit Vargas.

— Quoi ?

— Boies veut nous donner le meurtrier.

— Quel meurtrier ? fit Bouchard.

— Le gars qui a tué les gardiens.

Bouchard se montra sceptique. « C'est facile à dire, ça, mais ça veut pas dire que c'est vrai.

— Non, non, d'insister Vargas, c'est vrai. »

Ce matin-là, Gagné s'est rendu en taxi à un café de la Rive-Sud pour rencontrer Toots Tousignant. Il ignorait toujours que, la veille, Steve Boies s'était fait arrêter par la police. Lorsque Tousignant est arrivé, les deux hommes sont partis pour Contrecœur, où se trouvait la ferme de Mom Boucher. Pour la fin de semaine de leur vingtième anniversaire, les Hells avaient loué deux hélicoptères à des fins de sécurité. Gagné serait posté dans un appareil et Tousignant dans l'autre. Si les Rock Machine avaient la mauvaise idée d'attaquer les Hells durant la fête, Gagné et Tousignant les abattraient du haut des airs.

Plus tard dans la journée, une violente tempête de neige a forcé Boucher à abandonner l'idée ; les hélicos ne pouvaient pas voler par un temps pareil. À 17 h 08, Gagné empruntera le cellulaire de Mom pour se commander un club sandwich. Il se rendra ensuite au bunker de Sorel avec Tousignant et Boucher à bord du Dodge Ram de Mom.

Lorsque les motards organisent une fête, la police érige habituellement des barrages routiers dans la région. Cela leur permet d'effectuer des contrôles, de filmer tous les motards qui passent par là et, possiblement, d'identifier les nouveaux membres. Curieusement, ce jour-là, Boucher ne se fera pas contrôler. « Ah, c'est à cause que t'es trop tannant, mon Godasse. C'est pour ça qu'y nous collent pas. » de lancer le chef des Nomads en blaguant.

Une fois à Sorel, Gagné reçut sur son téléavertisseur un message de Benoît Cliche, l'un des avocats des Hells. Il retourna aussitôt l'appel. « Je suis sur mon cellulaire, dit Cliche, qui ne voulait pas risquer que la conversation soit interceptée par la police. Je te rappelle tantôt. »

Cliche ne rappellera pas, ce qui rendit Gagné très nerveux. Il savait que lorsqu'un avocat des Hells vous téléphonait, ce n'était pas pour discuter de la pluie et du beau temps. Il s'était nécessairement passé quelque chose de sérieux. Au bout d'un moment, Gagné s'est mis à se demander si Mom savait que Cliche l'avait appelé. Si c'était le cas, le chef des Nomads n'en laissait rien paraître.

Tout le long du trajet entre Sorel et Contrecœur, Boucher a continué de se moquer de Gagné. Lorsqu'ils franchirent un autre barrage routier sans être inquiétés, Mom a répété la même blague. « Crisse, y nous recollent pas. T'es trop tannant, Godasse, osti ! » Il la trouvait vraiment bonne. Puis il a ajouté : « Je leur en prépare une sale, eux autres. »

Étonné de l'indiscrétion de son chef, Gagné lui suggéra de ne pas se montrer trop bavard. « Ah, tu vois que l'erreur est humaine » répondit Boucher. « Ben, comme ça, dit Gagné, quand je vas faire une erreur j'vas pouvoir dire la même affaire que toé. »

À ces mots, Boucher s'est esclaffé. « Fais attention, Godasse, dit-il. Si jamais la police te colle, y pourraient essayer de te tuer, eux autres. »

À peine était-il arrivé à la ferme de Contrecœur que Gagné voulait retourner chez lui pour téléphoner à Cliche. Il est donc reparti aussitôt pour Montréal dans la voiture de Tousignant, faisant une halte en route pour appeler Cliche d'un téléphone public. L'avocat répondit et lui annonça la mauvaise nouvelle : il y avait eu plusieurs arrestations durant la nuit et Steve Boies était devenu informateur pour la police.

Gagné se sentit défaillir.

Boies l'avait aidé à fixer la fausse plaque d'immatriculation à la Dodge Caravan. Or, la photo du véhicule apparaissait dans tous les journaux le lendemain du meurtre de Rondeau. Il était certain que Boies en avait déduit que c'était Gagné qui l'avait tué. Mais le pire, c'était que Mom Boucher allait bientôt apprendre que Gagné lui avait menti en disant que personne d'autre que Tousignant et lui-même n'était au courant du plan pour tuer un second garde. Il n'y avait plus qu'une chose à faire : se planquer.

Godasse Gagné décida donc de se cacher dans un motel de Saint-Ignace avec sa femme. Mais à peine fut-il arrivé dans le stationnement de l'établissement que la police l'arrêtait. Le motard ne s'était pas rendu compte qu'il était suivi. Plusieurs voitures de police ont entouré son véhicule, puis les agents l'ont menotté et l'ont amené au quartier général de la SQ à Montréal.

À 2 h 40 du matin, ses moindres mouvements épiés par une caméra camouflée dans le plafond de la pièce, Gagné pénétrait dans une salle d'interrogatoire exiguë et dénudée qui comptait deux chaises et une table pour seul ameublement ainsi qu'un cendrier noir. S'installant sur une chaise dans un coin de la pièce, le motard fut bientôt rejoint par Robert Pigeon, le sergent-détective à qui il avait vendu 1,5 kg de cocaïne trois ans plus tôt. Depuis cette première arrestation, le policier affecté à l'escouade Carcajou avait gardé Gagné à l'œil. D'ailleurs, tout le monde dans l'escouade s'entendait pour dire que si Gagné était un jour arrêté de nouveau, ce serait Pigeon qui devait l'interroger.

Le policier a commencé par informer Gagné du fait qu'il était accusé de tentative de meurtre contre Christian Bellemare, puis il a quitté la pièce pour permettre au prévenu de contacter son avocat. Gagné laissera plusieurs messages à Benoît Cliche, mais celui-ci ne le rappellera pas. À 3 h 25, Pigeon s'installe à nouveau devant Gagné ; l'interrogatoire va commencer. D'entrée de jeu, l'accusé s'est croisé les bras et a lancé au policier une moue provocatrice qui semblait dire : vas-y, j'en ai vu d'autres. Et, effectivement, Gagné connaissait la musique. « Oui, là, r'garde ben ça. J'ai rien à dire. Je répondrai pas à aucune question. Fait que parle dans le vide. »

Pigeon ne s'est pas laissé impressionner par l'attitude revêche de son prisonnier. L'avocat de Gagné ne l'avait toujours pas rappelé et il était peu probable qu'il le fasse avant le début de la matinée. Pigeon disposait donc de quatre ou cinq heures pour cuisiner Gagné à sa guise. « Tu te souviens de moé ? » commencera-t-il par lui demander.

« J'ai rien à dire » d'insister Gagné.

« Non, non, je te demande juste ça : tu te souviens-tu de moé ? »

Le prisonnier a fixé le policier pendant un long moment, se demandant s'il ne l'avait pas vu quelque part. Puis il secoua la tête. Non, décidément Pigeon ne lui disait rien. Ce que Gagné ne savait pas encore, c'est qu'il se souviendrait toute sa vie du sergent-détective Robert Pigeon.

L'oubli de Gagné était compréhensible : physiquement, Pigeon n'avait rien de bien remarquable. On pourrait même dire qu'il était un type plutôt effacé. Il est de taille et de corpulence moyennes. Il a un visage rond et des yeux bruns et vifs. Sa voix est douce et posée. On pressent chez lui quelque chose d'intense, néanmoins il n'a aucun style ou caractère distinctif. Il n'en impose pas et ne se démarque d'aucune façon. Ce sont sans doute toutes ces choses qui font de lui un bon détective et un bon interrogateur. Lorsqu'il aborde un délateur potentiel, il lui énumère doucement les accusations qui pèsent contre lui ainsi que leurs conséquences ; il lui expose ensuite les possibilités qui s'offrent à lui et l'amène subtilement à prendre la bonne décision, mais en faisant en sorte que l'accusé croit que c'est lui-même qui a fait ce choix. Pour amener un suspect à retourner sa veste, il faut lui donner l'impression que c'est lui qui a le contrôle de la situation.

Pigeon avait certes une longue expérience de ce genre de choses, cependant Gagné représentait son défi le plus important. La police se devait de résoudre rapidement le meurtre des gardiens de prison. Il était clair que les Hells Angels se croyaient plus forts que le gouvernement ; or, la population québécoise avait peur de se voir plongée dans une sorte de Sicile nord-américaine, où des assassins pouvaient tuer des juges et des policiers en toute impunité. En supprimant Rondeau et Lavigne, les Hells avaient atteint leur objectif : partout au Québec, les gardiens de prison craignaient pour leur vie et pour celle de leurs proches. Chez les gardes, les congés de maladie se faisaient de plus en plus fréquents. Les sources de la police disaient que les Hells avaient ciblé d'autres gardiens et qu'ils envisageaient d'exécuter des policiers, des juges et des procureurs, tout cela en vue de paralyser l'ensemble du système judiciaire.

Pigeon savait fort bien que Gagné n'était que l'un des instruments de cette terreur, néanmoins le motard représentait à ce moment-là pour les autorités la seule voie permettant d'atteindre l'architecte de ce projet diabolique. Gagné était le seul à pouvoir les aider à coincer Mom Boucher. Pigeon savait que pour amener Godasse à collaborer avec la police, il allait devoir se surpasser. Mais si quelqu'un pouvait réussir l'exploit, c'était lui; il connaissait le passé de Gagné mieux que quiconque. Depuis qu'il avait arrêté Gagné en 1994, Pigeon n'avait jamais cessé de s'intéresser à lui. Il avait une idée très précise du profil psychologique de l'individu; or, il comptait utiliser cette information pour gagner sa confiance et pour l'amener à comprendre que sa vie au sein des Hells Angels était bel et bien finie. Il devait lui faire comprendre que seul un aveu complet pouvait le sauver. « Jusqu'à aujourd'hui, t'avais une carrière prometteuse dans ce domaine-là, de dire Pigeon à Gagné, mais à partir d'aujourd'hui, tout ça change. Ça, c'est certain. Tout va changer, ça, c'est certain. Les grandes aspirations que tu as eues, à partir de maintenant, c'est du passé. Ce rêve-là, je sais que t'as travaillé ben fort pour le réaliser, mais maintenant, c'est fini. »

Pendant plusieurs heures, Gagné se vit relater le récit de sa propre vie, de ses crimes, mais aussi de ce qu'il pouvait encore préserver. « Quand je te dis que ton rêve est terminé, je veux dire que, de ce côté-là, ta carrière est pas mal finie. À quelque part, j'espère que ça va te servir. J'espère que tu vas devenir un meilleur homme. J'espère que tu vas t'en sortir. Parce que je sais que t'as des valeurs. Tu t'es amélioré pas mal. T'as une belle maison à Saint-Hubert. Vous êtes bien installés, quand même, ta femme, ton fils pis toi. T'as choisi ta voie avec les Hells, pis j'te respecte là-dessus. Chus pas là pour juger personne. Mais à quelque part, t'as commis des erreurs. T'es allé vite. T'as commis des erreurs parce que t'as faite confiance à du monde. »

Sans jamais quitter Gagné des yeux, Pigeon resserrait peu à peu l'étau. Un moment, il faisait son éloge – « T'as fait queque chose de toé, t'as bien réussi » –, pour l'instant d'après lui rappeler qu'il était quasiment sans le sou, que tout était fini.

« J'ai rien à dire, répétait Gagné.

— Oui, j'comprends, continuait Pigeon, mais est-ce que c'est vrai ce que je te dis ? T'sé, dans un sens là, un moment donné, il va falloir que tu sois franc avec toi-même, que tu sois loyal avec toi-même. »

Pigeon souligna ensuite le fait que, contrairement aux dirigeants des Hells, les subalternes de son acabit échappaient rarement à une condamnation. Confronté à cette réalité, Gagné s'est contenté de hausser les épaules. « T'as confiance en eux autres à 100 p. 100, toé. Tu veux être loyal avec eux autres jusqu'au boutte ?

— Jusqu'au boutte ! de déclarer emphatiquement Gagné. *Forever !* T'aurais dû attendre en fin de semaine, j'aurais été *full patch.* »

Pigeon savait combien importante était cette promotion pour Gagné. Cela aurait été sa récompense pour avoir tué les gardiens. Aussi joua-t-il de finesse en suggérant à Gagné que ses supérieurs n'avaient peut-être jamais eu l'intention de lui donner ses pleines couleurs, qu'ils lui promettaient cela uniquement dans le but de l'utiliser. « Tu crois à ça, mais c'est ça qui est leur mode de vie. Y amènent des gars comme toé à croire à ça comme une religion. Mais regarde le faible pourcentage de Hells *full patch.* T'en as connu à Saint-Jean des Jockers *full patch,* pis ils sont plus là. T'en as connu aussi des Rowdy Crew qui étaient *full patch* pis qui sont plus là. C'est une réalité, ça. C'est de même qu'y font : y t'encouragent pour s'assurer ta loyauté, pour que tu commettes des gestes qui sont irréversibles. »

— Mais y a une différence, là, de lancer Gagné. Moé, chus pas délateur. Ça, c'est sûr.

— Ça, c'est une question de choix…, suggéra le policier.

Pigeon a ensuite énuméré une longue liste de motards qui se trouvaient au même échelon que Gagné et qui avaient tous été éliminés. Ça, Gagné ne le savait que trop bien. « T'en as vu en masse du monde se faire tasser, de continuer Pigeon. Le prochain, ça pourrait être toé. On se dit toujours que ça sera pas nous autres qui va se faire tasser, ça, c'est sûr. C'est toujours les autres – surtout quand t'es un des premiers artisans en avant qui s'occupe de ça. Sauf que, à quelque part, c'est fini pour toi. J'te l'dis que c'est fini. Fie-toé sur mon expérience avec les motards : ta carrière est terminée. »

À chaque mot de Pigeon, Gagné s'affalait un peu plus sur sa chaise. Bras croisés, il demeurait silencieux et écoutait attentivement le policier. «Les grands boss à Montréal sont en danger à cause d'une erreur qui a été commise. Ça, c'est sûr qu'y te le pardonneront pas. C'est impossible; c'est techniquement impossible. Parce que ça va leur coûter de l'argent en écœurant, que ça va leur faire du tort écœurant, pis que ça va leur faire un maudit nom écœurant. C'est impardonnable, ça, dans le milieu. C'est impardonnable.»

Gagné était sur la sellette depuis une bonne heure et demie, mais Pigeon entendait bien continuer. Il a parlé du meurtre de Bellemare, puis il s'est attardé à celui des gardiens. «Moi, j'pense que vous êtes allés trop loin dans votre *power trip* quand vous avez décidé de vous attaquer au système. Le système, c'est gros en osti. On peut pas l'attaquer de même, le système. En tout cas, ça s'est jamais faite. Si vous pensez que la police va se mettre à genoux, que les gardiens de prison vont se mettre à genoux, pis que tout le monde va se mettre à genoux... c'est impensable, ça. Vous êtes allés trop loin. Y a quelqu'un qui a pris une mauvaise décision, pis ça a mal reviré.»

Pigeon a ensuite continué de miner la confiance que Gagné avait en ses confrères motards. «Penses-tu que ta carrière est finie avec eux autres?

— Non.

— Tu penses vraiment qu'y vont être encore là pour toi demain matin?

— Oui.»

Tout de suite après, le policier a décidé d'aborder des sujets plus légers, histoire de détendre Gagné. Il lui a demandé de lui parler de sa famille, de sa moto, de ses loisirs. Il s'agissait là d'une judicieuse stratégie de la part de Pigeon. Il fallait parfois desserrer l'étau, sinon l'interrogé était susceptible de se replier sur lui-même. Serrer, puis desserrer, voilà comment il fallait procéder. Il y avait maintenant deux heures qu'il cuisinait Gagné. Un collègue qui observait l'interrogatoire à partir d'un écran vidéo commençait à se demander si la chose ne s'éternisait pas un peu trop. Mais Pigeon n'avait pas du tout l'intention de s'arrêter. Il sentait qu'il approchait du but.

«Veux-tu un café? demanda-t-il à Gagné. Ou quelque chose d'autre à boire?

— Non, je veux un lit.

— Ça, non, pas tout de suite.

— Quand est-ce que je vas pouvoir me coucher?

— Quand on va avoir fini de s'parler.

— J'ai pus rien à dire.

— Ouin, j'le sais, mais je veux que tu penses à ce que je viens de t'dire. Parce qu'aujourd'hui, tu es au carrefour de ta vie. Tu es carrément au carrefour, pis tu peux pus reculer. » Encore une fois, Pigeon laissait entendre à son suspect qu'il avait la possibilité de retourner sa veste. « Les décisions que tu vas devoir prendre vont te faire mal au cœur, d'ajouter Pigeon. Ça, c'est certain. »

Mais Gagné n'avait pas encore jeté l'éponge. « J'te garantis que je prendrai pas la décision que tu veux que je prenne, affirmat-il avec assurance. Tu peux mettre une croix là-dessus. »

Pigeon s'accordera enfin une pause à 5 h 31 du matin. Aussitôt qu'il quitta la pièce, Gagné posa sa tête sur la table pour essayer de dormir un peu. Il en fut incapable. Il était trop épuisé.

Ignorant si ses paroles avaient fait mouche, le sergent-détective Pigeon décida qu'il était temps d'inculper Gagné pour le meurtre des gardiens. De retour dans la salle d'interrogatoire, Pigeon avait complètement changé d'attitude. Il a retiré son veston, a approché sa chaise de celle de Gagné, puis il s'est assis juste en face de son prisonnier, son visage penché vers le sien, tout près du sien.

Gagné a eu un mouvement de recul, cependant son regard est demeuré soudé à celui du policier. Les deux hommes se sont fixés silencieusement pendant de longues secondes. Au bout d'un moment, Gagné a croisé ses bras sur la poitrine, comme s'il cherchait à se protéger. Puis Pigeon s'est remis à parler, son visage à quelques centimètres à peine de celui de l'autre, sa voix un peu plus rude, un peu plus menaçante qu'auparavant. Il parlait avec la voix d'un homme qui est sur le point de vous mettre un couteau sur la gorge. L'heure n'était plus aux vains papotages. Le sympathique policier s'était transformé en un fauve affamé qui mourait d'envie de fondre sur sa proie. « Maintenant, je suis obligé de te dire que tu es en état d'arrestation pour le meurtre du gardien de prison Pierre Rondeau. Tu as le droit de demander assistance à l'avocat de ton choix. »

Le coup a porté : Gagné était sonné. Il a bafouillé le nom de son avocat mais, en son for intérieur, il savait qu'il n'avait aucune aide à espérer de ce côté-là. Cliche n'avait toujours pas daigné l'appeler.

« Je te mets également en état d'arrestation pour le meurtre de la gardienne de prison Diane Lavigne, continua Pigeon. C'est grave, ça ! Tu le sais, han, que c'est grave ? Mais ça aussi, c'est fini. La chaîne, on l'a au complet. »

Puis Pigeon s'est levé brusquement de façon à dominer Gagné. Son index pointé en direction de l'accusé, il fera le geste de lui tirer une balle dans la tête. « La p'tite van, je le sais où tu l'as parquée. J'peux même te dire que quand tu as sacré le feu dedans, le toupette t'a chauffé un peu. Après, t'es parti en République avec ta femme pour laisser baisser la chaleur. Pourquoi tu les as tués ? Parce que tu voulais devenir un Hells ! C'est la seule raison pourquoi t'as fait ça. La seule et unique raison pourquoi t'as fait ça. » Pigeon semblait très en colère. Il a haussé le ton. « Pourquoi vous avez choisi Diane Lavigne ? Pourquoi vous avez choisi cette pauvre femme-là ? Tuer des gardiens de prison… t'as pensé quoi quand t'as fait ça ? Sois au moins assez homme pour répondre à ça ! »

— J'ai rien à dire » répondit simplement Gagné. Toujours le même refrain, sauf que cette fois sa voix manquait d'assurance.

Sentant que son prisonnier était sur le point de flancher, Pigeon a entrepris de le désarçonner davantage. Il s'est d'abord montré compatissant, déplorant à nouveau le fait que Gagné était manipulé par les Hells. « Y voulaient tellement être sûrs que tu serais couvert de sang qu'y t'en ont injecté. » Puis il a poursuivi en fustigeant brutalement l'accusé : « Sois au moins assez homme pour me dire à quoi t'as pensé quand t'as grimpé sur le *bumper*. Crisse, Rondeau, c'tait un père de famille ! C'était pas un trafiquant de drogue. C'était un honnête citoyen, ce gars-là. À quoi t'as pensé ? C'était quoi ton *feeling* en d'dans d'toé ? Y est là ton *feeling*, y est pris là en d'dans d'toé pour toute ta vie. T'as tiré sur des gardiens de prison. Pourquoi t'as fait ça ? Dis-moi pourquoi t'as fait ça ? Donne-moi une bonne raison ! »

Piqué au vif, Gagné s'est levé pour affronter le policier. « Hé ! j'ai rien à dire, tu comprends-tu ? a-t-il craché. Pis je veux voir un avocat ! »

D'une main ferme, mais sans brutalité, Pigeon a repoussé Gagné, l'obligeant à se rasseoir. Des larmes ont monté aux yeux de l'accusé. « Regarde le comportement agressif que t'as, de dire Pigeon. Ça, c'est ton comportement agressif ça, Stéphane. »

Exaspéré et à bout de force, Gagné s'est mis à hurler. « J'ai rien à dire ! J'ai rien à dire ! J'ai rien à dire pis j'veux voir mon avocat ! Pis j'veux qu'tu m'crisse dans ma cellule ! »

— Parfait ! Tu vas y aller en cellule, Stéphane... pis tu vas y rester pour longtemps.

— J'm'en câlisse ! J'vas sortir d'icitte dans deux ans pis j'vas dire Yahoo ! Yahoo ! Y se sont trompés ! C'est pas moé ! »

Pigeon a vu là une autre occasion de démoraliser davantage son prisonnier. « Yahoo ! j'ai tué des gardiens de prison ! Yahoo ! c'est moi le tueur des gardiens de prison ! Yahoo ! c'est moi Stéphane Godasse Gagné qui a tué des gardiens de prison parce qu'y voulait avoir des *patchs* des Hells Angels ! Y opérait une p'tite *business de dope* tranquille, pis là y a tué des gardiens de prison. Ta vie vient de basculer aujourd'hui, mon Stéphane. Pis si tu penses que tu vas sortir dans deux ans, oublie ça. C'est fini pour toé. »

À 6 h 14, on a laissé le prévenu sortir de la salle d'interrogatoire pour appeler son avocat. Cliche ne répondait toujours pas. Gagné laissera un message sur son répondeur et un autre sur son téléavertisseur. Il attendra ensuite avec Pigeon que l'avocat retourne son appel. Gagné demeurait silencieux, mais le policier remarquera que ses lèvres tremblaient et que ses yeux étaient pleins d'eau. Ils attendirent ainsi pendant plusieurs minutes. Et plus l'attente était longue, plus Gagné avait la bougeotte. Il était incroyablement nerveux.

Et il devait se demander si les Hells l'avaient abandonné. Il avait attendu toute la nuit, espérant que Cliche, que quelqu'un téléphonerait pour le tirer de ce mauvais pas. Il avait attendu, mais en vain. Il regrettait amèrement de ne pas avoir averti Mom Boucher au sujet de Boies. Mom avait certainement appris qu'il avait envoyé un message à Boies après le meurtre de Rondeau. Pour la police, le relevé de la compagnie de télémessagerie constituait une pièce à conviction ; rien que pour cette raison, les Hells pourraient décider de l'éliminer. Il s'inquiétait au sujet de sa femme et de son fils, de leur sécurité. Sa situation financière l'inquiétait également. S'il collaborait avec la police, se disait-il, il ferait sans doute un bon paquet d'argent ; il avait entendu parler d'un informateur qui avait été payé 390 000 $ pour ses services. Peut-être allait-il pouvoir réclamer une partie de la récompense de 100 000 que la SQ offrait pour toute information menant à l'arrestation et à la condamnation des individus qui avaient tué les gardiens. Il était en mesure de livrer Fontaine, Tousignant et Boucher aux autorités… Bon sang, cela devait valoir quelque chose !

Ayant contemplé la situation sous tous ses angles, Gagné s'est adressé à son interrogateur. « J'aimerais ça qu'on se parle confidentiellement, sans vidéo. »

Sans perdre un instant, Pigeon l'a amené dans une autre pièce. Le motard avait une question capitale à poser : « Si je parle, combien je peux pogner ?

— Tu veux dire comme délateur ?

— Oui. »

Pigeon touchait enfin au but. Il a informé Gagné des ententes que les autres informateurs avaient conclues avec la police, mais en prenant bien soin de préciser que son cas était différent des leurs. Certains de ces délateurs avaient perpétré des crimes, certes, mais lui, Godasse Gagné, avait froidement abattu deux gardiens de prison.

Gagné n'avait rien à répondre à cela. Perdu dans ses pensées, il fixait le sol en silence. Au bout d'un moment, il a demandé à voir son épouse. « Je veux savoir ce qu'elle pense de ça, si je deviens délateur » dit-il.

Deux agents de la SQ allèrent donc chercher Marie-Claude Nantais dans sa cellule – elle avait été accusée de complicité pour le meurtre des gardiens. Ayant joué un rôle actif dans la vie criminelle de son époux, la femme de Gagné était loin d'être sans taches. Elle était son bras droit, sa confidente.

Les policiers laissèrent les deux époux seuls dans une pièce isolée pendant 17 minutes. Avant de devenir délateur, Gagné voulait la bénédiction de sa femme. Il l'obtint sans problème.

Mais Gagné n'était pas encore prêt à se mettre à table. Il voulait d'abord visionner l'enregistrement vidéo de la confession de Steve Boies pour s'assurer que celui-ci avait bel et bien retourné sa veste. Pigeon ordonna que l'on aille chercher la cassette.

Environ 75 p. 100 de ce que Boies avait dit à la police était faux. Sa confession était un ramassis de mensonges, de conjectures et d'exagérations. Il était clair qu'il avait embelli les faits pour se rendre intéressant et, de ce fait, soutirer un maximum d'avantages dans le pacte qu'il était en train de négocier avec les autorités. Il n'y avait qu'une chose vraie dans toute son histoire : il avait effectivement aidé Gagné à nettoyer le garage et à se débarrasser de ses vêtements compromettants.

Gagné ne s'est même pas donné la peine de regarder la cassette en entier. Au bout de cinq minutes, il mit un terme à l'exercice. Il en avait vu assez. Boies était pris au piège et il cherchait visiblement à sauver sa peau en vendant celle de Gagné.

C'est alors que Gagné a réellement compris que Pigeon avait raison : sa carrière au sein des Hells Angels était bel et bien terminée. Mais Pigeon, lui, n'avait aucune idée de ce qui se passait dans l'esprit de son prisonnier. Il se demandait pourquoi Gagné ne voulait pas voir la confession de Boies jusqu'à la fin. Godasse avait-il changé d'avis ? Ne voulait-il plus devenir informateur ? Avec une pointe d'anxiété dans la voix, le policier a annoncé à Gagné qu'il était temps de poursuivre l'interrogatoire. Les deux hommes réintégrèrent donc la pièce qu'ils occupaient auparavant.

Ne sachant pas exactement de quoi il retournait, Pigeon a décidé de faire comme si Gagné avait déjà accepté de devenir délateur. Il lui fallait agir de façon positive et résolue pour venir à bout des dernières hésitations de son prisonnier. Il a demandé à un technicien de la SQ de glisser une nouvelle cassette dans l'enregistreuse, puis il s'est remis à l'œuvre.

« Tu as démontré de l'intérêt à vouloir devenir un témoin du ministère public dans les dossiers dans lesquels tu es impliqué, dit Pigeon. C'est ça ?

— Oui. »

Constatant que Gagné n'avait pas changé d'avis, Pigeon a poussé un grand soupir de soulagement. Il était maintenant 8 h 10 du matin. Cinq heures et demie après le début de l'interrogatoire, le sergent-détective Robert Pigeon avait enfin réussi à faire craquer celui qui allait livrer Mom Boucher à la police. À partir de ce moment, Gagné a parlé sans retenue, révélant tout de Tousignant, de Fontaine et de Boucher – ce qu'ils avaient dit, ce qu'ils avaient fait, etc.

Au terme de sa confession, Gagné a demandé que son fils et son épouse soient gardés en lieu sûr. Les Hells avaient bien averti leurs cohortes : si un des leurs retournait sa veste, sa famille entière serait tuée.

Dans les jours qui suivront, la confession de Gagné se poursuivra. Lorsque la police a appris de la bouche de son délateur que Boucher projetait de tuer des policiers, des juges et des procureurs de la Couronne, elle a immédiatement resserré la surveillance autour des Nomads.

Maintenant que Gagné avait dit tout ce qu'il avait à dire, il entendait négocier son contrat d'informateur. Il rêvait des sommes pharamineuses qui lui seraient versées s'il continuait de collaborer en secret avec la police. Mais avant d'amorcer les tractations avec leur nouveau délateur, les forces de l'ordre devaient s'assurer que celui-ci n'était pas en train de les mener en bateau. Le motard dut se prêter à deux reprises au test du polygraphe. Les résultats se révélèrent concluants : Gagné disait la vérité. Deux semaines plus tard, il était appelé à comparaître devant un comité spécial présidé par le parquetier montréalais André Vincent. En tant que principal négociateur dans l'affaire, Vincent a tout de suite tenu à préciser que, quoi qu'il advienne, Gagné ne s'en tirerait pas à bon compte. «Tu vas être condamné à 25 ans, annonça Vincent à l'accusé. Au niveau de l'argent, tu n'auras pas un sou. La seule faveur qu'on va te faire, c'est qu'on va retirer le meurtre de Rondeau.» Ce n'était peut-être pas la manne que Gagné espérait, néanmoins, du point de vue de la justice, la concession était de taille. Si l'assassin avait été reconnu coupable des deux meurtres, il aurait écopé d'une peine de 25 ans sans espoir de libération. Maintenant qu'il ne faisait face qu'à un seul chef d'accusation, Gagné serait admissible à la libération conditionnelle après 15 ans en vertu de ce que l'on appelle la «clause de la dernière chance».

Le contrat que signera Gagné stipulait qu'il se devait de témoigner à la convenance des tribunaux, en tout temps et en tous lieux. Le meurtrier parviendra à soutirer un surplus d'argent aux autorités. Dans ce genre de contrat, l'État s'engage habituellement à verser à l'informateur la somme de 140 $ par mois pour qu'il puisse s'acheter des cigarettes et des friandises durant son séjour en prison. Dans le cas de Gagné, la Couronne consentira à retirer les chefs d'accusation contre son épouse et accordera à celle-ci la somme de 400 $ par semaine pendant trois ans. (Lorsque la femme de Gagné le quittera en 2000, le gouvernement portera cette somme à 400 $ par mois.) À sa sortie de prison, Gagné serait payé 400 $ par semaine pour assurer sa réinsertion et on lui donnerait une nouvelle identité.

Une fois le contrat signé, Gagné se trouvait entre les mains de l'État. Mom Boucher n'avait plus aucune emprise sur lui.

Pour le chef des Nomads, le week-end du 6 décembre aurait dû être une fête. Au lieu de cela, il devint un cauchemar.

Serge Boutin, l'homme qui faisait le commerce de la drogue pour les Hells dans le village gay, avait été arrêté pour trafic. On avait trouvé chez lui 3 kg de cocaïne. Libéré contre une caution de 10 000 $ le 6 décembre, Boutin était porteur de mauvaises nouvelles lorsqu'il est allé rencontrer Boucher à sa ferme de Contrecœur. Le trafiquant était certain que Boies avait retourné sa veste et que Gagné était sur le point de faire de même. En son for intérieur, Boutin espérait que son patron l'assurerait du contraire. Or, cela ne fut pas le cas. « Ouais, Boies a craché le morceau, a confirmé Boucher en avisant Boutin d'un air accusateur. C'est pas bon. »

Boucher considérait que Boutin était responsable de leur présente situation parce que c'était lui qui avait fait entrer Boies dans l'organisation.

Et il est vrai que les choses se présentaient plutôt mal. C'était la débandade chez les Hells. On s'attendait à des nouvelles arrestations ; tout le monde restait planqué. Ayant pu intercepter une série de conversations téléphoniques entre Mom Boucher et ses sbires, la police tentait désespérément d'établir un lien entre le chef des Nomads et le meurtre des gardiens. Malheureusement pour les forces de l'ordre, les Hells ne s'intéressaient à ce moment-là qu'à une chose : la trahison de Godasse Gagné. L'organisation entière était en état de panique.

Les enregistrements des tables d'écoute révèlent que les Hells étaient très anxieux de savoir où se trouvait la femme de Gagné. Ils savaient qu'elle était avec lui au moment de son arrestation, mais ils ignoraient si elle avait elle-même été arrêtée. Mom et ses acolytes ont également discuté du lundi 8 décembre, date où Gagné devait comparaître devant le tribunal à Saint-Jérôme. Mais ce que les Hells cherchaient à savoir par-dessus tout, c'était si Gagné avait oui ou non vendu la mèche.

Le dimanche 7 décembre, Mom et Tousignant se sont téléphoné à plusieurs reprises. À ce moment-là, Toots ignorait qu'il était en train de signer son arrêt de mort. Mom l'appellera pour la première fois à 7 h 49.

« Y ont arrêté Godasse hier, d'annoncer Tousignant.

— Oui.

— Y a une charge qu'on sait : tentative de meurtre.

— Ouais. Y ont pas voulu l'arrêter avec moé.

— Non, ça doit pas, osti. J'sais pas où y s'est fait arrêter. Chus passé en avant de chez eux hier. C'tait *full* de bœufs.

— Ok, bon, ok. Chus à maison. Bye. »

Quatre heures plus tard, à 11 h 55, Boucher téléphonait de nouveau à Tousignant.

« J'ai faite le tour des avocats, là, dit Tousignant. Y a une charge de meurtre, là.

— Y a une charge de meurtre ?

— Meurtre, pis tentative de meurtre. Y a pas un avocat qui a été capable de l'voir. Y ont arrêté sa femme avec.

— Ouin ?

— Pis en tout cas les avocats dorment au gaz. Y n'a pas un esti qui nous a appelés pour nous dire qu'y avait été arrêté.

— Bon, ben tchèck ça. Reste en ville jusqu'à temps qu'tu sois au courant d'toute. Tu nous amèneras les potins. »

Mais si Boucher voulait que Toots reste en ville, ce n'était pas simplement pour aller aux nouvelles. Mom savait fort bien que Tousignant et Paul Fontaine étaient les seuls à pouvoir l'incriminer dans le meurtre des gardiens et que, de son côté, Gagné en savait suffisamment pour livrer les deux hommes à la justice. La théorie de Mom Boucher était sur le point d'être mise à l'épreuve : Ses hommes consentiraient-ils à collaborer avec la police même si, ce faisant, ils se condamnaient eux-mêmes ? L'État consentirait-il à conclure un pacte avec des individus qui avaient tué des gardiens de prison ? Aux yeux de Boucher, la chose était tout simplement impensable.

Vingt minutes après sa conversation avec Tousignant, le chef des Nomads téléphonait à Normand Robitaille.

« Ça l'air que Godasse a tourné, dit Robitaille.

— Comment ça ?

— C'est ça que j'ai entendu. J'ai d'la misère à l'croire moi-même. Les avocats ont essayé de le r'joindre, mais les cochons leur ont dit qu'y pouvaient pas y parler parce que y était rendu d'leur bord.

— Non, ça s'peut pas, fit Boucher, incrédule.

— J'sais ben, mais c'est ça que j'ai entendu à date. »

Une heure plus tard, à 13 h 20, la police enregistrait ce qui allait s'avérer être la dernière conversation téléphonique de Toots Tousignant. Mom était de plus en plus inquiet, mais il refusait toujours de croire que Gagné l'avait trahi. Il téléphona à Robitaille.

« Les cochons, là, y jouent une *game* avec les avocats, là, affirma Robitaille. Y leur comptent un paquet de menteries. »

— Ouin, j'sais, de répliquer Boucher.

— Fait que m'a descendre voir Godasse plus tard, moi.

— Bon, ok. Toots y est où, lui ?

— Ah, y est dans le boutte, de blaguer Robitaille en passant l'appareil à Tousignant qui se trouvait juste à côté de lui.

— *That's it*, osti ! dit Tousignant. Chus t'écœuré des maudits avocats ! Y en a un qui appelle pis qui dit : "Non, c'est pas moé, c'est tel autre avocat qui s'occupe du dossier." Là tu vas voir l'autre pis y dit : "Ben non, c'est pas moé qui s'occupe du dossier." Y nous niaisent, osti ! »

Tousignant a ensuite dit à Boucher qu'il irait le voir sous peu. Mom a précisé qu'il serait à la maison. À la suite de cette conversation qui fut interceptée par la police, Tousignant disparaîtra. Immédiatement après avoir raccroché, Boucher avait téléphoné au bunker de Sorel et avait demandé à ses Hells de dépêcher deux ou trois gars des Death Riders, des Evil Ones ou de Rowdy Crew à son domaine de Contrecœur, où Tousignant était censé le rejoindre.

Trois jours plus tard, Toots devait se présenter au palais de justice pour une affaire de possession d'arme. Il ne sera pas au rendez-vous. En fait, plus personne ne savait où il se trouvait ; il s'était pour ainsi dire volatilisé.

Le lundi 8 décembre, Gagné devait comparaître devant le tribunal. Anxieux d'en savoir davantage à ce sujet, Boucher alla aux nouvelles. Ses acolytes n'avaient rien à lui apprendre. À 15 h 30, Gagné faisait son entrée au palais de justice de Saint-Jérôme. Lorsque Benoît Cliche, l'avocat des Hells, a tenté de l'aborder, Gagné l'a carrément boudé. L'avocat demandera au juge la permission de s'entretenir avec l'accusé, mais Gagné affirmera qu'il refusait catégoriquement de parler à Cliche.

Voyant que c'était sans issue, Cliche a immédiatement contacté Robitaille. En apprenant la nouvelle, ce dernier, qui était au restaurant avec Serge Boutin, est devenu fou de rage et a renversé sa table. Pour les Hells, tout semblait bel et bien fini.

À 16 h 11, Robitaille se décide enfin à téléphoner à Mom Boucher.

« Bon, ça va mal, de commencer Robitaille.

— Ouin ?

— Ouin.

— Ah.

— Godasse a refusé l'avocat. Y était d'vant lui. Y a pas dit un mot pis les cochons, y ont dit qu'y avait pus besoin d'avocat. Pis là, Godasse y disait pas un mot. »

Boucher a marqué une longue pause, puis il s'est esclaffé. « Misère ! ironisa-t-il. Y a rien d'trop beau ! »

CHAPITRE 6

La justice des motards

*Un témoin non crédible peut occasionnellement dire
la vérité ; mais le problème, c'est qu'on ne sait jamais
quand il dit la vérité ou pas.*
LE JUGE JEAN-GUY BOILARD

Immédiatement après que Gagné eut signé son contrat d'informateur, la police arrêtait Maurice « Mom » Boucher à l'entrée de l'hôpital Notre-Dame. Le chef des Nomads avait eu un diagnostic de cancer à la gorge et il y suivait un traitement. Nous étions le jeudi 18 décembre 1997 à 20 h. Boucher finira l'année en prison.

Pendant ce temps, à Halifax, Dany Kane croupissait lui aussi dans sa cellule. Kane était le seul informateur que Boucher et ses sbires n'avaient pas réussi à démasquer ; seulement, en prison, il n'était plus d'aucune utilité à la GRC.

Ce que les deux prisonniers ignoraient, alors que l'année 1997 tirait à sa fin, c'était qu'ils seraient libérés moins de 12 mois plus tard. Les tribunaux, la police et la Couronne passeraient pour des incapables et des incompétents ; la justice des motards triompherait et Mom Boucher, enfin libre, croulerait littéralement de rire à sa sortie du palais de justice.

Mais revenons quelques mois en arrière. Nous sommes en mai 1997, au centre de détention de Halifax. Pendant 16 longues heures, la police a questionné Dany Kane au sujet du meurtre de Robert MacFarlane. Refusant de se laisser intimider par ses interrogateurs, Kane a systématiquement nié toute implication dans l'affaire. L'agent Tom Townsend de la GRC s'était pourtant montré particulièrement insistant. Pour qui Kane travaillait-il ? avait-il demandé. Qui l'avait engagé ? Mais le prévenu refusait obstinément de parler. Au bout du compte, Kane refusera la protection de la GRC et sera jeté en prison. Chez les détenus, on disait qu'il y avait un contrat de 14 000 $ sur la tête de Kane, mais même cela ne saura le convaincre d'accepter la protection de la police.

Townsend jouera alors le tout pour le tout. Dans une missive adressée à Kane, il l'avertira qu'au cours de son procès, la Couronne serait tenue de divulguer à la cour les preuves qu'elle détenait ainsi que les détails de l'enquête policière. Bref, la source C-2994 serait exposée au grand jour. Le message était on ne peut plus clair : sans l'aide de la GRC, Kane était un homme mort.

D'autres que lui se seraient sans doute pliés aux exigences de la police pour éviter les représailles des Hells, mais Kane, lui, avait un plan : il a aussitôt téléphoné à Wolf Carroll pour lui lire la lettre de Townsend. En procédant ainsi, Kane jouait d'audace. Il était conscient qu'il mettait sa vie en péril, mais il ne voyait aucune autre issue. Sachant que celui-ci transmettrait la nouvelle aux Hells, Kane dira à son avocat que la police comptait le faire passer pour un délateur. « Kane a été très brillant en agissant de cette façon-là, dit Gaétan St-Onge. Il savait que quand Carroll avait été accusé de meurtre à Halifax, la police avait essayé de le faire passer pour un informateur. Carroll allait naturellement croire que la police utilisait la même tactique avec Kane, pour le faire parler, mais que ça ne fonctionnait pas. »

La stratégie de Kane était peut-être audacieuse, mais elle n'était pas de tout repos. Ce double jeu exerçait sur le prisonnier une pression quasi insoutenable. Le 18 août 1997, trois mois après son arrestation, Kane appellera Pierre Verdon, l'un de ses contacts à la GRC, et demandera à le voir. La rencontre aura lieu au centre de détention de Halifax. Selon Verdon, Kane avait l'air très troublé, et pour cause : le bruit courait que la SQ avait révélé à Simard que Kane était informateur pour la GRC ; Simard aurait ensuite transmis la nouvelle aux Hells. Kane donnait foi à la rumeur du fait que, depuis quelque temps, Wolf Carroll ne se comportait plus de la même façon envers lui. Jusque-là, Carroll lui avait accordé aide et soutien, payant ses honoraires d'avocat et donnant de l'argent à sa femme ; puis, tout à coup, il s'était fait plus distant.

En dépit de ses angoisses, Dany Kane refusait toujours de se mettre sous l'égide de la police. Mais, paradoxalement, il se dira empressé de recommencer à travailler pour la GRC. Verdon lui exposera alors les choix qui s'offraient à lui : Kane pouvait plaider non coupable, mais il pouvait aussi plaider coupable et accepter les conséquences de ses actes ; il pouvait coopérer avec la police de Halifax, ce qui lui attirerait peut-être la clémence du tribunal ; ou, mieux encore, il pouvait coopérer avec les enquêteurs de Carcajou. Kane voulait réfléchir avant de prendre une décision. Verdon abondait en ce sens, néanmoins il était très inquiet. « La situation est extrêmement délicate, écrira-t-il dans son rapport. Il faut procéder avec prudence parce que les répercussions pourraient être désastreuses. »

Désastreuses pour Kane, mais aussi pour la GRC.

Et, justement, à Montréal, le sergent de section Pierre Bolduc, qui était l'un des principaux détracteurs de Kane, prédisait la catastrophe. Contrairement à Verdon et à St-Onge, Bolduc était convaincu que Kane était un agent double à la solde des motards – ce qui expliquait pourquoi il refusait la protection de la police. En septembre, Bolduc proposera dans un rapport de 13 pages une analyse pour le moins critique de la situation. Ce rapport soulèvera des questions à la fois pertinentes et épineuses concernant la véritable allégeance de Kane : sachant que les motards l'élimineraient s'ils entretenaient le moindre doute à son sujet, pourquoi Kane s'obstinait-il à refuser toute protection ? Pourquoi les renseignements fournis par Kane manquaient-ils toujours de précision ? Pourquoi venaient-ils généralement trop tard pour permettre une intervention efficace de la GRC ? « Les renseignements que nos agents divulguaient à la source aboutissaient peut-être entre les mains de Mom Boucher » de suggérer le rapport. Bolduc laissait même entendre que les saisies d'explosifs auxquelles avait procédé la GRC avaient été orchestrées par les motards, et ce, afin de rendre Kane plus crédible en tant qu'informateur. Selon Bolduc, les agents qui étaient en charge de Kane, séduits par l'idée d'infiltrer les Hells, s'étaient laissés manipuler. Il ne s'agissait pas de corruption, de préciser Bolduc, mais bien d'un

« manque d'expérience » de leur part. « Je vous présente ceci pour que les autorités qualifiées soient au courant des faits et prennent les mesures qui s'imposent », disait le sergent de section à la fin de son rapport.

Bolduc ne montrera pas le rapport aux principaux intéressés, en l'occurrence Verdon et St-Onge. En revanche, il le fera parvenir au surintendant Sugrue. St-Onge dira par la suite qu'en rédigeant ce rapport corrosif, son superviseur ne faisait que « protéger ses arrières ». Maintenant que Kane était sur le banc des accusés, Bolduc voulait officiellement signifier qu'il ne faisait pas partie de ses supporters.

Le rapport de Bolduc se perdra dans les méandres de la bureaucratie policière. St-Onge ne découvrira son existence qu'un an plus tard, par hasard, alors qu'il traînait sur le bureau d'un collègue. « Qu'est-ce que c'est, ça ? » demandera-t-il. Embarrassé, le collègue en question rougira jusqu'aux oreilles. St-Onge s'emparera du rapport, l'amènera dans son bureau et le lira en entier. Le ton moqueur et sarcastique que Bolduc employait le rendra absolument fou de rage. Bolduc écrivait que St-Onge était inexpérimenté alors qu'en vérité il évoluait depuis plus de 25 ans au sein de la GRC. Qui plus est, Bolduc laissait entrevoir la possibilité que St-Onge était corrompu. Décidément, c'en était trop. St-Onge contre-attaquera en rédigeant un rapport de 23 pages qui réfutait systématiquement chacun des points soulevés par Bolduc. Six mois plus tard, Sugrue se verra forcé de trancher dans un rapport de son propre cru. Comme tout bon cadre supérieur, il usera de diplomatie et conclura que St-Onge et Verdon s'étaient conduits de façon irréprochable, mais que, malgré tout, Bolduc avait soulevé d'importantes questions concernant les allégeances de Kane.

En dépit de tout ce merdier entre Bolduc et St-Onge, la GRC continuera d'esquiver la question la plus capitale de toutes : C-2994 avait-il été envoyé par les motards pour infiltrer la GRC ? Aux yeux du corps policier, l'affaire Kane était bel et bien classée. Aucune enquête interne ne fut lancée et Sugrue ordonnera que son rapport soit distribué aux parties concernées avant d'être détruit. Il n'en subsistera qu'une seule copie ; elle sera insérée dans le dossier – maintenant clos – de Dany Kane.

Mais pour Kane, l'affaire était loin d'être réglée. Son procès se déroulait dans une école convertie en palais de justice pour les besoins de la cause. Craignant que les Hells ne placent sur les lieux un véhicule bourré d'explosifs, les autorités avaient ceinturé le périmètre de barrières de ciment. Des policiers en civil patrouillaient le coin nuit et jour. Du point de vue de la sécurité, Kane était considéré comme un risque élevé.

L'accusé ayant demandé un procès en français, la Cour suprême de la Nouvelle-Écosse a affecté un juge francophone à l'affaire. Natif de Montréal, Félix Cacchione était reconnu comme un ardent défenseur des droits civils et il n'affichait aucune tolérance envers les tactiques policières illégales. Au milieu des années 1980, alors qu'il était avocat, il avait défendu Donald Marshall fils dans une cause qui allait devenir un exemple type de condamnation injustifiée. Il y avait quelque chose de rebelle dans l'attitude du juge Cacchione ; il avait les cheveux longs, la barbe épaisse, et il ne s'en laissait imposer par personne. Il était par ailleurs l'un des rares juges non Libéraux et non Conservateurs à avoir obtenu une magistrature en Nouvelle-Écosse. Bref, c'était exactement le genre de juge dont avait besoin Dany Kane. Farouchement impartial, Cacchione s'assurerait que tous, la défense comme la Couronne, respectent les règles du jeu.

Le procès de Kane ne commencera qu'en octobre 1998, soit plus d'un an et demi après son arrestation. Au cours de ces longs mois d'attente, il perdra beaucoup de poids et de masse musculaire du fait qu'il ne prenait plus de stéroïdes. Il se fera pousser la barbe et les cheveux. Pierre Lapointe, l'avocat de la Couronne, soupçonnait que Kane s'efforçait de changer son apparence pour que les témoins aient du mal à l'identifier. Si Lapointe avait pu prévoir la tournure qu'allaient prendre les événements, il ne se serait pas tant inquiété de l'apparence de l'accusé. Celle-ci n'influencerait en rien la débâcle judiciaire à venir.

Simard s'avérerait lui aussi un élément négligeable dans l'affaire. Afin d'alléger sa peine, il avait plaidé coupable à une accusation de meurtre au second degré, ce qui signifiait qu'il serait admissible à la libération conditionnelle après seulement 12 ans d'emprisonnement. Pas mal pour un type qui, outre le fait qu'il était trafiquant de drogue, avait commis trois meurtres et deux tentatives de meurtre. Mais le comble, c'est que Simard voulait que le gouvernement lui paie une liposuccion en échange de son témoignage. Fort heureusement, l'État a décliné. Le corpulent motard a néanmoins accepté de témoigner contre des Hells au Québec et contre Kane à Halifax. Finalement, l'effort n'en vaudra pas la chandelle puisque aucun jury ne donnera foi à ses dépositions. Ayant déjà été condamné par le passé pour faux témoignage, Simard ne sera d'aucun secours pour les autorités. Pas un seul motard ne sera condamné grâce à son témoignage. Au terme du procès, le juge Cacchione dira de Simard qu'il s'était discrédité parce qu'il « affichait une attitude calculatrice et froidement manipulatrice tout au long de son témoignage ».

D'entrée de jeu, le juge Cacchione a déclaré inadmissibles les dossiers informatisés de la GRC qui démontraient que Kane avait bel et bien fait l'objet d'un contrôle routier. Décidément, la Couronne allait avoir la vie dure. Cacchione soutenait que Blinn n'avait eu aucun motif valable de contrôler l'identité de Kane et que, ce faisant, il avait porté atteinte à ses droits constitutionnels. Conséquemment, toute autre preuve découlant de ce contrôle ne serait pas admissible – incluant la recherche concernant Kane que Blinn avait effectuée sur le réseau informatique de la police.

La Couronne n'avait donc plus que les preuves relatives à l'identification photo pour lier Kane au meurtre de MacFarlane. Le 6 mai 1997, Tom Townsend, l'un des agents de la GRC chargés d'enquêter dans l'affaire, et Mark MacPherson, un expert en identification photo, sont allés à Oromocto pour interroger les policiers qui, neuf semaines auparavant, avaient contrôlé deux individus se trouvant dans une Buick LeSabre blanche. Townsend espérait que Blinn et Hutley, les deux policiers en question, pourraient identifier Kane et Simard. Pour la Couronne, il s'agirait d'une preuve précieuse. Simard s'était déjà reconnu coupable du meurtre de MacFarlane. Or, il suffisait à la police de confirmer que Kane se trouvait bien avec Simard à ce moment-là pour que C-2994 soit condamné à perpétuité. Considérant l'importance de la chose, la GRC aurait dû s'acquitter de cette tâche avec le plus grand soin. La réalité fut tout autre.

À ce jour, on ignore encore ce qui s'est passé à la suite de cette fameuse identification photo. Plusieurs documents ayant disparu, il est impossible de savoir si la déroute qu'elle a engendrée était le fruit d'une dissimulation, d'une mystification ou d'une simple incompétence policière.

Quoi qu'il en soit, il était évident que Townsend et MacPherson ne s'en étaient pas tenus à la procédure habituelle. Lors d'une identification photo, les témoins doivent normalement remplir un formulaire précisant quelles photos ont été identifiées ; ils doivent ensuite signer ce formulaire en indiquant l'heure et la date. Or, Townsend et MacPherson n'avaient jamais donné à Blinn le formulaire qui aurait permis d'identifier officiellement Dany Kane comme étant l'homme qui se trouvait dans la Buick avec Simard le 26 février 1997. Qui plus est, les notes des deux policiers se contredisaient : dans son calepin, Townsend avait écrit que ni Blinn ni Hutley n'avaient reconnu Kane lors de l'identification photo ; MacPherson, lui, avait noté que Hutley avait reconnu Kane et identifié Simard. Deux mois après la procédure d'identification, un rapport top secret de la GRC affirmait catégoriquement que Blinn et Hutley « ont tous les deux identifié Dany Kane lors d'une identification photo ». Dans un second rapport secret, le sergent Barnett, enquêteur en chef dans l'affaire MacFarlane, réitérait la chose. « Blinn et Hutley ont tous deux identifié Simard et Kane au cours d'une identification photo » écrivait-il. Bref, c'était la confusion la plus totale dans le camp de la police.

Dans deux audiences préliminaires, Blinn avait affirmé qu'il avait bel et bien identifié Dany Kane comme étant l'individu qu'il avait contrôlé sur une route du Nouveau-Brunswick deux jours avant le meurtre de MacFarlane. Au procès, le témoignage de Blinn n'avait pas changé : il prétendait toujours avoir identifié Kane lors de l'identification photo. Qui plus est, Blinn dira à la Cour qu'il reconnaissait effectivement l'homme qui était au banc des accusés comme étant celui qui se trouvait dans la Buick blanche avec Simard. « C'est définitivement le même gars, affirmera-t-il. Je suis 100 p. 100 sûr que c'est le même gars. »

Tout de suite après le témoignage de Blinn, Pierre Lapointe, le procureur de la Couronne, a demandé un ajournement. Pendant la suspension, un policier lui avait appris que Blinn n'avait pas identifié Kane durant l'identification photo, propos que la défense avait entendus. Lapointe et Danièle Roy, l'avocate de la défense, s'entretenant avec le juge dans son cabinet, déclarèrent que soit Blinn s'était trompé, soit il s'était parjuré. Après avoir donné au jury son congé, Cacchione a appelé Townsend et MacPherson à la barre des témoins. Les deux hommes admettront que Blinn n'avait pas identifié Kane lors de l'identification photo. MacPherson dira que lorsqu'il avait demandé à Blinn d'identifier Kane, celui-ci lui avait dit de s'adresser à Hutley parce que c'était Hutley qui s'était occupé du passager de la Buick. MacPherson ajoutera que Blinn avait été incapable d'identifier Simard, alors que c'était Blinn lui-même qui l'avait contrôlé. La réalité ne concordait donc pas du tout avec les notes de MacPherson. Ce dernier admettra d'ailleurs que ses notes étaient erronées.

C'était maintenant au tour de Townsend de témoigner. Au cours des audiences préliminaires, le policier avait fait deux dépositions contradictoires : lors du voir-dire, il avait affirmé que Blinn n'avait identifié aucun des deux suspects ; à l'occasion d'une audience subséquente, il prétendra qu'il s'était trompé et que Blinn avait effectivement identifié Kane. Devant le juge Cacchione, il modifiera son témoignage pour la seconde fois : Blinn n'avait pas identifié Kane, dira-t-il.

Cacchione, à bout de patience, rappellera ensuite Blinn à la barre. Celui-ci sera le seul à s'en tenir à sa version initiale des faits : il avait identifié Kane dans l'identification photo et l'avait également reconnu sur deux autres photos. Townsend et MacPherson avaient enregistré la déposition de Blinn, mais en écoutant la bande audio, on s'apercevait clairement que MacPherson avait influencé son choix. « Tu l'as identifié sur cette photo-ci, c'est ça ? » entendait-on Mac Pherson dire avant même que Blinn ne se soit prononcé. « Oui, de répondre ensuite ce dernier, sur la photo numéro 5-K. »

Se raccrochant désespérément à ce semblant d'espoir, la Couronne a tenté de persuader le juge que l'enregistrement prouvait que le témoignage de Townsend et de MacPherson était erroné et que Blinn avait bel et bien identifié la photo de Kane. Mais Cacchione n'était pas dupe. « Les actions fautives commises par la police sont d'une telle énormité qu'il serait indécent de poursuivre plus avant cette affaire » a-t-il affirmé. Le procès a été déclaré nul et la défense, désireuse d'empêcher qu'un nouveau procès soit intenté, a demandé un arrêt de mise en accusation.

Le 18 décembre 1998, Dany Kane était libéré. Il ne fait aucun doute qu'il était dans une forme incroyable : il venait d'échapper et à la justice canadienne et à la justice des Hells. Son passé d'informateur ne serait jamais révélé au grand jour.

L'eût-elle voulu, la GRC n'aurait pu saboter le procès de Kane plus efficacement. C'était comme si elle avait bâclé l'affaire par exprès, rien que pour protéger l'identité de sa source. De fait, certains agents de Carcajou soupçonnaient la GRC d'avoir orchestré tout ce fiasco dans le seul but de remettre C-2994 en circulation. Si c'était le cas, il s'agissait d'une très sévère entrave à la justice. Exposée au grand jour, l'affaire ferait scandale ; bon nombre de policiers paieraient cette erreur de leur carrière et la crédibilité de la police entière serait remise en question. D'un autre côté, il était peu probable que la chose serait vue comme un acte délibéré. Les contribuables et les médias, accoutumés à ce genre de bévue, attribueraient volontiers cet échec judiciaire qu'était le procès de Kane à l'incompétence des forces policières.

Quoi qu'il en soit, la police québécoise était aux anges : Kane, leur informateur vedette, faisait un retour triomphal au sein des Hells Angels. Pour les Hells, quiconque était accusé de meurtre et s'en tirait indemne était un véritable héros. Et l'audacieux plan de Kane avait fonctionné à merveille : en déclarant ouvertement que la police entendait le faire passer pour un délateur, il s'était affranchi de tout soupçon. Même Wolf Carroll était tombé dans le panneau. Kane avait prouvé sa loyauté à l'organisation ; il avait prouvé qu'il était digne de confiance. Les Hells l'ont accueilli à bras ouverts.

La province de Québec a l'un des taux de criminalité les plus élevés au Canada. Pas étonnant, compte tenu que, même au plus fort de la guerre des motards, le gouvernement québécois investissait moins d'argent dans son système policier et judiciaire que toute autre province canadienne. Le Québec était même surpassé par l'Île-du-Prince-Édouard, laquelle injectait 29 $ par tête dans ces services contre 21 $ par tête au Québec. En Colombie-Britannique, le budget alloué au ministère public (13 $ par individu) est plus du double de celui de la Belle Province (5 $ par individu).

Cet état de choses avait de quoi réjouir les Hells Angels du Québec. Non seulement ils étaient en voie de gagner la guerre contre les Rock Machine, mais ils étaient également en train de triompher d'un système judiciaire qui semblait sur le point de s'écrouler. Après la mort du petit Daniel Desrochers, les ministres québécois ont juré de mettre fin à la tyrannie des motards. Ils mirent sur pied le projet Carcajou, qui bénéficia d'emblée d'un budget quasi illimité; cependant, le système judiciaire et les institutions carcérales étaient toujours sous-financés. Le ministère public, plus particulièrement, souffrait d'un manque de fonds flagrant. Les 85 procureurs de la Couronne du palais de justice de Montréal disposaient en tout et pour tout de quatre secrétaires. Autant dire qu'ils devaient tout faire eux-mêmes – organiser le transport et l'hébergement de leurs témoins, assurer le classement des dossiers, etc. Toutes ces activités parallèles leur laissaient très peu de temps pour préparer leurs causes. Il leur fallut même attendre 2002 pour que l'on mette des ordinateurs à leur disposition! Jusqu'à récemment, le ministère public au Québec opérait comme au XIXᵉ siècle : les procureurs devaient tout écrire à la main ; ils n'avaient pas accès à Internet ni aux banques de données informatisées ; et leur bibliothèque de droit se trouvait dans un tel état de désuétude qu'ils devaient parfois se fier aux avocats de la défense pour les informer des derniers développements de la jurisprudence.

Lorsqu'ils s'attaquaient à une cause impliquant des motards, les avocats de la Couronne n'avaient droit à aucune mesure de protection. Une avocate du ministère public racontait que quand elle avait demandé une protection au gouvernement, on s'était contenté de lui donner un démarreur à distance pour sa voiture. À ce jour, les procureurs québécois demeurent les moins bien payés au pays – leurs homologues ontariens, par exemple, font le double de leur salaire.

Au Québec, les procureurs ne bénéficient d'aucune aide extérieure pour préparer et plaider leur cause. Et s'ils ne parviennent pas à travailler efficacement dans ces conditions austères à l'extrême, ils sont alors considérés comme des incapables. Débordés, livrés à eux-mêmes, les procureurs québécois n'avaient bien souvent aucune chance contre la puissante armada d'avocats qui représentait les motards. Devant travailler d'arrache-pied sous l'œil implacable des politiciens et du public, bon nombre d'avocats de la Couronne ont fait des *burnout* et des dépressions nerveuses.

René Domingue, l'avocat qui, dans les années 1980, avait eu raison des Hells dans les procès de Sherbrooke, devint en 1996 le conseiller judiciaire de Carcajou. « Le gouvernement avait prévu 5 millions de dollars pour financer l'escouade elle-même, mais pas un sou pour poursuivre les suspects, se souvient-il. J'étais le seul avocat à travailler pour Carcajou. Ça devait être un poste à temps partiel, mais je me démenais comme un fou sans jamais vraiment accomplir quoi que ce soit de valable. » Domingue démissionnera peu après.

En 1997, le procureur François Legault menait la barre dans un procès contre Richard Vallée, un Hells qui était membre des Nomads. Le principal témoin à charge dans l'affaire était l'informateur Serge Quesnel. Legault s'est retrouvé seul pour plaider la cause et il a même dû recueillir lui-même les preuves et renseignements que la police aurait normalement dû lui fournir – notamment, les numéros de téléphone cellulaire des personnes impliquées. « La police était complètement désorganisée, dit-il. Elle ne savait pas comment procéder dans un procès de ce genre et elle n'avait pas la structure nécessaire pour organiser les preuves et les pièces à conviction. »

Legault demandera de l'aide à deux reprises… et à deux reprises on la lui refusera. Au terme de près d'une année de travail à raison de 75 heures par semaine, Legault perdra le procès et fera une dépression nerveuse. « J'étais épuisé, dit-il. Et le pire, c'est qu'on ne m'a pas confié une seule cause depuis. L'affaire Vallée m'a stigmatisé. Les gens pensent que je ne suis plus capable de mener à bien ce genre de procès. »

En 1998, Lucie Dufresne a bataillé seule contre cinq avocats des Hells dans l'affaire où cinq membres des Rockers étaient accusés de complot pour le meurtre de Jean-Marc Caissy, le Rock Machine qui, un an plus tôt, avait été tué par Aimé Simard à la sortie d'une aréna. Pendant près d'un an, Dufresne travaillera 12 heures par jour pour boucler l'affaire. « J'ai demandé de l'aide et on me l'a refusée, dit-elle. Pourtant, c'était un procès complexe – j'ai eu à composer avec une montagne de preuves, des tables d'écoute, un informateur. Mais quand j'ai dit que je ne m'en sortais pas toute seule, on m'a répondu qu'il n'y avait personne de disponible pour m'assister.» Au beau milieu du procès, en avril 1998, Lucie Dufresne fera elle aussi une dépression nerveuse. «C'était un vendredi soir, j'étais à mon bureau et tout à coup je me suis sentie très mal. Finalement, j'étais très atteinte, physiquement et psychologiquement.» Elle a dû se retirer de l'affaire et prendre deux mois de congé de maladie. Ce fut sa dernière cause. «J'adore plaider, mais je ne m'en sens plus capable, admet-elle. Ici, le système ne voit pas les choses à long terme. On pousse les procureurs bien au-delà de leurs limites.»

Le ministère de la Justice dépêchera deux avocats en catastrophe pour remplacer Dufresne, mais il était déjà trop tard. En dépit du témoignage de Simard et des milliers de pages de transcriptions de tables d'écoute dont disposait la Couronne, les cinq Rockers ont été acquittés.

«Si on regarde le pourcentage de condamnations dans les procès qui impliquent les Hells Angels, de dire René Domingue, on en arrive à la conclusion que ces gars-là commettent des meurtres en toute impunité. Comme le système judiciaire n'est pas de taille, les Hells savent qu'ils peuvent faire tout ce qu'ils veulent sans craindre les représailles. Le Québec est devenu leur territoire le plus prospère parce qu'on ne s'est pas donné les ressources qu'il fallait pour les arrêter.»

Et lorsqu'il y avait condamnation, les peines étaient rarement sévères. Durant les vingt années qui ont marqué sa carrière de motard, Mom Boucher a fait face à quelque quarante-trois chefs d'accusation, mais, au total, il n'a pas passé plus de deux ans en prison. Son *modus operandi* était généralement de plaider coupable à une accusation moindre. En 1989, il passera cinq mois en prison pour détournement illicite d'un camion semi-remorque; en 1993, il sera condamné pour port d'une arme prohibée et paiera une amende de 500 $; en 1995, il passera quatre mois en prison après avoir écopé d'une peine de six mois pour possession d'une arme semi-automatique. Lorsqu'il faisait l'objet d'une ordonnance de probation avec surveillance, il ne respectait jamais les obligations inhérentes à ce genre de peine. Boucher se riait de la loi et rien ne semblait pouvoir l'arrêter.

Puis, en 1998, Mom Boucher sera inculpé de meurtre. C'était de loin l'accusation la plus sérieuse de toute sa carrière criminelle, néanmoins le chef des Nomads était confiant qu'encore une fois, il s'en tirerait à bon compte.

La tâche peu enviable qui consistait à faire coffrer le motard le plus notoire du Québec incomba à Jacques Dagenais, un procureur très respecté qui travaillait au palais de justice depuis de nombreuses années. Dagenais était partant, mais il déchanta lorsqu'il prit connaissance du dossier de l'affaire. Ses chances de condamner Boucher lui semblèrent alors bien minces. Et lorsqu'il vit l'enregistrement vidéo de la confession de Stéphane Gagné, il sentit ses derniers espoirs s'envoler. Rien dans l'attitude du motard n'aurait l'heur de gagner l'estime du jury. Il avait précisément l'air de ce qu'il était en réalité : un tueur, froid, hagard, dénué de sentiment. Il parlait d'une voix glaciale et monocorde ; ses paroles étaient à peine audibles. « C'est ça, mon témoin » s'est dit Dagenais, découragé. Pas un jury sur terre ne croirait un mot de ce que raconterait ce lugubre individu.

Pendant un bref instant, le procureur s'est demandé s'il ne valait pas mieux demander immédiatement un arrêt de la procédure. Ce n'était pas qu'il craignait d'essuyer un échec mais, tout simplement, il ne savait que trop bien que la Couronne avait généralement très peu de succès avec les informateurs qui se faisaient témoins à charge.

Mais les autorités avaient juré à Jacques Dagenais que les choses se passeraient tout autrement avec Gagné et que celui-ci serait un témoin fiable et décidé. Soucieuse de convenablement préparer son témoin, la police avait donné à Gagné un livre sur l'art de témoigner à un procès. L'ouvrage conseillait aux témoins en herbe de dire la vérité, de s'habiller sobrement, de porter le moins de bijoux possible, de se montrer respectueux envers le juge et les jurés, d'agir avec assurance et dignité et d'éviter de parler d'une voix monocorde afin de ne pas paraître indifférent ou ennuyeux. Gagné lira ce livre deux fois.

Lorsque Dagenais a rencontré Gagné en personne pour la première fois, il a découvert avec plaisir que l'enregistrement vidéo de sa confession ne l'avait avantagé d'aucune façon : son témoin était en réalité un homme entreprenant et déterminé. À l'occasion de cette rencontre, Dagenais apprit que l'oncle de Gagné était nul autre que Chapeau Gagné, un gangster réputé dont il avait entendu parler lorsqu'il était conseiller judiciaire pour la Commission d'enquête sur le crime organisé. « Gagné m'était apparu comme un type énergique, plein d'entrain, se rappelle le procureur. C'était un gars sérieux et il était très anxieux de collaborer avec les autorités. » Au bout du compte, Dagenais se dira extrêmement satisfait de son témoin.

Mais la partie était loin d'être gagnée. Contrairement au ministère public, les Hells disposaient de ressources financières et humaines quasi inépuisables. Dagenais n'avait même pas accès à un ordinateur dans le cadre de son travail alors que les Hells, eux, avaient mis sur pied un réseau informatique à partir duquel ils pouvaient gérer tous les aspects de leur empire – trafic de drogue, blanchiment d'argent, sécurité, surveillance, cueillette de renseignements, etc. Mom Boucher avait les moyens de se payer les meilleurs avocats ; le procureur en chef d'une province qui disposait d'un budget annuel de plusieurs milliards de dollars devait travailler seul, sans secrétaire ni collègue pour le seconder. Et on s'attendait après ça qu'il triomphe des Hells Angels !

C'était rien de moins que David contre Goliath.

L'entreprise était d'autant plus colossale que Dagenais ne disposait d'aucun témoignage de première main qui indiquerait que Boucher avait ordonné le meurtre des gardiens. La police s'était empressée d'arrêter Gagné, mais elle avait laissé filer ces témoins directs qu'étaient Paul Fontaine et Toots Tousignant. Même après que Gagné eut confirmé l'implication des deux hommes lors de sa confession du dimanche 6 décembre, les forces de l'ordre n'avaient pas réagi. Plus tard ce jour-là, la police interceptera une conversation entre Tousignant et Boucher mais, encore une fois, elle ne réagira pas et Tousignant disparaîtra définitivement. Deux mois plus tard, le 27 février 1998, la police découvrira le corps calciné de Toots Tousignant près de Bromont. On lui avait tiré deux balles dans la tête et une autre dans la poitrine. Il s'agissait manifestement d'une exécution.

La police croyait que Fontaine avait lui aussi été supprimé. En cela, elle se trompait. Jusqu'à la fin du procès de Boucher, personne ne verra Fontaine, néanmoins celui-ci était bien vivant. Les Hells de Trois-Rivières lui ménageaient des planques un peu partout dans la province – dont une au Château Frontenac, où Fontaine occupera une suite, ainsi que dans un chalet près des pentes de ski de Stoneham.

Bref, Godasse Gagné était pour la Couronne le seul témoin qui pouvait incriminer Boucher. Dans l'ensemble, les choses se présentaient plutôt mal pour Dagenais ; cependant, il n'y avait pas que du mauvais. De un, les faits que rapporterait Gagné pouvaient être corroborés par d'autres témoins. Par exemple, lorsque Gagné mentionnerait que l'embrayage de sa moto patinait la première fois où Tousignant et lui avaient projeté de se rendre à Bordeaux pour tuer un garde, la chose pourrait être confirmée par l'individu à qui appartenait le véhicule volé. Dagenais pourrait également faire témoigner Nancy Dubé, la femme qui se trouvait à l'arrêt d'autobus et qui avait vu Gagné s'éjecter de la fourgonnette en flammes et courir vers la voiture de fuite après le meurtre de Rondeau. Danielle Leclair pourrait témoigner de ce qu'elle avait vu et entendu alors qu'elle suivait Diane Lavigne, la première victime de Gagné, sur l'autoroute menant à Laval. Les experts en balistique pourraient confirmer que le tracé des balles qui avaient tué les deux gardes concordait avec le témoignage de Gagné. Et puis les armes qui avaient été récupérées par la police après le meurtre de Rondeau correspondaient à la description qu'en avait faite Gagné. Steve Boies pourrait confirmer qu'il avait aidé Gagné à se débarrasser de preuves compromettantes. Tous ces témoignages viendraient authentifier les dires de Gagné, ce qui rehausserait sa crédibilité auprès du jury.

En revanche, ces témoignages ne contribuaient d'aucune façon à démontrer l'implication de Mom Boucher dans le meurtre des gardiens. Ils ne faisaient que prouver que Gagné, Fontaine et Tousignant étaient effectivement les meurtriers.

Le problème était que lorsque Gagné affirmait que Mom avait donné l'ordre de tuer les gardes, ce n'était que pure conjecture. Dans les faits, Fontaine et Tousignant avaient donné cet ordre à Gagné. Dans cette affaire, Boucher avait agi avec la plus grande prudence. Il avait vaguement mentionné le fait que tuer des gardiens de prison était une bonne façon d'empêcher d'autres motards de collaborer avec la police, mais cela ne prouvait pas que Boucher avait été directement impliqué dans les meurtres de Lavigne et de Rondeau. Qui plus est, il avait tenu ces propos après les assassinats. Tout ce que cela démontrait, c'était que Boucher approuvait la chose. Mais de là à prouver qu'il avait lui-même orchestré ces meurtres, il y avait marge.

Rien de ce que Boucher avait dit avant les meurtres – par exemple, lorsqu'il dira à Gagné qu'il avait une «job importante» pour lui – ne l'impliquait directement dans l'affaire. En fait, peu après avoir mentionné cette mystérieuse «job importante», Boucher parlera du fait qu'il projetait d'éliminer des membres d'une bande rivale à Verdun; il était donc impossible de prouver hors de tout doute que ce travail qu'il évoquait alors était le meurtre des gardes. La seule fois où Boucher se compromettra, ce sera lorsqu'il dira à Gagné: «On va en faire d'autres *screws*.» Mais il dira cela quelque six semaines après l'assassinat du second gardien.

Le moins que l'on puisse dire, c'est que Jacques Dagenais avait du pain sur la planche. Cédant à la pression des médias, de l'opinion publique et des instances politiques, la police avait agi prématurément, si bien que la Couronne se retrouvait encore une fois avec un chaos indescriptible sur les bras. Dagenais n'entrevoyait qu'une solution: mettre non pas seulement Mom Boucher, mais toute l'organisation des Hells Angels au banc des accusés. Il allait devoir convaincre le jury que les Hells du Québec obéissaient à une hiérarchie d'une rigidité absolue et que, au sommet de cet ordre, Boucher régnait en seigneur. Seuls ceux qui obéissaient scrupuleusement aux ordres étaient récompensés. Or, si le procureur parvenait à démontrer qu'aucun motard n'aurait osé tuer un gardien de prison sans l'autorisation de leur leader, il aurait alors un argument de taille contre Boucher. Gagné, Fontaine et Tousignant n'auraient jamais tué un gardien de prison de leur propre chef. Gagné était un motard de bas étage appartenant à un club-école de bas étage – en l'occurrence, les Rockers. Tousignant et Fontaine n'avaient pas encore leurs pleines couleurs et ils désiraient ardemment gravir les échelons de la hiérarchie des Nomads. Aucun de ces hommes n'aurait osé attirer les foudres du gouvernement et du système judiciaire sur les Hells en tuant des gardiens de prison… à moins, bien sûr, que Mom Boucher ne leur en ait donné l'ordre. Les motards ne commettent pas des meurtres sérieux comme ça, rien que parce qu'ils en ont envie : ils tuent toujours pour le bien de l'organisation. Et lorsqu'ils éliminent leurs victimes selon les règles de la bande, ils obtiennent une promotion, comme ce fut le cas de Gagné, Fontaine et Tousignant.

Tout se tenait. Il s'agissait là d'arguments logiques. Mais Dagenais parviendrait-il à prouver ce qu'il avançait ?

Dans le procès de Mom Boucher, Dagenais serait confronté à un redoutable adversaire en la personne de Jacques Larochelle, avocat de la défense. Les deux hommes se ressemblaient à bien des points de vue : ils étaient tous deux grands et minces ; bien qu'étant dans la cinquantaine, ils avaient tous deux l'air beaucoup plus jeunes ; ils partageaient en outre la même élégance, le même raffinement. Par contre, là où Dagenais affichait un naturel amical et courtois, Larochelle se montrait distant et, lorsque les circonstances l'exigeaient, d'une dureté impitoyable. Il était l'un des avocats qui avaient représenté Théoneste Bagosora, le colonel à la retraite que l'on accusait d'avoir orchestré le génocide de 1994 au Rwanda. Quoi qu'il en soit, il était certain que l'homme qui avait défendu un accusé de l'envergure de Bagosora n'aurait aucun mal à plaider la cause de Mom Boucher.

Larochelle estimait que la Couronne ne détenait aucune preuve convaincante contre son client. Son témoin vedette, Stéphane Gagné, était un voleur, un *dealer* et un assassin, et il ne pouvait affirmer que Mom Boucher avait été directement impliqué dans le meurtre des gardiens. Mais l'opinion publique avait soif de justice ; or, l'avocat de la défense craignait que la réputation des Hells Angels, et particulièrement celle de Boucher, ne suffise à justifier une condamnation dans l'esprit des jurés. La spécialité de Larochelle étant de débusquer et d'exposer tout mensonge, toute contradiction dans les propos des témoins à charge, il se prépara à annihiler Stéphane Gagné.

La stratégie des avocats des Hells était la suivante : faire passer Gagné pour un dangereux psychotique, un meurtrier sanguinaire capable de tout. Le but était de démontrer qu'il avait tué Lavigne et Rondeau à l'insu de ses supérieurs, et donc sans l'accord de Mom Boucher. Ils chargèrent Serge Boutin de sonder le moindre recoin de son réseau de drogue à la recherche de détails croustillants sur Gagné. Boutin avait même déclaré sous serment que Gagné lui avait souvent dit qu'il détestait les gardiens de prison et qu'il aurait bien aimé en tuer quelques-uns. Aux dires de Boutin, Gagné voulait se venger parce que des gardes lui avaient fait deux douloureuses fouilles rectales lorsqu'il était en prison. Boutin a par ailleurs affirmé que Gagné avait tenté de tuer sans l'autorisation de ses supérieurs un *dealer* du nom de Christian Bellemare. Or, insinuait la défense, si Gagné était capable de faire cela, il était capable de tuer des gardiens de prison de son propre chef.

Les avocats de la défense se sont également employés à prouver que Gagné était un déviant. En prison, disaient-ils, Gagné avait inventé une mixture composée d'excréments et d'urine qu'il avait baptisée « pen-merde ». Il laissait fermenter le tout pendant 10 jours dans une bouteille de shampoing, puis, lorsque le mélange était bien à point, il en arrosait les gardiens et les motards de bandes rivales qui passaient devant sa cellule. Pour la défense, la chose démontrait jusqu'où Gagné était prêt à aller pour exprimer sa haine et son mépris. Avec ce genre d'information, Larochelle comptait convaincre le jury que Gagné était trop désaxé pour être un témoin crédible.

Mais Dagenais aurait à faire face à un autre obstacle de taille : sa cause allait être entendue par le juge Jean-Guy Boilard. À 67 ans, Boilard n'en était pas moins une présence imposante à la Cour. Il avait l'habitude de faire claquer ses lèvres à chaque syllabe de chaque mot qu'il prononçait, mais ce qui le distinguait par-dessus tout, c'était le fait qu'il était sans contredit le juge le plus détesté du Québec. En 1987, en un geste de protestation sans précédent, 30 procureurs montréalais avaient signé une pétition déclarant qu'ils refusaient de plaider devant Boilard. Bon nombre d'avocats le trouvaient insultant et méprisant. On disait qu'il prenait grand plaisir à humilier tous ceux qui se présentaient devant lui à la Cour, peu importe qu'ils fussent des avocats, des policiers ou des témoins. Dans le procès de 1985 qui avait appelé près de deux douzaines de motards à comparaître devant lui pour le massacre des Hells de Laval, Boilard n'avait cessé de traiter les avocats de la Couronne et les enquêteurs d'incompétents. Leur

« incompétence » avait pourtant mené à la condamnation de presque tous les accusés.

Par son attitude agressive, Boilard avait souvent fait pleurer des témoins qu'il savait fragiles, des témoins traumatisés parce qu'ils avaient été victimes de crimes horribles – une femme qui témoignait dans un de ses procès s'était même évanouie à cause de lui. Lorsqu'un témoin ne parle pas assez fort à son goût ou fait des erreurs grammaticales en s'exprimant, le juge Boilard le réprimande vertement. Et quand il prétend ne pas comprendre la réponse d'un témoin, alors là, c'est carrément la crise ! Ses supporters soutiennent que son comportement tyrannique dénote un grand perfectionnisme ainsi qu'un désir de voir la loi appliquée à la lettre. Peu d'avocats ou de juristes oseraient mettre en doute l'évidente érudition du juge Boilard en matière de droit ; néanmoins, son attitude irascible ne semble pas toujours servir les intérêts de la justice, en ce sens qu'elle met l'accent sur le magistrat plutôt que sur le procès lui-même.

Dans le procès de Mom Boucher, Jacques Dagenais aurait donc à faire face à un juge qui était le cauchemar de tous les procureurs. Si, par le passé, Dagenais avait toujours tenu Boilard pour un grand juriste, il en viendrait bientôt à le considérer comme un boulet particulièrement lourd à traîner.

Durant les 10 mois qui ont précédé son procès, Mom Boucher a eu droit à un traitement de faveur. Inquiet de sa sécurité et soucieux d'éviter qu'il ne sème la pagaille dans la population carcérale, le gouvernement avait construit à son intention une cellule privée au coût de 1 million de dollars. Ironie du sort, la geôle de Boucher sera située dans une prison pour femmes, soit dans une aile isolée de la prison de Tanguay, à quelques centaines de mètres derrière celle de Bordeaux. Dans sa cellule, l'illustre prisonnier disposait de sa propre ligne téléphonique, d'équipement pour faire de la culture physique, d'une chaîne stéréo ainsi que d'une enviable collection de disques compacts. Il avait libre accès au préau de la prison et s'était vu offrir des cours d'autoperfectionnement. Ses avocats pouvaient lui rendre visite chaque jour entre 13 h et 18 h, et ce, à quatre heures de préavis. En dépit de tous ces avantages attrayants, Boucher demandera au tribunal de le transférer à

Rivière-des-Prairies et de le placer avec les autres prisonniers. Les conditions de sa détention, disait-il, portaient atteinte à ses droits civils. La Cour d'appel du Québec rejettera sa requête.

Pendant ce temps, Dagenais travaillait seul à préparer la cause criminelle la plus importante de toute l'histoire de la province. Deux semaines avant le début du procès, on lui consentira une assistance dont il avait un urgent besoin : à partir de ce moment, Dagenais sera secondé par France Charbonneau, une procureur combative et expérimentée. Charbonneau jouera dans l'affaire un rôle mineur, quoique déterminant. Elle offrira soutien moral et suggestions à son collègue ; de plus, elle se chargera d'observer et d'interpréter les réactions du jury lorsque Dagenais présentera de nouveaux éléments ou de nouvelles preuves.

Le procès de Boucher a commencé le 2 novembre 1998. D'entrée de jeu, l'avocat de la défense, Jacques Larochelle, a demandé que les accusations contre son client soient rejetées, faute de preuves. À tout le moins voulait-il que le témoignage de Gagné soit déclaré non admissible. Le juge Boilard a aussitôt rejeté les deux requêtes. La défense et la Couronne ne pouvant s'entendre sur des questions de procédure, la sélection du jury ne commencera que deux semaines et demie plus tard. La Couronne s'attendait à ce que ce soit un processus long et laborieux, mais c'était sans compter sur Boilard et Larochelle, qui s'avérèrent tous deux extrêmement expéditifs. En moins de trois heures, un jury de six hommes et six femmes fut choisi. Boilard décréta que le jury devait rester séquestré jusqu'à la fin du procès et ordonna que l'adresse du domicile et du lieu de travail des jurés soit tenue secrète. Ces mesures avaient pour but d'éviter une subornation des jurés comme ce fut le cas dans le procès des Hells de 1986.

Le lendemain matin, les jurés n'avaient pas l'air très gais lorsqu'ils prirent place au tribunal. Mom Boucher se tenait devant eux, menotté, enfermé dans une cage de verre pare-balles et flanqué de trois gardes. Portant un veston brun et une chemise noire boutonnée jusqu'au cou, le chef des Nomads avait l'air particulièrement menaçant. Les premiers rangs de la salle d'audience étaient occupés par des Rockers et des Hells Angels. Ils portaient tous leurs couleurs. Eux aussi avaient l'air menaçant. C'était d'ailleurs la raison de leur présence : les avocats des Hells faisaient toujours en sorte qu'il y ait des motards dans la salle ; c'était une façon comme une autre d'intimider les jurés.

On disait que le procès de Mom Boucher durerait près de deux mois. Or, au bout de trois semaines, tout était terminé. Larochelle savait ce qu'il voulait accomplir et il s'est montré très expéditif. Il a persuadé Boilard d'exclure cinq conversations téléphoniques que la Couronne comptait utiliser comme preuves. Ces conversations, disait Larochelle, avaient été obtenues de façon illégale. Le mandat de la police stipulait que les tables d'écoute avaient pour objet d'enquêter sur un incendie criminel qui avait eu lieu deux ans auparavant au domicile de Nicole Quesnel, une gardienne de prison. Estimant qu'il y avait subterfuge, Boilard jugera les enregistrements inadmissibles. Pour la Couronne, c'était là un dur coup à encaisser. Dagenais avait compté sur l'une de ces conversations pour établir la crédibilité de son témoin principal : ainsi que le prétendait Stéphane Gagné dans son témoignage, il se trouvait à la ferme du chef des Nomads à Contrecœur le 5 décembre 1997 ; la police avait intercepté l'appel que Gagné avait fait à partir du téléphone cellulaire de Boucher pour se commander un club sandwich, ce qui prouvait que son témoignage était véridique. Dans deux autres conversations datant de juin 1997, Boucher parlait à Daniel Foster, son ami concessionnaire, au sujet de la Mazda qui serait ensuite utilisée dans le meurtre de Rondeau. En demandant l'exclusion de ces enregistrements, Larochelle visait à écarter toute preuve qui viendrait confirmer le témoignage de Gagné et, de ce fait, rehausser sa crédibilité aux yeux du jury.

Gagné fut le second témoin appelé à la barre. Tandis que Boucher observait la scène à partir de sa cage de verre, Dagenais amenait son témoin à exposer les moindres détails de son passé criminel. D'un ton guttural et monocorde, Gagné racontera comment il s'était joint à l'organisation des Hells Angels, comment il avait assassiné les deux gardiens de prison, et ainsi de suite. En procédant de la sorte, l'avocat de la Couronne voulait montrer que son témoin jouait cartes sur table, qu'il n'avait rien à cacher.

Deux jours plus tard, Larochelle amorçait son contre-interrogatoire. Patiemment, méticuleusement, l'avocat de la défense s'est employé à discréditer Gagné en mettant l'accent sur son passé criminel. «Et toutes vos fréquentations, disait Larochelle, toute votre vie s'est déroulée au milieu de criminels comme vous, c'est exact?

— Oui, de répondre Gagné.

— Et vous partagiez leurs valeurs, vous adhériez à leur mode de vie et vous étiez satisfait d'être un criminel?

— Oui.

— Pendant toute cette époque, vous n'aviez aucun respect pour l'autorité?

— Non.

— Aucun respect pour la propriété des autres?

— Non.

— Aucun respect pour la vérité?

— Non.»

Larochelle a ensuite tenté de démontrer que Gagné était prêt à tout pour plaire aux Hells. L'avocat évoquera un incident qui avait eu lieu à la prison de Sorel, alors que Mom Boucher avait décrété la grève de la faim pour tous parce qu'il était fatigué de manger du pâté chinois.

«Ma question est simple: il y a quelqu'un qui a mangé du pâté chinois, oui ou non?

— Oui, répondit Gagné.

— Et, là, sans que personne vous le demande, vous êtes allé le battre?

— Oui.

— En fait, vous avez courageusement attendu qu'il dorme et vous êtes allé l'attaquer dans son sommeil, c'est exact?

— Oui.

— Et vous lui avez donné un coup avec je ne sais trop quoi, là, mais l'os lui sortait du nez.

— Avec mon poing.

— Bon, alors vous lui avez fait sortir l'os du nez avec votre poing, toujours pour bien vous faire remarquer, c'est exact?

— Oui.»

Larochelle a ensuite questionné Gagné au sujet de la tentative de meurtre qu'il avait commise sur la personne du revendeur de drogue Christian Bellemare. L'avocat voulait démontrer que Gagné avait agi de son propre chef et qu'il avait décidé de tuer Bellemare simplement parce que celui-ci lui devait de l'argent.

« Les deux premières balles atteignent Bellemare à la gorge ou dans la région, mais les autres coups ne partent pas et Bellemare est toujours vivant, c'est ça?

— Oui.

— Vous vous précipitez sur lui, vous mettez vos deux mains autour de son cou et vous serrez, exact?

— Oui.

— À ce moment-là, il a une plaie au cou, si je comprends bien?

— Oui.

— Il n'est pas mort, il continue de parler, c'est exact?

— Ben, quand y râle à un moment donné, Boies me dit: "Lâche-le, y est mort."

— Mais au moment ou vous mettez les mains autour de son cou, vous essayez de l'étrangler, il essaie de parler, c'est exact?

— Oui.

— Vous avez une bonne idée de ce qu'il essaie de vous dire, j'imagine.

— Oui.

— Il vous dit "Tue-moi pas" ou quelque chose comme ça?

— Une affaire de même, oui.

— Ça ne vous impressionne pas?

— Ben, j'ai une job à faire. »

Larochelle évoquera finalement la raison qui avait poussé Gagné à devenir délateur. « Dans votre esprit, si vous ne parliez pas vous, vous faisiez tuer?

— Ben, r'gardez, Toots est mort.

— D'accord. Donc, si vous ne parliez pas, vous vous seriez fait tuer?

— Oui.

— Ça fait que non seulement vous vouliez parler pour éviter 25 ans de prison, mais vous vouliez parler pour éviter d'être tué?

— Oui.

— Laquelle des deux considérations était la plus importante dans votre esprit?

— Rester en vie. »

Le contre-interrogatoire de Larochelle durera deux jours entiers. Gagné s'en était finalement tiré à bon compte. Le portrait que l'on avait dépeint de lui n'était peut-être pas très flatteur, néanmoins le témoin n'avait rien perdu de son assurance et il avait démontré sans l'ombre d'un doute qu'il n'avait rien à cacher. L'avocat des Hells n'était pas parvenu à le prendre en défaut. Maintenant que le jury savait quel genre de scélérat était Gagné, il lui restait à décider s'il disait la vérité en ce qui concernait les meurtres de Rondeau et Lavigne. Gagné avait-il décidé de tuer les deux gardiens pour plaire à Boucher, comme ce fut le cas lorsqu'il avait battu le prisonnier à Sorel ? ou était-ce Boucher lui-même qui avait ordonné l'exécution des gardes ?

Le 25 novembre, les deux parties étaient prêtes à livrer leur plaidoirie finale. Dagenais qualifiera les meurtres de « stratégiques ». « C'est la stratégie d'une organisation et qui vise un but propre à l'organisation » dira-t-il. Il mettra l'accent sur le caractère hiérarchique des Hells Angels, précisant que Gagné s'était toujours montré loyal envers l'organisation et respectueux de sa hiérarchie. Il était impensable que Fontaine, Tousignant et Gagné aient agi de leur propre chef, d'insister le procureur de la Couronne. Gagné avait toujours obéi aux ordres, il avait toujours agi pour le bien de ses ambitions au sein des Hells. Or, Gagné savait fort bien que s'il posait des gestes de ce genre, s'il commettait ces meurtres sans l'approbation de ses supérieurs, toute l'organisation des Hells se retournerait contre lui. Même si l'ordre en tant que tel était venu de Fontaine et de Tousignant, Gagné se serait nécessairement assuré qu'ils avaient la bénédiction de Mom Boucher avant de procéder.

« Pouvez-vous imaginer une décision qui aurait plus d'impact sur les Hells que le meurtre d'un gardien de prison ? continuera Dagenais. Ils savaient qu'en faisant ça, ils auraient toute la police sur le dos. Pensez-vous qu'ils auraient laissé un *hangaround* faire une chose pareille sans autorisation ? »

L'avocat de la Couronne ne cachera pas le fait que sa cause entière dépendait du crédit que le jury accorderait au témoignage de Gagné. Au contraire, il insistera sur ce point. « Si vous ne croyez pas monsieur Gagné, dira-t-il, eh bien, vous devrez acquitter Maurice Boucher. » Les jurés écoutèrent attentivement la plaidoirie de Dagenais, hochant fréquemment la tête comme en signe d'assentiment. Lorsque le procureur eut terminé, il avait le sentiment que le jury était de son côté.

Puis ce fut le tour de Larochelle. Celui-ci tentera de convaincre le jury que Gagné était un témoin en qui on ne pouvait pas avoir confiance.

Tandis que Larochelle parlait, Dagenais observait les jurés. Aucun d'eux ne hochait la tête comme ils l'avaient fait lors de sa plaidoirie. Certains semblaient totalement indifférents aux arguments de la défense ; d'autres, visiblement agacés, semblaient empressés de voir Larochelle conclure sa plaidoirie. Lorsque celui-ci est allé se rasseoir, Dagenais était certain d'avoir gagné.

C'est alors que le juge Boilard a parlé.

Jusque-là, Boilard s'était montré relativement sobre dans ses interventions. Maintenant que les deux parties avaient livré leurs derniers arguments, il lui tardait de donner ses recommandations au jury.

En l'écoutant, Jacques Dagenais a senti que la victoire était en train de lui échapper.

Boilard a annoncé au jury qu'il ne devait pas tenir compte de ce que Gagné avait dit au sujet de l'implication de Mom Boucher dans le meurtre des gardiens. Il a insisté sur le fait qu'aucune preuve ne venait corroborer l'assertion voulant que Boucher ait ordonné ces meurtres. Puis il a dit au jury que le fait que Boucher était le président des Hells Angels n'avait rien à voir avec la présente affaire.

Dans un intarissable élan de volubilité, Boilard donnera à la Couronne son coup de grâce, avertissant les jurés qu'il serait très dangereux de rendre un verdict de culpabilité en se fiant uniquement à la parole d'un témoin aussi peu crédible que Gagné. « Un témoin qui n'est pas crédible, de dire Boilard, un témoin qui n'est pas animé du souci de dire la vérité, un témoin qui reconnaît être menteur, un témoin qui n'est pas crédible n'est jamais fiable parce qu'un témoin non crédible peut occasionnellement dire la vérité, mais on ne peut jamais savoir quand il dit la vérité ou pas. » Gagné avait toutes les raisons du monde de mentir, continuera Boilard avec force claquements de lèvres, puisqu'il faisait face à deux chefs d'accusation de meurtre au premier degré. « C'est l'emprisonnement à vie qui l'attend, avec l'assurance de passer au moins 25 ans aux frais de l'État. Mais pas dans un hôtel !

C'est une perspective qui ne doit pas être particulièrement attirante pour lui.»

Le juge lancera un dernier avertissement aux jurés avant de les laisser partir. «Ne soyez pas têtus» dira-t-il.

Dagenais était si furieux qu'il avait peine à se contenir. Dès que le jury quittera le tribunal, il se lèvera pour faire objection aux directives de Boilard. Le procureur déclarera que le juge avait induit le jury en erreur en affirmant qu'il n'y avait aucune preuve qui confirmait la crédibilité de Gagné. Il notera en outre que le juge avait commis une erreur judiciaire en déclarant non substantielles l'ensemble des preuves qui avaient été présentées par la Couronne. Dagenais précisera qu'en vertu de la *rule of confirmation* instaurée 10 ans plus tôt par la Cour suprême du Canada, tout jury a le droit d'évaluer la crédibilité d'un témoin en se basant sur un éventail de preuves aussi vaste que possible, peu importe que ces preuves soient ou non circonstancielles. Le procureur demandera au juge de rappeler le jury afin de rectifier ces erreurs potentiellement désastreuses, mais Boilard refusera de se récuser. Dagenais n'insistera pas. Il avait encore bon espoir que le jury rendrait un verdict de culpabilité.

Le jury commencera à délibérer le lendemain matin, c'est-à-dire le 27 novembre. Quinze policiers en civil avaient été postés en secret dans une salle d'audience voisine. Les motards étaient venus nombreux pour assister à l'annonce de la sentence; or, on prévoyait qu'il y aurait du grabuge si Boucher était reconnu coupable.

Les autorités avaient également demandé au commandant André Bouchard de dépêcher une escouade de ses hommes au palais de justice. Ayant pour mission de contenir les motards coûte que coûte, Bouchard se rendit à la Cour avec 20 de ses agents les plus costauds.

À son arrivée, Bouchard découvrit que le corridor menant à la salle d'audience avait été envahi par les motards. Ceux-ci faisaient le nécessaire pour intimider tout le monde, y compris la police. Lorsque l'un d'entre eux s'est mis à prendre des photos des policiers qui étaient présents, Bouchard a vu rouge. Il a agrippé sans ménagement un des avocats des motards et lui a dit: «Avertis c't'enfant de chienne-là que si y prend une aut' photo, m'as y rentrer sa caméra tellement profond dans le cul, osti, qu'y s'ra pus capable de s'la sortir. C'est-tu assez clair ? »

Voyant que l'avocat n'avait pas l'intention d'intervenir, Bouchard revint à la charge. « Arrête de faire ton osti de trou d'cul, ok ! J'te dis tu suite que si y prend une aut' photo, j'le crisse en prison pis tu pourras le défendre après. Mais c'est sûr qu'y va être en d'dans, compris ? » Le motard arrêtera de prendre des photos ; malheureusement, cela sera la seule victoire que Bouchard remportera ce jour-là.

Pendant ce temps, le jury revenait dans la salle d'audience pour demander au juge Boilard si ses recommandations de la veille n'étaient que des lignes directrices ou si elles devaient être appliquées au pied de la lettre.

« Absolument au pied de la lettre » répondit Boilard.

Dagenais ne s'est pas interposé. Au lieu de cela, il a continué d'attendre stoïquement le verdict du jury. Il admettra par la suite que cette attitude passive, cet espoir qu'il nourrissait toujours indiquaient probablement qu'il était en train de perdre contact avec la réalité. Peu après la dernière intervention de Boilard, les six hommes et les six femmes du jury étaient prêts à rendre leur verdict.

« Non coupable. »

Mom Boucher a immédiatement demandé au juge s'il était libre. Boilard a acquiescé.

Les gardes ont libéré Boucher de ses entraves. Franchissant d'un pas allègre la barrière qui le séparait du reste de la salle, le chef des Nomads s'est retrouvé parmi ses frères motards qui l'ont aussitôt hissé sur leurs épaules. Le commandant André Bouchard était consterné. Il avait combattu les motards dans la rue durant les années 1970, il s'était investi corps et âme dans le projet Carcajou, il avait remué ciel et terre pour appréhender ceux qui avaient tué les gardes… et voilà que Mom Boucher lui filait entre les doigts. Assis dans la salle, défait, le policier fixait le sol.

À sa sortie de la salle d'audience, dans le corridor bondé du palais de justice, Boucher eut un moment d'hésitation, comme étourdi par sa libération soudaine, puis il s'est rué sur les reporters et les photographes qui lui barraient la route, les bousculant sans ménagement. Dans le couloir, les motards accueillirent leur héros avec des baisers retentissants et de solides accolades. Tous tendaient la main pour le toucher. C'était comme si Boucher était soudainement devenu une vedette, une sorte de légende vivante. (Dany Kane révélera plus tard à la police qu'après son acquittement, Boucher était effectivement devenu une figure mythique. « On le considère comme un dieu, dira-t-il. Pis l'affaire avec les gardes de prison, c'est rien à côté de ce qui s'en vient. »)

De chaque côté du corridor, des policiers étaient alignés. D'un côté, il y avait la SQ et de l'autre, la police de Montréal. Les deux camps se toisaient sans aménité. Depuis que la police de Montréal avait retiré ses effectifs de Carcajou, signifiant de ce fait qu'elle ne voulait plus travailler avec la SQ, c'était la guerre entre eux. Toute trace d'amitié ou de respect mutuel qui avait existé entre les policiers des deux factions s'était évaporée.

« Il y avait un froid entre nous, raconte le sergent-détective Roberge, ça se sentait. On se regardait en sachant qu'on ne travaillerait plus ensemble, qu'il y avait eu comme une cassure. Puis les motards ont défilé devant nous, triomphants, plus unis que jamais. C'est à ce moment-là qu'on s'est dit que les motards avaient eu raison de nous, de la police et de tout le système. Les Hells étaient plus forts que jamais, Mom Boucher était plus fort que jamais, et nous on était divisés. »

Tandis que les policiers se lançaient des regards hostiles, les motards, eux, célébraient leur victoire. Ce jour-là, aux nouvelles, le peuple québécois serait témoin de l'hilarité des Hells. Le sourire béat de Mom Boucher serait tartiné à la une de tous les quotidiens de la province. Le message était clair : les Hells Angels se rient de la justice.

Lorsque Boucher est enfin sorti du palais de justice, toute une flottille de véhicules l'attendait. C'était comme si les motards savaient qu'il serait acquitté. Le chef des Nomads est grimpé dans un VUS, puis la caravane s'est mise en branle. Sous l'œil dépité des policiers en uniforme qui gardaient l'entrée, le cortège des Hells a brûlé un feu rouge. Mais à quoi bon les arrêter ? Le tribunal ne venait-il pas de prouver que c'était Mom le plus fort ?

Dans l'atmosphère de surexcitation, d'incrédulité et de confusion qui entourait la libération de Boucher, plus personne ne semblait songer au témoignage de Gagné ni au fait qu'il avait affirmé que le chef des Nomads projetait de tuer des policiers, des procureurs et des juges.

Après le départ de Mom Boucher, André Bouchard et ses hommes se sont rendus à un bar de la rue Saint-Hubert. Soucieux de remonter le moral de ses troupes, le commandant dira : « Au moins, on lui a faite cracher le morceau, à l'enfant de chienne (Gagné). Nous, au moins, on a faite notre job ! » Mais il s'agissait là de paroles creuses, et cela, Bouchard ne le savait que trop bien. Au cours des 4 années précédentes, 424 actes de violence, dont 94 meurtres, 103 tentatives de meurtre, 85 attentats à la bombe et 142 incendies criminels avaient été directement liés aux Hells et à leur guerre contre les Rock Machine.

Si la journée avait été particulièrement éprouvante pour le commandant Bouchard, il n'en était cependant pas au bout de ses peines. Ce soir-là, le policier devait œuvrer en tant qu'officiel au championnat canadien des poids moyens où allaient s'affronter Dave Hilton et Stéphane Ouellet. Fidèle à son habitude, Bouchard arrivera tôt et prendra place près du ring. Son rôle était de commencer le compte dès qu'un boxeur était envoyé au tapis. Bouchard était un grand amateur de boxe ; il espérait qu'un bon combat lui ferait momentanément oublier la cuisante défaite qu'il venait d'essuyer.

Soudain, une grande clameur a rempli le centre Molson. Bouchard croyait que le public était en train de saluer l'arrivée des adversaires, mais, malheureusement pour lui, ce n'était pas le cas. « J'ai entendu la foule hurler, pis tout d'un coup, c'était comme Moïse qui faisait le partage de la mer Rouge, tout le monde se tassait pour laisser passer Mom Boucher pis ses gardes du corps. »

Exhibant fièrement ses couleurs, le chef des Nomads s'est installé au premier rang avec ses troupes. Les Hells s'en donnaient à cœur joie : ils riaient, blaguaient, se donnaient de grandes claques dans le dos. La plupart des spectateurs se réjouissaient de la présence du motard notoire.

« Ce qui m'a fait le plus mal au cœur, se rappelle Bouchard, ç'a été de voir des centaines de personnes l'acclamer comme si c'était une *rock star*. »

Le 27 novembre 1998 avait décidément été le pire jour de toute la carrière de policier du commandant André Bouchard.

Trois semaines plus tard, un autre motard aurait lui aussi de bonnes raisons de célébrer : acquitté par le jury à Halifax, Dany Kane allait fêter Noël et le jour de l'An en liberté. Kane était très heureux de retrouver ses frères motards, mais il entendait également renouer ses contacts avec la GRC. Le 5 janvier 1999 à 11 h 05, Dany Kane annonçait au sergent Gaétan St-Onge qu'il était prêt à reprendre ses fonctions d'informateur.

DEUXIÈME PARTIE

LES ANGES DE L'ENFER PRENNENT LEUR ESSOR

CHAPITRE 7

Une implantation systématique

On savait que tôt ou tard les Hells allaient prendre
le contrôle des activités criminelles de Winnipeg, mais on
ne s'attendait pas à ce que l'invasion soit si soudaine et radicale.
RICK LOBBAN, SERGENT-DÉTECTIVE DE LA POLICE DE WINNIPEG

Rick Lobban et Ray Parry étaient tous deux fatigués. C'était un samedi soir torride à Winnipeg et ils avaient peu dormi au cours des 36 heures précédentes. De leur voiture, les deux policiers surveillaient le repaire fortifié des Los Brovos. Il s'agissait d'une nuit historique pour le club de motards manitobain : Ernie Dew et une poignée de ses Brovos venaient d'être officiellement acceptés dans les rangs des Hells Angels. Quelques jours plus tôt, les Hells étaient arrivés en ville pour annoncer la nouvelle et célébrer la chose. Nous étions en juillet 2000.

« On savait que tôt ou tard les Hells allaient prendre le contrôle des activités criminelles de Winnipeg, de dire Lobban, mais on ne s'attendait pas à ce que l'invasion soit si soudaine et radicale. »

Les Hells Angels du Canada se sont faits plus audacieux après l'acquittement de Mom Boucher. Si, au Québec, le chef des Nomads pouvait commettre les crimes les plus abominables en toute impunité, alors rien n'empêchait les Angels des autres provinces de prendre leur essor. Dans l'est du pays, Wolf Carroll a resserré l'emprise des Hells à Halifax. Quant à Walter « Nurget » Stadnick, il continuait de courtiser les clubs de l'Ontario et du Manitoba en vue d'assurer la suprématie des Hells dans les provinces centrales. Au Manitoba, les Hells avaient vraiment beau jeu :

tout au long des années 1990, la police et le gouvernement n'avaient rien fait pour freiner leur avancée. Les citoyens de Winnipeg étaient sur le point de payer chèrement cette négligence.

L'invasion manitobaine n'avait vraiment commencé qu'en octobre 1997. C'est à ce moment que Ernie Dew et sa bande avaient amorcé leur période probatoire avec les Hells Angels ; les Brovos était donc en voie de se convertir aux couleurs des Hells.

Toujours judicieux dans leurs choix, les Hells avaient choisi d'assimiler le club de motards le plus puissant du Manitoba. Quelques semaines après la consécration de l'alliance avec Los Brovos, l'organisation rivale, les Spartans, était dissoute.

En mai 1998, le féroce et colossal leader des Spartans, Darwin Sylvester, disparaît alors qu'il revient d'une réunion. La police ne retrouvera jamais son corps ; néanmoins, il ne fait aucun doute qu'il a été assassiné. Quelques mois plus tard, Robert Glen Rosmus, un autre dirigeant des Spartans, sera tué de plusieurs balles dans la tête. C'était Rosmus qui avait conduit Sylvester à sa réunion le jour où il avait disparu.

Les deux meurtres ne seront jamais élucidés, toutefois Kevin Sylvester, le frère de Darwin, affirme que Rod Sweeney, un Brovos, a été le principal artisan de la disparition de son frère. L'incident marquera le début d'une guerre sauvage et sanguinaire entre les Sweeney et les Sylvester.

Maintenant que les Los Brovos régnaient en maîtres sur le territoire manitobain, ils étaient dignes de devenir des Hells Angels à part entière. La cérémonie d'intronisation aura lieu le samedi 21 juillet 2000. Près de 70 Hells provenant de partout au pays prendront part aux festivités. Tout au long du week-end, les forces de l'ordre exerceront une surveillance étroite sur les motards. À une occasion, une policière de l'escouade antigang a tenu tête à un jeune Hells en herbe de Winnipeg nommé Matthew Grant. Des policiers racontent que Grant était furieux de se voir ainsi humilié et bafoué par une femme. Les motards sont très peu respectueux envers les femmes, surtout lorsqu'elles sont de la police.

Le samedi soir à 18 h, des acclamations fuseront du repaire des Brovos. Quelques minutes plus tard, Ernie Dew et ses troupes feront irruption dans la rue pour exhiber leurs nouvelles couleurs.

Le mot «Manitoba» apparaît en lettres rouges sur un écusson en arc – ou *rocker* – cousu au bas du dos de leurs vestes; cet arc inférieur représente le territoire contrôlé par la bande. Cela signifiait que Los Brovos était devenu un chapitre *prospect* des Hells Angels. Après une période probatoire de un an, les Brovos recevraient leur *rocker* supérieur ainsi que l'écusson à tête de mort emblématique des Hells Angels.

Ernie Dew se souvient toujours de cet instant: «Quand on te donne un morceau de la *patch*, c'est un osti de bon feeling. T'es peut-être pas encore un vrai Hells, pis y a ben des affaires qui peuvent aller de travers avant que tu le deviennes, mais c'est sûr que tu te sens fier quand même.»

Le soir du samedi 21 juillet 2000, une douzaine de Brovos se rallieront aux Hells Angels. Cinq de ces nouveaux membres ne pourront assister à leur propre intronisation: Jeff Peck était en prison pour trafic; Darren Hunter était en libération conditionnelle et n'était pas autorisé à entrer en contact avec ses confrères motards; un Brovos de citoyenneté portugaise, Ricardo Oliviera, ne pouvait être présent parce que les autorités menaçaient de le déporter vers sa terre natale; les deux autres, Rod Sweeney et Shane Kirton, étaient en cavale.

Une fois sortis de leur tanière, les nouveaux Hells décident d'aller fêter ça dans un restaurant chic. L'un d'eux, Bernie Dubois, s'arrêtera un moment pour bavarder avec Ray Parry. «Elle te va bien, de dire le policier en admirant la veste. Allez, bonne chance.» Parry était conscient qu'il s'agissait là d'un grand pas en avant pour les Los Brovos. «Ils étaient fiers d'être enfin devenus des Hells Angels. Ils venaient d'entrer dans les ligues majeures.»

Les Hells Angels n'aiment pas la compétition. Partout où ils s'installent, ils veulent avoir le monopole. Et ils sont prêts à tout pour anéantir quiconque ose s'opposer à leur hégémonie.

À Winnipeg, le commerce de la drogue était une entreprise si florissante que toutes les bandes de motards auraient aisément pu y trouver leur compte. À lui seul, le commerce du crack était si lucratif que les *dealers* avaient peine à satisfaire à la demande. Par nécessité mais aussi par souci d'efficacité, ils avaient mis sur pied un réseau de livraison par téléphone: dans la rue, les *dealer*s distribuent des cartes sur lesquelles figurent des numéros de téléphone ; le client appelle l'un de ces numéros, passe sa commande, donne son adresse et, quelques minutes plus tard, un *dealer* se pointe chez lui avec la marchandise. C'était aussi simple que de se commander une pizza !

Tout cela pour dire qu'il y avait assez d'argent pour tout le monde. De fait, avant que les Brovos ne se convertissent en Hells Angels, les différentes bandes de motards winnipegoises ne voyaient aucun inconvénient à se partager le magot. Mais les nouveaux Hells imposeront bientôt un tout autre ordre de choses : anxieux de prendre rapidement le contrôle du commerce de la drogue à Winnipeg, ils élimineront systématiquement leurs rivaux. Ils ont commencé par les intimider verbalement en leur disant des choses dans le genre : « Tu peux vendre de la drogue, mais il faut que tu vendes notre drogue » Ceux qui refusaient de « négocier » avec ces nouveaux monopolisateurs payaient chèrement leur réticence. L'exemple de Bradley Russell Anderson est typique. L'ancien Redliners de 31 ans était à la tête d'un réseau de cocaïne indépendant. Il s'agissait d'une entreprise modeste, mais florissante. Or, le trafiquant s'approvisionnait auprès de différents fournisseurs, ce qui ne faisait pas du tout l'affaire des Hells. Lors d'une violente prise de bec, Anderson poignardera un Hells Angels. Le corps du trafiquant sera retrouvé une semaine plus tard à l'extérieur de la ville. On l'avait abattu à coups de pistolet.

La bande des frères Mir donnera plus de fil à retordre aux nouveaux Hells.

Grâce à leurs contacts en Orient, Husan et Husian Mir, deux frères jumeaux, avaient mis sur pied un vaste réseau de trafic de drogue. Pour contrer les Mir, les Hells auront recours à une bande de jeunes voyous issus des quartiers bourgeois du sud de la ville : les Zig Zags. « Les gars des Zig Zags sont propres, bien mis, pas du tout le *look* des motards, d'expliquer Rick Lobban. Je suis père de trois adolescentes et si elles ramenaient un type dans ce genre-là à la maison pour sortir avec lui, c'est certain que je lui donnerais ma bénédiction. Les membres des Zig Zags viennent tous de la classe moyenne ou de la classe supérieure. C'est la nouvelle vague des Hells Angels : très *business*, très professionnelle. »

Empressés de prouver leur valeur aux Hells Angels, les Zig Zags ont déclaré la guerre à tous les *dealers* qui travaillaient pour les frères Mir. Ils ouvrirent les hostilités le 20 novembre 2000 en abattant deux *dealers* en plein cœur du quartier branché de Osborne Village. Dans les six semaines qui suivront, les Zig Zags seront à l'origine d'une douzaine de fusillades dans la ville. Parry se rappelle que durant cette période, bon nombre de *dealers* se sont mis à porter des gilets pare-balles. Certains d'entre eux étaient devenus si paranoïaques qu'ils tiraient sur des clients potentiels par erreur, croyant qu'il s'agissait d'émissaires dépêchés par une faction ennemie.

Le mercredi 13 décembre 2000, un membre des Zig Zags commettra pareille bévue. Armé d'un pistolet 9 mm qui venait de lui coûter 400 $, l'individu en question se baladait en voiture dans le nord de la ville lorsqu'il s'est rendu compte qu'il était suivi. Paniqué, il a fait feu à cinq reprises en direction du véhicule, touchant l'un des passagers, un garçon de 15 ans, à la tête. Par bonheur, la balle n'a fait qu'érafler l'adolescent qui s'en est tiré avec quelques points de suture. La police a néanmoins inculpé le tireur de tentative de meurtre. Le *dealer* trop nerveux apprendra par la suite que les occupants du véhicule n'étaient pas des rivaux qui cherchaient à l'éliminer, mais des jeunes gens en quête de drogue.

La vague de violence causée par cette guerre de territoire a déclenché un tollé épouvantable. Les autorités et l'opinion publique étaient sur les dents. Sentant qu'elle avait à enrayer rapidement le problème, la police a opté pour une stratégie sommaire quoique éprouvée : elle s'en est prise au camp le plus faible. « Pour éliminer le problème, on a choisi de s'attaquer à l'ennemi qui offrirait le moins de résistance » dit Ray Parry. Au Québec, la police avait adopté une stratégie similaire en sévissant contre les Rock Machine plutôt que contre les Hells Angels. À Winnipeg, ce seront les frères Mir qui, étant moins puissants et moins bien organisés que les Hells, deviendront la cible des forces policières. En procédant ainsi, la police a apaisé les hostilités et a rempli sa fonction première, qui est d'assurer la sécurité du public ; mais, du même coup, elle a aidé les Hells Angels à se débarrasser de leurs compétiteurs.

Même des vétérans de la trempe de Ray Parry et Rick Lobban ont été pris de court par la soudaineté de la vague de violence qui avait déferlé sur Winnipeg. Au Québec, la guerre des motards ne s'était déclarée que 10 ans après l'arrivée des Hells Angels. À Winnipeg, la guerre aura lieu moins de deux ans après l'implantation de la bande au Manitoba. «Avant, quand il y avait mésentente entre des bandes de motards, les gars se rendaient dans un parking et ils arrangeaient ça à coups de poing, dit Lobban. Maintenant c'est avec des armes à feu et des explosifs qu'ils règlent leurs comptes. Les motards s'imposent aujourd'hui par la peur et l'intimidation, et leurs conflits sont 10 fois, 100 fois plus violents qu'avant.»

À Halifax, ce sera un véritable vent de violence qui, tel un orage sur l'Atlantique, soufflera sur la ville. Vers la fin de 1998, on comptera trois meurtres liés à la guerre des gangs en moins d'un mois, et ce, dans une ville où il n'y a normalement qu'une poignée d'homicides chaque année. Une fois la tempête apaisée, la police s'est retrouvée avec huit cas de meurtre et de disparition sur les bras.

Plus que tout autre chapitre au Canada, les Hells Angels de Halifax comptaient sur les Hells du Québec pour leur fournir drogue et leadership. Bien que l'essentiel de la matière première arrivait au pays par le port de Halifax, la presque totalité de la cocaïne vendue sur la côte Est provenait de Montréal. La drogue était coupée et ensachée au Québec, puis la portion destinée à être distribuée et vendue dans les Maritimes était réexpédiée à Halifax.

Les Hells de la Nouvelle-Écosse proclamaient ouvertement leur allégeance aux chapitres de l'Ontario. Thirteenth Tribe, les précurseurs des Hells de Halifax, avaient gagné leurs épaulettes à Hamilton en veillant sur Walter Stadnick lors de son hospitalisation en 1984. La bande sera sacrée chapitre des Hells Angels le 5 décembre de la même année. Quelques mois plus tard, les nouveaux Hells de Halifax se rendaient au Québec pour aider le chapitre de Sherbrooke à sévir contre celui de Laval, dont les membres étaient accusés d'avoir volé de l'argent et de la drogue à leurs confrères de Halifax. L'affrontement qui s'ensuivra mènera au massacre du chapitre lavallois et à la condamnation des Hells de Halifax qui étaient impliqués dans l'affaire.

Les événements entourant le massacre du chapitre de Laval s'avéreront déterminants pour trois motards – en l'occurrence, Wolf Carroll, Mike McCrea et Randy Mersereau. Contrairement à bon nombre de ses collègues haligoniens, Wolf Carroll avait su tirer profit de son premier séjour au Québec : il avait appris à parler français et avait eu un avant-goût de ce que pouvait être la vie d'un criminel dans une grande ville. Néanmoins, lorsque Carroll retournera à Halifax en 1986, après avoir purgé une peine dans une prison de Montréal, il était si pauvre qu'il devait voler de la nourriture pour survivre.

Lorsque Carroll revint s'établir au Québec quelque temps plus tard, la guerre des motards faisait rage. Sa cruauté et sa détermination ont eu tôt fait de le propulser au faîte de l'organisation des Nomads. Avec Stadnick et Donald Stockford, Carroll était l'un des seuls anglophones à évoluer dans les hautes sphères du chapitre élite des Hells. C'était un bel homme ; il avait les cheveux frisés, une barbe impeccablement taillée et toujours un petit sourire moqueur au coin des lèvres. Il vivait dans les Laurentides, à Morin Heights, avec sa compagne – une francophone – et leur garçon de 10 ans. Lors de ses fréquentes visites à Morin Heights, Kane avait remarqué que son supérieur n'avait aucun mal à concilier famille et affaires. Chez lui, Carroll pouvait tranquillement discuter de commerce de drogue pour, l'instant d'après, jouer au hockey-balle avec son fils.

Kane dira également à la police que Carroll avait acheté l'un des bars les plus populaires de Saint-Sauveur avec un mafioso de la famille Rizzuto. « Aucune vente de drogue n'était tolérée au début, d'affirmer l'informateur. Peut-être qu'ils voulaient attirer une clientèle propre pour donner de la crédibilité à l'établissement. » Mais Carroll et Rizzuto commenceront plus tard à vendre de la drogue dans leur bar. Wolf Carroll s'est bientôt retrouvé à la tête d'une entreprise florissante qui englobait l'ensemble de la région. Les affaires du Nomad marchaient si bien qu'en 1997, il a fait construire un complexe de condominiums au pied des pentes de ski du mont Saint-Sauveur. Kane avait fait la remarque que c'était pour Carroll une « belle occasion de blanchir un peu d'argent ». Carroll était par ailleurs propriétaire de plusieurs boîtes de nuit dans le centre-ville de Montréal.

Au sein des Nomads, Carroll était reconnu pour ses colères explosives. Aux dires de Kane, Carroll semblait « prendre la guerre (des motards) d'une façon personnelle... il est convaincu que, présentement, il n'y a aucun moyen de régler le conflit de façon pacifique». En février 1995, Carroll orchestrera, toujours selon Kane, un attentat à la bombe dans la ville de Québec; la cible de l'attentat perdra une jambe. Quelques mois plus tard, Carroll et ses associés expérimenteront de nouvelles façons de déclencher des bombes à distance à partir de téléavertisseurs ou de systèmes d'alarme de voiture. En octobre de la même année, Carroll projette d'incendier une salle de billard appartenant à une bande rivale, mais il hésite à utiliser de la dynamite parce que, selon Kane, «il ne veut pas que ça passe sur le dos des motards».

Bien qu'il fût un Nomad prospère, Wolf Carroll était un peu déçu de la nouvelle vocation mercantile des Hells. Bon vivant, il se prenait souvent à songer avec nostalgie à cette époque révolue où la vie d'un motard se résumait à boire, festoyer et chevaucher sa Harley. Depuis le début de la guerre, les événements s'enchaînaient de plus en plus vite et Carroll n'avait plus le temps de s'amuser autant qu'il l'aurait voulu. De ce point de vue, les choses n'allaient pas en s'arrangeant: non seulement il devait voir aux intérêts des Hells à Montréal, mais il devait également superviser l'ensemble du commerce de la drogue en Nouvelle-Écosse. En fait, c'est lui qui approvisionnait toute la côte Est en cocaïne. Le chapitre de Halifax devait nécessairement transiger avec lui pour tout ce qui concernait le commerce de la drogue. Selon Dany Kane, Carroll aurait fait livrer quelque 30 kg de cocaïne à Halifax entre avril et novembre 1996.

Pour les Hells de Halifax, Wolf Carroll était plus qu'un fournisseur de drogue: il était un dieu. Le petit gars de Dartmouth avait réussi; il était devenu l'un des motards les plus puissants au Québec. «Tout le monde s'inclinait devant lui» d'affirmer Tom O'Neill, agent de la GRC et membre de l'escouade Carcajou. À l'époque, O'Neill était en mission de surveillance à Halifax et il se souvient de l'émoi que suscitait une visite de Carroll chez les Hells: «C'était comme si un général arrivait pour inspecter ses troupes. Pour un peu, les Hells se mettaient au garde-à-vous pour le saluer. Le mot se passait: "Wolf est en ville, sortez vos motos, sortez vos couleurs. Wolf est ici."»

Malgré l'adulation dont il était l'objet, Carroll avait peu d'estime pour ses gars de Halifax. À ses yeux, ils n'étaient rien de plus qu'une «bande de scouts». C'était son ami et associé Paul Wilson qui lui tenait lieu de bras droit en Nouvelle-Écosse. «Wolf se fiait beaucoup plus à lui qu'à ses Hells» affirmait un policier de Halifax. Wilson, un imposant gaillard de 1 m 88 et de 130 kg, était le gérant d'un bar du centre-ville de Halifax, le Reflections. Bien qu'il s'agissait là d'un bar gay, les Hells aimaient le fréquenter parce que c'était un des seuls bars de la ville où ils pouvaient porter leurs couleurs. Et puis, Wilson faisait un peu partie de la famille : son beau-frère était membre du chapitre local des Hells Angels.

Wilson allait souvent rendre visite à Wolf Carroll à Montréal. En avril 1996, il avait passé quatre jours chez lui ; il reviendra en 1997 pour un séjour qui s'étendra du 3 au 9 février. À l'occasion de ces visites, c'était Kane qui était chargé d'aller chercher Wilson à l'aéroport pour le conduire chez Carroll. La police ne sera jamais informée de la nature exacte de la relation d'affaires entre Wilson et Carroll, néanmoins Kane décrira le gérant du Reflections comme étant «l'homme de confiance» du Hells. Kane dira par ailleurs que Wilson «envoie régulièrement une enveloppe contenant de l'argent à Carroll». Paul Wilson semblait effectivement disposer de sommes importantes en liquide. En février 1998, la police de Montréal avait découvert 294 010 $ en argent comptant dans sa voiture. L'argent fut saisi et déposé à la Banque Nationale – compte numéro 04-534-29. Quant à Wilson, il fut ensuite inculpé de blanchiment d'argent.

Le seul Hells de Halifax que Wolf Carroll respectait était Mike McCrea, le président du chapitre. Ce dernier allait souvent rendre visite à Carroll à Montréal. Les deux hommes et leurs épouses partaient parfois en vacances ensemble. Comme cela avait été le cas pour Carroll, bien des choses avaient changé pour McCrea après les événements de 1985. À cette époque, McCrea était un jeune *prospect* plein de promesses. En 1985, alors que ses confrères croupissaient dans une prison montréalaise pour avoir massacré les Hells de Laval, Mike McCrea était l'un des seuls soldats restants du chapitre de Halifax. Selon la règle des Hells Angels, un chapitre devait compter un minimum de six membres actifs pour conserver ses couleurs. Le chapitre de Halifax se devait donc de renflouer ses rangs. Quelques membres furent «importés» de la Colombie-Britannique, toutefois McCrea s'est vite imposé comme un leader potentiel. En 1987, il obtenait ses pleines couleurs.

À partir de ce moment, Mike McCrea vit confortablement. Il loue à Williams Wood une grande maison avec vue sur le lac Moody Park. Au fil des années, il fondera plusieurs commerces, dont une compagnie d'équipement de pêche, une firme immobilière et une compagnie d'informatique. « C'est un type brillant, de dire Keltie Jones, un agent de la police régionale de Halifax. S'il utilisait ses connaissances pour autre chose que le crime, je suis sûr qu'il réussirait. »

Avec son charme et ses airs de petit garçon espiègle, McCrea était le représentant idéal pour les Hells de Halifax. Le fait qu'il n'avait pas de casier judiciaire était un autre atout en sa faveur. Non seulement il est devenu président du chapitre, mais il fut également nommé secrétaire-trésorier des chapitres de la côte Est par les Hells Angels du Canada – en d'autres mots, il devint le porte-parole officiel de l'organisation dans cette région. La renommée du jeune motard outrepassera bientôt les frontières canadiennes : il se liera d'amitié avec Sonny Barger, le légendaire Hells californien, et sera plus tard nommé secrétaire mondial des Hells Angels. Il ne s'agissait peut-être que d'un poste de coordonnateur, néanmoins cela a permis au jeune prodige de Halifax de voyager un peu partout dans le monde.

Si Mike McCrea était assurément très talentueux, on ne pouvait en dire autant de ses hommes. Dans le milieu, on disait que le chapitre de Halifax avait à sa tête un chef brillant, mais que ses membres n'étaient pas tous des lumières. Et puis bon nombre d'entre eux n'avaient pas vraiment la bosse des affaires. « Les Hells de Halifax sont presque tous des gars cassés, disait l'agent Bruce MacDonald de la GRC. La plupart n'ont pas un rond. » Bref, on ne pouvait pas dire qu'il s'agissait d'une équipe du tonnerre. Mike « Speedy » Christiansen, le dernier membre restant de Thirteenth Tribe, avait passé 10 ans en prison pour son implication dans le viol collectif d'une fille de 16 ans en 1971. Le sergent d'armes du club, le corpulent et hirsute Danny Fitzsimmons, était reconnu pour son tempérament agressif – lors d'un événement public des Hells, il avait brutalisé un journaliste du réseau CBC ; après avoir fracassé sa caméra, il lui avait lancé : « Je t'avais dit de m'enlever ça de d'dans face! » Il y avait ensuite Neil « Nasty » Smith et finalement Clay McCrea, le frère de Mike, un *dealer* de bas étage dont on disait qu'il n'aurait jamais été accepté dans les Hells sans le parrainage de son frère.

En 1998, l'existence même du chapitre de Halifax était en péril. Outre les problèmes internes causés par les insuffisances de ses membres, le club fut la cible d'une opération policière secrète qui s'était soldée par l'arrestation de Gregory Brushett, l'un de ses membres à part entière. À la suite de l'incident, la dissension au sein des Hells de Halifax était plus forte que jamais. Brushett, qui sera par après banni de l'organisation, fera face à trois chefs d'accusation pour trafic de cocaïne. Lorsqu'il négligera de se présenter au tribunal pour l'audition de sa cause, les autorités en concluront que ses anciens compagnons l'avaient éliminé.

Sentant la vulnérabilité des Hells, les bandes rivales se sont préparées à leur porter un grand coup. Mais personne ne voulait la peau des Hells de Halifax autant que Randy Mersereau. Mersereau était un ancien de Thirteenth Tribe; il avait participé au même viol collectif que Speedy Christiansen en 1971 et, tout comme Christiansen, il avait écopé d'une lourde peine pour ce crime. À l'instar de Wolf Carroll, il était l'un des membres fondateurs des Hells Angels de Halifax, et tout comme Carroll, il avait été arrêté en 1985 à la suite du massacre de Lennoxville. Mais, contrairement à Carroll, Mersereau ne goûtait pas particulièrement le fait d'être un Hells Angels. Ses couleurs ne lui avaient valu que des ennuis. Qui plus est, son statut de Hells ne l'aidait aucunement à gagner convenablement sa vie. « Je suis là pour faire de l'argent, disait-il à ses amis, mais en tant que Hells Angels, je fais pas d'argent. »

Désabusé, Mersereau fit alors ce que peu de motards avaient fait avant lui: il a renoncé à ses couleurs. Délesté de cet emblème maudit, Mersereau pressentait qu'il pourrait vendre de la drogue sans être constamment harcelé par la police. Il mit donc sur pied son propre réseau de trafic en bordure de Annapolis Royal.

Si les Hells n'aiment pas les lâcheurs, ils aiment encore moins qu'on leur fasse compétition. Aussi ne virent-ils pas d'un bon œil qu'un trafiquant – un gars qui les avait rejetés, par-dessus le marché – se mette à vendre sur leur territoire. Randy Mersereau allait découvrir à ses dépens de quel bois se chauffaient ses anciens compagnons.

À cette époque, les Hells Angels de Halifax eurent à composer avec d'autres rivaux. Dirigé par le paternel, Terry, ainsi que par deux de ses fils, Ricky et Billy, le clan Marriott régnait en maître sur la banlieue de Spryfield et gardait jalousement son territoire. Les Marriott vendaient tout ce qui leur tombait sous la main – haschisch, cocaïne, etc. Un accident de voiture avait confiné Ricky à un fauteuil roulant quelques années plus tôt, ce qui ne l'empêchait pas de se bagarrer à la première occasion. Lorsqu'il y avait empoignade dans un bar, Ricky attendait que l'un des adversaires soit envoyé au plancher pour lui passer dessus avec son fauteuil. Ricky n'aimait pas particulièrement les Hells Angels. Son frère Billy, en revanche, entretenait avec eux de bonnes relations – en prison, il s'était lié d'amitié avec un membre des Hells, Neil Smith.

La situation précaire du chapitre de Halifax était loin d'enchanter Wolf Carroll. «Carroll est très déçu du leadership exercé par les Hells de Halifax, disait Dany Kane à la GRC. Il veut prendre le contrôle de la vente des stupéfiants dans Halifax et craint toujours que les Hells de Halifax n'aient pas ce qu'il faut pour faire l'ouvrage. Wolf a dit que c'était le temps de "brasser des affaires"».

Et ça commencera à brasser en octobre 1998, lorsqu'un chasseur trouvera le corps de William Wendelborg, un associé des Hells Angels. Son cadavre avait été enveloppé dans une couverture puis jeté en bordure d'un chemin de terre à l'extérieur de Halifax, dans la région de Harrietfield. Au cours d'un procès subséquent, un témoin a déclaré que Paul Wilson, l'ami et associé de Wolf Carroll, avait engagé Billy Marriott pour éliminer Wendelborg. Aidé d'un complice du nom de Larry Pace, Marriott avait entraîné la victime chez lui, soi-disant pour parler affaires. Là, les deux hommes avaient agressé Wendelborg à coups de batte de base-ball ; puis, après l'avoir bâillonné et ligoté, ils lui avaient injecté une surdose de cocaïne. Les meurtriers se débarrasseront ensuite du corps.

Quatre semaines plus tard, la police soupçonne Billy Marriott d'être impliqué dans un autre meurtre : celui de son propre frère, Ricky. Le 20 novembre à 21 h 30, la police découvre que Ricky Marriott a été tué d'une balle à la tempe gauche. Au moment du meurtre, il était tranquillement installé à sa table de cuisine, un journal ouvert devant lui. Gail, son épouse, avait été abattue alors qu'elle était assise au salon. Tout cela démontrait que le meurtrier était une personne qu'ils connaissaient bien, quelqu'un qu'ils avaient accueilli chez eux et dont ils ne se méfiaient pas.

Billy était sur les lieux lorsque la police est arrivée. Il prétendait qu'il s'était rendu là en vitesse parce qu'il avait reçu un coup de téléphone de Gail. La femme de son frère était en état de panique, disait-il. À son arrivée, il découvre les corps sans vie de son frère et de sa belle-sœur.

La police ne croit pas à l'histoire de Billy Marriott. Elle soupçonne que c'est Billy lui-même qui a tué les victimes. Mais, comme l'arme du crime demeure introuvable, la police n'a aucun motif valable d'arrêter le suspect. Billy Marriott demeure un homme libre.

Marriott aura raison de savourer sa liberté, car elle sera de courte durée. Quelque temps plus tard, un ami le dénonce. Ayant été témoin du meurtre de William Wendelborg, Rodney McDonald craignait pour sa vie et était prêt à livrer les assassins à la police si celle-ci promettait d'assurer sa protection. Larry Pace plaidera coupable à une accusation de complicité de meurtre et écopera d'une peine de 10 ans. Wanda Lynn Campbell, la compagne de Billy Marriott, avait aidé celui-ci à nettoyer la scène du crime après le meurtre de Wendelborg et sera donc reconnue coupable de complicité. Quant à Billy, il trouvera encore le moyen d'échapper à la justice des hommes : le lundi 7 août 2000, quelque temps avant le début de son procès, il se pendra dans sa cellule.

Maintenant que les membres clés du clan Marriott étaient morts, Wolf Carroll était prêt à sévir contre les Mersereau. Carroll était convaincu que les Hells de Halifax étaient promis à un avenir meilleur. En deux ans à peine, il parviendra à transformer une bande de motards déchus et dépossédés de leur territoire en une équipe gagnante. Au bout du compte, les Hells de Halifax deviendront les maîtres incontestés de Citadel Hill. Leur nouveau repaire, une impressionnante bâtisse de trois étages qui avait autrefois abrité une pizzeria, se fera le symbole de leur suprématie. Situé au cœur du quartier Fairview, le nouveau bunker des Hells était flanqué d'un restaurant, d'un dépanneur, d'un tailleur et d'une clinique dentaire ; la Halifax West High School, qui fermera plus tard ses portes, se trouvait juste de l'autre côté de la rue. Une enseigne au néon rouge et blanc sur la façade et une murale dépeignant l'emblème des Hells sur le côté de l'édifice proclamaient qu'il s'agissait bel et bien là de la tanière des Hells Angels. Le système de sécurité comptait trois caméras : une au-dessus de la porte d'entrée ; une sur le toit ; et une autre à l'arrière du bâtiment.

Tandis que Mom Boucher s'emparait du territoire montréalais à coups de bombes et de fusillades et que Wolf Carroll regagnait le contrôle de Halifax, un de leurs confrères Nomad, Walter Stadnick, s'apprêtait à faire main basse sur l'Ontario et plus particulièrement sur sa ville natale, Hamilton.

CHAPITRE 8

La conquête de l'Ontario

Ils ne se lèvent pas le matin pour aller travailler chez Stelco ou
dans une autre industrie locale. Leur boulot, c'est le crime.
Leur industrie, c'est le trafic de drogue, l'extorsion et la terreur.
KEN ROBERTSON, CHEF DE POLICE DE HAMILTON

Les cheminées des aciéries de Stelco et de Dofasco dominent le paysage de cette ville que l'on surnomme la « Steel City », la cité de l'acier. Mais tout en bas, dans la rue, c'est le crime organisé qui enserre Hamilton de sa poigne d'acier. La ville fut autrefois le fief de la mafia italienne. Pendant des années, Johnny « Pops » Papalia avait régné sur Hamilton ainsi que sur d'autres villes et bourgades du sud de l'Ontario. Fort de ses liens avec la mafia de Buffalo et avec la famille Cotroni à Montréal, Papalia contrôlait la quasi-totalité du commerce de la drogue dans le secteur. Les criminels de la région de Niagara avec lesquels il travaillait deviendront plus tard des Hells Angels.

En mai 1997, Papalia est abattu par un tueur à gages travaillant pour une famille rivale. Son bras droit, Carmen Barillaro, lui succédera brièvement – il sera tué lui aussi deux mois plus tard. Certains des plus éminents motards de l'Ontario – dont John Neal et John Gray, deux Para-Dice Riders qui allaient par la suite se rallier aux Hells Angels – assisteront aux obsèques de Papalia et de Barillaro.

Hamilton avait produit les deux motards les plus puissants de la province : Walter Stadnick, des Hells Angels ; et son ennemi juré, Mario Parente, des Outlaws. Dans la région, Stadnick bénéficiait d'un précieux allié en la personne de Donald « Pup » Stockford.

Ce dernier vivait à Ancaster, à quelques kilomètres à peine de Hamilton. Stockford était le vice-président des Nomads, mais il était aussi un cascadeur professionnel très prisé dans l'industrie du cinéma. Kane mentionnera à ses contacts de la GRC que Stockford était parti en Colombie-Britannique pour travailler dans une production cinématographique et qu'il s'était lié d'amitié avec Chuck Zito, un Hells américain très en vue. Zito avait un casier judiciaire bien rempli. Il avait fait de la prison pour possession d'armes à feu et pour trafic de drogue, ce qui n'empêchait pas des vedettes hollywoodiennes – Sylvester Stallone et Liza Minnelli, pour ne nommer que celles-là – de l'engager comme garde du corps. Il se fera connaître du public pour son rôle dans la série Oz. Le réseau de télévision USA Network fera ensuite de lui une vedette en bonne et due forme en lui accordant le rôle principal dans la série *Street Justice*.

Hollywood est une chose ; la réalité dans les rues est toute autre. Stadnick et Stockford ont décidé de ne pas former un chapitre des Hells à Hamilton. Ce n'était pas que la ville manquait d'effectifs, bien au contraire : à un moment donné, quelque 11 membres des Hells Angels habitaient Hamilton, ce qui était amplement suffisant pour fonder un chapitre. Le problème était plutôt que les deux Hells, et particulièrement Stadnick, ne voulaient pas se faire harceler par la police dans leur ville natale, là où ils avaient famille et foyer. Sans compter que Stadnick avait déjà eu des démêlés avec Ken Robertson, le chef de la police de Hamilton.

Dans les années 1970, à l'époque où il était sergent, Robertson avait créé une unité d'intervention spéciale qui avait pour mission de s'attaquer aux organisations criminelles de Hamilton. Stadnick faisait alors partie des Wild Ones, une bande de motards dont la spécialité était de poser des bombes pour la mafia. Il savait pertinemment combien inflexible se montrait Robertson à l'égard du crime organisé. « Les motards ne se lèvent pas le matin pour aller travailler chez Stelco ou dans une autre industrie locale, proclamait le policier. Leur boulot, c'est le crime. Leur industrie, c'est le trafic de drogue, l'extorsion et la terreur. » Robertson est aujourd'hui président du comité du crime organisé de l'Association des chefs de police de l'Ontario. Stadnick ne tenait absolument pas à avoir des ennuis avec lui. « Stadnick ne voulait pas établir un chapitre des Hells à Hamilton parce que toute l'attention de la police se serait alors tournée vers lui, d'expliquer le détective Steve Pacey, l'un des hommes de Robertson. Il y avait longtemps qu'il brassait des affaires ici sans être inquiété… alors pourquoi aurait-il voulu d'un chapitre ? Je crois que Stadnick préférait opérer de façon indépendante à Hamilton. »

Il serait aisé de confondre l'agent de police Steve Pacey avec les motards qu'il est chargé de surveiller : il a le crâne rasé, un bouc au menton et deux anneaux à l'oreille gauche ; il a également la taille imposante d'un motard – 120 kg, 1 m 88 ; mais surtout, il a les bras couverts de tatouages. Sur son bras droit, on retrouve les initiales de sa marque de moto favorite : H-D, pour Harley-Davidson. Son bras gauche est orné d'une panthère menaçante ainsi que de l'image d'un serre-tête amérindien, symbole de courage.

Il faut dire que, dans le cadre de son travail, Pacey avait bien besoin de courage. À l'époque, il avait vraiment beaucoup de pain sur la planche, alors que les Hells Angels étaient sur le point de s'imposer comme la bande dominante en Ontario grâce au travail infatigable de Walter « Nurget » Stadnick. « C'est grâce à Stadnick que les Hells se sont implantés en Ontario, affirme Pacey. Les autres organisations criminelles traditionnelles de cette ville comptent de nombreux membres et ils sont tous très actifs, mais l'influence de Stadnick s'étend au-delà de Hamilton. »

Stadnick a dirigé à un certain moment une compagnie qui s'appelait Wild Ones Investment Corporation. Il n'avait aucun emploi évident mais vivait tout de même bien : il se payait des costumes Armani et des vacances dans les Caraïbes ; il possédait plusieurs motos, une Chrysler blanche et un Ford Bronco ; et, du temps où il était président national de l'organisation, les Hells du Québec lui avaient offert une Jaguar flambant neuve. John Harris, le policier qui s'était chargé du dossier de Stadnick dans les années 1970 et 1980, admet que le jeune voyou de Hamilton était parvenu à se transformer en un criminel prospère et respecté. « Dans les Wild Ones, c'était le petit gars que personne ne remarquait. Aujourd'hui, tous les yeux du monde criminel sont braqués sur lui. »

À Hamilton, Stadnick vivait avec son épouse sur Cloverhill Road, dans une maison de deux étages. Sur papier, la propriété avait une valeur nominale de 156 000 $; cela dit, Stadnick avait investi des dizaines de milliers de dollars en rénovations et en améliorations. C'était vraiment la plus belle maison de la rue. Il y avait à l'avant une invitante petite galerie et à l'arrière, au deuxième étage, un grand balcon nouvellement construit qui surplombait le jardin. Sur un des côtés de la propriété, une piscine était en voie de construction. À l'intérieur de la maison, au premier étage, on découvrait une salle à manger agrémentée d'assiettes décoratives dorées et de chandelles de toutes sortes. La cuisine était dotée d'un imposant comptoir en marbre noir. À l'étage supérieur, le bureau de Stadnick, avec ses bibliothèques aux rayons bien garnis, son ordinateur, son télécopieur, son scanneur et, bien entendu, sa déchiqueteuse, avec laquelle le Nomad détruisait tout document compromettant. Un peu plus loin, on aperçoit une salle de bain équipée d'un téléviseur intégré et d'une baignoire à remous. Au centre de la chambre principale – qui était peinte aux couleurs des Hells, en rouge et blanc – trônait un lit à colonnes. Le plancher de la chambre était en bois franc et la vaste penderie abritait une quantité astronomique de boîtes de chaussures.

« Comment un gars comme Stadnick, qui n'a jamais travaillé de sa vie, fait-il pour se payer une belle petite maison à Hamilton, un appartement à Montréal et un autre à Winnipeg ? se demandait un policier de l'Ontario. Il voyage partout dans le monde, se paie des complets Armani… Comment s'y prend-il ? »

Excellente question.

Stephan Frankel est l'affable avocat du centre-ville de Hamilton qui, depuis 1979, s'occupe des affaires juridiques de Stadnick. « Je ne le conseille pas au criminel, dit Frankel, mais plutôt sur le plan des affaires – immobilier, droit corporatif, ce genre de choses. Je me suis toujours bien entendu avec Walter, ça, c'est sûr. C'est un client très intelligent, mais aussi très compréhensif, très coopératif. Il a toujours eu une vue d'ensemble des choses. »

« Mais qu'est-ce que votre client fait, au juste, pour gagner sa vie ? », avons-nous demandé à Frankel. Ce à quoi l'avocat répondit : « Qu'est-ce que fait Walter dans la vie ? Ça, je l'ignore. Je ne le sais vraiment pas. En fait, je ne le lui ai jamais demandé. Ce n'était pas quelque chose que j'avais besoin de savoir. Et il n'y a rien de bizarre là-dedans. Walter est finalement un type très secret, très réservé. »

Secret, peut-être… mais réservé ? Lorsqu'il était à Hamilton, Stadnick se tenait presque toujours au Rebel Roadhouse, un bar situé à l'intersection de Upper Ottawa Street et de Fennel Avenue. Le nom de Stadnick n'apparaissait nulle part sur l'acte de propriété ; néanmoins, il en était en charge. « Il avait un bureau à l'arrière, affirmait un policier de Hamilton. Stadnick avait l'habitude d'amener les Hells qui étaient en visite à Hamilton au Rebel pour leur payer du bon temps. »

Le sergent John Harris admet que Stadnick n'avait pas son pareil pour contourner la loi. « Il était pratiquement impossible de le prendre en défaut, dit-il. C'était quelqu'un de très rusé, astucieux. Il connaissait le système à fond et il avait d'excellents avocats. Il aurait fallu une grosse organisation pour le coincer, pas seulement un simple corps policier. On ne pouvait vraiment rien laisser au hasard quand on avait affaire à lui. » Et c'était bien sûr dans l'ordre des choses. Faciliter la tâche de la police ne faisait manifestement pas partie des objectifs de Stadnick.

Par-delà ses responsabilités envers les Nomads à Montréal et envers ses protégés de Winnipeg, Stadnick entretenait un rêve ambitieux : s'approprier le territoire ontarien. Cette ambition était partagée par l'ensemble des Nomads, mais surtout par leurs membres anglophones, c'est-à-dire Stadnick, Stockford et Carroll. Durant cette période, les révélations que Dany Kane fera à la police montreront combien les Nomads étaient déterminés à imposer leur suprématie en Ontario. Le 20 février 1996, Stockford et Carroll se rencontrent à Saint-Sauveur. « Leur but est de prendre une grande partie du marché de la drogue à Toronto » de révéler Kane. Le week-end du 3 mai, Kane apprend à la GRC que Stockford a organisé une première livraison de drogue à Toronto. Une fois sur place, son courrier n'aurait qu'à composer le 416 554 0177, un numéro de téléavertisseur, puis entrerait soit le chiffre 1 s'il se trouvait au Holiday Inn sur Queensway, soit le 2 s'il était au Ramada Inn. Quelques minutes plus tard, quelqu'un viendrait chercher 4 kg de haschisch. Le courrier se rendrait ensuite au Tim Horton's de Bronte Road, composerait le 416 376 6118, puis le chiffre 17. Un cousin de Stockford se rendrait sur les lieux pour prendre livraison de 1 kg de cocaïne et de 1 000 pilules d'ecstasy.

Mais les Nomads ne ciblaient pas que Toronto. Le 29 novembre, Stockford expédiait 300 kg de hasch dans la région de Hamilton; deux mois plus tard, Stockford et Stadnick expédièrent 4 kg de cocaïne à Oshawa.

Les motards de l'Ontario ont très mal pris cette incursion des Hells Angels sur leur territoire. « Les Hells qui vivent en Ontario sont de plus en plus prudents » disait Kane. Selon l'informateur, un livreur de pizza aurait un jour sonné chez Pup Stockford; n'ayant pas commandé quoi que ce soit, le motard a refusé d'ouvrir. À la mi-novembre 1996, Stadnick racontera à ses confrères montréalais qu'il avait été victime d'une attaque des Outlaws. L'incident avait eu lieu à Hamilton. Stadnick était assis dans sa voiture, arrêté à un feu rouge. « Tout à coup, un énorme Outlaw descend d'une camionnette et l'empoigne pour le faire sortir de force de son auto » de dire Kane. Stadnick aurait repoussé son attaquant et pris la fuite – non sans remarquer qu'un second passager attendait dans la camionnette, revolver au poing.

Stadnick savait fort bien que les Outlaws seraient ses adversaires les plus féroces en Ontario. À l'instar de Stadnick, leur leader, Mario « The Wop » Parente, était originaire de Hamilton. Les Outlaws étaient établis au Canada depuis 1977; or, dès le début, ils avaient fait des pieds et des mains pour empêcher les Hells Angels de s'implanter en Ontario. Les Outlaws avaient eu plus de chance que les Hells dans cette province; ils étaient parvenus à y fonder une dizaine de chapitres.

En Ontario, la rivalité entre les Outlaws et les Hells Angels était légendaire. C'était les Outlaws qui, au milieu des années 1980, avaient projeté de faire sauter le Rebel Roadhouse, le bar de Stadnick, à l'aide d'un lance-roquettes. En 1983, à Wawa, Mario Parente avait fait feu sur un autobus de la ville qui comptait quelques Hells parmi ses passagers – c'était cet incident qui avait incité Stadnick à solliciter la protection de la police durant son hospitalisation.

Bien que Stadnick se soit efforcé d'entretenir de bonnes relations avec Parente, une alliance entre les Hells et les Outlaws demeurait improbable. Délaissant cette possibilité, Stadnick s'est concentré sur deux autres bandes qui étaient bien enracinées en Ontario : Satan's Choice et Para-Dice Riders. Par le passé, ces deux organisations s'étaient montrées plus réceptives que les Outlaws à l'éventualité d'une association avec les Hells Angels. Satan's Choice comptait quelque 80 membres dans des secteurs clés tels que Toronto et Kitchener-Waterloo, mais aussi dans le nord de l'Ontario, à Sudbury et Thunder Bay, où le marché de la drogue était en pleine expansion. Ses leaders étaient le genre d'hommes dont les Hells avaient besoin – des types du calibre d'André Wattel. Restaurateur prospère et président du chapitre de Kitchener, Wattel frayait volontiers avec les hommes d'affaires et les politiciens de la région. Et puis les membres des Satan's Choice avaient la réputation de ne pas s'en laisser imposer. En 1996, plusieurs d'entre eux avaient été inculpés pour avoir fait sauter une bombe dans le poste de police de Sudbury ; l'attentat avait causé plus de 130 000 $ de dommages.

L'autre club que Stadnick courtisait, les Para-Dice Riders, disposait lui aussi de tout un noyau de membres talentueux. « Les Para-Dice Riders et les Satan's Choice jouissaient tous deux d'une excellente réputation dans le monde des motards » d'expliquer George Coussens, un policier de Toronto qui était chargé de garder un œil sur les Para-Dice Riders. Les Riders étaient implantés dans la Ville Reine depuis le début des années 1960. À un moment, le club comptait quelque soixante-quinze membres et a dû se scinder en deux chapitres dont un était basé à Woodbridge et l'autre à Toronto. Les Para-Dice Riders étaient un mélange hétéroclite de motards « traditionnels », du genre qui trouve son bonheur dans la bière et les femmes, et de criminels plus entreprenants et sérieux. Un de leurs membres, Michael Elkins, était en prison pour homicide involontaire.

Steven « Tiger » Lindsay, qui était membre du club depuis 13 ans, était représentatif du Para-Dice Rider traditionnel. « C'est un gars énorme, dit Coussens, très intimidant. Il est très respecté des autres motards. » Mesurant plus de 1 m 80 et pesant dans les 105 kg, Lindsay était effectivement très imposant. Certains disaient qu'il avait l'air d'un Viking. Il gardait ses cheveux roux rasés sur les côtés, comme un Marine américain, et longs à l'arrière. Il avait au menton une longue barbiche pointue qui lui descendait jusqu'au milieu de la poitrine. Sa compagne et lui étaient propriétaires d'un bar à Woodbridge ; Lindsay travaillait par ailleurs au Red Pepper, un bar branché du centre-ville qui était très populaire auprès des Riders. Un de ses amis de l'époque dit de lui : «Tiger est un dur, un vrai. Il peut mater n'importe qui rien qu'en le regardant.» Nous verrons plus tard comment les manières rudes de Tiger Lindsay donneront lieu à un procès qui créera un précédent en mettant à l'épreuve le bien-fondé des lois antigang du Canada et en permettant de mieux définir, d'un point de vue légal, la nature criminelle des Hells Angels.

Mais le membre le plus prometteur des Para-Dice Riders était sans contredit Donny Petersen. Homme d'affaires accompli, Petersen allait se hisser jusqu'au sommet de la hiérarchie des Hells Angels en Ontario. Avec son allure gamine et ses cheveux clairs, le motard ne fait pas du tout ses 54 ans.

Petersen faisait partie des Para-Dice Riders depuis presque trois décennies. Il avait occupé plusieurs postes importants au sein de l'organisation, dont celui de vice-président. À l'époque où il portait les cheveux longs et répondait au sobriquet de «Sleaze», Petersen se bagarrait volontiers avec la police. «Je me souviens qu'il y avait eu une altercation entre les Riders et la police en 1996 parce qu'un de leurs membres avait été arrêté, raconte un policier qui était présent lors de l'incident. Donny avait été le premier à nous tenir tête. Il a toujours aimé braver les autorités, quoique aujourd'hui, il se retient ; il garde ce côté-là de lui en laisse.»

Petersen ne boit pas, ne fume pas et n'a pas de casier judiciaire. Sur son site Web, une biographie nous affirme qu'il a été travailleur social au début des années 1970 et qu'à ce titre il venait en aide à des individus ayant des problèmes de drogue.

En 1977, Petersen obtient son diplôme de mécanicien et ouvre un magasin et atelier de moto dans l'est de Toronto. Heavy Duty Cycles sera un franc succès et son propriétaire deviendra bientôt un auteur et professeur de mécanique de renommée internationale. Au printemps 1997, l'ambassade du Canada à Cuba invitera Petersen à donner une conférence à l'intention du Havana Harley Riders Club. Quelques mois plus tard, il deviendra le premier motard à prononcer un discours au prestigieux Empire Club de Toronto – où Ronald Reagan, Billy Graham et le Dalaï-Lama avaient précédemment pris la parole, de préciser le site Web des

Para-Dice Riders. Petersen y avait été convié parce que, à ce moment, il contestait devant la Cour d'appel de l'Ontario le fait que la police soumettait les motards à des contrôles routiers injustifiés. C'était le président de l'Empire lui-même, Gareth Seltzer, qui avait invité Petersen. Investisseur fortuné et grand amateur de Harley, Seltzer était fatigué de constamment se faire arrêter par la police lorsqu'il se baladait sur sa Harley Dyna Super Glide. D'autres sommités se sont jointes à Petersen à la table d'honneur ; parmi elles, Charles Dubin, qui était alors juge en chef de la Cour d'appel de l'Ontario, et Alan Borovoy, avocat général de l'Association canadienne des libertés civiles. L'allocution de Petersen fut bien accueillie.

Les Para-Dice Riders perdront leur cause à la Cour d'appel ; néanmoins, la renommée de Petersen ira en s'amplifiant. En février 2000, le ministère de la Formation et des Collèges et Universités de l'Ontario décide de procéder à une évaluation détaillée de ses programmes d'apprentissage en mécanique. Une commission est créée et Petersen sera choisi pour y siéger « en vertu de son expertise et de son expérience », selon les propres mots du ministre.

Parallèlement à ces réalisations « légitimes », Petersen veillera à l'avancement de sa carrière de motard. Or, celle-ci atteindra de nouveaux sommets grâce aux Hells Angels.

Il y avait quelques années déjà que les Hells courtisaient les Para-Dice Riders. Cal Broeker, un solide agent secret qui, à l'époque, avait infiltré le milieu des motards de Toronto pour le compte de la GRC, relate la situation : « Les Hells ont commencé à tourner autour des Riders durant l'été de 1998. Au printemps et à l'été de 1999, ils sont revenus et là, ils se sont faits plus insistants. Ils se promenaient partout dans Toronto en affichant leurs couleurs. » Broeker a beaucoup côtoyé les Riders, notamment dans leur bar préféré, le Red Pepper. « La plupart des Riders étaient très emballés du fait que les Hells Angels s'intéressaient à eux, raconte-t-il. Se joindre aux Hells, pour eux, c'était une occasion d'entrer dans les ligues majeures. Une occasion unique, quoi. »

Une alliance entre les Hells Angels et les Para-Dice Riders semblait donc inévitable. Il s'agirait peut-être d'une association plus libre où les Riders conserveraient leur indépendance, mais il était également possible que la bande ontarienne devienne un club-école des Hells. Personne ne savait exactement comment ou quand cela se passerait, cependant une chose restait certaine : le temps pressait. Il y avait plus de 10 ans que Stadnick courtisait les Satan's Choice et les Para-Dice Riders ; or, les Hells ne bénéficiaient toujours pas d'une présence officielle et soutenue en Ontario. Les Outlaws continuaient de leur donner du fil à retordre, mais le pire, c'était qu'un autre prétendant au territoire ontarien venait de se manifester, un prétendant que les Hells ne connaissaient que trop : les Rock Machine.

À la mi-juin 2000, les Rock Machine prendront tout le monde par surprise en établissant leurs deux premiers chapitres ontariens : un à Kingston, où la bande avait déjà une forte présence depuis un an ; et un autre à Toronto. Le chapitre de Toronto fit scandale du fait que neuf de ses membres étaient des Outlaws qui avaient changé de camp.

Les Rock Machine possédaient donc alors ce que les Hells Angels convoitaient depuis plus d'une décennie, en l'occurrence, un chapitre dans la ville la plus importante du Canada. Walter Stadnick se devait de réagir rapidement, sinon ses Hells ne parviendraient jamais à s'implanter de façon décisive en Ontario.

Lorsque, à la fin de l'année 2000, les Hells se décideront enfin à agir, ce sera avec une telle fougue et avec une telle audace que toute l'infrastructure des organisations criminelles et policières de l'Ontario – et même du Canada – s'en trouvera ébranlée.

CHAPITRE 9

Les ports d'entrée

*Les Hells Angels ont infiltré les opérations du port
à tous les niveaux. Dès qu'un navire accoste, ils sont parmi
les premiers à monter à bord. Ce sont eux qui déchargent
la marchandise, l'entreposent et la chargent sur les camions [...]
Ils occupent des postes clés qui leur permettent
de commettre des crimes.*
EXTRAIT D'UN RAPPORT DE LA POLICE DU PORT DE VANCOUVER (AOÛT 1994)

Gary Fotia a grandi juste à côté des quais du port de Vancouver. De la fenêtre de sa chambre, il pouvait voir les débardeurs s'affairer sous d'immenses grues orangées qui striaient l'horizon. À cette époque, le port était le théâtre de constantes bagarres ; les jeux de hasard illicites et la prostitution y étaient pratiqués librement. « Quand j'étais jeune, se rappelle Fotia, on avait deux choix de carrière : soit on allait dans la police, soit on devenait criminel. » Ayant travaillé sur les quais pour payer ses études, Fotia connaissait bien le milieu portuaire. « J'ai été témoin de tout ce qui se passait au port – les vols, l'intimidation, etc. »

À 25 ans, l'Italo-Canadien trapu, aux cheveux noirs et à la moustache touffue devient policier. Plus précisément, il entre dans la police de Ports Canada. Fotia sera bientôt promu au rang de sergent et sera chargé du service des enquêtes et des renseignements. D'emblée, il fera deux constatations : de un, le port de Vancouver est un véritable paradis pour la contrebande de la drogue ; de deux, les autorités portuaires se fichent complètement de cet état de choses. « Les grands boss du port nous mettaient constamment des bâtons dans les roues, dit Fotia. Ils m'avaient bien averti de ne pas interférer avec les activités commerciales du port. »

Chaque année, un million de conteneurs et un million de touristes en croisière passent par le port de Vancouver. C'est de loin le port le plus important au Canada. Des navires provenant de 90 nations y amènent pour 29 milliards de dollars en marchandises de toutes sortes – voitures, nourriture, appareils électroniques et… drogue. Entre 1987 et 1997, soit dans les 10 années qui ont précédé sa dissolution, la police de Ports Canada a saisi plus de 1,25 milliard de dollars en stupéfiants dans le port de Vancouver. Et ce n'était que la pointe de l'iceberg !

Les rapports de police de l'époque révèlent que ce sont les Hells Angels qui orchestrent l'importation d'une bonne part de ces drogues. À partir du début des années 1980 et tout au long des années 1990, les Hells se sont employés à infiltrer les ports de Vancouver, de Montréal et de Halifax en établissant un réseau complexe et tentaculaire de membres et d'associés. Les chefs de corporations et les politiciens qui ont autorité sur le port ferment les yeux sur les activités de ce réseau, ce qui fait qu'il jouit encore aujourd'hui d'une croissance continue.

Au début des années 1980, les Hells Angels comptent déjà quatre chapitres sur la côte Ouest canadienne. La bande domine alors le commerce de la cocaïne dans la région ainsi qu'une bonne partie de l'exportation d'une variété locale et particulièrement grisante de marijuana nommée « B. C. Bud ». Entre 1980 et l'an 2000, les effectifs des Hells de la Colombie-Britannique se verront quasiment doublés avec plus de soixante-dix membres et une trentaine de *prospects* et de *hangarounds* répartis dans sept chapitres.

Bien que Walter Stadnick ait fait quelques voyages sur la côte Ouest durant cette période, les Hells de la Colombie-Britannique, contrairement à leurs homologues de Halifax, du Manitoba et de l'Ontario, n'ont pas bénéficié d'une aide soutenue de la part de leurs confrères québécois pour mener à bien leur expansion. Mais les Hells de l'Ouest étaient bel et bien de la même engeance que leurs frères du Québec, puisqu'ils éliminaient ceux qui faisaient entrave à leur avancée en usant des mêmes stratégies barbares, en faisant preuve de la même implacabilité. Le sergent Larry Butler, qui dirige l'Unité de lutte contre les bandes de motards hors-la-loi de la police de Vancouver, a ceci à dire des Hells du coin : « Les gars d'ici ont démontré qu'ils pouvaient aller aussi loin que leurs confrères des provinces de l'Est. Ils font sauter des voitures piégées dans les rues de la ville sans égard pour la sécurité d'innocents citoyens. Pour eux, ça fait partie des impératifs du métier. »

Butler sait quelque chose des tactiques sanguinaires des Hells Angels. À l'automne 1993, il a surveillé pendant plusieurs jours un tueur à gages que les Hells avaient engagé pour éliminer une bande rivale, les Russians. « À tous les jours, on voyait ce gars-là charger ses pistolets et ses fusils et partir à la chasse » raconte Butler. La police savait pertinemment ce que faisait cet homme ; toutefois, elle ne pouvait l'arrêter sans nuire à un de ses plus importants informateurs. Les armes du tueur ont finalement été saisies, mais aucune accusation ne fut portée contre lui.

La guerre entre les Hells et les Russians avait pour objet le contrôle du commerce de la cocaïne à Vancouver. Au bout du compte, les Hells l'emporteront grâce à une série d'exécutions et d'attentats à la bombe, mais aussi parce qu'ils contrôlaient déjà les ports de la côte Ouest. À cette époque, le chef de la police des ports à Vancouver était un Britannique du nom de Mike Toddington, un homme tatillon qui, comme bon nombre de ses compatriotes, était obsédé par le respect des règles et des formalités.

Travaillant de concert avec diverses forces policières, Fotia et Toddington ont recueilli et compilé une véritable montagne de dossiers relatifs aux activités criminelles du port. En août 1994, un premier rapport révèle l'existence d'une « industrie d'importation de drogue de plus de un milliard de dollars ». Et au cœur même de cette industrie, il y avait les Hells. « Les Hells Angels ont infiltré les opérations du port à tous les niveaux, affirmait le rapport. Dès qu'un navire accoste, ils sont parmi les premiers à monter à bord. Ce sont eux qui déchargent la marchandise, l'entreposent et la chargent sur les camions. Ce sont également eux qui remplissent tous les documents nécessaires à la livraison de cette marchandise. » Les rangs du plus important syndicat de dockers et d'employés d'entrepôt de Vancouver, la ILWU (International Longshore and Warehouse Union), « sont infestés de membres et de sympathisants des Hells Angels. Ils occupent des postes clés qui leur permettent de commettre des crimes », de préciser le rapport.

Parmi les membres accrédités de la ILWU, la police a trouvé 10 membres à part entière des Hells Angels ainsi qu'une trentaine d'associés. Le chapitre de l'est de Vancouver comptait le plus grand nombre de travailleurs portuaires, ce qui n'avait rien d'étonnant compte tenu qu'il avait toujours trempé dans la contrebande de drogue et que son territoire se trouvait à proximité du port. Les dossiers de la police indiquent qu'il y avait en 1994 pas moins de 16 membres ou associés du chapitre de l'Est qui détenaient une carte de membre de la ILWU – dont John Bryce, le président du chapitre. Ernie Ozolins, le leader du chapitre de Haney, était membre inactif de l'union. Dans certains cas, une accréditation de l'union n'était qu'un moyen d'avoir accès aux navires et aux installations portuaires ; cependant, il faut préciser que plusieurs de ces Hells travaillaient réellement au port ; certains avaient même une vingtaine d'années d'expérience. Robert Robinson et Al Debruyn, deux Hells du chapitre de White Rock, étaient tous deux chefs de main au port Roberts Banks à Delta, au sud de Vancouver. Debruyn, qui avait porté ses couleurs à la cérémonie d'inauguration des travaux du nouveau port, avait un frère grutier aux docks de Surrey ; un autre de ses frères était agent syndical pour la ILWU, ce qui lui donnait libre accès à tous les ports de la province. « Les postes qu'occupent les Hells et leurs associés leur permettent de transporter n'importe quoi, n'importe où » d'affirmer Gary Fotia. Les rapports de la police indiquent que certains Hells occupaient même des postes administratifs, ce qui leur donnait accès aux instructions et consignes d'embarquement et de débarquement. Ceux qui travaillaient comme conducteurs de pelle-chargeuse ou répartiteurs contrôlaient le mouvement du fret, tandis que ceux qui, comme Robinson et Debruyn, avaient la charge d'une équipe, contrôlaient le mouvement des effectifs. « Ils utilisent les gars qui travaillent pour eux pour placer les conteneurs qui contiennent de la drogue à des endroits stratégiques » dit Toddington.

Normalement, les autorités portuaires ne vérifient que 3 p. 100 des conteneurs arrivant au pays. Contrebandiers et trafiquants ont donc la tâche facile. Libres d'agir à leur guise, les motards ont mis sur pied dans les ports du Canada une opération sophistiquée qui leur permet de superviser et d'orchestrer avec précision les déplacements de leur marchandise, de son arrivée au port à son chargement dans le véhicule de leur choix. Voici comment cela fonctionne. Tout d'abord, les motards qui travaillent sur les quais sont informés de l'emplacement de la drogue ; ils savent donc à l'avance dans quel navire et dans quel conteneur elle se trouve. Une fois que le navire en question a accosté, le chef de main – qui est soit un Hells, soit un associé – rassemble une équipe de complices pour assurer le déchargement. Cette équipe comprendra un grutier, un conducteur de pelle-chargeuse et un conducteur de camion-plateau. Le conteneur renfermant la drogue est placé à l'écart des autres – dans un coin isolé d'un entrepôt, par exemple – et lorsqu'il est prêt à être chargé, les motards l'amènent à hauteur du panneau arrière du camion de livraison. Le conteneur est ensuite ouvert et la drogue retirée. À l'intérieur d'un des sacs de drogue se trouvent des sceaux pour remplacer ceux qui ont été brisés à l'ouverture du conteneur. Les contrebandiers n'ont plus qu'à refermer la porte, à apposer les sceaux de rechange, et voilà : ni vu ni connu ! « Cela se passe très rapidement et, pour l'observateur, tout semble normal » de dire Gary Fotia.

Le long du littoral de la Colombie-Britannique, l'activité portuaire s'étend sur quelque 220 km. La surveillance d'un tel territoire représentait une tâche colossale pour Toddington et son équipe – surtout que, en 1996, la police des ports ne disposait que de 29 agents alors qu'elle en comptait 42 quelque 10 années auparavant. Les policiers faisaient en outre l'objet de constantes menaces. « Toutes sortes d' "accidents" sont arrivés à ceux qui cherchaient à entraver les activités des motards, raconte Toddington. On leur a "échappé" des boîtes sur la tête, certains sont "tombés" dans la cale d'un navire, ce genre de choses. »

Les policiers s'attendaient, bien sûr, à ce genre de harcèlement de la part de l'élément criminel ; par contre, ils n'étaient pas préparés à l'indifférence et à la négligence crasse des hommes d'affaires qui dirigeaient le port. Dans les années qui suivront, Toddington et ses hommes tenteront d'alerter à maintes reprises les grands patrons du port quant aux activités criminelles des Hells Angels. Le 1er juin 1995, Toddington s'entretiendra à ce sujet avec Bob Wilds, président de la British Columbia Maritime Employers

211

Association – le groupement chargé d'engager les travailleurs portuaires. Quatre mois plus tard, lors d'un dîner du conseil d'administration de la Vancouver Ports Corporation (VPC), Wilds admettra que les Hells Angels sont un problème. Un mémo de la police rapporte cette courte conversation entre Wilds et un autre membre du conseil :

« Les Hells ont même infiltré notre main-d'œuvre, dit Wilds.

— Les Hells Angels ? de s'exclamer avec incrédulité son interlocuteur.

— Oui.

— Est-ce qu'ils occupent des postes d'influence ?

— Absolument, de répliquer Wilds.

Publiquement, les hautes instances portuaires nieront cependant qu'il y avait un problème. Aucune loi, aucune règle n'était enfreinte au port de Vancouver, affirmeront-elles. Ce déni s'explique sans doute par le fait que, pour Ottawa, la sécurité se trouve tout en bas de l'échelle des priorités. Cet état de choses deviendra manifeste lorsque le gouvernement fédéral décidera de dissoudre la police des ports sous prétexte qu'il allait ainsi réaliser une économie de 10 millions de dollars par année. À l'avenir, d'annoncer le gouvernement, les corporations qui opèrent dans le port devront payer pour leur propre sécurité en engageant des policiers des forces locales, de la GRC ou d'autres organismes. Le démantèlement fut annoncé en 1995 et, deux ans plus tard, en dépit des protestations réitérées des corps policiers, des conseillers fédéraux et des gouvernements provinciaux, la police des ports n'était plus.

À Montréal, ville où le réseau de drogue des Hells Angels était à son plus fort, les autorités portuaires souffraient du même aveuglement que leurs homologues de l'Ouest. Dominic Taddeo, président-directeur général de l'Administration portuaire de Montréal, nie toute infiltration du crime organisé dans le port de la métropole. « Ces choses-là ne se passent pas à Montréal, affirmera-t-il en 1998, lors d'une conférence de presse. La sécurité dans nos terminaux est excellente. »

Cette déclaration de Taddeo était pour le moins étonnante, compte tenu que l'un des plus gros caïds du crime organisé montréalais, Gerry Matticks, figurait sur la liste des employés du port.

Selon le commandant André Bouchard : «Y a rien qui sort des quais sans l'approbation de Matticks. Comment que Taddeo fait pour dire aux médias que le crime organisé est pas dans le port? Y est-tu aveugle?»

Né en 1940, Gerry Matticks est le dernier-né d'une famille de 14 enfants. Comme la plupart des familles irlandaises pauvres de l'île de Montréal, les Matticks vivent à Pointe-Saint-Charles. Dans sa jeunesse, Gerry se joindra à la mafia irlandaise – la «West End Gang» –, un groupement vaguement organisé de truands qui, tout en conservant son indépendance, était parvenu à former des alliances avec les motards et avec la mafia italienne. Au cours des années 1970, à l'occasion d'une commission d'enquête sur le crime organisé, Gerry Matticks et ses frères seront identifiés comme étant les leaders d'un vaste réseau de vol de camions de viande. Matticks ne deviendra toutefois un criminel de grande envergure que lorsqu'il prendra le contrôle du port de Montréal. La plupart des pointeurs qui contrôlent le débarquement des conteneurs dans le port ont obtenu leur emploi grâce à Gerry; et, tout comme les Matticks, ces hommes sont originaires de Pointe-Saint-Charles. Même le fils de Gerry, Donovan, travaille au port comme pointeur. «Je connais beaucoup de gens qui travaillent sur les quais, d'affirmer Kevin McGarr, un ancien détective montréalais qui avait pour mission de démanteler la West End Gang. La plupart d'entre eux ont eu leur job à cause de Matticks. C'est lui qui contrôle les pointeurs.»

Comme tous les plus grands caïds du crime organisé, Matticks n'a jamais renié ses racines… et il savait comment acheter la loyauté de ses compatriotes. «Il a un petit côté Robin des Bois, dénote McGarr. Gerry Matticks était un personnage mythique à Pointe-Saint-Charles. Si on apprenait qu'un camion qui transportait des jambons avait été volé, on pouvait être sûr que tout le monde à Pointe-Saint-Charles mangerait du jambon cette semaine-là. Si un de ses pointeurs passait au feu dans le temps des Fêtes, Matticks s'organisait pour que les enfants aient des cadeaux et que toute la famille ait de quoi manger pour le réveillon. Il s'occupait des siens, et c'est pour ça que personne ne voulait le dénoncer.»

En dépit de toutes ces bonnes actions, Matticks n'avait rien d'un saint. Il affirmait aux journalistes qu'il n'aimait pas la drogue, qu'aucune drogue n'était tolérée au Mickey's, le bar country dont il était propriétaire, mais ce qu'il ne disait pas, c'était qu'il réalisait des profits fabuleux en important des stupéfiants. Matticks avait accroché sur un mur du Mickey's une photo de Marlon Brando provenant du film *Sur les quais*. Dans ce grand classique du cinéma américain, Brando joue un jeune débardeur qui triomphe des criminels qui contrôlent l'union des dockers. Matticks, lui, n'avait aucun adversaire de ce genre pour lui mettre des bâtons dans les roues ; il régnait en maître sur le port de Montréal.

La moitié des marchandises qui arrivent au port de Montréal arrivent par conteneur. Or, bien que ses activités aient été concentrées au terminal Termont, Matticks avait des effectifs dans les quatre principaux terminaux. Un petit groupe d'hommes suffisait à assurer le bon fonctionnement des opérations. Il fallait tout d'abord que quelqu'un ait accès aux instructions d'expédition ; puis, un pointeur devait être informé du numéro du conteneur. Même sans numéro de conteneur, il était possible de se débrouiller. Kevin McGarr explique la procédure : « Supposons que vous attendez une cargaison de drogue en provenance du Pakistan via l'Asie et les Pays-Bas. Votre bateau quitte Peshawar et, à Singapour, quelqu'un prend un polaroïd de votre conteneur. On vous expédie la photo, vous la donnez à Matticks et lui, il dit à ses hommes : "Il n'y a pas de papiers pour celui-là. Quand vous le débarquerez, mettez-le de côté." C'est aussi simple que ça. »

Même les grèves n'empêchaient pas Matticks de brasser des affaires. À l'automne 2000, durant la grève des camionneurs, les piqueteurs ont laissé passer un camion qui, apparemment, transportait du chocolat belge. En fouillant le véhicule, la police découvrira une tonne de haschisch.

Matticks faisait affaire avec tout le monde : les Italiens, les Russes, les Asiatiques… et les motards. En 1997, son frère Richard écopera d'une peine de trois ans pour avoir vendu plusieurs kilos de cocaïne, à raison de 39 000 $ le kilo, au leader des Rock Machine, Giovanni Cazzetta. À un point particulièrement chaud de la guerre des motards, les Rock Machine ont demandé à Gerry Matticks d'entamer des pourparlers avec les Hells Angels dans le but de rétablir la paix. C'est à ce moment que Matticks se liera d'amitié avec Mom Boucher. Les archives judiciaires démontrent que Matticks avait garanti l'hypothèque du domaine de Boucher à Contrecœur. Faisant référence au commerce de viande de Matticks, Boucher l'avait surnommé « Bœuf ». Bœuf était également le nom de code qu'utilisaient les Nomads dans leur banque de données pour identifier le compte bancaire de Matticks.

Tout comme à Vancouver, la cocaïne était très populaire à Montréal. Cela dit, la métropole québécoise se distinguait du fait qu'elle était l'un des marchés de haschisch les plus importants au monde. Des 200 ou 250 tonnes de hasch qui sont exportées chaque année, 75 tonnes aboutissent au Québec. Matticks faisait des affaires d'or en vendant du haschisch aux Hells Angels ; à Montréal, il pouvait revendre entre 4 500 $ et 5 000 $ un kilo de hasch qu'il avait payé 200 $ en Afghanistan. Plutôt que d'être payé en argent comptant, Matticks préférait garder une partie de la marchandise – entre 25 et 30 p. 100 de la commande totale – en guise de paiement. Même qu'il revendait parfois sa part de drogue aux Hells ! La police estimera qu'à un certain moment les Hells devaient 7 millions de dollars à Matticks.

Criminel riche, puissant et influent, Gerry Matticks se jouait des autorités avec une aisance déconcertante. Il ne sera condamné par les tribunaux qu'à une seule occasion, en 1989, pour détournement de camion ; il aura alors à payer une amende de 10 000 $ et passera 90 jours derrière les barreaux. En 1972, Gerry et son frère John seront traduits en justice pour tentative de meurtre. La victime prétendait que les deux frères avaient essayé de la supprimer parce qu'ils soupçonnaient qu'elle allait les dénoncer aux autorités portuaires. Trois témoins, dont un membre du clan Matticks, soutiendront que Gerry Matticks était dans un bar avec eux au moment de l'incident. L'accusé sera acquitté. En 1994, Matticks sera accusé d'avoir importé des tonnes de haschisch dans le port de Montréal ; le tribunal le relâchera après avoir établi que la Sûreté du Québec avait fabriqué des preuves. Bien que la police ait été au courant de ses activités, Matticks demeurait insaisissable. « On savait ce qu'il faisait et on savait qui il contrôlait, affirmait Sidney Peckford, le directeur national de la police des ports. Nos services de renseignements nous fournissaient des tas de rapports à ce sujet. »

Dominic Taddeo, le grand patron du port, était seul à soutenir qu'il ignorait tout des activités de Matticks. « Sans vouloir me laver les mains de mes responsabilités, dit-il, je dois dire que ce sont les unions qui décident qui elles veulent engager. Nous, on n'a rien à voir là-dedans. »

Le troisième port de prédilection pour les trafiquants et contre-bandiers canadiens était celui de Halifax. Chaque année, plus de 500 000 conteneurs passent par l'un des deux terminaux du port de Halifax. Depuis 1991, policiers et douaniers ont saisi pour près de 2,5 milliards de dollars de drogue dans ce port. Tous les moyens étaient bons pour cacher la drogue : elle était tantôt camouflée dans une cargaison de vin, tantôt dissimulée dans des boîtes de conserve qui étaient censées contenir de l'ananas ; la police a même trouvé de la drogue cachée dans des contenants d'huile à moteur et dans des barils de cornichons en provenance de l'Iran.

La Nouvelle-Écosse était le port d'entrée idéal pour les tonnes de cocaïne qui alimentaient le réseau de distribution de Mom Boucher. C'était Wolf Carroll et les Nomads – et non le chapitre de Halifax – qui orchestraient l'importation de la drogue. À Halifax, les Hells locaux ne travaillaient pas sur les quais comme c'était le cas en Colombie-Britannique ; pour assurer le débarquement et l'acheminement de la drogue sur la côte Est, les Nomads avaient plutôt recours à des parents, amis et associés. Selon Sidney Peckford, qui avait été chef de la police du port de Halifax pendant huit ans avant d'être nommé directeur national de la police des ports, les liens entre les complices des Hells et les Nomads étaient particulièrement intimidants. « Je les connaissais tous, dit-il, je connaissais leur visage et je savais dans quel genre de manigances ils étaient impliqués. Mais personne n'osait se mêler de leurs affaires. On savait que si on intervenait, il y aurait des représailles. »

En 1993, Peckford fut remplacé à Halifax par Bruce Brine, un colosse de 1 m 82 au crâne dégarni, aux sourcils touffus et au sourire avenant. Brine avait 22 ans d'expérience dans la police des ports ; or, il n'avait aucune intention de jouer le jeu des grands patrons du port. « Politiquement, j'étais très naïf, admet-il. Je pensais qu'au port un policier pouvait s'acquitter de ses tâches efficacement et de façon honorable. Inutile de vous dire que j'ai vite déchanté. »

Peu après sa nomination, Brine commencera à collaborer avec Eric Mott, un policier qui s'était donné pour mission de surveiller certains individus qui travaillaient sur les quais. Grâce à des dossiers fournis par les services de surveillance et de renseignements de la police, Mott avait dressé un organigramme dans lequel les employés du port étaient situés relativement à leur cercle d'influence et à leurs connexions. L'un de ces cercles d'influence avait en son centre Paul Arthur, un grutier. Sur le diagramme de Mott, Arthur était lié à plusieurs autres employés, notamment à un certain Robert Langille. Dix ans plus tard, Arthur et Langille seront arrêtés dans l'une des plus importantes saisies de drogue jamais réalisées sur la côte Est. Mais, pour l'instant, personne ne prêtait attention aux avertissements de Bruce Brine et Eric Mott.

L'organigramme de Mott faisait mention d'autres individus qui étaient potentiellement impliqués dans la contrebande de la drogue au port de Halifax : Brian Dempsey, un associé des Hells Angels, qui sera plus tard condamné pour trafic ; Patty Holmes, un acconier et grutier qui était un ami de l'ex-Hells et revendeur de drogue Randy Mersereau ; Gary Novelli, qui n'avait pas de casier judiciaire mais était l'oncle de l'épouse de Mike McCrea, le chef des Hells de Halifax ; et Derrick Paul Slaunwhite, un acconier qui avait été condamné pour recel et sera assassiné pour une affaire de drogue.

Tous ces liens criminels inquiétaient Mott et Brine au plus haut point. Leurs supérieurs, en revanche, ne partageaient pas leurs craintes. Mott se souvient d'une conversation qu'il avait eue à l'été 1994 avec David Bellefontaine, qui était alors président de l'Administration portuaire de Halifax. « Bruce Brine veut faire le travail de la police, dit Bellefontaine avec hauteur. Il se prend vraiment pour un policier.

— Mais, on est des policiers, de répliquer Mott.

— Je sais bien que vous êtes des policiers, mais on ne s'attend pas à ce que vous fassiez tout ce travail supplémentaire. Ici, on n'a pas vraiment besoin de police, on a seulement besoin d'une surveillance minimum. »

Mais l'inimitié entre Brine et ses supérieurs tire véritablement son origine d'un incident impliquant la compagnie de nettoyage engagée par les autorités du port. La propriétaire de l'entreprise avait libre accès aux bureaux des compagnies portuaires ainsi qu'aux bureaux de la police du port; or, bien qu'elle n'avait pas de casier judiciaire, elle faisait partie depuis plusieurs années du cercle des motards. « Elle a grandi avec ces gars-là, dit Eric Mott. Elle est leur amie. » Qui plus est, une amie et employée de la dame en question était la concubine de Clay McCrea, le frère du président des Hells de Halifax. Brine discuta de ce problème de sécurité avec ses supérieurs, mais ceux-ci n'en firent pas de cas. Brine parvint néanmoins à bannir l'entreprise de nettoyage des bureaux de la police du port.

Le temps venu de renouveler le contrat de nettoyage, l'administration du port a annoncé à la propriétaire de la compagnie qu'elle ne pouvait lui accorder le certificat de sécurité qui l'aurait autorisée à travailler sur les lieux. Furieuse, la propriétaire intentera une poursuite et obtiendra un règlement hors cour.

L'incident contribuera à envenimer les relations entre Brine et les autorités portuaires. Même Sid Peckford, le président national de la police des ports, estime que Brine était allé trop loin. « Il a fait de ça une affaire personnelle, dit-il, et il a eu tort. Un policier ne doit pas s'attarder à ce genre de détails-là. »

Peckford et les autorités portuaires de Halifax seront encore moins enchantés de la prochaine cible de Bruce Brine et Eric Mott. Debbie Milton travaillait pour Protos Shipping, l'une des plus grosses compagnies de transport commercial du port. Elle avait été mariée à Robbie Milton, un ancien Hells Angels qui avait été l'un des membres fondateurs du chapitre de Halifax. Cocaïnomane invétéré, Milton avait perdu ses couleurs en 1988. La police disait cependant qu'il n'avait pas coupé tous les ponts avec ses anciens compagnons. Debbie n'était plus avec son mari; toutefois, la police des ports avait eu vent qu'elle était une amie intime de la femme de Wolf Carroll. En 1995, à la suite de sa séparation avec Robbie Milton, Debbie s'était amourachée de Laurence Coady, un agent maritime qui, quelque temps plus tard, allait être impliqué dans une importante affaire de trafic. « C'est vrai que tu es avec Debbie? lui avait demandé Mott.

— Ouais. J'suis content : elle a fait une croix sur son passé.

— Elle ne fera jamais une croix sur son passé, prophétisa le policier. Tu ferais bien de ne pas t'engager sur cette voie-là, prends-en ma parole. »

Comme de fait, quelques mois plus tard, Coady annonçait à Mott que Wolf Carroll était resté une semaine entière en visite chez Debbie. « Hé, j'ai failli chier dans mes culottes ! de s'exclamer Coady. J'étais chez elle, ça cogne à la porte, je vais ouvrir et qui est là ? Wolf Carroll ! »

Pour Mott et Brine, ce qu'il y avait de troublant dans toute cette histoire, c'était que Debbie Milton s'était liée d'amitié avec plusieurs administrateurs du port, mais aussi avec leur propre patron, Sidney Peckford. Deux membres de la police des ports avaient confirmé le fait que Milton et Peckford entretenaient des relations amicales depuis plusieurs années. Peckford, pour sa part, soutenait qu'il n'y avait pas là de quoi s'inquiéter. « Je crois que j'ai entendu ce nom-là quelque part, dira-t-il au sujet de Milton. Il est possible que je l'aie rencontrée dans une réception, je ne sais trop. Je me souviens de son nom, mais je ne pourrais pas vous dire de quoi elle a l'air. » Lorsque nous avons demandé à Peckford ce qu'il pensait de la relation qu'entretenait Debbie Milton avec Wolf Carroll, il a répondu : « Bon, elle reçoit des amis chez elle... que voulez-vous que j'y fasse ? Est-ce qu'il faudrait l'empêcher de travailler pour une compagnie de transport à cause de ça ? »

Certains criaient peut-être à l'insubordination et à l'ingérence mais, au bout du compte, Bruce Brine ne faisait que s'acquitter efficacement et méthodiquement de son travail de policier. On lui accordera en 1994 le prix du Gouverneur général pour services distingués ; cela dit, Brine payait chèrement son dévouement : il consultait un spécialiste en stress depuis 1993 et, en 1995, il fut hospitalisé parce qu'il souffrait de problèmes cardiaques causés par la tension. Quelque temps plus tard, il fera une sérieuse dépression nerveuse. Alors qu'il était au plus bas, ses supérieurs lui porteront le coup de grâce en le congédiant pour « juste motif », révoquant du même coup sa pension et son assurance médicale. Puis ils se sont ravisés et ont consenti à changer la raison de son licenciement pour « indiscipline ». Brine mettra néanmoins deux ans à recouvrer tous ses avantages sociaux.

En septembre 1997, estimant que son congédiement constituait une entrave à la justice, Brine demandera à la GRC de mener une commission d'enquête. Un an plus tard, à la suite d'une investigation peu exhaustive, la GRC déclare que les allégations de Brine sont sans fondement.

Un enquêteur de la GRC s'était entretenu à trois reprises avec Eric Mott, l'officier en charge de la division des renseignements criminels de la police du port de Halifax. Mott, qui travaillait pour Brine, a confirmé que son supérieur et lui avaient bel et bien fait enquête sur le crime organisé dans le port. « C'est évident qu'il y a eu des enquêtes, affirmait Mott, c'est moi qui les ai faites ! »

De son côté, Brine avait amassé une quantité impressionnante d'informations prouvant qu'il avait été renvoyé parce qu'il enquêtait sur le crime organisé. Richard Godin, un ancien haut fonctionnaire qui travaillait à la direction du personnel à Ottawa, se souvient que le chef national de la police des ports, Sid Peckford, lui avait dit que « Brine ne sait pas quand s'arrêter » et que ses enquêtes visant les activités des motards au port de Halifax « lui attirent bien des ennuis à cause de plaintes émises par les autorités du port et par d'autres personnes influentes ».

En dépit de ces preuves et témoignages, la GRC continue de soutenir qu'aucune « preuve indépendante » ne démontre que Brine et ses hommes ont procédé aux enquêtes qui, aux dires de Brine, ont mené à son licenciement. Le policier maintient par ailleurs que, pendant que se tramait la dissolution de la police des ports, la corporation qui administre le port a donné une « prime » de 10 000 $ à Peckford. En effet, les documents officiels du port mentionnent que Peckford avait reçu cette gratification parce qu'il était un « candidat éligible ». La GRC a conclu que « la prime a été autorisée dans les règles ». De son propre aveu, Peckford considère la somme comme faisant partie d'une « augmentation de salaire » et il soutient que, contrairement à ce qu'affirme Brine, cet argent n'était pas destiné à acheter son silence concernant les raisons de l'abolition de la police des ports.

«Je ne pouvais pas faire de déclarations publiques à l'époque, de dire Peckford depuis sa résidence de Orleans en Ontario. Si j'avais parlé, cela aurait signifié la fin de ma carrière.»

Brine fut le premier commandant de la police des ports à être congédié, mais il ne sera pas le dernier. À Vancouver, Mike Toddington allait lui aussi perdre son poste, prétendument pour excès de zèle.

Comme ce fut le cas avec Brine, les problèmes de Toddington commenceront lorsqu'il signalera une brèche de sécurité potentielle à ses supérieurs. Et, encore une fois, ce sera une femme qui sera en cause.

La dame en question travaillait depuis 18 ans pour la Vancouver Ports Corporation (VPC) ; or, elle était la cousine d'un membre des Hells Angels. Normalement, la chose n'aurait pas posé problème, mais Toddington a commencé à s'inquiéter quand cette dame a accédé, en 1994, au poste de réceptionniste pour le président de la VPC, Ron Longstaffe. Toddington a demandé à ce que la nouvelle réceptionniste fasse l'objet d'une enquête de sécurité, ce qui était une procédure standard, compte tenu qu'elle aurait désormais accès à de l'information délicate et confidentielle. La requête du policier fut rejetée par la VPC.

La police des ports a alors décidé de mener sa propre enquête. À deux reprises, l'intéressée, suivie à son insu par les policiers, se rendra à une résidence de Burnaby qui avait la réputation d'être une fumerie de crack – chose que la GRC n'avait jamais pu corroborer. Des prélèvements effectués sur la voiture de la femme ont indiqué qu'il y avait là des traces de cocaïne ; un test subséquent fait à partir du permis de conduire de la dame a donné les mêmes résultats. «Cela nous suffisait» d'affirmer Toddington. Le 17 janvier 1997 à 15 h 20, il se rendra au bureau de Norman Stark, un ancien chef de la police des ports qui avait été nommé gérant du port de Vancouver. «Nous savons qu'elle consomme de la drogue et que certains membres de sa famille font partie d'une organisation criminelle, dira-t-il à Stark. Vous avez un problème… Cette employée représente un risque de sécurité élevé.» Après avoir souligné que la question était du ressort du bureau du personnel, Stark s'est inquiété du fait que la réceptionniste pouvait porter plainte pour harcèlement professionnel si des mesures étaient prises contre elle.

Le 4 mars à 15 h, Toddington recevait un appel de Sid Peckford, son supérieur à Ottawa. Peckford lui enjoignait de fermer le dossier. « Classe l'affaire et fais une croix dessus » avait-il dit. Toddington avait d'abord acquiescé, puis, après avoir raccroché, il s'était dit qu'il y avait dans tout ça quelque chose de pas très net. Il remettra le dossier de l'affaire entre les mains de Gary Fotia, le sergent en charge du service des renseignements de la police du port. Fotia était un des rares hommes à qui Toddington faisait pleinement confiance. « En ce qui nous concerne, dit Toddington, l'enquête continue. »

Quinze jours plus tard, la VPC congédiait Toddington. L'organisme prétendait que cette mesure s'inscrivait dans le démantèlement de la police des ports, qui était prévu pour juillet de la même année, mais Toddington n'était pas dupe. Il poursuivra la VPC pour renvoi injustifié.

Maintenant que la VPC s'était débarrassée de leur chef, les policiers du port savaient que leurs jours étaient comptés. « C'est devenu pour nous une véritable course contre la montre, se rappelle Fotia. En fin de compte, nous n'avons pas eu le temps de boucler nos enquêtes, ce qui fait que personne ne peut dire jusqu'à quel point le crime organisé contrôle le port de Vancouver. »

Fotia et ses collègues n'étaient pas forcément opposés à l'abolition de la police des ports. Tout ce qu'ils demandaient, c'était que leur savoir et leur expérience soient mis à la disposition de ceux qui allaient leur succéder. Fotia proposa à la VPC de former une section policière spéciale qui serait composée de vétérans de la police des ports; cette section aurait pour mandat de fournir des renseignements pertinents à la GRC et aux autres forces policières qui assureraient la sécurité dans le port. Les autorités portuaires rejetèrent évidemment le projet.

Lorsque la police des ports sera officiellement dissoute en juillet 1997, le gouvernement fera disparaître tous ses dossiers. « Mes collègues à Ottawa me disent qu'on leur a ordonné de détruire des dossiers qui, selon eux, ne devraient pas être détruits » de dire Toddington avec dépit.

Un mois avant l'abolition de la police des ports, Eric Mott, l'enquêteur de Halifax qui avait travaillé sur de nombreuses affaires avec le surintendant Bruce Brine, a été suspendu pour avoir déclaré aux médias que tous les dossiers de son organisme avaient disparu. « On en avait trois tiroirs pleins ! » avait-il précisé. Un premier tiroir était rempli à ras bord de dossiers actifs ; le deuxième tiroir contenait des dossiers du service de renseignements ; et le dernier tiroir renfermait divers dossiers de police. Mott avait vérifié les antécédents de plus de 7 000 individus qui avaient travaillé au port de Halifax au cours des 10 années précédentes. Les résultats de cette recherche étaient stupéfiants : 75 p. 100 de ces personnes avaient un casier judiciaire et avaient fait face à de sérieuses accusations – viol, fraude, vol, homicide involontaire, etc.

Maintenant, subitement, tous ces dossiers s'étaient volatilisés.

Dix ans plus tard, trois des individus sur lesquels la police du port de Halifax avait enquêté seront arrêtés dans une saisie de drogue de plusieurs millions de dollars.

Le gouvernement et les autorités portuaires avaient vraiment là une curieuse façon de combattre le crime : d'un côté, on permettait aux Hells Angels de continuer de travailler sur les quais ; de l'autre, on congédiait tous les policiers qui assuraient la sécurité des ports canadiens. Qui plus est, les surintendants qui s'étaient attaqués au crime organisé avec le plus de virulence – Bruce Brine à Halifax et Mike Toddington à Vancouver – avaient eu droit à l'essentiel des représailles.

Il n'y a pas à dire, les Hells Angels avaient de quoi se réjouir : alors même que leur organisation était en voie d'assurer sa suprématie sur l'ensemble du territoire canadien, voilà que le gouvernement s'employait à leur faciliter la tâche.

TROISIÈME PARTIE

LA GRANDE RAZZIA

CHAPITRE 10

La révolte de Dany Kane

Ça fait 10 ans, là. Ça fait 10 ans que j'suis autour des Hells Angels.
Fuck, ça fait longtemps, mais ça change rien. Ça compte pas,
ce temps-là. Tout ce que j'ai fait, ça compte pas.

DANY KANE

Après son acquittement en novembre 1998, Mom Boucher entendait bien se venger d'un système judiciaire qui avait osé remettre en cause son omnipotence. Gaétan St-Onge n'avait pas oublié ce qu'avait prophétisé Dany Kane : « L'affaire avec les gardes de prison, c'est rien à côté de ce qui s'en vient. » De fait, depuis le meurtre des gardes de prison, les autorités craignaient que Boucher, fidèle à sa promesse, ne s'en prenne aux juges, aux procureurs de la Couronne et à la police. Ces craintes se concrétisèrent au printemps 1999.

En avril, la police de Montréal découvrira cinq bombes à la dynamite cachées à proximité de cinq postes de police différents. Les détonateurs étant défectueux, ces bombes n'exploseront jamais, néanmoins ces attaques audacieuses indiquaient que les motards étaient déterminés à s'en prendre à la police. Deux ans plus tard, les autorités découvriront que c'était un groupe satellite des Hells Angels, les Scorpions, qui avait posé les bombes. (Incidemment, le chef des Scorpions était nul autre que Serge Boutin, le *dealer* en chef des Hells dans le Village gay.) Dans son témoignage à la police, un membre des Scorpions affirmera que c'était « Les Lunettes » qui avait ordonné ces attentats – « Les Lunettes » étant le surnom que les motards avaient donné à Mom Boucher. « Le bruit courait que les Hells voulaient s'en prendre à la police, aux procureurs et aux juges, dit le sergent-détective Benoît Roberge. Avec les bombes, tout semblait indiquer qu'ils avaient enfin décidé de mettre leur plan à exécution.»

Au bout du compte, ces bombes ont eu un impact positif en ce sens qu'elles ont fait sortir de leur marasme des organismes policiers démoralisés par les défaites judiciaires qu'ils avaient essuyées au cours des 12 mois précédents. Devant cette nouvelle menace, les différents corps policiers se sont unifiés. Le mot d'ordre était désormais «coopération». Moins d'un mois après la découverte des bombes, l'escouade Carcajou renaissait de ses cendres et fut rebaptisée «Escouade régionale mixte de Montréal» (ERM) – quoique les policiers qui étaient de l'équipe depuis ses débuts préféraient user de l'appellation originale. Bon nombre d'experts enquêteurs montréalais, dont Roberge, ont donc pu réintégrer leurs fonctions au sein de l'escouade.

La police a également décidé qu'il était temps d'opter pour une nouvelle stratégie: plutôt que de viser individuellement les membres des Hells Angels, elle s'en prendrait à l'organisation entière. Elle serait aidée en ce sens par la loi antigang que le Canada venait d'adopter. L'ancienne méthode n'avait pas produit l'effet escompté parce que, dès qu'un membre était envoyé en prison, une nouvelle recrue prenait sa place. «Tout le monde disait qu'il fallait maintenant qu'on s'attaque à l'organisation elle-même, de dire Tom O'Neill, sergent à la GRC et enquêteur de l'escouade Carcajou. Il faut qu'on enquête sur eux en tant qu'organisation, et non en tant qu'individus et en se basant sur des incidents isolés comme on le faisait auparavant.»

La loi C-95, la nouvelle loi antigang, n'avait jamais été mise à l'épreuve depuis son instauration en 1997. Certains procureurs craignaient que la Cour suprême ne la juge anticonstitutionnelle et ne renverse les condamnations émises par d'autres tribunaux. D'autres disaient qu'elle était impraticable du fait que son application supposait la mobilisation de ressources policières et judiciaires énormes. Tom O'Neill n'était pas de cet avis. «L'opinion publique est scandalisée du fait que les Hells et les Rockers contrôlent Montréal, disait-il. Des bombes explosent partout dans la ville, des innocents se font tuer... je pense que ça devrait peser plus lourd dans la balance que des questions d'argent et d'effectifs.»

Une poignée de procureurs, dont André Vincent et Pierre Paradis, étaient de l'avis de O'Neill. Cela a forcé le gouvernement du Québec à bouger en créant le Bureau de lutte au crime organisé. Les procureurs attachés au nouvel organisme auraient leurs bureaux dans une tour du centre-ville de Montréal ; ils auraient accès à de l'équipement informatique et bénéficieraient d'un budget adéquat. Leur mandat serait de conseiller les enquêteurs de l'ERM, de plaider les causes relatives au crime organisé et de confisquer les avoirs des motards. L'organisation entière des Hells Angels de Montréal, incluant les Rockers et autres clubs satellites, serait l'objet d'une vaste enquête dans le cadre de ce qui allait devenir le projet Rush. On prévoyait que l'enquête et les poursuites coûteraient des dizaines de millions de dollars. Or, personne ne pouvait affirmer que tous ces efforts porteraient fruit.

Maintenant que le projet Rush était sur pied, la police avait un besoin urgent de délateurs, d'informateurs et d'espions. « On avait des sources actives qui continuaient de nous fournir des renseignements, mais elles ne nous étaient plus d'une grande utilité, raconte O'Neill. Il fallait absolument qu'on recrute de nouveaux informateurs. La surveillance et les tables d'écoute ne donnent qu'un aperçu de ce qui se passe dans une organisation criminelle. Pour vraiment avoir une vue de l'intérieur, il faut disposer d'un espion qui infiltre l'organisation. »

Le problème était que O'Neill n'avait aucun candidat en vue pour remplir cette tâche périlleuse. En fait, il n'y avait qu'un seul policier qui avait sa petite idée sur le sujet. Ce policier était Benoît Roberge.

Tout au long de ses 14 années de service dans la police de Montréal, Benoît Roberge avait tenté de convaincre ses supérieurs que les Hells Angels constituaient une réelle menace. Grand spécialiste des bandes de motards, Roberge avait travaillé au sein de l'escouade Carcajou en étroite collaboration avec Gaétan St-Onge, le sergent de la GRC qui avait la charge de Dany Kane.

Avant le meurtre de Robert MacFarlane, Roberge ne connaissait pas la véritable identité de la source C-2994. En fait, c'était Roberge qui, en 1997, avait informé la GRC de Halifax de l'arrestation d'Aimé Simard ; ce faisant, il avait indirectement contribué à mettre fin à la carrière d'informateur de Dany Kane. Aujourd'hui, deux ans après l'affaire MacFarlane, Roberge était de retour dans l'escouade Carcajou. Nouvellement promu au grade de sergent-détective, sa mission était de recueillir des renseignements, mais aussi de faire enquête.

Mais Roberge s'apercevra bientôt que l'information qu'il glanait de ses différentes sources était trop incomplète, trop fragmentée pour être de quelque utilité que ce soit dans le cadre d'un procès. Il avait besoin d'un informateur qui lui donnerait une vue d'ensemble de l'organisation des Hells. Il avait besoin d'un autre Dany Kane. Mieux encore, pourquoi ne pas recruter de nouveau Kane lui-même? L'affaire MacFarlane avait sérieusement compromis l'anonymat de l'ex-délateur, cependant Roberge estimait que celui-ci avait toujours un bon potentiel en tant qu'informateur. Le sergent-détective de Carcajou discutera de cette possibilité avec Robert Pigeon, le policier de la SQ qui avait convaincu Stéphane Gagné de retourner sa veste. Les deux agents finiront par conclure qu'il était peu probable que Kane consente à reprendre ses anciennes fonctions : ayant failli être démasqué à cause de fuites dans la police, Kane en voulait à la SQ et se méfiait de la GRC. Et puis, il y avait probablement beaucoup trop de policiers qui étaient maintenant au courant de ses activités d'espionnage. C'était vraiment très risqué.

En revanche, il était clair que les Hells avaient toujours confiance en Dany Kane, sans quoi ils l'auraient éliminé. Quant aux policiers qui savaient que Kane avait été une taupe de la GRC, ils ne pourraient jamais croire que la police aurait le culot de l'engager de nouveau comme informateur ou que Kane lui-même se montrerait assez courageux et motivé pour reprendre le collier. Le plan était audacieux, mais Roberge ne pouvait s'empêcher de penser que cela pouvait fonctionner.

Mais avant de rétablir le motard dans ses fonctions, Roberge devait s'assurer qu'il avait l'appui de ses supérieurs et des procureurs. Or, un point risquait de poser problème : Kane était un meurtrier. « Je voulais être sûr que l'administration approuvait, dit Roberge. Il fallait que je sache si, en toute bonne conscience, on pouvait travailler avec un gars qui avait tué des gens. »

Roberge obtiendra finalement le feu vert de ses supérieurs, sous réserve que Kane soit tenu en laisse. « Ils ne voulaient plus de mauvaises surprises, affirme Roberge. Un informateur, ça représente un investissement énorme en travail et en argent. On prenait un gros risque en allant chercher Kane, mais il fallait faire quelque chose parce que les meurtres et les attentats à la bombe continuaient. »

Le 18 août 1999, Roberge contactait Dany Kane. À sa grande surprise, celui-ci consentira à le rencontrer cinq jours plus tard, soit le 23 août. Le policier n'en revenait pas. Se pouvait-il que cela soit si facile ?

Deux jours plus tard, une autre bonne surprise attendait le sergent-détective Roberge : à 8 h 30, Kane l'appelait pour lui apprendre que les Rockers venaient de tenter d'assassiner un de leurs propres membres. Stephen Falls, le Rocker en question, devait de l'argent à la bande et était par ailleurs soupçonné d'être un informateur. Avant de raccrocher, Kane confirmera le rendez-vous du 23. Il semblait décidément très anxieux de jouer de nouveau à l'espion.

Ce premier rendez-vous entre Kane, Roberge et Pigeon se déroulera exactement comme celui où, cinq ans plus tôt, Kane avait rencontré pour la première fois les agents Lévesque et Verdon de la GRC. À midi tapant, les trois hommes se sont rendus dans un hôtel de l'ouest de Montréal, puis Kane a rapidement pris les rênes de la réunion. Tandis que Roberge prêtait une oreille attentive et que Pigeon prenait des notes, l'informateur dressait le bilan de ce qui s'était passé dernièrement chez les Hells et les Rockers. Le procès pour le meurtre de MacFarlane, de déclarer Kane, avait coûté à Wolf Carroll la bagatelle de 350 000 $ en frais juridiques. Kane apprendra aux policiers que les Rockers étaient sur le point de se diviser en deux camps, l'un contrôlant l'est de Montréal et l'autre contrôlant l'ouest de la ville. Il révélera à Roberge et à Pigeon le nom de l'agent immobilier des Hells. « Il fabrique des faux documents – T4, impôt, etc. – pour les prête-noms, et il paye un contact dans les banques pour obtenir des prêts », d'affirmer le délateur. Cette supercherie permettait aux motards d'acheter des propriétés sans crainte qu'elles soient saisies par la police ou par le fisc. Kane révélera également aux policiers qui contrôlait les différents territoires en Nouvelle-Écosse, au Québec et en Ontario.

La description que Kane fera des réunions officielles des Rockers s'avérera particulièrement intéressante. Un membre des Nomads présidait habituellement ces réunions où chaque Rocker était tenu de verser 10 p. 100 de ses revenus mensuels dans le fonds commun du club. « L'argent provient du crime, et surtout du trafic de stupéfiants » de préciser Kane. Dans le langage des Rockers, une réunion était « la messe », trait d'humour qui faisait référence à la collecte de cette dîme criminelle. Kane expliquera que chaque messe avait lieu dans un hôtel différent et que les membres de la bande n'étaient informés qu'au dernier moment du lieu et de l'heure de la réunion. La veille d'une messe, un *striker*, c'est-à-dire un *prospect* des Rockers, distribuait aux individus concernés des cartes d'affaires de l'hôtel où allait se dérouler la chose ; l'heure de la réunion était inscrite à l'endos. Les Rockers estimaient que ce système les tenait à l'abri de toute intervention policière. Ils avaient d'ailleurs raison de faire confiance au système, puisque la police n'était jamais parvenue à infiltrer une de ces réunions. En vérité, elle n'avait jamais essayé.

En ce 23 août 1999, Roberge et Pigeon ont décidé qu'il était grand temps de remédier à cet état de choses. S'ils parvenaient à prouver qu'il y avait un lien entre le financement du club et les crimes commis au nom du club, ils pourraient alors inculper ses membres pour gangstérisme. Les deux détectives devaient absolument infiltrer ces fameuses « messes ».

Mais avant de procéder, Pigeon et Roberge devaient mettre les choses au clair avec Kane. Il était évident que celui-ci voulait redevenir informateur – il avait parlé pendant quatre heures ; Pigeon avait rempli quatorze pages de notes manuscrites. Kane était même disposé à intensifier son engagement envers les autorités : il voulait devenir un agent-source, c'est-à-dire un informateur qui s'engage par contrat à travailler à plein temps pour la police, mais qui consent aussi à porter sur lui un micro-émetteur ou un magnétophone portatif et à témoigner devant tribunal. Dany Kane était prêt à faire tout cela ; cependant, il voulait être payé le prix fort. Il réclamait pour ses services la rondelette somme de 10 millions de dollars. « Les bras m'en sont tombés, de dire Roberge. Il était pas question qu'on paie ça. »

Les négociations ont duré six mois. Tout ce temps, Kane se déclarait prêt à commencer à travailler avec ou sans contrat. La police consentira finalement à le payer 750 $ par semaine, plus les frais – ce qui était beaucoup moins que les 2 000 $ hebdomadaires qu'il avait reçus de la GRC. Mais Kane ne semblait pas incommodé outre mesure de cette diminution de salaire. Il se disait sans doute qu'il deviendrait si indispensable à la police que celle-ci n'aurait d'autre choix que de lui donner tout ce qu'il demanderait. Dans l'intervalle, il se contenterait du 750 $ qu'on lui accordait.

L'affaire étant conclue, la police attribuera à Kane un nouveau numéro : celui qui avait été la source C-2994 de la GRC deviendra, dans sa seconde incarnation en tant qu'espion, l'agent de police numéro 3683.

Roberge et Pigeon utiliseront Dany Kane beaucoup plus judicieusement et efficacement que leurs prédécesseurs de la GRC. Les deux policiers voulaient que le travail de leur informateur mène aussi rapidement que possible à des arrestations massives. Maintenant que Kane faisait partie de l'équipe, le projet Rush se donnait pour objectif d'accumuler le plus de preuves possible, ce qui permettrait d'obtenir un mandat pour filmer et enregistrer en secret les « messes » des Hells Angels et des Rockers.

Au cours des deux premières semaines, tout se passera bien. Kane contactera le sergent-détective Roberge deux ou trois fois par semaine pour le tenir au courant des réunions et des activités criminelles des Rockers et des Hells Angels. Ces renseignements, un mélange hétéroclite de faits, de rumeurs et de potins, étaient du même type que ceux qu'il avait fournis à la GRC. Puis, à la troisième semaine, le cauchemar se répète : Roberge apprend que son informateur est impliqué dans un autre complot de meurtre à Halifax.

Deux ans à peine après le meurtre de Robert MacFarlane, David « Wolf » Carroll tient de nouvelles cibles dans sa mire. Ce sont cette fois Randy Mersereau, son frère Kirk ainsi que toute leur bande qui sont visés. On se souviendra que Randy Mersereau était un ex-Hells Angels qui avait renié ses couleurs et avait mis sur pied son propre réseau de trafic de drogue. Le bruit courait que Mersereau, non content de s'approprier une partie du marché de Carroll à Halifax, projetait une alliance avec les ennemis jurés des

Hells, les Bandidos. Mersereau se serait rendu au Nouveau-Mexique, au quartier général de la bande, pour entamer des pourparlers. Kane dira à Roberge que les Hells avaient appris d'un ami de Mersereau que celui-ci avait mis à prix la tête de Wolf Carroll, de Mom Boucher et de Mike McCrea, le président du chapitre de Halifax. Carroll avait donc toutes les raisons du monde de vouloir supprimer Randy Mersereau.

Le pire, c'était que Roberge avait appris tout cela quasiment par accident. Le mercredi 22 septembre, au cours d'une de leurs rencontres dans une chambre d'hôtel de Montréal, Kane mentionne qu'il doit aller à Halifax avec Carroll. «Wo minute! de s'exclamer Roberge. Qu'est-ce que tu viens de me dire là?» Kane ne voulait pas élaborer davantage, mais le policier finira par lui tirer les vers du nez et apprendra que son informateur s'était rendu à Halifax avec Carroll un mois plus tôt dans le but de planifier le meurtre de Mersereau. Après avoir éliminé Mersereau et sa bande, de continuer Kane, les Hells projetaient de dépêcher les Rockers et les Scorpions à Halifax pour saccager les commerces qui avaient appartenu à leur ancien confrère et pour prendre possession du territoire.

Le jeudi 23 septembre, à Truro, une violente explosion secoue la concession automobile de Mersereau. Les fenêtres de son bureau volent en éclats. L'attentat fera sept blessés, dont Mersereau. Kane soutient que c'est McCrea qui a tout organisé.

Mersereau était donc toujours vivant, mais les Hells n'étaient pas près de lâcher prise. Carroll et Kane devaient partir pour Halifax le lendemain à bord d'une voiture louée. «Wolf m'a dit: "Apporte un *gun*, on y va, je ne sais pas quand on va revenir, mais apporte un *gun*"», de déclarer Kane. Roberge faisait face à un sérieux dilemme. Il ne pouvait empêcher son informateur d'aller à Halifax sans éveiller les soupçons de Carroll – surtout que celui-ci nourrissait certains doutes au sujet de Kane depuis le meurtre de MacFarlane. Roberge échafauda donc le plan suivant: Kane partirait pour Halifax avec Carroll tel que convenu, mais lorsqu'ils arriveraient à Rivière-du-Loup, un policier de la SQ les arrêterait pour excès de vitesse, fouillerait la valise du véhicule, trouverait les armes des deux hommes, puis mettrait ceux-ci en état d'arrestation.

Tout se déroula comme prévu. Ce que Carroll ignorait, c'était qu'il faisait affaire avec un membre de l'escouade Carcajou. Après leur arrestation, Kane et Carroll furent interrogés, puis libérés sous caution. Le subterfuge avait préservé la couverture de l'informateur, toutefois Mersereau n'en était pas sauf pour autant. Le 31 octobre 1999, la police trouvera la voiture de l'ancien Hells abandonnée le long de l'autoroute 102, entre Halifax et Truro. Quant à Mersereau, il avait disparu, volatilisé tel un fantôme en ce soir d'Halloween. Le 3 novembre, Kane révélait au sergent-détective Roberge que Carroll avait dépêché une autre équipe de tueurs pour éliminer Mersereau. Aux dires de l'informateur, celui-ci avait été exécuté à l'aide d'une mitrailleuse 9 mm munie d'un silencieux – le même type d'arme que celle que Carroll transportait lorsqu'il avait été arrêté à Rivière-du-Loup. Toujours selon Kane, l'arme du crime avait été enterrée avec la victime. La police n'a jamais retrouvé le corps de Randy Mersereau.

Outre cet incident, la principale préoccupation de Roberge était d'infiltrer les messes des Rockers. En novembre, il obtenait un mandat qui l'autorisait à effectuer une surveillance audio et vidéo de ces réunions partout au Canada, et ce, pour une période, de un an. En procédant de cette façon, la police laissait aux motards le soin de s'incriminer eux-mêmes.

Le 30 novembre à 20 h 10, Kane appelait Roberge pour lui annoncer que les Rockers allaient tenir une messe le lendemain après-midi. La police a aussitôt dépêché une équipe technique pour installer des micros et des caméras dans la chambre d'hôtel où aurait lieu la réunion. Une caméra fut installée dans un coin du plafond afin de donner aux autorités une vue en plongée de la pièce entière. La réunion a commencé à 12 h 30 pour se terminer trois heures plus tard. Après le départ des Rockers, la police a récupéré son matériel de surveillance. Le soir même, les forces de l'ordre visionnaient l'enregistrement. « J'étais là avec une vingtaine de mes collègues, et tout le monde était pressé de voir le film, se rappelle Benoît Roberge. Tous nos supérieurs étaient là. C'était comme un gros *party*. On était installé devant une télé à écran géant avec du *pop-corn* et du jus d'orange. »

Pour la police, l'événement faisait date puisque c'était la première fois que des policiers allaient prendre connaissance des mécanismes internes du plus important syndicat du crime au pays. Ce soir-là, Roberge et ses confrères verront 17 Rockers assis autour de tables qu'ils avaient disposées côte à côte, 17 motards qui discutaient tranquillement en buvant de l'eau ou une boisson gazeuse et en mangeant des sandwichs. Les Rockers parlaient des préparatifs de la grande fête annuelle des Hells Angels ; ils parlaient des nouveaux membres qui allaient être accueillis dans l'organisation et des membres actuels qui feraient l'objet d'une suspension. La routine, quoi.

Dans les trois mois qui suivront, la police enregistrera quatre autres messes des Rockers dans différents hôtels de la région montréalaise. Devant l'importance de ces pièces à conviction, les autorités ont vite compris qu'elles devaient soigner la qualité du son et de l'image : de la vidéo granuleuse en noir et blanc du premier enregistrement, on est passé à une image couleur plus fine et au son stéréo.

Dans l'ensemble, les réunions des Rockers n'étaient pas le théâtre de révélations fracassantes. Les motards échangeaient plus souvent qu'autrement des banalités. Ils se plaignaient de leurs petits bobos, de leurs problèmes fiscaux, de la pension alimentaire qu'ils devaient payer à leurs ex-épouses, de la greffe de cheveux qu'ils projetaient de s'offrir, etc. À une occasion, ils se sont offusqués du fait que l'hôtel leur avait facturé 114 $ pour des sandwichs. Ils ont parlé des problèmes qu'avait un de leurs compagnons avec les services de la Protection de l'enfance ; l'organisme menaçait de lui enlever ses 10 enfants s'il ne leur achetait pas des lits et des draps et s'il ne nettoyait pas la ferme crasseuse dans laquelle vivaient les petits. « C'est vrai que c'est sale en osti chez eux ! » de s'exclamer l'un des motards tandis que certains de ses confrères, qui éprouvaient des problèmes similaires avec d'autres agences gouvernementales, convenaient d'envoyer leurs épouses chez le Rocker en question avec des draps et des matelas propres.

Durant leurs réunions, les Rockers maugréaient parfois parce qu'ils se voyaient forcés de travailler pour les Hells durant le week-end alors qu'ils auraient préféré rester à la maison avec leur famille. Certains se plaignaient même du fait qu'ils détestaient conduire des motos ! Plusieurs d'entre eux étaient mécontents parce qu'ils estimaient que les Nomads ne leur accordaient pas les promotions qu'ils méritaient. Lors d'une réunion, l'un des Rockers a annoncé qu'il quittait la bande pour de bon, soi-disant parce que le mode de vie était trop violent à son goût. « Mon cœur va tout l'temps rester avec vous autres pareil, disait-il avec émotion. J'aime ben tout l'monde, même si j'me sentais pas ben dans kess que j'faisais. Pis j'aime autant aller travailler avec du monde ordinaire. »

Ses confrères se sont montrés compréhensifs.

« C'est correct, ça, dira l'un. T'es honnête au moins.

— T'as essayé », de renchérir un autre.

Après que son ancien compagnon eut quitté la pièce, un des Rockers se prononcera quant à la raison qui avait motivé sa démission. « C'est sa femme, dira-t-il, le problème c'est sa femme.

— Ouais. Ç'a toujours été ça.

— Y a des femmes qui ont des ostis de bras ! » de conclure l'un des motards.

Bien qu'en principe les membres de la bande n'étaient pas autorisés à discuter de leurs activités criminelles au cours des réunions, ils en diront assez pour que la police puisse prouver que leur organisation prenait directement ses ordres des Hells Angels, et plus particulièrement des Nomads. Il était évident que les Rockers étaient parrainés par les Nomads – qu'ils appelaient d'ailleurs les « mononcles ».

L'ambition des Rockers était manifeste lorsqu'ils parlaient de diviser leur chapitre montréalais en deux chapitres, un dans l'est et l'autre dans l'ouest de la ville. « Les petits clubs, y nous verraient comme plus gros, affirmait l'un d'eux. Là, comme t'as un local dans l'Est pis un local dans l'Ouest, y diraient "Tabarnac, y s'agrandissent de plus en plus !" Fais qu'on pognerait plus le contrôle de Montréal. Parce que là, on a un contrôle, mais on n'a pas toute, toute le contrôle. » Cela confirmait ce que Kane avait dit à la police au sujet de la stratégie des motards : ils s'imposaient par l'intimidation ainsi que par des actes de violence gratuits. « Les motards vivent constamment dans la violence, avait dit l'informateur. Dans la vie de tous les jours, un membre ne peut pas se faire baver ou se faire insulter. Si ça arrive, il doit réagir tout de suite en se battant, en se vengeant, parce qu'il ne peut pas perdre l'honneur. Si quelqu'un insulte l'image d'un Rocker ou d'un Hells, insulte ce qu'il représente, il doit être puni par la violence pour que le monde continue d'avoir peur des motards. La base de tout leur système, c'est l'intimidation. »

Avec l'enregistrement vidéo des réunions, la police croyait détenir la preuve irréfutable que les Rockers étaient une organisation criminelle : la caméra montrait clairement que chaque membre était tenu de verser 10 p. 100 des revenus provenant d'activités illicites au club. Ainsi que le soulignait le sergent-détective Roberge, les enregistrements des réunions contribuèrent à démontrer que « tous les Rockers participaient aux réunions, tous les Rockers commettaient des crimes, tous les Rockers étaient impliqués ». Chaque messe débutait par le même rituel : un à un, les Rockers remettaient à leur trésorier une enveloppe remplie d'argent. À une occasion, l'un des motards a demandé s'il devait payer son 10 p. 100 pour la période où il avait été en prison. « Si ta *business* roule, en principe, oui, avait répondu le trésorier. R'garde les autres gars qui étaient en d'dans, y payent pareil. »

La police ne dira jamais à Kane que les réunions étaient filmées – quoique celui-ci s'en doutait probablement. De toute manière, l'informateur avait d'autres chats à fouetter à ce moment-là. Il était en train de sombrer dans une profonde dépression.

Dany Kane n'était pas très expressif de nature ; la plupart du temps, il ne laissait rien paraître de ses émotions. En janvier 2000, Benoît Roberge remarquera néanmoins que l'attitude de son protégé avait changé. « La source traverse une période de remise en question, une période où elle n'est pas motivée » écrira le policier dans un de ses rapports. Ce sera là le premier relevé officiel du malaise qui rongeait Kane. Roberge admettra par la suite qu'il n'avait pas su pressentir l'ampleur de la détresse de son espion.

Le ton des rencontres entre Kane et Roberge avait lui aussi changé. L'informateur n'affichait plus le même enthousiasme qu'auparavant ; lorsqu'il relatait des faits ou des incidents, il n'avait plus ce souci du détail qui l'avait caractérisé jusque-là. Autrefois coloré et vivant, le journal de ses activités quotidiennes était devenu fade et terne, un exercice routinier dont il s'acquittait sans passion.

Ses confrères motards semblaient avoir noté eux aussi un changement dans l'attitude de Kane. En février 2000, les Rockers le suspendront parce qu'il devait 3 000 $ au club et qu'il ne participait plus aux activités de la bande. Kane avait par ailleurs contracté d'autres dettes. Il avait bêtement garanti une somme de 130 000 $ qu'un membre des Nomads, Denis Houle, avait empruntée à un Hells du chapitre de Sherbrooke. Houle s'étant désisté, il incombait à Kane de rembourser la totalité du prêt. Dany Kane se trouvait vraiment dans une impasse. Après sa suspension, il n'avait conservé son statut au sein des Hells Angels que parce qu'il était parrainé par Normand Robitaille et Wolf Carroll, deux membres éminents de l'organisation. Quoi qu'il en soit, Kane estimait que la fraternité des motards l'avait rejeté et il en concevait une vive amertume. « Ça fait 10 ans, là, dira-t-il à Wolf Carroll. Ça fait 10 ans que j'suis autour des Hells Angels. *Fuck*, ça fait longtemps, mais ça change rien. Ça compte pas, ce temps-là. Tout ce que j'ai fait ça compte pas. »

En dépit des conflits internes qui le tenaillaient, Kane semblait disposé à poursuivre sa carrière d'informateur. Pourtant, lorsque les Hells ont volé un ordinateur de la police contenant de l'information qui aurait pu le compromettre, Kane aurait eu raison de tout laisser tomber. Or, il n'a même pas bronché.

Le vol en question avait eu lieu la fin de semaine du 4 décembre 1999, c'est-à-dire à l'occasion de la fête anniversaire des Hells Angels du Québec. Comme de bien entendu, plusieurs escouades policières avaient été mobilisées et surveillaient étroitement le périmètre. L'expert en bandes de motards de la Sûreté du Québec, le sergent Guy Ouellette, était sur les lieux. Ouellette affiche un savoir encyclopédique en ce qui concerne les motards. Donnez-lui le nom d'un motard et il vous récitera à son sujet toute une litanie de statistiques : sa date de naissance ; son adresse ; la date où il est devenu motard ; la liste de ses promotions dans la hiérarchie des motards ; les détails de son casier judiciaire ; etc.

Ce week-end-là, le partenaire de Ouellette était Rick Perrault, un agent des services de renseignements de la Police provinciale de l'Ontario. Ouellette et Perrault étaient tous deux des durs à cuire. Bien que le règlement interdise à la police de loger au même endroit que les motards, les deux hommes avaient retenu des chambres dans un hôtel de Sherbrooke que fréquentaient les motards. Le lendemain matin, Perrault et Ouellette déjeunaient au restaurant de l'établissement. Dans l'intervalle, deux Scorpions pénétraient par effraction dans la chambre de Perrault pour lui subtiliser son ordinateur portatif. Ce coup d'éclat des Hells allait s'avérer un désastre monumental pour la police.

Tout d'abord, une importante opération policière visant Walter « Nurget » Stadnick a dû être annulée parce que la police de l'Ontario craignait que les Hells ne détiennent, avec l'ordinateur de Perrault, des renseignements qui pourraient compromettre l'enquête. La SQ avait par ailleurs fourni à Perrault l'essentiel de sa base de données concernant les motards du Québec. Cette base de données contenait de l'information sur les Hells Angels, mais aussi sur leurs rivaux, les Rock Machine. La police de Montréal découvrira par la suite, caché sous le lit d'un Nomad du nom de Rick Mayrand, un disque compact sur lequel était gravé le contenu entier du disque dur de l'ordinateur de Perrault. Lors de razzias subséquentes, la police trouvera au domicile d'une dizaine de motards des albums contenant des photos de membres des Hells Angels, des Rock Machine, des Outlaws et des Bandidos, photos qui provenaient probablement de l'ordinateur de Perrault.

Mais le vol de ce fameux ordinateur s'avérera particulièrement tragique pour un informateur du nom de Claude De Serres. En compulsant les documents top secrets que contenait le disque dur, les Hells sont tombés sur un détail extrêmement intéressant : l'un des rapports mentionnait une rencontre entre un informateur codé et Normand Robitaille, le confident de Mom Boucher. Le rapport précisait la date et le lieu du rendez-vous. Informé de la chose, Robitaille a affirmé qu'à cette heure-là et à cet endroit-là, il se trouvait avec Claude De Serres, un trafiquant de mari qui travaillait pour Serge Boutin. Une fois l'identité de l'espion établie, Robitaille a contacté Boutin, lui a expliqué la situation et lui a demandé d'amener De Serres à un chalet dans les Laurentides. Boutin et De Serres, qui étaient tous deux bons copains, revenaient tout juste de vacances en République dominicaine, néanmoins Boutin s'est exécuté, attirant son ami dans le piège en lui disant que les Hells avaient besoin de lui pour un projet de culture hydroponique de marijuana.

LE VRAI VISAGE
DE DANY KANE

Dany Kane (deuxième à partir de la gauche, avec lunettes fumées) parmi ses confrères motards. Kane a travaillé comme informateur pendant plusieurs années, d'abord avec la GRC et ensuite pour l'escouade Carcajou. (John Mahoney, *The Gazette*, Montréal)

Dany Kane n'avait pas cette rudesse caractéristique des motards. La police disait que même s'il s'habillait comme un dur, il avait l'air trop doux pour être un Hells. (*Allô Police*)

Les Nomads se fiaient aux membres de leur club-école, les Rockers, pour faire leur sale boulot. Des preuves déposées à la cour démontrent que, sous les ordres des Hells, les Rockers ont battu ou assassiné plusieurs victimes et ont mené à bien bon nombre d'attentats à la bombe. Kane est deuxième à partir de la gauche dans la première rangée. (Photo enregistrée comme pièce à conviction dans l'un des mégaprocès)

Dany Kane pris sur le vif par une caméra de surveillance. (Archives de la police)

LE DOSSIER
KANE

VERS FEVRIER 1997 A LA DEMANDE DE PAUL WILSON D'HALIFAX, MOI ET AIME SIMARD NOUS AVONS COMPLOTE L'EXECUTION DE ROBERT MC FERLAND. APRES AVOIR LOCALISE MC FERLAND, AIME SIMARD A L'AIDE DE 2 ARMES POING A EXECUTE MC FERLAND DANS UN STATIONNEMENT D'UNE ENTREPOT. A MA PRESENCE. L'EVENEMENT EST SEVENU DANS LA REGION D'HALIFAX. J'AI RECU 25 000.00 DOLLARS POUR CE CONTRAT.

et je fais cette déclaration solennelle, la croyant consciencieusement vraie et sachant qu'elle a la même force et le même effet que si elle était sous serment, aux termes de la Loi sur la preuve au Canada

Signature du déclarant

Déclaré devant moi

à MONTREAL ce 10

Jour de MARS ~~19~~ 2000

Dans cette confession signée de sa main en mars 2000, date où il est officiellement devenu agent-source pour Carcajou, Dany Kane avoue avoir tué Robert MacFarlane. Notez que Kane a épelé le nom de sa victime « McFerland ».

> Que MOM BOUCHER H.A. MTL est
> celui qui donne les ordres dans l'exé-
> cution des plans concernant la guerre
> avec les R.M.

Kane annonce ici à ses contacts de la GRC que Mom Boucher est responsable de la guerre des motards.

> - Qu'il sait il avait rencontré
> Marc SIGMAN et que celui-ci l'avait
> informé que Maurice 'MOM' BOUCHER
> des H.A. 'Nomades' avait été informé
> par les enquêteurs de la S.Q. (suite à
> son arrestation la semaine dernière) qu'il y
> avait un informateur codé parmi les
> siens. Après mûre réflexion, MOM en est

nt Notifié ignant	SUI É C.E. ►	D.D. / D.A.		□ Consulted consulté	□ Attended sur les lieux	□ Advised avisé
			SUPERVISOR			

Kane raconte comment des enquêteurs de la Sûreté du Québec ont dit à Mom Boucher qu'ils avaient une source chez les motards. Le chef des Nomads ripostera en faisant tuer deux gardiens de prison.

SOURCE HUMAINE C2994

ACTION TAKEN — MESURES PRISES

> - Que les "NOMADES" comptent au moins 10
> membres. Les membres connus sont,

- Gilles "TROOPER" MATHIEU	50-08-23
- Louis "MELOU" ROY	59-07-20
- Richard "RICK" VALLÉE	57-11-10
- David "WOLF" CARROLL	52-04-01
- Donald "PUP" STOCKFORD	62-05-06
- Maurice "MOM" BOUCHER	53-06-21
- Normand "BIFF" HAMEL	56-03-16
- Walter "NURGET" STADNICK	52-08-03

Grâce à Kane, la police a pu connaître l'identité des membres du chapitre Nomade avant même que les Hells n'annoncent officiellement la création de cette section d'élite.

96-03-04	4000.00	96 03-05 au 96-3-18
96-03-19	4000.00	96-03-19 au 96-3-31
96-04-07	4000.00	96-04-01 au 96-04-15
96-04-15	4000.00	96 04-16 au 96-04-29
96 04-29	4000.00	96-04-29 au 96-05-13
96 05-13	4000	96-5-14 au 96-5-27
96-5-26	4000	96-5-28 au 96-6-6
96-6-6	→ 1000	Avance sur l. 96-6-10
96-6-10	3000	96-6-11 au 96 6 24

La fiche de paie ci-dessus fait état de sommes versées à Kane par la GRC.

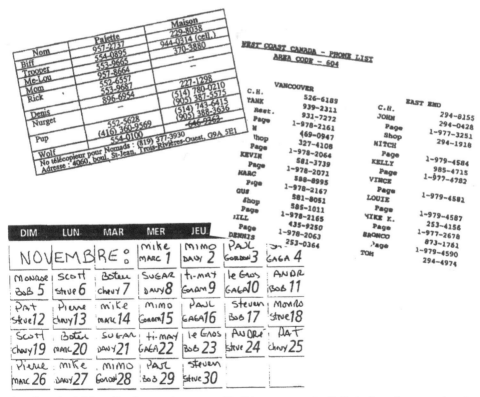

Kane fournissait à la police des renseignements détaillés concernant les Hells, incluant leurs numéros de téléphone et de téléavertisseur, et même, comme on peut le voir sur le calendrier du bas, les tours de garde dans le bunker de Montréal.

LES NOMADS

Mom Boucher a toujours eu le sourire facile, même, comme c'est le cas ici, lorsqu'il assistait aux funérailles d'un Hells. (*Journal de Montréal*)

Walter « Nurget » Stadnick, le Nomad natif de Hamilton, fut grièvement blessé lors d'un accident de moto. La sphère d'influence de Stadnick s'étendait à l'ensemble du Québec, de l'Ontario et du Manitoba. (*Allô Police*)

Walter Stadnick (à gauche) rencontrant ses confrères Hells Angels lors d'un de ses fréquents voyages à Winnipeg. (*Winnipeg Free Press*)

Natif de Nouvelle-Écosse rallié aux Nomads du Québec, David « Wolf » Carroll était l'un des patrons de Dany Kane. Carroll a contrôlé le territoire des Maritimes jusqu'en 2001 et vit maintenant en exil. (*Allô Police*)

LE TUEUR...

Stéphane «Godasse» Gagné a tué deux gardiens de prison pour Mom Boucher dans l'espoir de se hausser dans la hiérarchie des Hells. Il finira par témoigner contre son ancien patron. (Archives de la police)

ET SES VICTIMES

En juin 1997, les assassins à la solde de Mom Boucher étaient embusqués à l'extérieur de la prison de Bordeaux. Diane Lavigne fut choisie comme victime alors qu'elle quittait le pénitencier à bord de son véhicule. (William Marsden)

Diane Lavigne, 42 ans et mère de deux enfants, fut abattue de quatre balles à la poitrine le 26 juin 1997. (Archives de la police)

CTL 0:01. 13. 21

Toots Tousignant a grimpé sur le capot de cet autobus et a tiré à travers le pare-brise, abattant le chauffeur, Pierre Rondeau, à bout portant. (Archives de la police)

Pierre Rondeau, 49 ans et père d'un adolescent, fut assassiné le 8 septembre 1997. (Archives de la police)

Stéphane Gagné, épuisé, profite d'une pause pour sommeiller dans la salle d'interrogatoire. (Archives de la police)

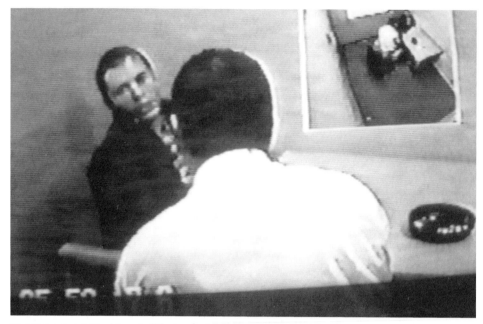

Trois heures après le début de l'interrogatoire, le sergent Robert Pigeon commence à serrer la vis pour faire craquer Gagné.

Gagné se moque de Pigeon en disant : « Yahoo ! Yahoo ! Y se sont trompés ! C'est pas moé ! »

Stéphane Gagné avoue enfin qu'il a tué les gardiens de prison et accepte de témoigner contre les Hells.

Selon le commandant André Bouchard, il ne devrait y avoir qu'une seule couleur dans les rues de Montréal : le bleu des uniformes de police. Reconnu comme étant l'un des policiers les plus coriaces et les plus déterminés au pays, Bouchard s'était juré de pincer Mom Boucher pour le meurtre des gardiens de prison. (William Marsden)

(ci-dessous, gauche) Le sergent Tom O'Neill de la GRC fut l'un des artisans du projet Rush et du projet Océan. Ces opérations ont mené à l'arrestation de plus de 120 Hells Angels, Rockers et sympathisants au Québec. (William Marsden)

(ci-dessous, droite) Reconnu comme le meilleur interrogateur de la Sûreté du Québec, le sergent Robert Pigeon fut l'un des membres principaux de l'escouade Carcajou. C'est lui qui a convaincu Stéphane Gagné de témoigner contre Mom Boucher. (William Marsden)

ET L'ORDRE

Le sergent-détective Benoît Roberge de la police de Montréal a passé sa carrière à traquer les motards. Il fut l'agent en charge de Dany Kane lors de sa seconde incarnation en tant qu'informateur. (William Marsden)

La procureur France Charbonneau a bataillé pour que l'acquittement de Mom Boucher soit porté en appel. En 2002, elle plaidait la cause qui allait se solder par un emprisonnement à vie pour le chef des Nomads. (William Marsden)

D'UN OCÉAN À L'AUTRE

Ronaldo Lising et un autre membre en règle des Hells Angels furent arrêtés à Vancouver en 1998. En 2001, les deux hommes étaient reconnus coupables de trafic de cocaïne et la police remportait une rare victoire sur les Hells de la côte Ouest. (*The Vancouver Sun*)

(ci-dessus, gauche) Ernie Dew, leader des Los Brovos, a éventuellement converti le club manitobain aux couleurs des Hells Angels. (*Winnipeg Sun*)

(ci-dessus, droite) Mike McCrea, président du chapitre de Halifax, s'est employé à rehausser l'image publique des Hells locaux. Sa campagne de relations publiques frappera un écueil quand plusieurs membres de son club seront arrêtés pour meurtre et trafic. Son propre frère sera reconnu coupable d'infractions relatives à la drogue. (Photo utilisée avec la permission du *Halifax Herald Limited*)

Mais ce que Boutin et les motards armés qui attendaient tranquillement leur victime au chalet ignoraient, c'était que De Serres avait fixé un magnétophone de poche sur son ventre à l'aide de ruban adhésif. En cette froide journée de février 2000, alors qu'il se dirigeait en compagnie de son ami vers la splendeur hivernale des Laurentides, Claude De Serres ne se doutait pas que le petit appareil allait bientôt capter les dernières secondes de son existence.

Une équipe de surveillance de Carcajou suivait le véhicule de Boutin, mais l'a perdu de vue en cours de route. Quelque temps plus tard, la police découvrira le cadavre de De Serres enfoui dans un banc de neige. Le magnétophone était toujours fixé à son corps. La mort dans l'âme, les policiers ont écouté l'enregistrement.

« Écoute, ça fait combien de temps que tu travailles pour la police ? demandait une voix non identifiée.

— J'ai un problème, répondit simplement De Serres.

— Tu vas pas rien dire », de lancer une autre voix.

Sur la bande, quatre coups de feu résonnent alors.

Après le vol de l'ordinateur de Perrault, Benoît Roberge s'est énormément inquiété de la sécurité de sa source. « Nous lui avons conseillé de quitter le club et de cesser ses activités d'informateur » écrivait-il dans un rapport datant du 21 janvier 2000. Le départ de Kane aurait sérieusement compromis les chances de succès de l'enquête, néanmoins Roberge estimait qu'il ne pouvait sciemment mettre la vie de son agent en danger. Mais Kane n'était pas prêt à abandonner. Au contraire, il entendait aller jusqu'au bout. Le 10 mars 2000, il signait le contrat d'agent-source qui officialisait son rôle auprès de la police et par lequel il s'engageait à témoigner contre les motards. En échange de ses services, il recevrait 1,75 million de dollars, payable en trois versements : 590 000 $ lorsque les motards seraient arrêtés ; 580 000 $ après qu'il aurait témoigné aux audiences préliminaires ; et 580 000 $ une fois qu'il aurait témoigné aux procès proprement dits. Nous étions loin des 10 millions que Kane avait réclamés, cependant la somme lui permettrait de vivre confortablement avec sa famille, sous l'égide du Programme de protection des témoins. La police a en outre offert à son nouvel agent-source une prime d'engagement de 63 000 $ en argent comptant, somme que Kane allait utiliser pour rembourser une dette à Wolf Carroll. De plus, Kane allait recevoir 2 000 $ par semaine pour ses frais courants – épicerie, location de voiture, etc. –, plus 1 649 $ par mois pour ses paiements d'hypothèque. La police réglera également les frais d'avocat (3 000 $) relatifs à son arrestation à Rivière-du-Loup ; financera l'achat d'une arme à feu (1 500 $) avec laquelle Kane comptait impressionner les Hells lorsqu'il remplissait ses fonctions de garde du corps ; rétablira son permis de conduire, qui avait été révoqué (1 500 $) ; lui achètera deux complets (600 $) parce que Normand Robitaille s'était plaint du fait que Kane ne s'habillait plus aussi bien qu'avant ; et lui donnera une somme (1 000 $) qu'il devait remettre à un Nomad en guise de cadeau de mariage. En retour, outre ses responsabilités à titre d'agent-source, Kane devait fournir aux autorités la confession écrite de tous les crimes qu'il avait commis depuis l'âge de 17 ans. Au bout du compte, sa confession s'étendra sur 10 pages et inclura des vols, du trafic de drogue, des voies de fait, deux meurtres ainsi que plusieurs attentats à la bombe.

En dépit des largesses dont il faisait l'objet, Dany Kane commencera bientôt à se plaindre du fait qu'il ne faisait pas suffisamment d'argent. Il dira aux policiers avec qui il faisait affaire que les autres motards gagnaient régulièrement entre 5 000 $ et 10 000 $ comptant par semaine ; or, pour maintenir sa couverture, il devait disposer d'une somme équivalente. Il voulait également pouvoir vendre davantage de drogue que ce que la police autorisait. Pour donner du poids à sa requête, Kane affirmera que les motards ne respectaient qu'une chose : le *cash*. En vérité, Kane avait besoin d'argent pour payer ses dettes. Il devait de fortes sommes aux Hells et ceux-ci commençaient à le harceler pour qu'il les paie. La police se montra peu compatissante. Kane aurait à se débrouiller avec l'argent qu'il recevait actuellement, un point c'est tout.

Peu après que Dany Kane eut signé son contrat avec la police, Wolf Carroll le chargea d'une autre exécution. Encore une fois, cela devait se passer à Halifax ; et, encore une fois, la cible était un membre du clan Mersereau. Aux dires de Kane, Carroll s'était rendu à Halifax en mars pour rencontrer Kirk Mersereau, le frère de l'homme qui avait été assassiné cinq mois plus tôt. Le Nomad voulait faire la paix, mais les choses ne se sont pas passées comme il l'aurait souhaité. N'étant pas homme à ravaler sa rancœur ou à se laisser intimider, Kirk Mersereau a dit à Carroll que s'il trouvait celui qui avait tué son frère, il le tuerait à son tour. Carroll avait rétorqué que Randy « avait fait des mauvaises choses ». Il a ensuite demandé à Mersereau s'il avait mis sa tête à prix. Kirk a soutenu que ce n'était pas le cas, néanmoins Carroll se doutait bien qu'il mentait. « Wolf m'a dit qu'il avait essayé d'expliquer des choses à ce gars-là, mais qu'il n'avait pas compris, d'annoncer Kane à la police. Wolf m'a dit que le frère de Randy allait mourir très bientôt. »

Trois mois plus tard, le dimanche 25 juin 2000, Kane reçoit un appel de Carroll lui demandant de se rendre séance tenante à Halifax. L'informateur se doutait fort que, encore une fois, Carroll réclamait sa présence dans la capitale néo-écossaise pour mener à bien une exécution. Cette fois, contrairement aux occasions précédentes, Kane n'hésitera pas à informer la police de ce fâcheux développement.

Le lendemain après-midi, Kane partait pour Halifax au volant d'une fourgonnette louée. Roberge et un autre détective de Carcajou le précédaient de 1 ou 2 km. À 23 h 45, la taupe et les policiers arrivaient à Fredericton au Nouveau-Brunswick. Là, une chambre d'hôtel – payée par la police – attendait Kane. Le lendemain midi, Kane appelait Wolf Carroll en présence des détectives de Carcajou. Les deux motards se sont donné rendez-vous au restaurant McDonald's de Truro, en Nouvelle-Écosse.

Une fois sur place, Kane et Carroll mangèrent une bouchée, puis ils sortirent et prirent ensemble une longue marche. Selon l'informateur, Carroll s'est alors montré très volubile. Dans son rapport quotidien, Kane écrira : « Carroll m'a dit que le frère de Randy avait mis un contrat sur sa tête et qu'il devait mourir pour ça. » Carroll était particulièrement furieux du fait que Kirk Mersereau avait envoyé des hommes pour surveiller sa maison dans les Laurentides. En agissant ainsi, Mersereau s'en prenait à sa famille. À 19 h 14, Kane téléphonait à Roberge. « Il veut tuer le frère de Randy » dira-t-il au policier avant d'ajouter qu'il devait se rendre à Halifax avec Wolf. Une réunion était prévue au repaire des Hells.

Il faisait nuit lorsque les deux motards sont arrivés au bunker de Dutch Village Road. Ils ont longé la table de billard du rez-de-chaussée, sont montés au deuxième où un long comptoir de marbre vert trônait devant un bar bien garni, puis se sont rendus au troisième, dans la pièce privée qui était réservée aux membres *full patch*. À cet étage, dans un bureau équipé d'un ordinateur, d'un fax et d'un système de télévision en circuit fermé, Kane et Carroll se joignirent à Mike McCrea, le président du chapitre de Halifax. Carroll et McCrea discutèrent un moment en anglais ; néanmoins, Kane, qui n'était pas bilingue, a parfaitement compris de quoi il retournait. Dans son rapport à la police, Kane précisera que les deux hommes communiquaient également en codes gestuels et en écrivant sur une petite ardoise pour éviter que leurs paroles ne soient captées par d'éventuels micros cachés. « Mike et Wolf discutaient de faire tuer Kirk, d'ajouter Kane dans son rapport. Wolf disait à Mike qu'il devait tuer Kirk. » McCrea a dit à Carroll que Mersereau était probablement en route vers Montréal, s'il n'était déjà arrivé. Carroll a ensuite chargé Kane de seconder Jeff Lynds, l'homme que les Hells avaient choisi pour tuer Kirk Mersereau. Lynds, anciennement du clan Mersereau et maintenant *prospect* des Hells Angels, ne connaissait pas bien Montréal et avait besoin d'un guide. Il incomberait donc à Kane de montrer à Lynds les endroits où il pourrait trouver Kirk en vue de l'éliminer.

Deux jours plus tard, le 29 juin, Kane téléphonait à Roberge pour lui dire qu'il devait « partir pour Montréal demain avec Jeff… qui a le mandat de tuer le frère de Randy ». Avant de quitter Halifax, Kane se rendit à un Tim Horton's pour aller chercher une enveloppe contenant 400 $ que les détectives de Carcajou avaient cachée dans les toilettes à son intention.

Roberge craignait que les choses ne tournent mal pour son informateur. Idéalement, il lui fallait stopper l'exécution de Mersereau sans compromettre la couverture de Kane. Mais comment faire ?

Le lendemain, par un incroyable coup du destin, le problème de Roberge était réglé : Kirk Mersereau avait eu un accident de voiture en se rendant à Montréal ; il se trouvait dans un hôpital de Fredericton. Conséquemment, l'exécution fut annulée. Carroll dira à Kane de revenir à Montréal sans Jeff Lynds.

Kane avait donc évité de justesse d'avoir à commettre un autre meurtre, mais pour Mersereau, l'échéance n'était que reportée. Le 10 septembre 2000, Kirk et son épouse étaient trouvés morts, exécutés dans leur propre maison. On ignore toujours qui sont les coupables.

La police n'a jamais averti les frères Mersereau que leur vie était en danger. Le fait était que Roberge ne voulait pas mettre en péril la couverture de Kane et, par le fait même, compromettre son enquête. Prévenir les Mersereau « n'était pas ma responsabilité » de préciser le sergent-détective de Carcajou. Les autorités de la Nouvelle-Écosse n'ont jamais été informées du fait qu'un complot de meurtre contre Kirk Mersereau se tramait chez les Hells, et ce, même après la mort de la victime et de son épouse. À ce jour, la GRC de Halifax n'a jamais pu avoir accès aux rapports de Dany Kane concernant le meurtre de Kirk Mersereau. Ces rapports seront déposés aux archives de la cour lors des procès de 2003 impliquant les Hells et les Rockers.

Moins d'un an après le meurtre de Kirk Mersereau et de sa femme, les Hells Angels ont promu Lynds au rang de membre *full patch*. Celui-ci aura donc obtenu ses couleurs deux ans jour pour jour après l'attentat à la bombe qui avait visé un concessionnaire automobile de Truro. Cet attentat dans lequel Randy, le frère de Kirk, avait failli trouver la mort était le premier incident dans une série d'événements qui a mené à l'élimination d'un sérieux problème pour David «Wolf» Carroll et les Hells de Halifax – en l'occurrence, le clan Mersereau.

Les rapports de Kane levaient également le voile sur d'autres complots de meurtre, certains impliquant Paul Wilson, gérant du Reflections à Halifax et ami de Wolf Carroll. Dans sa confession de mars 2000, date où il avait signé son contrat d'agent-source, Kane mentionnait Wilson en rapport avec le meurtre de Mac-Farlane en 1997. «À la demande de Paul Wilson de Halifax, écrivait Kane, moi et Aimé Simard avons comploté l'exécution de Robert MacFarlane. J'ai reçu 25 000 $ pour ce contrat.» À ce jour, cet aveu de Kane constitue le seul indice liant Wilson au meurtre de MacFarlane; cependant, plusieurs autres membres de la communauté criminelle de Halifax prétendaient la même chose. En juin 1999, Paul Wilson quittait Halifax sans laisser d'adresse. Le 14 mars 2000, Kane note dans son journal qu'il a conduit Wilson et Carroll à l'aéroport de Dorval. Dès juin 2000, Wolf Carroll commence à manifester certaines réserves au sujet de Paul Wilson.

Lorsque Carroll fait venir Kane à Halifax le 27 juin pour planifier le meurtre de Kirk Mersereau, une autre exécution est à l'ordre du jour. À cette occasion, Carroll présentera à Kane une déposition qu'un certain Okan Arslan, « un gars qui est proche de Paul Wilson », avait signée en novembre 1999. Le document en question disait que Kane était un tueur à gages à la solde de Wolf Carroll et que Paul Wilson avait payé Kane pour faire tuer Robert MacFarlane. Le fait que Arslan ait retourné sa veste était inquiétant en soi, mais Carroll craignait surtout que Wilson suive son exemple et parle à la police pour sauver sa peau. Dans son journal, Kane écrivait que Arslan avait déclaré que « Paul babinait sur Wolf et moi, alors Wolf m'a dit que Paul devait mourir ». Kane annoncera la nouvelle à Roberge de vive voix lorsqu'il lui téléphonera à 19 h 14 puis à 22 h 45 : « Paul Wilson doit mourir... Wolf a peur que Wilson devienne un délateur. »

Pendant ce temps, Wilson essayait de rester le plus loin possible de Halifax. Il passera quelque temps en Colombie-Britannique, où il s'impliquera dans le commerce de la drogue. Sa carte d'affaires l'identifiait comme étant « David Michaud, consultant », mais il avait loué un appartement sous le nom de John MacDougall. Lors d'un procès subséquent, un juge déclarera que Wilson « voyageait, ouvrait des comptes en banque, se prenait des cases postales et louait des appartements sous des noms d'emprunt ».

En juin 2000, utilisant un faux passeport, Wilson trouvait refuge dans les Caraïbes, plus précisément sur l'île de la Grenade. Six mois plus tard, en fouillant sa chambre d'hôtel, la police trouvait deux valises contenant près de 19 kg de cocaïne ; la drogue avait une valeur totale de 1,15 million de dollars. La presse locale rapportait que Wilson avait écopé d'une amende de 300 000 $. Ne disposant pas des fonds nécessaires, l'accusé fut condamné à trois ans de prison. La GRC de Halifax a finalement retrouvé la trace du fugitif, mais les autorités de la Grenade ont mis du temps à accepter le fait que le prisonnier qu'elles connaissaient sous le nom de Lawrence David Michaud était en fait un individu recherché par la police canadienne du nom de Paul Wilson. Le 27 novembre 2000, la GRC rapatriait Wilson.

De retour en sol canadien, Paul Wilson fera face à une douzaine de chefs d'accusation. Il y avait d'abord les chefs relatifs au trafic de la drogue – en plus de s'être prêté au trafic de la cocaïne, l'accusé avait mis sur pied une vaste opération de culture de marijuana. Wilson fut également inculpé de blanchiment de fonds en rapport avec les 294 010 $ que la police avait saisis dans sa voiture en février 1998. Il avouera par ailleurs qu'il avait 13 794,44 $ dans un compte bancaire à Antigua et qu'on lui devait environ 134 000 $ en dettes de drogue. Wilson faisait également face à deux accusations de meurtre au premier degré. Le premier meurtre dont Wilson était accusé était celui de Paul Wendelborg, qui avait eu lieu en 1998. Un témoin protégé affirmait que Paul Wilson avait payé Billy Marriott et son partenaire 10 000 $ chacun plus 2 kg de haschisch pour supprimer Wendelborg « avant qu'il fasse aller sa grande gueule au sujet d'un autre meurtre qui est arrivé ». Le témoin n'a pas dit de quel autre meurtre il s'agissait exactement, toutefois Wendelborg était un ami de MacFarlane et il avait eu vent du fait que Wilson avait ordonné sa mort. De toute manière, Wilson était également accusé du meurtre de Robert MacFarlane. Le procès pour les meurtres de Wendelborg et MacFarlane devrait débuter en 2004.

Par-delà ses tribulations à Halifax, Kane continuait d'espionner les Nomads. Au printemps et à l'été 2000, il rencontrait ses contacts de la police chaque matin pour planifier sa journée. De plus en plus fréquemment, l'informateur portait sur sa personne un magnétophone de poche pour enregistrer les conversations de Mom Boucher et de ses acolytes. Sur une période de quatre mois, Kane enregistrera près de quatorze heures de conversations au cours desquelles les Hells Angels, les Rockers et la mafia italienne complotent pour s'assurer le monopole du trafic de la drogue, du prêt usuraire et d'autres activités frauduleuses à Montréal, en Ontario et un peu partout au Canada.

À ce moment-là, les Hells de Mom Boucher sont à leur apogée. Plus puissants que jamais, les Nomads ne se doutent pas que leurs jours sont comptés. Pour eux comme pour Dany Kane, le glas est sur le point de sonner.

CHAPITRE 11

Les dieux du crime

J'ai pour mon dire que Jésus, il se tenait tout le temps avec du mauvais monde… Sont-ils des tueurs et des criminels 24 heures sur 24 ? Le monde n'est pas écœurant tout le temps. Tu peux pas être écœurant du matin jusqu'au soir.

GINETTE RENO, EXPLIQUANT POURQUOI ELLE AVAIT ACCEPTÉ
DE CHANTER AU MARIAGE D'UN HELLS

Au printemps 2000, Mom Boucher et ses Nomads règnent en maîtres absolus sur le paysage criminel canadien. De toute leur histoire, jamais les Hells Angels ne s'étaient élevés aussi haut dans la hiérarchie criminelle du pays. Le succès de l'organisation était dû en grande partie au triomphe de Boucher et de ses hommes dans la guerre contre les Rock Machine. Avec son sens des affaires, sa détermination et ses ambitions visionnaires, Boucher a su créer de toutes pièces une image des Hells allant bien au-delà du traditionnel motard buveur et bagarreur. En l'espace de quelques années, les Hells Angels étaient devenus une vaste entreprise commerciale. Wolf Carroll était un des rares Hells qui déplorait cet état de choses. «Aujourd'hui, disait-il à Dany Kane, les Nomads te jugent à la grosseur de ton portefeuille. T'as pas d'argent, t'es pas bon. Notre club, c'est pus vraiment un club de vrais *bikers*. Il y en a même qui m'ont déjà dit qu'ils aiment pas ça faire du bicycle.»

Comme toute corporation qui se respecte, les Hells avaient leur propre département de sécurité. Tandis que la police de Montréal était occupée à espionner Mom Boucher par le truchement de Dany Kane, les Hells recueillaient une somme impressionnante de renseignements concernant leurs ennemis – bandes rivales, journalistes, policiers, etc. Kane dira à la GRC et aux détectives de Carcajou que « Mom Boucher a plusieurs contacts à l'intérieur de différents corps policiers ; il peut obtenir à peu près tout ce qu'il a besoin ».

Bien que ces mesures de contre-espionnage avaient leur raison d'être, il demeure que Boucher adorait épater la galerie en montrant qu'il avait plusieurs longueurs d'avance sur les autorités. Du temps où il était informateur pour la GRC, Kane avait raconté qu'un jour, Boucher avait discuté avec un couple qui se trouvait dans une Mustang noire. Au terme de l'entretien, Boucher s'était tourné vers Kane et les deux Rockers qui l'accompagnaient et avait dit : « C'est mon cochon. Il est sur la filature aujourd'hui. » Le chef des Nomads avait ajouté que l'homme dans la Mustang était « une de ses sources » dans l'escouade antigang de la police de Montréal. Après avoir fait enquête sur le « cochon » de Boucher, la GRC a découvert qu'il s'agissait d'un ex-détective privé que la police avait accusé de corruption et qui, conséquemment, avait perdu son emploi et sa licence. Quant à la femme qui se trouvait avec lui dans la Mustang, elle était la cousine de la maîtresse de Mom Boucher. Le leader des Nomads avait donc créé de toutes pièces cette « source » mythique dans le seul but d'impressionner ses troupes.

Mais Boucher n'était pas le seul à prétendre qu'il avait des espions dans la police. Wolf Carroll affirmait lui aussi qu'il disposait d'un « très bon contact » du côté des forces de l'ordre. Normand Robitaille parlait pour sa part d'une « amie qui travaille au palais de justice » et qui lui refilait des renseignements. Scott Steinert disait lui aussi qu'il avait une source au cœur de l'escouade antigang de la police de Montréal. Même parmi les *prospects* on se targuait de ses contacts dans la police – Toots Tousignant se vantait à tout venant qu'un policier de Greenfield Park lui fournissait des renseignements.

Quoi qu'il en soit, il était vrai que les Hells Angels avaient à leur disposition toute une variété de techniques de cueillette de renseignements. Ils bénéficiaient également de sources multiples : dans certains cas, c'était d'anciens policiers qui leur fournissaient l'information dont ils avaient besoin ; il leur arrivait également de soudoyer des employés du gouvernement.

Le Syndicat des agents correctionnels du Canada affirmait que les motards avaient édifié une base de données contenant de l'information au sujet d'un grand nombre de gardiens travaillant dans des pénitenciers canadiens. Selon un cadre supérieur du syndicat en question, une liste de noms et d'adresses avait été saisie chez un individu qui était « très proche des motards ». En fouillant la résidence du Rocker Dany Saint-Pierre, la police avait trouvé une photo de groupe, tirée à neuf exemplaires, d'une cinquantaine de policiers et de civils travaillant pour Carcajou. Lors d'un raid au bunker des Hells de Québec, la police avait mis la main sur une liste des fréquences radio utilisées par la Sûreté du Québec ; une autre liste énumérait les noms, adresses et numéros d'assurance sociale de plusieurs agents de la SQ. À l'occasion d'une autre razzia, cette fois chez Walter Stadnick à Hamilton, les forces de l'ordre avaient trouvé des rapports concernant plusieurs agents secrets de la police, une liste de témoins à charge qui devaient témoigner sous peu contre les Hells, ainsi que plusieurs photos d'un homme qui était identifié comme étant un « informateur de la GRC ».

Il faut cependant admettre que, nonobstant les fanfaronnades, les Hells Angels avaient mis en place un réseau de contre-espionnage sophistiqué et extrêmement efficace. Les hommes de main des Hells, les Rockers, étaient chargés d'intercepter et d'enregistrer les messages transmis sur les fréquences radio de la police ; ils avaient également dressé une liste où figuraient les noms et adresses des membres de l'escouade tactique de différents corps policiers. À Sherbrooke, les Hells avaient loué un appartement qui avait vue sur le stationnement de la GRC ; à l'aide d'une caméra vidéo équipée d'un zoom, ils enregistraient les allées et venues des policiers, ainsi que le numéro de plaque d'immatriculation de leur véhicule personnel. Les Hells avaient en outre leurs espions au sein de plusieurs organismes gouvernementaux, dont la Société de l'assurance automobile du Québec (SAAQ). Ginette Martineau et Raymond Turgeon travaillaient tous deux pour une agence accréditée par la SAAQ. Entre le 23 novembre 1999 et le 31 octobre 2000, la police a intercepté des appels au cours desquels Martineau et Turgeon livraient à Jean-Guy Bourgoin, un membre des Rockers, des renseignements issus de 25 dossiers confidentiels. Ces dossiers concernaient principalement des motards de bandes rivales. Des vingt-cinq individus qui furent l'objet des indiscrétions de Turgeon et Martineau, quatre furent tués et cinq autres ont été victimes de tentatives de meurtre.

Fort de son impressionnant réseau de sécurité, de surveillance et de contre-espionnage, Mom Boucher se faisait de plus en plus arrogant. Sûr de lui-même, il poussera l'impertinence jusqu'à aller narguer l'ennemi sur son propre territoire.

Les quartiers généraux de l'escouade antigang et de l'escouade des homicides de la police de Montréal sont situés dans l'est de la ville, au quatrième étage du centre commercial Place Versailles. Avant de commencer leur journée de travail, les policiers avaient l'habitude de se réunir Au Bon Café pour siroter leur tasse du matin en fumant et en discutant. Puis, un jour, ce paisible et agréable rituel fut bouleversé par l'arrivée d'un intrus particulièrement indésirable.

Nous étions au printemps 2000. Mom Boucher avait été acquitté du meurtre des gardiens de prison et la Cour d'appel du Québec était en train de réviser le jugement. Un beau matin, les policiers sont arrivés Au Bon Café et, ô surprise ! Mom Boucher et une poignée de ses Hells s'étaient installés à leur place habituelle ! Au deuxième étage, surplombant la terrasse du café, quatre Rockers faisaient vigie ; dans le stationnement du centre commercial, d'autres Rockers montaient la garde autour des véhicules des Hells. Lorsque le commandant André Bouchard a appris que les motards avaient envahi son territoire, il s'est dit : « Parfait ! Comme ça on va l'avoir à l'œil ! Y peut pas rien faire de croche icitte. » Mais le policier a vite déchanté quand il a compris qu'il ne s'agissait pas là d'un incident isolé. À partir de ce moment, à raison de trois ou quatre fois par semaine, Boucher, ses hommes et ses avocats s'installaient Au Bon Café pour parler affaires. Le chef des Nomads s'amusait visiblement : souriant de toutes ses dents, il lançait aux policiers des œillades insolentes. Le manège s'est poursuivi pendant des semaines, et puis des mois. Les policiers ressentaient cette intrusion comme un terrible affront. C'était comme si les motards s'étaient pointés dans leurs bureaux du quatrième étage et avaient pris leurs aises.

Puis, un beau matin, comble de l'impertinence, les Hells s'installent au café en affichant leurs pleines couleurs. Bouchard est furieux. « Mom aurait pas fait ça y a 20 ans, de dire le commandant. Y a 20 ans, on y aurait sacré une volée devant tout le monde. On l'aurait pogné, on y aurait déchiré son osti de *jacket*, pis là on l'aurait crissé à terre pis y en aurait mangé toute une. La police peut pas se laisser intimider de même. Il faut que tu leur montres que t'as pas peur d'eux autres. »

Dans le cas présent, Bouchard aurait bien aimé procéder comme au bon vieux temps. Ses supérieurs lui avaient enjoint de ne pas intervenir, mais trop, c'était trop. Le policier a d'abord songé à cacher des micros sous les tables, mais le problème, c'était que Boucher était habituellement accompagné de ses avocats. Or, la police n'a pas le droit d'espionner une conversation entre un avocat et son client. Exaspéré, Bouchard a finalement contacté ses supérieurs et leur a dit qu'il voulait prendre le café d'assaut avec 40 agents, qu'il voulait obliger les motards à se déshabiller et à s'étendre sur le sol, et qu'il ordonnerait ensuite à ses hommes de procéder à une fouille corporelle.

« Tu peux pas faire ça, Butch.

— Comment ça, je peux pas faire ça ? d'exploser Bouchard. Ces gars-là nous rient dans face ! Je veux descendre pis leur montrer que nous autres avec on a des bras. Viens pas dans mon building, osti !

— Butch, tu peux pas faire ça. »

Mais Bouchard n'était pas homme à se laisser narguer par des criminels. Ce jour-là, il enverra 20 de ses hommes au café pour s'asseoir autour des motards, les dévisager et écouter tout ce qu'ils disaient. Après 15 minutes, fatigué de ce traitement, Mom Boucher s'est levé et s'en est allé, suivi de ses sbires. Il reviendra deux jours plus tard et cette fois le commandant Bouchard enverra 30 de ses hommes s'asseoir au café. Boucher ne dira pas un mot, se contentant de rester assis, souriant, impassible. S'il avait osé proférer la moindre menace, les policiers l'auraient arrêté sur-le-champ.

Le matin du 25 avril, Mom Boucher déjeunait ailleurs qu'Au Bon Café. Situé dans le nord de la ville, le bar sportif Shawn's est reconnu pour ses serveuses sexy qui vous servent vos œufs brouillés et votre café en bikini. Ce matin-là, le leader des Nomads avait à parler affaires avec André « Dédé » Desjardins, un ancien chef de syndicat qui s'était recyclé dans le prêt usuraire. Un ami de Boucher lui devait de l'argent ; or, le chef des Hells voulait que Desjardins passe l'éponge sur la dette.

« Tu vas te calmer pis tu vas oublier ça, ok, de lancer Mom avec autorité. R'tourne donc en République, prends ça relax, aie du fun. »

Desjardins avait en effet une propriété en République dominicaine.

« Si tu penses que j'vas oublier la dette de ce trou d'cul-là, rétorqua l'usurier furieux. 400 000 $, crisse ! Y va falloir qu'y me passe sur le corps avant que ça arrive !

— Ouais, ben moé j'te dis d'oublier ça, ok », de réitérer Boucher.

Incapables de s'entendre, les deux hommes ont convenu de se rencontrer de nouveau le lendemain matin.

Desjardins est arrivé chez Shawn's vers 9 h 15, s'attendant à ce que Mom et son entourage le rejoignent sous peu. Il s'est installé à la même table que la veille et a commandé son déjeuner. C'est alors que son cellulaire a sonné. Dédé ignorait que la personne qui l'appelait était en fait un assassin qui l'attendait dans le stationnement situé derrière le restaurant.

Desjardins s'est levé, puis est sorti par la porte de derrière. Dans le parking, un tueur l'attendait. Onze balles atteindront Dédé Desjardins. Son boulot terminé, l'assassin a jeté son arme et s'est enfui tandis que sa victime rendait son dernier soupir.

André Desjardins et son partenaire, un certain Bob Savard, avaient fait des millions en finançant des transactions de drogue et en blanchissant l'argent des Hells. Or, 20 minutes après son exécution, la police interceptait un appel entre Montréal et la République dominicaine. « Ok, vous pouvez y aller » disait la voix à Montréal.

L'instant d'après, en République, un homme forçait la porte du condo de Dédé Desjardins. Après s'être introduit dans l'appartement, il a ouvert le coffre-fort du propriétaire des lieux et a volé tout l'argent qu'il contenait.

Naturellement, les détectives qui enquêtaient sur le meurtre de Desjardins étaient très anxieux de questionner Mom Boucher. Celui-ci étant de retour Au Bon Café, Bouchard a envoyé quelques-uns de ses hommes le chercher.

« On a à te parler au sujet du meurtre de Dédé Desjardins, dit l'un des policiers.

— J'ai rien à dire, répliqua Boucher en souriant.

— On va avoir à te parler de toute façon. On questionne tous les témoins.

— Ben, adresse-toi à mon avocat » de répondre Boucher, toujours souriant.

Les policiers ont parlementé un moment avec Gilbert Frigon, l'avocat du chef des Nomads. Frigon a finalement approuvé un entretien entre son client et la police. Mom a pris l'ascenseur jusqu'aux bureaux de l'escouade des homicides et là, très poliment, il a répondu aux questions des détectives.

— T'as fait un meeting avec Desjardins ?

— Non, j'ai juste déjeuné avec lui.

— Avec qui t'étais ?

— J'm'en rappelle pus.

— T'étais-tu censé déjeuner avec lui le lendemain ?

— Non.

— Peux-tu nous dire de quoi t'as parlé avec Desjardins ?

— Ben, y revenait de République dominicaine. Y disait qu'y faisait beau là-bas pis qu'y était revenu pour voir sa famille. »

De toute évidence, il n'y avait rien d'autre à tirer de Mom Boucher. La police l'a laissé partir. En quittant le bureau des détectives, Mom lancera : « Ça m'a fait plaisir de vous aider. Je vous appelle si j'ai des nouvelles. »

Ce que la police ignorait, c'était que le meurtre de Desjardins, loin d'être un incident isolé, s'insérait dans un plan très précis des Hells. L'organisation criminelle visait rien de moins que la consolidation de son vaste empire de drogue, empire qui s'étendait désormais à l'ensemble du territoire canadien. Or, maintenant que les Rock Machine avaient été mis hors d'état de nuire, les seuls véritables compétiteurs des Hells étaient la mafia italienne ainsi que les grands importateurs indépendants. Par le biais de ses connexions siciliennes au Venezuela et au Brésil, la mafia entretenait des liens étroits avec les producteurs colombiens. C'était la mafia qui importait la cocaïne au Canada ; or, elle s'attendait à ce que tous les autres groupements criminels s'approvisionnent auprès d'elle. Jusque-là, les Hells Angels s'étaient montrés satisfaits de cet arrangement, mais voilà que Mom Boucher entendait changer tout cela. Selon Stéphane « Godasse » Gagné, Boucher projetait d'écarter les Italiens pour prendre le contrôle de l'ensemble du réseau de trafic de cocaïne. Il s'agissait toutefois là d'un projet de longue haleine. Pour l'instant, le chef des Hells devait se résoudre à composer avec les Italiens.

Les Nomads s'employaient à appliquer le modèle d'intégration verticale à leur infrastructure commerciale depuis trois ans déjà. Maintenant qu'ils importaient leur propre drogue et qu'ils disposaient d'un impressionnant réseau de revente, leur objectif était de contrôler la distribution et le prix de gros. En 1997, Guy Lepage devint leur émissaire auprès des cartels colombiens. Lepage avait été policier à la CUM de 1966 à 1974 ; soupçonné de fraude, il s'était vu forcé de démissionner. L'ex-policier s'est alors joint aux Rockers et est devenu l'un des chauffeurs de Mom Boucher. Lors de son premier voyage en Colombie en 1997, Lepage était resté deux mois à Barranquilla chez Miguel Carvajal, un membre du cartel Mejia Twins. Pendant son séjour, le représentant des Hells négociera l'envoi de plusieurs cargaisons de cocaïne ; la drogue serait expédiée par bateau aux États-Unis, puis les Hells la transporteraient par camion jusqu'au Canada. Une enquête menée en Floride a révélé que les Hells avaient transporté 200 kg de cocaïne au Canada en décembre 1997, 300 kilos en mars 1998, 392 kg en avril 1998, 500 kg en août 1998 et 300 kg en septembre 1998. Chaque été, de 1997 à 2000, Guy Lepage se rendra en Colombie pour négocier de nouveaux envois de cocaïne. Des témoins ont déclaré à la police que c'était André Chouinard, un membre des Nomads, qui s'occupait des paiements ; invariablement, l'argent était envoyé à un représentant des Colombiens à Miami.

Tout allait comme sur des roulettes, cependant le système connaîtra des ratés en octobre 1998, après qu'un envoi de 2 400 kg de cocaïne ait été expédié directement au Québec. La drogue sera déchargée en secret à Gaspé, mais l'un des courriers des Hells, en route vers Montréal, se fera pincer par la police. Outre les 480 kg de cocaïne que l'homme transportait dans son véhicule, la police mettra la main sur deux numéros de téléphone appartenant à un certain Raymond Craig et sur deux autres appartenant à Guy Lepage.

Craig importait de la cocaïne pour les Hells depuis des années ; Sandra, son épouse, était la fille d'un trafiquant bolivien.

À la suite de cette saisie, les autorités canadiennes et américaines ont lancé une enquête conjointe. Le 14 avril 1999, dans un hôtel de Miami, la police arrêtait un courrier des Hells qui était en possession de 2,5 millions en dollars américains. Les numéros de série des billets indiquaient que l'argent provenait principalement de la Bank of America International de Toronto ainsi que d'une succursale de la Banque Royale à Montréal. Les autorités ont pu déterminer qu'en 1998 et 1999, le courrier avait fait 15 fois la navette entre le Canada et les États-Unis.

En dépit de ces contretemps, les choses allaient rondement pour les Hells. Le pipeline de la cocaïne entre la Colombie et le Canada ne dérougissait pas. À l'été 2000, Lepage informait ses fournisseurs colombiens qu'une cargaison de 2 400 kg était arrivée à bon port. (Lepage poursuivra ses activités jusqu'en 2002, puis il sera arrêté et extradé aux États-Unis où il plaidera coupable à une accusation de complot en vue d'importer de la drogue. Il sera condamné à 10 ans de prison.)

Maintenant que la route était bien établie, les Nomads étaient en mesure de consolider davantage leurs opérations en implantant un système de contrôle des prix. Ils créèrent un comité central qu'ils baptisèrent « la Table » et qui avait pour mandat de fixer les prix et de régler tous les détails relatifs à la vente et à l'importation. En 2000, Dany Kane révélait à la police l'existence de ce comité. Cinq membres des Nomads siégeaient à la Table : Mom Boucher, Denis Houle, André Chouinard, Michel Rose et Normand Robitaille. Le comité payait ses membres 5 000 $ par semaine en plus des profits faramineux que chacun réalisait grâce au trafic de la cocaïne, du hasch, de la mari et de l'ecstasy. Tous les Hells Angels du Québec – à l'exception du chapitre de Sherbrooke, qui préservait jalousement son autonomie – devaient passer par la Table pour se procurer leurs stupéfiants.

Les Hells ont cependant vite compris que le comité ne pouvait fonctionner que s'il s'associait à cette autre grande organisation importatrice de drogue qu'était la mafia italienne. Mom Boucher avait toujours entretenu de bonnes relations d'affaires avec la mafia ainsi qu'avec celui que les autorités qualifiaient de « parrain de la mafia italienne à Montréal », Vito Rizzuto. Directement issue de Sicile, la famille Rizzuto était extrêmement influente à Montréal, mais aussi à Toronto et à Hamilton. Incroyablement, hormis une condamnation pour crime d'incendie volontaire en 1972, le casier judiciaire de Vito Rizzuto était vierge. En 1987 et 1988, il avait été acquitté de plusieurs accusations relatives au trafic de la drogue. Bon nombre de ses subalternes n'avaient pas eu cette chance. De 1990 à 1994, la GRC avait opéré un faux bureau de change au centre-ville de Montréal dans le but de démanteler un réseau de blanchiment de narcodollars. Ce faisant, la police avait réussi à stopper une transaction majeure de drogue : en prévision d'un envoi de cocaïne vers l'Angleterre, les Hells et le clan Rizzuto avaient blanchi 135 millions de dollars au bureau de change de la GRC. Cinquante-sept personnes furent arrêtées, dont l'avocat Joseph Lagana et Jimmy Di Maulo, le bras droit de Rizzuto. Reconnus coupables des deux chefs de blanchiment de fonds, les deux hommes seront condamnés à huit ans de prison ; Di Maulo écopera en outre d'une peine de 12 ans pour complot en vue de faire le trafic de stupéfiants. En 2003, la police n'avait toujours pas réussi à comptabiliser tout l'argent qui était passé par leur bureau de change.

Jimmy Di Maulo, qui avait été condamné pour meurtre par le passé, conservait une partie de sa fortune dans une banque de Genève. Il avait recommandé l'institution bancaire en question à un de ses bons amis, Michel Rose, membre des Nomads. La police saisira éventuellement près de 300 000 $ dans le compte que Rose avait ouvert en Suisse. Pierre Bolduc, l'agent de la GRC qui était en charge de l'opération, souligne le lien unissant les Hells Angels et la mafia italienne : « Si Jimmy Di Maulo s'est donné la peine de recommander son banquier à Michel Rose, dit-il, c'est que Rose et Di Maulo se font confiance l'un et l'autre et veillent à leurs intérêts mutuels. »

Le beau-frère de Di Maulo, Raynald Desjardins, s'était fait arrêter au début des années 1990 lors d'une autre opération de la GRC. À cette époque, Desjardins prenait ses ordres directement de Vito Rizzuto ; les deux hommes se rencontraient presque tous les dimanches au Buffet Roma ou dans un autre de leurs restaurants de prédilection. Desjardins entretenait par ailleurs des liens d'affaires continus avec Mom Boucher. Le motard et le mafioso allaient souvent dîner ensemble au Nickels de Laval pour parler affaires ; ils se rencontraient également dans les bureaux de l'entreprise de billards électriques et de machines à sous dont Desjardins était propriétaire. « Raynald et Mom étaient très bons amis » d'affirmer Jean-Pierre Boucher de l'escouade antidrogue de la GRC. En 1993 et 1994, Jean-Pierre Boucher dirigeait le projet Jaggy, une enquête policière qui s'était penchée sur l'association entre Mom Boucher et Vito Rizzuto.

La raison d'être de cette première collaboration entre les Hells Angels et la mafia italienne était l'importation de quantités massives de cocaïne. La drogue devait arriver par bateau de la Colombie pour être ensuite acheminée le long du Saint-Laurent. Les Hells de Québec étaient chargés de régler certains détails logistiques en Nouvelle-Écosse ; néanmoins, il était clair que c'était Boucher et Desjardins qui tiraient les ficelles depuis Montréal. « Quand les gars de Québec faisaient une gaffe, dit Jean-Pierre Boucher, Raynald appelait Mom pour qu'il règle le problème. »

D'entrée de jeu, le plan de Desjardins et de Boucher a foiré. Leur navire se trouvant immobilisé au large de l'île de Sable à cause de problèmes de gouvernail, les trafiquants s'étaient vus obligés de jeter une cargaison de 740 kg de cocaïne par-dessus bord. La police fut alertée. Lorsque tout fut dit, les autorités détenaient suffisamment de preuves pour inculper Raynald Desjardins et 18 de ses associés. Mom Boucher et Vito Rizzuto, eux, ne furent pas inquiétés. Desjardins plaidera coupable et sera condamné à 15 ans d'emprisonnement.

Vers la fin des années 1990, les Hells Angels intensifieront leur association avec la mafia. Les motards croulaient littéralement sous les narcodollars ; or, ils avaient besoin de l'expertise de la mafia en ce qui avait trait au blanchiment de fonds. À cette époque, la police interceptera une conversation téléphonique entre Stéphane Sirois, un associé des Hells, et le Rocker Jean-Guy Bourgoin.

« J'ai besoin d'un bon comptable, disait Sirois.

— J'en connais un à Laval, de répondre Bourgoin. C't'un crisse de bon gars. Y a travaillé 25 ans pour le gouvernement. En plus, c'était le comptable de Rizzuto ; y a toujours travaillé pour les Italiens. Tu y donnes du cash, tu y dis "Tiens, lave-moi ça" pis lui y t'arrange ça. »

Du temps où il était agent pour la GRC, Cal Broeker avait infiltré le crime organisé en se faisant passer pour un blanchisseur. Dans le cadre de l'opération, il avait fait affaire avec l'un des principaux associés de Rizzuto. L'individu en question, qui était chargé de faire blanchir l'argent sale de la mafia, s'était vanté de ses connexions chez les Hells Angels. Au cours d'un dîner d'affaires au restaurant La Moulerie dans le centre-ville de Montréal, le mafioso avait dit à Broeker : « J'ai rendez-vous avec les Hells cet après-midi. Si tu as le bon système, on va te donner le contrat pour blanchir tout l'argent des Hells. »

À l'aube du troisième millénaire, les tout-puissants Nomads décident de solidifier leurs liens avec la mafia. Cette association renouvelée allait leur permettre de dicter le prix de la cocaïne et de monopoliser le marché de la drogue. Une conversation datant de juin 2000 entre Wolf Carroll et Dany Kane démontre qu'un strict contrôle des prix était effectivement en voie de s'effectuer.

« Le kilo se vend facilement 50 000 $ à Montréal, mais ça marche pas, ça, en dehors de la ville, disait Carroll.

— Mais y va avoir un gros meeting avec les Italiens, de rétorquer Kane. Les Italiens veulent que tout le monde paye le même prix. Avec Vito Rizzuto, ils sont en train de s'arranger pour que tout le monde vende au même prix.

— À Montréal ?

— Oui. À Montréal, mais peut-être aussi dans tout le Québec. »

Le 21 juin, dans un restaurant de Laval, trois Nomads – Normand Robitaille, Michel Rose et André Chouinard – rencontraient Vito Rizzuto, Tony Mucci et deux autres membres de la mafia italienne. Selon Kane, Mom Boucher avait téléphoné aux Italiens pour leur dire qu'il participerait peut-être à la réunion, mais il ne s'est finalement jamais présenté. Sachant qu'il était un personnage très en vue, Mom a sans doute jugé bon de se désister parce qu'il ne voulait pas attirer l'attention de la police sur cet important rassemblement de caïds du crime organisé.

Au cours de cette réunion, le prix du kilo de cocaïne fut fixé à 50 000 $ et le territoire de Montréal et des environs s'est vu divisé entre les Hells et les Italiens. Les motards et les mafiosi ont également convenu qu'ils se partageraient les profits d'un réseau de télémarketing frauduleux qui générait un million de dollars par semaine : un tiers des bénéfices irait aux Hells et un autre tiers aux Italiens ; les exploitants du réseau garderaient le dernier tiers des profits. (Kane a par la suite expliqué à la police que l'arnaque consistait à téléphoner à des Américains crédules pour leur annoncer qu'ils avaient gagné une voiture neuve, mais qu'ils devaient envoyer un chèque pour couvrir les taxes de vente avant de pouvoir réclamer leur prix.)

En concluant ce pacte avec la mafia, les Hells évitaient la guerre. « Après la réunion, Norm (Normand Robitaille) m'a dit que Vito était vraiment très gentil, écrivait Kane dans son journal. Il m'a dit que les Italiens étaient très forts et que si la guerre se déclarait, les Hells auraient beaucoup plus de mal avec eux qu'ils en avaient eu avec les Rock Machine. »

Le nouveau cartel de drogue montréalais s'avérera être une véritable mine d'or, tant pour les Hells que pour les Italiens. Kane avait entendu Nick Rizzuto, le fils de Vito, dire à Normand Robitaille : On passe 250 kg de coke par semaine à Montréal. » Cela signifiait que le cartel faisait un chiffre d'affaires de 12,5 millions de dollars par semaine, pour un profit net de 6,25 millions de dollars.

Chez les Hells, le nouveau cartel ne faisait cependant pas l'unanimité. Selon Kane, certains membres de la Table avaient tenté de persuader Louis « Melou » Roy, un vétéran des Nomads et un vieil ami de Mom Boucher, de se joindre au cartel. Or, Roy ne voulait pas passer par la nouvelle organisation ; il faisait affaire avec les Italiens depuis plusieurs années et ses propres activités lui rapportaient suffisamment d'argent. Par la suite, Wolf Carroll dira à Kane qu'il espérait que le malentendu entre Roy et la Table ne poserait pas problème. Or, problème il y aura : le 23 juin 2000, Louis Roy disparaissait après avoir participé à une réunion des Nomads qui avait eu lieu dans l'est de la ville, juste en face du duplex du père de Mom Boucher. La police découvrira sa Mercedes bleue et mauve garée à proximité, mais le corps du motard ne sera jamais retrouvé.

Les Craig étaient les suivants sur la liste des compétiteurs à éliminer. Le clan Craig, qui était à la tête d'un important réseau d'importation, fournissait de la drogue aux Hells depuis déjà plusieurs années, mais maintenant les motards étaient arrivés à un point où ils pouvaient se dispenser de ses services. En juin 2000, deux hommes tenteront d'assassiner Sandra Craig, la fille du grand producteur bolivien. Les tueurs échoueront cette fois-là dans leur mission. Cependant, le 29 août, les meurtriers ne manqueront pas leur coup et tueront Raymond Craig alors qu'il quittait un bar de Sainte-Adèle.

À cette même époque, Bob Savard, 49 ans, ancien partenaire de Dédé Desjardins, deviendra lui aussi la victime des désirs consolidateurs des Hells Angels. On se souviendra que, 18 mois plus tôt, Desjardins avait été exécuté au lendemain d'un déjeuner avec Mom Boucher. Or, les Hells auront recours à un scénario identique pour se débarrasser de son associé. Le 6 juillet, Savard déjeunait avec Mom Boucher ; le lendemain, il a piqué du nez dans ses œufs brouillés en rendant son dernier souffle. Les deux principaux usuriers et blanchisseurs de Boucher ayant été supprimés, la police en a déduit que les Hells cherchaient à consolider ces facettes de leur empire en les confiant à un gangster de Laval.

Entre février et octobre 2000, 11 individus faisant partie des Hells Angels ou étant associés aux Hells disparaîtront ou seront éliminés. Il était clair que les motards faisaient le grand ménage. Plusieurs journalistes feront enquête sur les activités meurtrières des Hells, notamment Michel Auger, le chroniqueur judiciaire du *Journal de Montréal*. Auger écrira sur les Hells une série d'articles qui finiront par lui coûter cher.

Durant cette période de consolidation et de restructuration, Wolf Carroll avait dit à Dany Kane : Mom Boucher contrôle toute la ville ; Montréal lui appartient. » C'était le message que le chef des Nomads cherchait à transmettre à la police lorsqu'il allait les narguer Au Bon Café.

Le 5 août 2000, Mom Boucher organisait une réception pour le mariage de René « Balloune » Charlebois, un membre des Nomads. Dans l'esprit du public, cet événement a fini par symboliser l'absolue suprématie criminelle de Boucher et de ses Hells. Le journal *Allô Police* consacrera cinq pages à la couverture des festivités qui avaient eu lieu au domaine de Mom Boucher à Contrecœur. Ginette Reno avait été engagée pour chanter à la réception ; or, un photographe réalisera les clichés désormais célèbres où Boucher manifeste son enthousiasme en embrassant et en enlaçant la vedette. Confrontée par la suite à l'indignation du public, la chanteuse ressentira le besoin de se justifier. « J'ai pour mon dire que

Jésus, il se tenait tout le temps avec du mauvais monde, dira-t-elle. Sont-ils des tueurs et des criminels 24 heures sur 24 ? Le monde n'est pas écœurant tout le temps. Tu peux pas être écœurant du matin jusqu'au soir. »

José Théodore, le gardien étoile des Canadiens de Montréal, semblait être du même avis que Reno. En 1999 et en 2000, Théodore a été aperçu à de nombreuses reprises en train de jouer au golf et de faire la fête avec des Hells. Sur une photo de surveillance de la police, on verra le gardien de but boire de la bière avec ses copains motards dans leur bunker du sud de la ville. Lorsque la Ligue nationale de hockey lui demandera de cesser de fréquenter les Hells, Théodore refusera d'obtempérer. Quelque temps plus tard, le père et les frères de José Théodore seront accusés d'avoir mené une vaste opération de prêt usuraire au casino de Montréal.

Tandis que le public québécois s'indignait du fait que ses vedettes frayaient avec les motards, les Hells continuaient leur grande opération de nettoyage. Le 7 août, les autorités découvriront le corps d'un membre des Rockers. L'individu était apparemment mort asphyxié dans sa voiture, intoxiqué par des émanations de mon oxyde de carbone.

L'été 2000 fut particulièrement pénible pour Dany Kane. Tandis qu'il se morfondait dans sa fastidieuse condition de subalterne, les Nomads qui l'entouraient avaient amassé des fortunes colossales en un temps record grâce au commerce de la drogue. À l'occasion d'une fête donnée par Michel Rose en juin 2000, Kane notera avec amertume que Rose s'était récemment acheté deux Harley Softtail flambant neuves d'une valeur de 80 000 $ ainsi que deux Mercedes haut de gamme. Rose possédait aussi trois bateaux de course : un de 30 pi, un autre de 40 pi, et une merveille de 45 pi que son propriétaire avait baptisée *El Rapido*. Dans son rapport, Kane précisera que *El Rapido* valait « au moins 500 000 $ ». Après avoir fait un tour dans l'impressionnante embarcation, Kane dira à Rose : « À chaque fois que tu clenches, c'est beaucoup de pétrodollars qui sortent par en arrière, han ?

— Non, avait répliqué Rose en blaguant, c'est des cocadollars.

— Ha ! ha ! ha ! des cocadollars ! de s'esclaffer Kane. Osti qu'y est malade !

— Pas des cocadollars, de renchérir un autre motard, des narcodollars. »

Tour à tour espion, chauffeur, garde du corps et courrier, Dany Kane continuait de mener une existence à la fois insipide et angoissante pendant que les Nomads se vautraient dans leurs narcodollars. Il avait parfois l'impression que sa propre vie ne lui appartenait plus. Entre les tâches que lui confiaient les Hells et celles qui découlaient de ses fonctions d'informateur, il travaillait 18 heures par jour. Tous les matins, à 7 h, il rencontrait ses contacts de Carcajou pour planifier la stratégie de la journée. Il devait souvent les rencontrer à nouveau au cours de la journée pour leur remettre la cassette qu'il avait enregistrée avec son magnétophone de poche et pour recevoir une autre cassette. Les détectives cachaient parfois une cassette vierge dans les toilettes d'un restaurant ; l'informateur devait alors se rendre sur les lieux pour la récupérer. Il ne comptait plus les kilomètres qu'il enfilait chaque jour en conduisant Normand Robitaille d'un bar à un autre, d'un restaurant à un autre, d'un coin de rue à un autre. Quand Robitaille rencontrait ses contacts dans un stationnement ou une toilette publique, Dany faisait le pied de grue. Robitaille jouait les caïds, avec ses lunettes fumées et sa Corvette de l'année, donnant des ordres, discutant affaires avec ses collègues des Hells et de la mafia, pendant que lui, Dany Kane, devait attendre sans dire un mot, tel un serviteur, s'installant au bar ou à une table voisine, ou encore faisant le guet dans un parking. Kane était toujours sur le qui-vive. Il vivait dans la crainte constante de se voir démasqué. En présence de ses confrères motards, il devait toujours faire attention à ce qu'il disait et à ce qu'il faisait. Qui plus est, les autorités surveillaient ses moindres faits et gestes. Avec son consentement, la police avait installé chez lui de l'équipement de surveillance électronique et avait mis ses lignes téléphoniques sur écoute. Le moins que l'on puisse dire, c'est que Dany Kane était sur la corde raide.

Les Hells connaissaient donc un succès financier sans précédent. Cette réussite avait cependant son prix : depuis quelque temps, un vent de paranoïa soufflait sur l'organisation. « Je commence à faire affaire avec pas mal de monde, j'ai peur de me faire ramasser, dira Normand Robitaille à Kane. À un moment donné, y va bien y avoir un délateur, un *stool* ou un informateur qui va me donner. » Robitaille ne se doutait pas qu'il était en train de se confier à celui-là même qui allait le trahir.

En juillet 2000, les Rockers voulaient que Kane s'implique dans un complot visant à supprimer plusieurs membres des Rough Riders, une bande montréalaise spécialisée dans la revente de drogue et dans l'extorsion qui était devenue un peu trop indépendante au goût des Rockers. Les Rockers projetaient d'envoyer leurs éventuelles victimes en Nouvelle-Écosse, soi-disant pour aider les Hells à prendre possession du territoire, puis de leur tendre une embuscade et de les éliminer. Kane était vraiment sollicité de tous côtés. Les avocats qui l'avaient défendu dans l'affaire Mac-Farlane voulaient être payés. Les Hells voulaient qu'il paie les 80 000 $ qui représentaient le solde de la dette de Denis Houle – dette que Kane avait consentie à garantir précédemment. À partir du mois d'août, Robitaille commencera à harceler Kane pour qu'il rembourse la somme au plus vite parce que, disait-il, cette dette, qui était due au chapitre de Sherbrooke, était en train de ternir la réputation des Nomads. Les Nomads avaient pourtant passé l'éponge sur une dette de 400 000 $ que Wolf Carroll devait à la Table. Kane estimait que ses confrères le traitaient de façon très injuste.

Pour couronner le tout, Kane devait retourner à Rivière-du-Loup en octobre pour commencer à purger la peine de cinq ans dont il avait écopé suivant son arrestation du 24 septembre 1999 – on se souviendra qu'il se rendait à Halifax avec Wolf Carroll pour tuer Randy Mersereau. Kane, qui détestait le milieu carcéral, ne se réjouissait pas de cette éventualité. Il était particulièrement ulcéré du fait que, pour épargner Carroll, il s'était vu forcé d'endosser seul le blâme dans cette affaire. Encore une fois, les Hells exigeaient de lui qu'il se sacrifie pour le bien de l'organisation.

Durant la première semaine d'août, Kane semblait à court d'énergie. Il y avait un moment déjà qu'il ne tenait plus son journal d'informateur avec la même rigueur ni la même assiduité qu'auparavant. Le 3 août, il écrira qu'il avait pris des notes pendant quatre heures, pourtant son labeur ne produira que six lignes de renseignements peu pertinents. Ce jour-là, Kane signera pour la dernière fois au bas de la page : après avoir rempli 190 pages de son journal, il n'écrira plus une seule ligne.

Le vendredi 4 août, un détective de Carcajou remettait à Kane les 1 000 $ que celui-ci devait donner en cadeau de mariage à Balloune Charlebois. Plus tard dans la journée, la police l'appelait pour lui annoncer une excellente nouvelle : les autorités allaient payer les 80 000 $ qu'il devait au chapitre de Sherbrooke. Kane disposerait de la somme le lundi ou le mardi suivant.

Le sergent-détective Roberge, qui avait été en congé cette semaine-là, s'est remis au boulot durant le week-end. Dans ses notes du samedi 5 août, il écrira « pas d'appels », ce qui signifiait que Kane ne l'avait pas contacté. Mais le policier ne s'inquiétait pas outre mesure, se disant que son informateur voulait probablement passer une fin de semaine tranquille avec sa compagne, Patricia, avec le fils de celle-ci, un petit garçon de huit ans, ainsi qu'avec le petit nouveau-né de la famille.

Le lendemain, vers 18 h 30, Roberge laissera deux messages sur le téléavertisseur de Kane, mais celui-ci ne le rappellera pas. Bizarre. D'ordinaire, Kane rappelait toujours. Sur le coup, Roberge a eu le pressentiment qu'un malheur était arrivé à son informateur, puis il s'est calmé en se disant que c'était dimanche et que Kane avait à s'occuper de sa petite famille.

Il y avait bientôt un an que Kane et Patricia habitaient un coquet bungalow dans la petite bourgade rurale de Saint-Luc, à quelques kilomètres du village où Kane avait grandi. Leur maison comprenait deux chambres, deux salles de bain, un espace ouvert qui combinait salon et salle à manger, une pièce familiale, ainsi qu'un garage double. Elle était sise sur un grand terrain qui s'inclinait doucement vers la rivière L'Acadie et était entourée de grands pins et de haies de cèdre minutieusement taillées.

En ce dimanche 6 août, Dany Kane et sa compagne s'étaient divertis en faisant un peu de patin à roues alignées. Plus tard dans la journée, le motard annoncera à son amie de cœur qu'il attendait un visiteur le soir même, ajoutant que son invité et lui quitteraient la maison très tôt le lendemain matin. Patricia et les enfants allaient devoir passer la nuit à Montréal, chez la mère de celle-ci. Rien d'anormal là-dedans pour le couple ; Patricia vivait avec Kane depuis cinq ans déjà, or, elle ne s'étonnait plus de ces requêtes que d'autres auraient jugées étranges. Il y avait pourtant cette fois-ci quelque chose de différent : alors que, par le passé, Kane avait souvent demandé à sa concubine de lui laisser la voie libre quand il recevait un visiteur, il n'avait jamais exigé d'elle qu'elle quitte la maison pour une nuit entière.

Kane appellera ensuite sa sœur parce qu'il voulait écrire une lettre sur son ordinateur, mais qu'il ne savait pas comment se servir du logiciel de traitement de texte.

Vers 21 h, les parents de Kane venaient chercher Patricia et les enfants pour les conduire en ville. Kane prêtera sa Dodge Caravan à son père et lui donnera 50 $ pour faire le plein. Kane louait une Mercedes depuis deux mois. Il la gardait habituellement dans l'entrée, mais, après le départ de ses parents, il l'a déplacée pour le mettre dans son garage.

Dans le courant de la soirée, Kane téléphonera à Patricia pour lui souhaiter bonne nuit et lui dire qu'il l'aimait. Quelques minutes plus tard, ses parents revenaient avec la Caravan. Kane les attendait dehors. Lorsque son père s'est étonné du fait que sa Mercedes ne se trouvait plus dans l'entrée, Kane a expliqué que son visiteur était arrivé et qu'il la lui avait empruntée pour faire une commission. L'informateur a discuté un moment avec ses parents, puis ceux-ci sont rentrés chez eux à bord de leur propre voiture.

Le lundi 7 août, à 7 h du matin, Benoît Roberge et un autre détective attendaient Kane dans un lieu dont ils avaient convenu à l'avance. À 7 h 15, comme Kane n'arrivait toujours pas, Roberge a laissé un message sur son téléavertisseur. Dix minutes plus tard, Kane n'avait toujours pas rappelé. Roberge laissera un second message, mais sans succès. Le policier était à la fois mécontent et inquiet. Jusque-là, son informateur s'était toujours montré d'une ponctualité irréprochable. Quittant les lieux du rendez-vous, les détectives se rendirent à Saint-Luc. Discrètement, ils passeront devant la maison de Kane. Sa Dodge Caravan se trouvait dans l'entrée et la porte du garage était fermée. Dans son rapport, Roberge écrira : « Nous n'avons observé aucune activité. »

Les deux détectives se rendront ensuite au domicile de Normand Robitaille à Candiac. Encore là, aucun signe de Kane. Roberge et son partenaire feront alors la tournée des endroits – gymnases, bars, restaurants, etc. – que fréquentaient habituellement Kane et Robitaille. « Négatif » écrira Roberge dans son rapport. Les policiers consultèrent finalement leurs tables d'écoute pour voir si Kane s'était manifesté de ce côté-là ; l'informateur n'avait donné aucun signe de vie. À court de moyens, les détectives sont retournés au quartier général.

Tôt ce matin-là, Patricia avait téléphoné à Kane. Son amoureux n'était pas à la maison, mais la jeune femme ne s'était pas inquiétée pour autant puisque Dany l'avait bien averti qu'il devait partir de bon matin. Elle a ensuite laissé un message sur son téléavertisseur. Patricia ne s'inquiétera pas plus du fait que Kane ne la rappelait pas ; il rappelait rarement lorsqu'il était occupé. À 9 h, un ami raccompagnait Patricia et son fils Kevin à la maison, le bébé endormi étant resté chez les grands-parents. Arrivée chez elle, la jeune femme ne pouvait pas ouvrir la porte d'entrée ; la serrure avait été verrouillée de l'intérieur. Elle a ensuite essayé d'ouvrir la porte du garage avec la télécommande qui se trouvait dans la Dodge Caravan, mais sans succès. À l'arrière, une autre porte donnait accès au garage. Kevin a tenté de l'ouvrir, mais quelque chose la bloquait de l'intérieur. En poussant ensemble sur le battant, Patricia et son ami ont réussi à l'ouvrir suffisamment pour que Kevin puisse se glisser dans l'embrasure. Apercevant Kane qui était « inconscient » dans la Mercedes, le fils de Patricia a retiré ce qui bloquait la porte pour permettre à sa mère d'entrer. Une intense odeur de monoxyde de carbone émanait du garage. Patricia vit son amoureux immobile dans la voiture, puis elle remarqua les serviettes de bain qu'il avait placées sous chacune des portes du garage. Une corde attachée à la porte menant dans la maison maintenait celle-ci fermée. Les fils électriques qui commandaient l'ouverture automatique de la porte du garage avaient été sectionnés. Le toit et les vitres de la Mercedes étaient grand ouverts. Dans le contact, la clé était en position de démarrage, mais le moteur ne tournait plus. Avec l'énergie du désespoir, Patricia et son ami tentèrent d'ouvrir la porte pour aérer le garage, mais ils se rendirent bientôt compte que celle-ci avait été cadenassée. À 9 h 22, Patricia appelait le 911. Il était malheureusement trop tard : Dany Kane était déjà mort. Il n'avait que 31 ans.

Il était 10 h 50 lorsque le sergent-détective Benoît Roberge est arrivé au quartier général de Carcajou. Son supérieur l'a immédiatement fait demander. « Ton informateur s'est suicidé dans son garage » lui a-t-il annoncé de but en blanc.

« Ça a été pour moi un choc énorme, se rappelle Roberge. Kane était un peu comme un partenaire. C'est sûr qu'il était pas vraiment un partenaire ; c'était un criminel. N'empêche qu'on faisait partie de la même équipe. »

La dernière phrase que Roberge écrira dans le dossier de l'agent 3683 ira comme suit : « Au bureau, apprenons décès de l'agent-source par suicide dans son garage. »

À l'autre bout de la ville, aux quartiers généraux de la GRC, St-Onge écrivait à peu près la même chose dans le dossier de C-2994.

Même dans la mort, Dany Kane restait un numéro, une source anonyme dans les annales de la police.

À ce jour, une aura de mystère continue d'entourer la mort de Kane. Des avocats, des journalistes prétendent qu'il est toujours en vie ou que c'est la police elle-même qui l'a éliminé pour protéger ses arrières. Ces personnes disent que Kane était gênant parce qu'il pouvait témoigner du fait que la police l'avait couvert ou même secondé dans ses activités criminelles. Tout indique cependant que ces allégations sont sans fondement. Pour mener à bien pareil complot, il aurait fallu que les médecins légistes qui ont procédé à l'autopsie et les enquêteurs qui ont examiné la scène du crime aient tous été corrompus. Or, cette éventualité est très peu vraisemblable.

La famille de Kane soutient quant à elle l'hypothèse d'un meurtre. Dany n'était pas suicidaire, affirment ses proches. Le rapport du coroner indique cependant que peu avant sa mort, Kane avait abordé le sujet avec Patricia. Un de leurs amis venait de faire une tentative de suicide ; or, Kane avait mentionné que la meilleure façon de se suicider était par intoxication au monoxyde de carbone.

On se souviendra par ailleurs que, neuf mois plus tôt, Benoît Roberge avait noté dans un de ses rapports que Kane semblait déprimé et démotivé. « Il avait vraiment le moral à terre, soutient le policier. Il travaillait toujours pour nous, mais le cœur n'y était plus. »

Dans l'ordinateur du défunt, la police trouvera deux lettres. Kane les avait écrites à 21 h, soit juste avant de se suicider. Les autorités croient qu'il avait choisi d'inscrire ces lettres d'adieu sur le disque dur de son ordinateur plutôt que de les écrire à la main parce que, de cette façon, elles seraient moins aisément détruites. Ce genre de prévoyance était typique de Kane. La première lettre était adressée à Patricia et à ses quatre enfants. Kane leur expliquait son geste en disant : « Je n'en pouvais plus de me faire tirer d'un côté et de l'autre. » Il poursuivra en précisant qu'il les aimait tous également. À sa compagne, il écrira : « Patricia, je peux te dire sans aucune ésitation [sic] que tu as été la femme de ma vie. »

Dans sa seconde lettre, Kane s'adressait aux policiers avec lesquels il avait travaillé pendant des années. Un passage en particulier donne une idée des contradictions internes qui déchiraient l'informateur :

Qui suis-je ? Telle est la question.
Suis-je un motard ?
Suis-je une police ?
Suis-je bon ou méchant ?
Suis-je hétéro ou gay ?
Suis-je riche ou pauvre ?
Suis-je honnête ou malhonnête ?
Suis-je aimé ou craint ?
Ce que je fais est-il bien ou mal ?
Suis-je exploitant ou bien exploité ?

Le tueur à gages à la solde des Hells Angels, l'espion qui avait berné Mom Boucher et les Nomads pendant des années, cet homme-là était à bout de souffle, déprimé, exténué. « J'aurais bien aimé pouvoir continuer mon rôle d'informateur, écrivait-il dans sa lettre, mais je n'ai plus la force de continuer. On m'a saigné à blanc et là j'ai plus rien à donner. » Il terminera en souhaitant bonne chance aux camarades policiers avec lesquels il avait travaillé.

À ce jour, la mère de Kane, Gemma, garde toujours sur elle une copie de ces deux lettres.

Roberge affirmera par la suite que Kane n'était pas un criminel comme les autres en ce sens qu'il se remettait sans cesse en question, qu'il doutait constamment de lui-même et de ses actions. « Kane s'exprimait bien, de dire Roberge, c'était un gars très poli. Il n'a jamais joué les durs à cuire. En fait, je pense pas qu'il voulait vraiment être un criminel. C'est arrivé comme par accident. »

Dany Kane était un homme réfléchi qui ne laissait rien au hasard. Six ans plus tôt, il avait soigneusement orchestré sa collaboration avec la police ; c'était aujourd'hui avec la même minutie qu'il avait planifié son suicide. Au bout du compte, ce désir de vengeance qui l'avait poussé à devenir informateur n'avait pas suffi à le garder en vie. Pendant toutes ces années, Kane avait joué un double jeu qui tirait à sa fin. Il savait qu'il allait bientôt devoir témoigner contre ses confrères motards ; or, à ce moment-là, les deux facettes de sa personnalité, Kane le motard et Kane l'espion, seraient affichées à la vue de tous. Kane redoutait cet instant fatidique où il allait être révélé non seulement au monde entier, mais aussi à lui-même. « Il sentait qu'il avait trahi tout le monde, de dire Roberge. Il savait qu'il aurait à témoigner contre les Hells devant un tribunal, et ça le troublait beaucoup d'avoir à exposer sa trahison au grand jour. »

Maintenant que Dany Kane n'était plus, l'escouade Carcajou avait perdu son allié le plus précieux. Du point de vue de leur enquête, Roberge et ses collègues étaient de retour à la case départ.

CHAPITRE 12

Le ménage du printemps

La majorité des motards avaient été arrêtés. Il n'y avait pas eu
de blessés. C'était le plus beau jour de ma carrière de policier,
mais le vrai boulot ne faisait que commencer.
TOM O'NEILL, SERGENT DE LA GRC

Avec la mort de Kane, les pires craintes du sergent-détective Roberge se voyaient matérialisées. C'était une année entière de travail qui venait de tomber à l'eau. Aux quartiers généraux de Carcajou, une question était sur toutes les lèvres : le projet Rush avait-il rendu l'âme en même temps que Dany Kane ? Existait-il un moyen de poursuivre l'enquête sans le concours de cet irremplaçable informateur ?

Dans les jours qui ont suivi le suicide de Kane, les membres de Carcajou ont dû accepter le fait qu'ils venaient de perdre leur témoin clé. Une fois la chose admise, ils ont procédé à une analyse détaillée des renseignements et des preuves qu'ils possédaient. Les murs de la salle de conférence de Carcajou – pièce que les policiers avaient surnommée « le bunker » – furent bientôt tapissés de notes, de diagrammes et de graphiques de toutes sortes. Des photos de chacun des 42 membres des Hells Angels et des Rockers furent accrochées un peu partout dans la pièce. Les agents de Carcajou se prêteront à des séances de remue-méninges jusqu'à tard dans la nuit, débattant la validité de chaque preuve, tentant de déterminer lesquelles pourraient être invoquées lors d'un procès éventuel. Ils se demanderont également qui ils pouvaient arrêter en se basant uniquement sur les preuves et renseignements qu'ils détenaient actuellement.

Après trois jours d'analyses et de débats intensifs, les policiers en sont venus à la conclusion que la situation était peu reluisante, mais que tout n'était pas perdu. Ils détenaient suffisamment de preuves pour mettre bon nombre de ces motards sous les verrous ; cela dit, ils n'avaient rien d'assez substantiel pour entraîner de longues peines d'emprisonnement. Dès le début du projet Rush, Carcajou s'était donné pour objectif de faire enfermer les motards pour très, très longtemps. Or, pour ce faire, il leur manquait certains éléments cruciaux. Les saisies de drogue effectuées jusque'à présent n'étaient pas suffisamment importantes pour prouver que les Hells étaient à la tête d'un réseau de trafic d'envergure internationale. De plus, la police n'était pas parvenue à saisir le moindre petit narcodollar, pas la moindre somme qui aurait témoigné des profits astronomiques que récoltaient les Hells grâce au trafic de la drogue. « On a pas de *dope,* pas d'argent et pas de témoin, mais on est encore en affaires » affirmait O'Neill avec enthousiasme.

De toute évidence, la police avait du pain sur la planche.

Avant sa mort, Kane avait fourni deux pistes importantes aux autorités. Le 25 juillet, Normand Robitaille avait confié sa mallette à Kane pour la journée. L'informateur avait refilé le porte-documents à ses contacts de Carcajou et ceux-ci avaient promptement photocopié son contenu. Certains documents étaient des états financiers qui semblaient liés à une opération de trafic de drogue de grande envergure. Ils n'étaient pas suffisamment explicites en soi pour prouver quoi que ce soit, néanmoins le lien était là. Deuxièmement, Kane avait dit à la police que les Hells écoulaient chaque semaine des centaines de kilos de haschisch et de cocaïne. Les autorités ignoraient où les motards entreposaient toute cette drogue, cependant Kane avait mentionné le nom de Jean-Richard « Race » Larivière à plusieurs reprises en rapport avec le réseau de drogue des Hells. Larivière, qui était membre des Rockers, supervisait en fait le réseau de distribution de drogue des Nomads ; ses ordres provenaient directement de la Table. Sur la foi de cette information, les agents de Carcajou ont décidé de concentrer tous leurs effectifs de surveillance sur Larivière. Seul Larivière pouvait les mener à l'un des principaux entrepôts de drogue des Hells et, de ce fait, sauver le projet Rush.

La filature ne tardera pas à porter fruit : les rapports des équipes de surveillance révélèrent bientôt que Larivière se rendait fréquemment dans un immeuble de six étages situé au 7415, Beaubien Est. Les détectives crurent d'abord que le motard allait là pour rendre visite à des amis ou à de la famille, mais ils découvrirent par la suite que cette même adresse était mentionnée dans des rapports de surveillance d'enquêtes précédentes. Quatre équipes de surveillance – dont chacune comptait sept ou huit agents – furent affectées à l'immeuble en question. Les policiers assistèrent bientôt à un véritable cortège de courriers, certains étant connus des autorités, qui entraient dans le bloc en portant qui des sacs de papier, qui des sacs de plastique, qui un sac de sport. La police a bien entendu fait suivre tous ces individus. Elle a découvert qu'ils venaient de partout au Québec pour s'approvisionner là et qu'ils avaient tous des liens avec différents chapitres des Hells Angels.

Les policiers ont mis du temps à déterminer dans quel appartement étaient embusqués les trafiquants. Il était même possible que les Hells aient loué plus d'un appartement et que plusieurs guetteurs aient été postés aux fenêtres. Les agents de Carcajou devaient parer à toute éventualité. L'immeuble comptait 75 appartements en tout et partout. En procédant par élimination et en observant les mouvements de l'ascenseur, la police en a déduit que l'appartement où la drogue était entreposée se trouvait au cinquième étage. Partant de là, les policiers ont consulté les relevés d'Hydro-Québec et ont découvert qu'un des appartements du cinquième, le 504, consommait beaucoup moins d'électricité que les autres. En fait, la consommation était si basse que personne ne semblait utiliser le four, le chauffage et l'eau chaude dans ce logement. « On aurait dit qu'il y avait personne là-dedans, que l'appartement était vide » affirmera le sergent Richard Despatie de la SQ lors de son témoignage. Une autre vérification allait révéler que l'appartement en question avait été loué par quelqu'un qui n'habitait même pas dans l'immeuble. Forte de ces renseignements, la police sera bientôt en mesure de confirmer que les coursiers livraient effectivement leur marchandise au 504. Les détectives de Carcajou espéraient qu'il s'agissait là d'un des principaux entrepôts de drogue des Hells.

Ce fut un trait d'esprit du sergent Despatie qui donna son nom à l'opération. « On dirait que Larivière nous a menés à l'océan » disait-il en blaguant. Le nom de code de l'enquête devint dès lors projet Océan.

Nous étions à la mi-septembre. Carcajou était en train d'orchestrer un raid sur l'appartement 504 lorsqu'un nouvel attentat des Hells vint secouer la province entière.

Michel Auger revenait de vacances frais et dispos. Le célèbre chroniqueur judiciaire de 56 ans avait décidé qu'il était temps pour lui de passer le flambeau à d'éventuels successeurs et de songer à préparer sa retraite. Comme il était l'un des principaux experts au Québec en ce qui concernait les motards, ses opinions et commentaires étaient très prisés des médias. Or, Auger comptait diminuer la fréquence de ses apparitions à la radio et à la télévision.

Le 13 septembre 2000, le journaliste s'était rendu au quartier général de l'escouade antigang – qui, on s'en souviendra, était situé au centre commercial Place Versailles. Dans l'exercice de ses fonctions, Auger était souvent appelé à rencontrer les détectives de Carcajou. Tout comme la police, les motards étaient de fervents lecteurs du *Journal de Montréal*, dans lequel étaient publiées les chroniques de Michel Auger. «Tous mes lecteurs ne sont pas des criminels, mais tous les criminels sont mes lecteurs» se plaisait à dire le journaliste. Les motards se montraient le plus souvent mécontents du contenu des chroniques d'Auger, prétendant qu'il véhiculait une vision par trop négative de leur milieu. Mais le journaliste n'avait que faire de leur opinion. En ce mercredi 13 septembre, il rencontrera plusieurs détectives de l'escouade antigang, puis il retournera à son bureau. Il se garera dans le stationnement du journal un peu avant 11 h, sortira de sa voiture et ouvrira le coffre pour aller chercher son ordinateur portatif. Alors qu'il se penchait pour saisir l'objet en question, un homme tout de noir vêtu, portant un chapeau noir et tenant un grand parapluie bleu s'approchera de lui. Auger ressentira alors une douleur cuisante à l'épaule gauche. «C'était comme si j'avais reçu un méchant coup de bâton de base-ball, dit le journaliste. J'ai senti le premier coup de feu, puis j'en ai entendu d'autres que je n'ai pas sentis. J'étais sûr que c'était les motards. Ce gars-là était pas là pour m'avertir, il était là pour me tuer.»

L'assassin fera feu à sept reprises. Six de ces projectiles atteindront Auger au dos ; deux de ses vertèbres seront fracassées. Le journaliste se tournera vers son attaquant et verra le dernier coup partir avant de s'écrouler. Toujours conscient, il aura la présence d'esprit de composer le 911 sur son cellulaire.

« Écoutez, j'ai été tiré, annoncera-t-il calmement à la téléphoniste.

— Où ça ? de demander celle-ci d'un ton incrédule.

— Au *Journal de Montréal*.

— Ok, restez en ligne avec moi, monsieur, je vous envoie de l'aide… Qui vous a tiré ?

— Je le sais pas, un homme armé…

— Avez-vous vu le monsieur ?

— Écoutez. Écoutez, madame, j'ai rien vu.

— Vous avez rien vu ?

— J'ai vu un gars avec une arme…

— Armé de fusil ?

— Non. Un revolver.

— Vous travaillez pour la presse, vous ?

— Je suis journaliste, madame, de dire Auger, visiblement exténué. Arrêtez de me parler, là… »

Miraculeusement, Auger en réchappera et retournera au travail. Des fragments de balles que les médecins n'ont pas pu retirer demeurent logés dans son dos.

Après la fusillade dont fut victime le journaliste, la police a concentré tous ses efforts sur l'affaire. Une équipe de surveillance révélera par la suite que l'homme qui était soupçonné d'avoir tiré sur Auger avait été aperçu dans un restaurant du centre-ville avec Mom Boucher. La police a finalement trouvé la voiture de fuite, le pistolet de calibre .22 avec silencieux et le parapluie du meurtrier. Charles Michel Vézina, l'armurier de 53 ans qui avait vendu l'arme du crime et le silencieux aux motards, fut arrêté. Tout indiquait que c'était Vézina qui avait fourni aux Hells l'arme dont ils s'étaient servis pour tuer André « Dédé » Desjardins. Vézina fut reconnu coupable d'avoir fabriqué les armes dans l'attentat d'Auger et le meurtre de Desjardins et fut condamné à quatre ans et onze mois de prison. Ne manquait plus que le tireur lui-même. Le commandant Bouchard affirmait que la police connaissait son identité, mais qu'elle ne détenait pas suffisamment de preuves pour l'inculper.

La réaction du public ne se fera pas attendre. Des milliers de citoyens marcheront dans les rues de Montréal, dénonçant l'attentat contre Auger et exigeant l'adoption de lois antigang plus sévères. Dans les milieux du crime organisé, tout le monde, incluant la mafia, était consterné du fait que les motards s'en étaient pris à un journaliste. Les organisations criminelles craignaient que le gouvernement vote des lois antiracketérisme semblables à celles qui, à New York, avaient mené à la condamnation des parrains de la mafia. Lors d'une réunion entre la mafia et les motards, les Italiens ordonneront à Mom Boucher de mettre un terme à la guerre contre les Rock Machine. Le 27 septembre 2000, Mom Boucher rencontrait Frédéric « Fred » Faucher, le leader des Rock Machine, dans le but d'entamer des pourparlers. Les médias feront grand cas de ces « négociations de paix » qui eurent lieu dans une salle du palais de justice de Québec. Une heure plus tard, tout était dit : les deux parties proclamaient avoir conclu une trêve.

Faucher contactera par la suite le fondateur des Rock Machine, Salvatore Cazzetta, qui purgeait une peine de prison aux États-Unis. Faucher annoncera alors à Cazzetta que Boucher avait proposé une alliance entre les Hells Angels et les Rock Machine. Cazzetta s'opposera à l'idée, prétendant qu'il s'agissait là d'une ruse de la part des Hells. Il ajoutera que, tôt ou tard, les Hells procéderaient à une annihilation massive des Rock Machine.

De fait, après cette prétendue « trêve » entre les Hells et les Rock Machine, le sang a continué de couler. Un mois après l'attentat contre Michel Auger, trois hommes masqués battaient Francis Laforest jusqu'à ce que mort s'ensuive. La victime de 29 ans était propriétaire d'une taverne à Terrebonne. Ses agresseurs faisaient partie des Rowdy Crew, une bande affiliée aux Hells Angels. Trois semaines plus tôt, Laforest avait refusé de laisser la bande vendre de la drogue dans son établissement. Les trois motards l'ont attaqué juste devant chez lui, en plein jour et à coups de battes de base-ball.

Encore une fois, des milliers de citoyens marcheront dans la rue pour protester contre l'apathie de la police et du gouvernement. Rétabli depuis peu, Michel Auger ouvrira la marche. « Ils pensaient qu'ils étaient au-dessus de la loi, dira Auger des motards. Les criminels avaient établi un système si sophistiqué qu'ils avaient réussi à imposer leur loi… Nous étions le seul pays au monde qui laissait la voie libre aux gangs. »

Outre François Laforest, la guerre des motards fera 24 autres victimes civiles ; il y aura en tout 9 morts et 16 blessés. Marié et père de deux enfants, Serge Hervieux, 25 ans, travaillait dans un garage en banlieue de Montréal. Le 26 août 1999, il était au téléphone en train de planifier une surprise-partie pour l'anniversaire de sa sœur quand deux hommes se sont présentés à son lieu de travail et lui ont demandé s'il s'appelait Serge. Lorsque ce dernier répondra par l'affirmative, les deux individus l'assassineront à coups de .357 Magnum. En fait, il y avait erreur sur la personne : c'était le patron de Hervieux, qui avait des liens avec les Rock Machine et qui s'appelait lui aussi Serge, que les meurtriers avaient été chargés d'éliminer.

Puis il y eut Hélène Brunet, une serveuse de 31 ans qui travaillait chez Eggstra, un café de Montréal-Nord. Le 7 juillet 2000, elle servait le déjeuner à deux membres des Hells lorsque deux individus portant des cagoules ont fait irruption dans le restaurant et ont fait feu en direction des motards. Un des Hells, Normand Descoteaux, s'est servi de Brunet comme d'un bouclier humain. Quatre projectiles atteindront la serveuse au bras et à la jambe ; son tibia droit sera fracassé. Comme il était impossible de prouver que le geste de Descoteaux avait été intentionnel, la police n'a pas pu l'inculper. Brunet intentera une poursuite contre Descoteaux et Mom Boucher au civil. Le procès est toujours en cours au moment où nous écrivons ces lignes.

Partout au Québec, des communautés s'insurgeaient contre la tyrannie des Hells Angels. À Saint-Nicolas, une ville-dortoir située juste en face de Québec de l'autre côté du Saint-Laurent, les citoyens ont tenté de persuader les autorités municipales de forcer les Hells à abandonner le repaire fortifié qu'ils avaient établi dans la localité. Gabriel Guy, un chauffeur d'autobus de l'endroit, décrit ainsi la réaction des conseillers municipaux : « Y nous ont dit "Inquiétez-vous pas, c'est juste une petite gang. Y vont pas faire de train." »

En dépit de cette belle assurance de la part des autorités, tout Saint-Nicolas sera secoué le jour où une Jeep piégée explosera à l'extérieur des grilles du bunker. La déflagration s'avérera si brutale que les fenêtres des bâtisses environnantes en seront pulvérisées ; Guy trouvera des fragments de la Jeep dans l'entrée de sa résidence, quelque 200 m plus loin. Voyant que les autorités municipales ne réagissaient toujours pas, plus de 600 citoyens ont formé une chaîne humaine autour du bunker des Hells. « On était plus forts qu'eux autres, raconte Gabriel Guy. Ces gars-là sont rien sans leur gang. » La police de Saint-Nicolas, se décidant enfin à intervenir, procédera à une razzia et condamnera l'immeuble.

Au cours de cette même période, d'autres bourgades québécoises tiendront tête aux motards. Cédant aux pressions de ses citoyens, le maire de Blainville forcera les Hells locaux à dépouiller leur bunker de ses fortifications. En Ontario, plusieurs municipalités – dont Ottawa, Ajax, Durham et Victoria Harbour – prendront des mesures similaires.

Même lorsqu'ils n'étaient pas en service, les policiers devaient composer avec l'indignation populaire. « Chaque fois que j'allais à un mariage ou à un *party*, tout le monde me demandait : "Hé, sacrament, la police va-tu finir par faire quelque chose ?" J'étais vraiment tanné de m'faire demander ça », de dire le commandant André Bouchard.

Puis, alors que la situation semblait sans issue, une lueur d'espoir apparaîtra au cœur du chaos. Le 10 octobre 2000, grâce au travail acharné de la procureur France Charbonneau, la Cour d'appel du Québec décidait que Mom Boucher devait être jugé à nouveau pour le meurtre des deux gardiens de prison. La Cour a en effet déterminé que lors du premier procès, les directives du juge Boilard avaient empêché les jurés de faire correctement leur travail et que, si ce n'avait été de ces peu judicieuses recommandations, Boucher aurait probablement été reconnu coupable.

Peu après le jugement de la Cour d'appel, le commandant Bouchard obtenait l'autorisation d'arrêter à nouveau Mom Boucher.

La chose pouvait sembler facile de prime abord, mais c'était sans compter sur les vieilles rivalités qui subsistaient entre les différents corps policiers québécois. De la SQ et de la police de Montréal, chacune voulait être celle qui aurait l'insigne honneur d'arrêter Boucher. Bouchard n'entendait pas se faire damer le pion par la SQ. « Si vous pensez que j'vas laisser la SQ le ramasser, vous vous trompez, dira-t-il à son supérieur. C'est mes gars qui vont le ramasser. Ces trous d'cul-là (la SQ) veulent le pogner, mais c'est nous autres qui va le pogner.

— Tu peux l'arrêter, convint son supérieur, mais fais un *deal* avec la SQ avant. »

La police de Montréal surveillait Mom Boucher 24 heures sur 24. À ce moment-là, le chef des Hells discutait avec deux de ses avocats, Gilbert Frigon et Benoît Cliche, dans un restaurant de la Rive-Sud. Bouchard n'aurait eu qu'un ordre à donner et Mom aurait été arrêté sur-le-champ, cependant le policier devait se plier à la volonté de son supérieur et contacter la SQ avant de faire quoi que ce soit. Bouchard et la SQ en arrivèrent bientôt à une entente : l'arrestation de Boucher serait effectuée par deux agents de la police de Montréal ainsi que par deux policiers de la SQ. Restait à déterminer où serait conduit le prisonnier.

« On va l'amener ici » de dire Bouchard.

Sur ce point, la SQ se montrera inflexible et Bouchard devra consentir à ce que Mom Boucher soit amené sur la rue Parthenais, au quartier général de la SQ. Le commandant de Carcajou réussira toutefois à imposer une dernière condition à la SQ : ce seraient ses gars qui menotteraient Boucher.

À 13 h, les agents de la police de Montréal et de la SQ se rendirent au restaurant où se trouvait Boucher. Dans des voitures de police banalisées, ils attendront patiemment que leur prisonnier finisse son repas et sorte du restaurant. Les avocats de Mom, l'ayant déjà informé du jugement de la Cour d'appel, annoncèrent à la police que leur client était disposé à se livrer aux autorités. En procédant de la sorte, ils espéraient contrôler l'arrestation et conduire eux-mêmes leur client à un poste de police. Mais les choses ne se passeront pas ainsi : dès que Boucher est sorti du restaurant, les policiers l'ont arrêté, l'ont fouillé, puis l'ont menotté avant de l'emmener.

Jusqu'au quartier général de la SQ, Mom Boucher restera parfaitement calme mais, arrivé dans les locaux de la rue Parthenais, il perdra toute contenance. « Il était vraiment en crisse » se rappelle André Bouchard. Et pour cause : le chef des Nomads n'aurait jamais pu imaginer que la justice québécoise renverserait la décision du juge Boilard ; deux ans après son acquittement, les meurtres de Diane Lavigne et de Pierre Rondeau revenaient le hanter.

Boucher se retrouvera bientôt en terrain connu puisqu'il réintégrera les quartiers qu'il occupait dans la prison de Tanguay lors de son premier procès. Serge Ménard, ministre de la Sécurité publique, a promis au peuple québécois que «Mom Boucher ne va recevoir aucun traitement de faveur dans nos prisons». Il s'agissait là de belles paroles. Cela dit l'illustre prisonnier à fait l'objet de mesures très spéciales. Une route fut construite tout autour de la prison au coût de un million de dollars afin de permettre aux gardes de patrouiller l'ensemble du périmètre, et ce, 24 heures sur 24. Un système de surveillance sophistiqué fut installé à l'intérieur et à l'extérieur de la cellule du motard, ainsi que des glaces sans tain qui permettaient aux gardiens de surveiller leur prisonnier sans être vus de lui. Les quartiers de Boucher comprenaient en outre une cuisine, un téléviseur et une salle d'exercice. En dépit de ces avantages, Boucher se disait démoralisé parce qu'il avait du mal à supporter l'isolement dans lequel on le tenait confiné. Il demandera à être transféré à Bordeaux, mais les autorités rejetteront sa requête.

Au cours des 18 mois qu'il passera à Tanguay en attendant le début de son procès, Boucher verra son empire criminel s'écrouler. Dès la mi-octobre, les détectives de Carcajou ont fait du projet Océan leur priorité. Leur première mission était de s'infiltrer dans l'appartement 504 du 7415, Beaubien Est.

Les policiers n'eurent aucun mal à pénétrer dans l'appartement. Les Hells étaient si confiants du secret de leur opération qu'ils n'avaient installé aucune caméra de surveillance sur les lieux. Qui plus est, personne n'assurait la garde de l'appartement, si bien que la voie était généralement libre. La police a fait faire une copie de la clé, ce qui a permis au sergent Pierre Boucher de la SQ et à son équipe de pénétrer tranquillement dans le 504. L'appartement était vide. Il était évident que personne ne l'habitait : il n'y avait pas de nourriture dans la cuisine, pas de vêtements dans les placards et pratiquement aucun meuble. Les policiers installèrent une caméra cachée et quelques micros, puis ils quittèrent les lieux aussi rapidement que possible.

Le lendemain, le sergent Boucher et ses hommes se sont rassemblés autour de leur équipement de surveillance audiovisuel, espérant fortement que personne, ayant surpris leur manège de la veille, n'ait alerté les Hells. En pareil cas, les motards, fidèles à leurs habitudes, se moqueraient d'eux et feraient les pitres devant la caméra.

Quel ne fut pas le soulagement des policiers lorsqu'ils constatèrent que les Hells ne se doutaient de rien. Quelques heures plus tard, ce soulagement devenait euphorie : l'appartement 504 n'était pas un entrepôt de drogue, mais une banque qui recueillait l'argent de la drogue. Qui plus est, les Hells avaient loué dans l'immeuble un second appartement où ils entreposaient leurs narcodollars. Même les courriers qui amenaient l'argent n'étaient pas au courant de la chose. Les Hells avaient établi ce système pour éviter les vols et les razzias. Les courriers qui pénétraient dans l'appartement 504 remettaient leur sac d'argent à un homme que la police allait identifier comme étant Robert Gauthier, beau-frère d'un membre en règle des Nomads. Avant de quitter les lieux, le courrier donnait à Gauthier un code qui dénotait la provenance exacte de l'argent. Gauthier notait ce code sur un bout de papier qu'il glissait dans le sac correspondant puis, s'étant assuré que la voie était libre, il sortait de l'appartement avec le sac pour revenir quelques minutes plus tard, les mains vides.

La police découvrit bientôt que le second appartement était situé un étage plus bas, au 403. Quelques jours après avoir fait cette découverte, à la faveur de la nuit, le sergent Boucher pénétrait dans l'appartement du quatrième étage. Le 403 semblait aussi désert que le 504, à cette différence qu'il contenait deux ordinateurs et un grand coffre-fort de 1 m sur 1 m 20 qui se trouvait dans la chambre à coucher, camouflé à l'intérieur d'une commode de couleur crème. Boucher et son équipe installèrent une caméra ainsi que plusieurs micros dans l'appartement.

Dans les jours qui suivirent, les policiers purent observer à loisir les activités des Hells et de leurs acolytes. Le système de perception des motards était à la fois simple et efficace : l'argent était livré les mardis et jeudis à l'appartement 504 ; Gauthier descendait ensuite l'argent au 403 où un complice du nom de Stéphane Chagnon inscrivait les sommes perçues dans un ordinateur puis plaçait l'argent dans le coffre-fort. À l'instar de Gauthier, Chagnon était le beau-frère d'un membre des Nomads.

Quelques nuits plus tard, Boucher retournera dans l'appartement 403 accompagné d'un expert en informatique de la GRC.

Celui-ci se chargera de copier le contenu des disques durs des deux ordinateurs des Hells. De retour au quartier général, les policiers découvrirent que ces disques durs ne contenaient aucun document. Il était évident que les motards utilisaient ces ordinateurs, alors où était donc passée toute cette information ? Anxieux de découvrir la clé de l'énigme, Boucher retournera dans le 403 et pointera une caméra cachée directement sur les écrans des ordinateurs. Par le biais de cette caméra, la police a pu déterminer que Chagnon copiait chaque jour les données de ses disques durs sur une disquette ou un CD. Retournant à nouveau dans l'appartement 403, les hommes de Boucher ont trouvé une disquette ZIP cachée sous un tapis. Ils la copièrent avant de la remettre en place.

Cette fois les policiers ne furent pas déçus : sur la disquette, des millions de dollars issus de la vente de cocaïne et de haschisch avaient été compilés à l'aide d'un logiciel tableur. Les individus qui achetaient ou vendaient la drogue étaient identifiés par des numéros ou des noms de code ; la valeur et la date de chaque paiement étaient elles aussi soigneusement inscrites. « Pour un enquêteur, c'était le paradis » affirmait Tom O'Neill.

Au cours des trois mois suivants, l'appartement 403 allait tenir les policiers très occupés. La police fera des copies des clés du coffre-fort des Hells. Boucher et ses hommes retourneront sur les lieux à plus de 70 reprises pour prendre des photos de l'argent qui était empilé dans le coffre et pour copier le contenu de la disquette ZIP – disquette que Chagnon avait l'obligeance de toujours cacher au même endroit, c'est-à-dire sous le tapis.

Le coffre-fort du 403 n'accueillait que brièvement l'argent des Hells. Les mardis et jeudis où il y avait livraison, Chagnon y empilait les narcodollars, mais à la fin de la journée l'argent était transporté à deux autres appartements de l'est de la ville pour y être compté et, finalement, distribué. Après avoir installé des micros et des caméras dans ces appartements, la police a découvert que c'était la sœur de Robert Gauthier, Monique, qui comptait l'argent. Celle-ci était incidemment l'ex-épouse de Michel Rose, membre des Nomads.

Les machines à compter l'argent fonctionnaient sans dérougir. Les billets étaient rassemblés en liasses de 10 000 $ pour être ensuite empaquetés dans des boîtes contenant 500 000 $ chacune. À chaque mois, il se passait dans ces appartements entre 24 millions de dollars et 36 millions de dollars. Par exemple, le bilan de janvier 2001 fait état de 36 millions de dollars en dépôts, plus 13,3 millions en comptes recevables ; les comptes en défaut totalisaient pour leur part 3 millions de dollars, tandis qu'une somme supplémentaire de 2,01 millions de dollars en liquide était laissée à la disposition des Hells. La police appelait l'opération la « Banque nationale des Nomads ».

Selon André Bouchard : « Y avaient 5 machines à compter l'argent qui marchaient 24 heures sur 24. Y sortaient l'argent des sacs, y l'aplatissaient pour qu'y reste pas pogné, pis y le mettaient dans ces maudites machines-là. C'était comme de la gomme balloune pour eux autres. Y avait tellement de *cash*, c'était une vraie *joke*. Ça les faisait rire. »

Les Hells gardaient jalousement le secret de la banque centrale de la rue Beaubien et de leurs points de comptage et de distribution. Des cinq personnes qui assuraient le fonctionnement de l'opération, une seule n'avait pas de liens directs avec les Hells. Richard Gemme, un divorcé de 40 ans, était souscripteur dans une compagnie d'assurances et informaticien à temps perdu. En 1999, il étudiait en vue de passer son examen d'admission à l'école des Hautes Études Commerciales (HEC) de Montréal lorsque deux amis d'enfance, qui étaient devenus motards, lui ont demandé s'il pouvait éliminer les bogues du système de comptabilité informatique des Hells. Après avoir réglé quelques problèmes majeurs, Gemme a conçu pour les Hells des tableaux de ventilation plus conviviaux. Son système permettait aux Hells de comptabiliser leurs ventes de drogue au gramme près et de maintenir des soldes de compte distincts pour chaque chapitre des Hells Angels. Ainsi, à tout moment, la Table pouvait compulser avec précision ses états financiers. Gemme transportait occasionnellement de l'argent pour les Hells et recrutait parmi ses amis des prête-noms pour louer les appartements où était compté l'argent. L'un de ces prête-noms vivait à Vancouver, soit à quelques milliers de kilomètres de là.

Bien que des millions de dollars transitaient par la banque des Hells, la police n'a jamais pu découvrir comment ceux-ci s'y prenaient pour blanchir cet argent. À une occasion, la police a suivi une fourgonnette qui transportait trois boîtes contenant un total de 1,5 million de dollars. Le conducteur a garé son véhicule dans l'entrée d'une opulente résidence située en banlieue de Montréal ; la propriété appartenait à un homme d'affaires local. Après avoir passé plusieurs heures dans la maison, laissant son million et demi sans surveillance, le conducteur a réapparu pour transporter les trois boîtes à l'intérieur. La police surveillera l'endroit pendant deux semaines, puis, étant certaine que l'argent n'avait pas quitté les lieux, elle fera une razzia. Comme par magie, l'argent avait disparu. Il ne faisait aucun doute qu'il avait déjà été blanchi.

En étudiant la comptabilité des Hells, on constate avec effarement qu'ils étaient en mesure d'écouler leur drogue à une vitesse foudroyante. Par exemple, une commande de 350 kg de cocaïne d'une valeur de 14 millions de dollars fut écoulée en moins de trois semaines. En plus de la drogue vendue à d'autres organisations criminelles, les Nomads fournissaient à leurs propres revendeurs et à ceux des autres chapitres des Hells plus de 2 000 kg de cocaïne par année et autant en haschisch.

En décembre 2000, les Nomads abandonnaient leurs autres appartements pour concentrer l'ensemble de leurs opérations, incluant le comptage de l'argent, dans l'immeuble de la rue Beaubien. Bien que cette centralisation des opérations simplifiait en principe les activités de surveillance de la police, les enquêteurs craignaient que la manœuvre suivante des Hells serait de fermer la banque de la rue Beaubien pour l'installer ailleurs. Mais même si le temps pressait, les autorités devaient éviter de précipiter les choses. L'enquête était loin d'être bouclée. De un, la police n'était pas encore parvenue à prouver que l'argent des Hells provenait du trafic de la drogue. De deux, elle devait identifier les individus qui, dans les livres des Hells, correspondaient à des numéros et à des noms de code. Finalement, la police devait prouver que les comptes et états financiers qui étaient en sa possession appartenaient aux Nomads. Au plan légal, tous ces éléments étaient cruciaux.

Puis, coup de chance : le 24 janvier 2001, Sandra Craig, la trafiquante bolivienne dont le mari avait été assassiné par les Hells en août 2000, se présente au quartier général de Carcajou. Deux mois plus tôt, elle avait échappé de justesse à une tentative de meurtre. Pour les Hells, tuer les Craig était une décision d'affaires comme une autre, une façon expéditive mais efficace de se débarrasser d'un intermédiaire désormais inutile. Pour Sandra Craig, parler à la police était une façon tout aussi expéditive et efficace de se venger des motards.

Ce seront les sergents Tom O'Neill de la GRC et Yves Trudel de la SQ qui recueilleront la déposition de Sandra Craig. La trafiquante acceptera de faire cette déposition à condition que, en vertu de l'article 5 de la Loi sur la preuve au Canada, ses propos ne soient pas utilisés contre elle au cours d'un éventuel procès. Craig commencera par sortir une impressionnante pile de documents de son attaché-case. Prenant connaissance des papiers, les détectives remarqueront avec stupéfaction que ceux-ci sont identiques aux documents comptables issus de la banque de la rue Beaubien.

« Ils m'ont donné ces papiers-là, disait Craig.

— Qui vous a donné ces papiers ? de demander O'Neill.

— André Chouinard et Michel Rose. »

O'Neill était stupéfait.

« Pardon, pourriez-vous répéter ça ?

— André Chouinard et Michel Rose m'ont donné les papiers. »

O'Neill est un homme très émotif. Lorsqu'il a appris cette incroyable nouvelle, son regard s'est embué. Sandra Craig venait de régler leurs deux plus gros problèmes : elle pouvait témoigner du fait que l'argent et les états de compte de la rue Beaubien étaient reliés aux activités de trafic de drogue des Nomads. La trafiquante racontera alors aux policiers comment, environ un an plus tôt, Chouinard et Rose étaient venus la rencontrer pour lui exposer en détail ce que signifiaient leurs états de compte. « Ça, c'est la quantité de drogue qu'on t'a achetée, avaient-ils expliqué, pis ça, c'est le montant qu'on t'a payé. Ici on a enlevé 2 000 $ pour couvrir nos dépenses… » Sa déclaration se verra confirmée par un rapport de surveillance de Carcajou datant du 12 août 1999, rapport qui faisait mention d'une rencontre entre Rose, Chouinard et une femme inconnue. Trudel et O'Neill découvraient alors que cette inconnue était nulle autre que Sandra Craig. Craig a ajouté que, sur une période d'environ 18 mois, son mari et elle avaient fourni 1 700 kg de cocaïne aux Hells.

Maintenant qu'elle disposait d'un témoin solide, l'escouade antigang pouvait passer à l'étape suivante du projet Océan. Une semaine plus tard, le 30 janvier, la police faisait une descente à la banque de la rue Beaubien.

La razzia arrivait à point : les Hells étaient sur le point de plier bagages et de déménager leur opération en un autre lieu. Une bonne part du comptage d'argent s'effectuait maintenant dans un appartement de la place Montoire, dans l'est de la ville. Les motards avaient là trois machines servant à compter les billets qui fonctionnaient jour et nuit.

Dans l'appartement de la place Montoire, les autorités saisiront 3 784 005 $ en argent canadien et 162 100 $ en devises américaines. Sur la rue Beaubien, O'Neill fera main basse sur 720 000 $. À une troisième adresse, la police réquisitionnera des sacs contenant 879 115 $. Cette nuit-là, la police saisira en tout et partout 5,6 millions de dollars. Dans le coffre-fort maintenant vide de la rue Beaubien, les policiers laisseront une carte d'affaires au nom de l'escouade Carcajou. « On est sortis de là avec les larmes aux yeux, raconte O'Neill, on se félicitait mutuellement. On avait maintenant la comptabilité des Hells, mais aussi leur argent. Quand il y aurait procès, le jury verrait des preuves tangibles. »

Un seul individu fut arrêté ce jour-là : Stéphane Chagnon, le principal employé de la « banque » des Nomads. Il avait sur lui deux téléphones cellulaires, trois téléavertisseurs ainsi qu'un annuaire téléphonique de poche dans lequel étaient inscrits les noms de code que certaines têtes dirigeantes des Nomads utilisaient dans leur comptabilité. La police apprendra ainsi que « Renard » était le nom de code de Wolf Carroll et que « Gertrude » était celui de Walter Stadnick.

Si les policiers n'ont pas arrêté d'autres suspects cette nuit-là, c'est parce qu'ils ne voulaient pas que les Hells sachent jusqu'à quel point ils avaient infiltré leur organisation. Immédiatement après le raid, les Nomads commenceront à paniquer. Dans une conversation téléphonique interceptée par la police, André Chouinard disait à Richard Gemme : « Des fois, y faut que tu te vides la tête, que tu te changes les idées, tsé veux dire ? » À mots couverts, Chouinard ordonnait à Gemme de détruire tous les documents informatiques reliés au réseau de drogue des Hells. Chouinard ignorait que la police avait déjà ces documents en sa possession.

Tandis que le projet Océan s'attaquait au réseau de drogue et au système financier des Hells, le commandant André Bouchard, lui, continuait de se vouer au projet Rush.

De son vivant, Dany Kane avait aidé la police à identifier des suspects dans les quelque 150 meurtres que les motards avaient perpétrés depuis 1995. Depuis la mort de l'informateur, les détectives Louis-Marc Pelletier et Michel Tremblay, sur l'ordre de Bouchard, avaient entrepris de passer au peigne fin les dépositions, les analyses de scène de crime, ainsi que les rapports d'autopsie et de balistique que la police avait accumulés au cours de ces enquêtes. La tâche était monumentale; il y avait littéralement des centaines de boîtes d'archives remplies de documents. Pelletier et Tremblay cherchaient des pistes, des indices qui leur permettraient de relier ces meurtres à la longue liste de suspects que Kane leur avait fournie. Ils cherchaient également des preuves qui permettraient d'inculper l'ensemble de l'organisation des Hells pour gangstérisme; pour ce faire, les détectives devaient démontrer que les meurtres n'étaient pas l'œuvre de tueurs isolés, mais qu'ils avaient été orchestrés et perpétrés par la bande entière. En procédant ainsi, la police visait les dirigeants de l'organisation, ceux qui avaient ordonné ces exécutions. Pelletier et Tremblay interrogeront de nouveau des centaines de témoins et étudieront en détail chacune des preuves qui avaient été prélevées sur la scène de ces crimes. Les échantillons de cheveux, de sueur, de salive, les plus infimes fragments de peau, les vieux Kleenex et les vêtements qui avaient été trouvés sur la scène des crimes et qui se trouvaient maintenant dans les archives de la police, tout cela fut envoyé à des laboratoires judiciaires. Les détectives espéraient que les tests d'ADN mèneraient à l'identification génétique des assassins.

Au bout de six semaines, les policiers détenaient les résultats de ces tests. Ils furent en mesure de condenser 30 affaires de meurtres en 13 cas distincts pour lesquels ils avaient 174 témoins et 4 pièces à conviction de nature génétique. Restait à déterminer à qui appartenait cet ADN.

Les motards que la police avait identifiés comme étant des suspects furent dès lors pris en filature. Lorsque l'un d'eux allait au restaurant pour manger ou boire un café, la police réquisitionnait ensuite la tasse, l'assiette ou les ustensiles dont le suspect s'était servi. Ces pièces à conviction étaient placées dans des sacs de plastique spécialement conçus à cet effet avant d'être envoyées au laboratoire judiciaire.

Au bout du compte, Pelletier et Tremblay détenaient des preuves génétiques contre quatre suspects, dont Gregory Wooley, le notoire président des Rockers. Il y avait un moment déjà que la police soupçonnait Wooley d'être l'un des principaux tueurs à gages des Hells Angels. Il était en outre le seul Noir qui avait été accepté dans l'organisation. Wooley savait cependant qu'il n'obtiendrait jamais ses pleines couleurs : les Hells interdisaient formellement à leurs chapitres, clubs-écoles et clubs associés d'accorder le statut de membre *full patch* à un individu de race noire.

Wooley a commencé très tôt sa carrière de tueur. À 17 ans, alors qu'il évolue au sein d'un gang criminel haïtien, il élimine un membre d'une bande rivale. Jugé comme mineur, il écope d'une risible peine de 18 mois de prison. En 1998, Wooley est accusé du meurtre de Jean-Marc Caissy. Au cours du procès, Aimé Simard, l'ancien amant de Dany Kane, témoignera contre lui. Le procès sera un véritable fiasco : le procureur de la Couronne succombera à une dépression nerveuse et, miraculeusement, Wooley sera acquitté.

Tout indiquait que cette fois-ci, Gregory Wooley ne s'en tirerait pas à si bon compte. La police avait de l'ADN provenant d'une toque que Wooley avait jetée dans une poubelle du métro, ce qui le liait à un meurtre qui avait eu lieu dans le centre-ville de Montréal. Un témoin affirmait par ailleurs qu'il avait vu Wooley jeter la toque ainsi que l'arme du crime dans la poubelle en question.

Les deux détectives eurent bientôt suffisamment de preuves pour inculper 42 motards, incluant tous les membres des Nomads et des Rockers. Quelque 23 chefs d'accusation différents furent déposés – meurtre, tentative de meurtre, complot, gangstérisme et trafic de drogue. Les Hells et les Rockers furent accusés de 13 meurtres ; ils furent aussi accusés d'avoir comploté pour tuer les membres des Rock Machine, des Bandidos et des autres bandes associées aux Rock Machine. Trois accusations de tentatives de meurtres, incluant deux attentats à la bombe, furent également portées.

Au cœur de tous ces différents chefs d'accusation, l'objectif principal du projet Rush n'avait pas changé. L'enquête s'était donnée pour mission de démontrer que les Hells Angels étaient coupables de gangstérisme. Pour en arriver là, les hommes d'André Bouchard devaient prouver que lorsqu'un Hells ou un associé des Hells tuait, c'était au nom de toute l'organisation. La chose était évidemment plus facile à dire qu'à faire.

C'est alors que les Nomads feront à la police un cadeau inespéré.

Le 15 février 2001, les policiers de Carcajou apprenaient que les dirigeants des Nomads avaient convoqué une assemblée dans une des salles de conférence du Holiday Inn du centre-ville de Montréal. N'ayant pas le temps d'installer des micros dans la pièce, les autorités ont décidé de procéder à une descente. Lorsqu'ils ont fait irruption dans la salle, les policiers ont eu droit à une surprise de taille : sur la table de conférence, les Hells avaient disposé des photos de membres des Rock Machine, des Bandidos et d'autres bandes rivales ; les clichés étaient accompagnés du numéro de télé-avertisseur et de l'adresse de chacun de ces motards. Il était évident que les Hells étaient en train de décider quelles seraient leurs prochaines cibles. La police découvrira en outre que tous les Nomads présents à la réunion étaient armés. « On a frappé le gros lot quand on est allés là, dit O'Neill. On a raflé plusieurs preuves importantes contre les Hells. »

Les Hells Angels ne s'attendaient vraiment pas à ce genre d'initiative de la part de la police. À la grande surprise des motards, les policiers ne les inculperont que pour des infractions mineures relatives au port et à la possession d'armes à feu. Les Hells s'empresseront de plaider coupable à ces accusations, s'estimant heureux d'avoir échappé à des accusations de complot en vue de commettre un meurtre. Ce dont ils ne se doutaient pas, c'était que la police s'était contentée de porter des accusations mineures afin de garder secrètes les autres preuves qu'elle venait de recueillir. Si les autorités avaient immédiatement porté des accusations majeures contre les Hells, elles se seraient vues obligées de dévoiler séance tenante tous les détails de leur enquête aux avocats de la défense. Or, la police avait besoin de quelques semaines de plus pour orchestrer le coup de grâce qu'elle porterait aux motards.

Dès la mi-mars, tous les éléments de l'enquête étaient en place. Les Hells qui n'étaient pas déjà en prison étaient sous surveillance. La police espionnait leurs moindres faits et gestes à l'aide de caméras, de micros cachés et de tables d'écoute. Les autorités estimaient qu'elles avaient tout le temps qu'il fallait pour orchestrer les arrestations à venir.

La grande razzia fut prévue pour le mercredi 28 mars. À ce moment-là, le projet Rush et le projet Océan auraient bouclé leurs enquêtes ; les milliers de preuves dont disposait la police auraient été cataloguées, numérisées, puis gravées sur CD sous forme de fichiers PDF. Tous les détails de l'opération étaient gardés secrets. Seuls les chefs de la police de Montréal, de la GRC, de la SQ et de Carcajou avaient été mis au courant de la date exacte de la descente. Initialement, il avait été décidé que l'opération aurait lieu au début du mois de mars, puis on s'était ravisé. Soucieuse de faire comprendre au public qu'il s'agissait là d'un nouveau départ, d'une sorte de renaissance, la police a décidé d'attendre la nouvelle saison afin de pouvoir baptiser l'initiative « Opération Printemps 2001 ».

Le lundi 26 mars, deux jours avant la date fatidique, André Bouchard fut appelé au quartier général de Carcajou. C'est alors qu'on lui révélera la date exacte ainsi que les détails de l'intervention. Bouchard et les autres commandants de section reçurent une liste contenant les noms et emplacement des individus ciblés ; ils furent ensuite informés des effectifs et de l'équipement dont ils disposeraient pour mener à bien l'opération. Ce jour-là, pour la première fois, ils ont partagé les renseignements et les résultats qu'ils avaient obtenus au cours de leurs enquêtes respectives. En ce lundi 26 mars, toutes les pièces de cet immense et complexe puzzle qu'était l'entreprise criminelle des Hells Angels se sont enfin trouvées réunies : les meurtres, les « messes », les réseaux de trafic de drogue et de blanchiment d'argent, etc., tout cela formait enfin un tout cohérent, intelligible. Le commandant Bouchard se rappelle que cela avait été pour lui un moment particulièrement émouvant.

Pendant ce temps, Tom O'Neill informait des centaines de policiers dans un immense amphithéâtre. Il avait préparé à l'aide du logiciel PowerPoint une présentation de deux heures sur les activités des Hells Angels, incluant des extraits vidéo de leurs « messes » ainsi que des scènes provenant de la « banque » de la rue Beaubien. La majorité des policiers présents n'avaient jamais rien vu de pareil ; ils étaient complètement sidérés. « C'était tout un spectacle. On aurait pu charger un prix d'entrée et vendre du *pop-corn* », de blaguer O'Neill.

Mais, à ce moment-là, l'heure n'était pas à la blague. O'Neill devait s'assurer qu'il n'y aurait pas de fuites concernant l'opération Printemps. « Pendant plus de trois ans, on a gardé tout ça secret. On n'en a pas parlé à nos amis ni à nos familles. Aujourd'hui, on vous demande de garder le secret pendant quelques jours, insistait O'Neill. Je vous en conjure, faites ça pour le bien de l'enquête et par respect pour tout le travail qu'on a mis là-dedans. »

O'Neill avait parlé avec conviction et émotion, néanmoins il ne pouvait s'empêcher d'avoir des doutes. Les policiers qui étaient présents parviendraient-ils à tenir leur langue jusqu'à la date fatidique ? La tentation d'épater la galerie en parlant d'une opération ultrasecrète serait-elle trop forte ? « À partir de ce moment-là, on était très nerveux, affirme O'Neill. Tous les appels que les Hells faisaient et qui étaient interceptés étaient analysés en profondeur. On avait vraiment peur qu'il y ait des fuites. »

Fort heureusement, le secret sera préservé jusqu'au dernier instant. Au bout du compte, les motards n'ont rien vu venir. Si par le passé les organismes policiers du Québec avaient commis des bévues monumentales, cette fois-ci ils s'acquitteront de leur tâche avec brio et professionnalisme.

Tandis que dormait la ville, un vent du nord soufflait, amenant avec lui un froid qui n'avait rien de bien printanier. À 4 h ce matin-là, Tom O'Neill garait sa voiture dans le parking d'un Tim Hortons. C'était le grand jour. Dans quelques heures, 2 000 policiers allaient effectuer la razzia la plus importante de toute l'histoire du pays. Dans quelques heures, plus de 120 motards seraient arrêtés.

Le sergent de la GRC est entré dans le Tim Hortons et a commandé trois douzaines de muffins et des cafés pour ses hommes. « C'est pour un party ? » a demandé la serveuse d'une voix ensommeillée. Le policier n'a pu s'empêcher de sourire. « J'avais envie de lui dire "Non, c'est seulement pour une rafle de tous les diables : on va arrêter tous les membres des Hells Angels aujourd'hui." »

O'Neill s'est ensuite rendu à son poste de commande, au cinquième étage du quartier général de la SQ. Un rien fébrile, il s'est installé sur sa chaise. Dans les 22 heures qui allaient suivre, il ne quitterait son poste que pour aller à la toilette. En tant qu'officier en charge de coordonner les arrestations, il avait du pain sur la planche.

Le commandant Bouchard est arrivé à son bureau de la Place Versailles à 4 h 30 du matin. Lui aussi avait du boulot en perspective. La majorité de ses troupes n'avaient aucune idée de ce qui se tramait. Tout ce qu'on leur avait dit, c'était de se présenter aux quartiers généraux de Carcajou à cette heure matinale.

Les hommes de Bouchard étaient chargés d'arrêter les 42 motards qui seraient inculpés de meurtre. Après avoir expliqué à ses policiers l'objet de leur mission, le commandant s'est attardé sur les aspects logistiques de l'opération, puis il a distribué les mandats de perquisition. À 6 h, Bouchard se rendait au quartier général de la police de Montréal. Là, au neuvième étage, le policier avait établi son propre poste de commande centralisé qui comprenait une quarantaine d'opérateurs radio ainsi que plusieurs écrans vidéo. Les policiers qui seraient sur le terrain disposeraient de caméras, ce qui permettrait à Bouchard d'observer tout ce qui allait se passer et de superviser les arrestations depuis son poste de commande. Des agents de liaison de la SQ et de la GRC travaillaient à ses côtés. Sur la rue Parthenais, un réseau similaire assurerait la communication avec les équipes qui allaient procéder à des arrestations à l'extérieur de Montréal.

Tôt ce matin-là, des policiers de la CUM en uniforme se rendront au complexe sportif Claude-Robillard, dans l'est de la ville. À l'extérieur du centre, 40 voitures de police les attendaient. Bouchard ne disposait que de sept chiens dans son escouade canine ; or, ces animaux étaient essentiels pour repérer la drogue, les armes et les explosifs. Le commandant allait devoir les utiliser judicieusement en les éparpillant un peu partout sur l'ensemble du territoire à couvrir. Les équipes de surveillance de la police avaient déjà identifié les immeubles et propriétés où les motards avaient posté des chiens de garde. Des équipes tactiques avaient pour mission de supprimer ces chiens au besoin afin que les policiers puissent procéder aux arrestations sans être inquiétés.

Les 2 000 policiers qui avaient été mobilisés dans le cadre de l'opération Printemps étaient issus de la SQ, de la police de la CUM, de la GRC, de la police de Laval ainsi que des forces policières d'autres municipalités en banlieue de Montréal. Des agents du service de l'immigration étaient parés à déporter tout motard de nationalité américaine ou européenne. Des 106 membres en règle que comptaient les Hells Angels du Québec, 80 étaient ciblés. Tous les membres des Nomads, des Rockers et des Evil Ones allaient être arrêtés, ainsi que 51 suspects qui avaient été identifiés dans le cadre du projet Océan. Il y aurait en tout et pour tout 142 arrestations. Les principaux chefs d'accusation seraient : meurtre, complot, trafic de drogue, gangstérisme, blanchiment de fonds, possession et utilisation illégale d'une arme à feu. En un seul jour, au moyen d'une série de raids simultanés à travers tout le Québec et en Ontario, les autorités entendaient démanteler l'ensemble de l'organisation des Hells Angels.

Tout s'est déroulé comme prévu. À la fin de la journée, 128 personnes étaient derrière les barreaux – l'essentiel des arrestations avait eu lieu à Montréal. La police soupçonnait que quatre des motards qui devaient être arrêtés pour meurtre avaient été tués ; Paul « Fonfon » Fontaine, l'homme qui avait assassiné les gardiens de prison, était de ceux-là. Au cours de l'opération, les autorités ont saisi environ 500 000 $ en liquide et ont bloqué des actifs d'une valeur totale de 7,5 millions de dollars, dont les fameux bateaux de Michel Rose, la ferme de Contrecœur de Mom Boucher ainsi que ses deux maisons de la Rive-Sud.

De sa cellule, le chef des Nomads, impuissant, voyait s'écrouler en un seul jour l'empire qu'il avait mis des années à bâtir. Il y avait alors 10 ans que durait la guerre des motards. Or, depuis que Boucher avait engagé les hostilités, il y avait eu 157, meurtres, 167 tentatives de meurtre et 16 disparitions. Des 49 homicides qui eurent lieu sur le territoire montréalais en 2000, au moins 10 étaient imputables à la guerre des motards. Aujourd'hui, dans le sillon de l'opération Printemps, il semblait que les Hells allaient enfin payer pour leurs crimes.

Une fois les raids terminés, André Bouchard s'est rendu à son bureau de la Place Versailles pour superviser les interrogatoires. Il était dans une forme du tonnerre. Tout avait été comme sur des roulettes; maintenant ses hommes et lui pouvaient souffler et s'amuser un peu. Bouchard a décidé de lancer un pari à ses policiers: il s'agissait de deviner quel motard craquerait le premier et consentirait à devenir délateur. D'emblée, certains motards ne faisaient pas partie du jeu puisque les autorités n'entendaient conclure aucun marché avec eux. René Charlebois était de ceux-là. Durant la razzia, il avait joué les fanfarons et avait fait des gestes obscènes aux policiers. Maintenant, le Nomad pleurait à chaudes larmes dans une salle d'interrogatoire et se montrait fort empressé de retourner sa veste. « *Fuck you!* lui avait lancé Bouchard. On f'ra pas de *deal* avec toé! On a un gars en bas de toé qui va toute nous donner les grosses têtes. »

Bouchard avait parié que c'était Gregory Wooley qui allait flancher le premier. Étant le seul Noir dans toute l'affaire, il n'avait rien à perdre en trahissant les Hells. Il ne pouvait rien espérer des motards en échange de sa loyauté, puisque ceux-ci ne lui permettraient jamais d'accéder aux échelons supérieurs de leur hiérarchie. Et puis les Hells étaient tous des racistes et ils n'hésiteraient pas une seule seconde à vendre Wooley. « On l'avait à la gorge pis son avocat le savait, dit Bouchard. On avait son ADN. Y était cuit. »

Mais, sur ce point, le commandant Bouchard se trompait. « Finalement, ç'a été le seul qui a jamais voulu parler. Maudit enfant de chienne! »

Au bout du compte, personne n'a remporté la gageure. La police et les procureurs n'avaient finalement pas besoin de délateurs; les preuves qu'ils avaient contre leurs prisonniers étaient suffisamment compromettantes pour les condamner tous. Enfin, presque tous. Tout ce qui manquait aux autorités, c'était l'ADN de quelques-uns des suspects. Les avocats des motards avaient souvent averti leurs clients de ne pas fumer, manger ou boire durant un interrogatoire. S'ils devaient absolument faire ces choses, il était important qu'ils ne laissent aucune preuve à l'intention de la police. Du point de vue de la loi, la police n'a pas le droit d'offrir de la nourriture, des boissons ou des cigarettes à un accusé avec l'intention de prélever ses empreintes digitales ou son ADN. Cela constitue une violation des droits constitutionnels de l'accusé. Mais si celui-ci demande à boire un café et qu'il laisse ensuite sa tasse dans la salle d'interrogatoire, la police a alors le droit de réquisitionner cette tasse et de procéder au prélèvement de preuves.

Il y avait plusieurs heures que les motards n'avaient pas mangé. Ceux qui étaient fumeurs commençaient à avoir grand besoin d'une bonne cigarette. De plus, bon nombre d'entre eux étaient déshydratés parce qu'ils prenaient des stéroïdes ; ceux-là auraient éventuellement à boire de l'eau. Sachant cela, les policiers ont interrogé leurs suspects en fumant comme des cheminées, en mangeant des hamburgers et des frites et en buvant beaucoup d'eau. Dans plusieurs cas, la tactique a porté fruit. « Hé, j'peux-tu avoir un hamburger, moé aussi ? » demandait l'un. « *Come on*, donne-moé une cigarette » implorait l'autre.

La plupart des motards prirent bien garde de laisser quelque preuve que ce soit derrière eux. Ceux qui fumaient avalaient leur mégot une fois leur cigarette terminée. On avait servi à un motard qui avait soif un verre d'eau dans un gobelet en styromousse ; lorsqu'il a eu fini de boire, le prisonnier a tout bonnement mangé le récipient.

L'un des motards a farouchement refusé de demander quoi que ce soit aux policiers. « Vous aurez pas mon ADN, ma gang de trous d'cul ! » avait-il fulminé. Puis il avait sorti un Kleenex de sa poche. « Si vous pensez que chus assez con pour vous donner mon ADN, avait-il continué en se mouchant voluptueusement, ben mangez d'la marde, mes osti d'écœurants ! » Il avait asséné une dernière salve dans son mouchoir avant de le jeter à la poubelle, donnant par le fait même son ADN à la police. Le commandant Bouchard rit de bon cœur en se remémorant la scène. « J'te dis que ces gars-là, c'est pas toute des lumières » dit-il.

Tom O'Neill n'abandonnera son poste qu'à 2 h du matin – nous étions maintenant le mardi 29 mars. Il était épuisé, mais une bonne dose d'adrénaline coulait encore dans ses veines, le tenant parfaitement éveillé. Vingt-deux heures plus tôt, il avait été le premier arrivé ; il était maintenant le dernier à quitter les lieux. Il s'est fendu d'un grand sourire en éteignant les lumières. « La majorité des motards avaient été arrêtés. Il n'y avait pas eu de blessés. C'était le plus beau jour de ma carrière de policier, mais le vrai boulot ne faisait que commencer » dira-t-il par la suite.

Effectivement, il y avait encore du pain sur la planche. Quelques motards avaient tout de même réussi à échapper aux autorités, dont trois Hells qui étaient au Mexique au moment de la razzia. Wolf Carroll était en vacances à Ixtapa ; André Chouinard et Yves Dubé, un membre du chapitre du sud de Montréal qui avait été ciblé dans le cadre du projet Océan, se trouvaient également sur la Riviera mexicaine. O'Neill était conscient que ces trois individus allaient être difficiles à appréhender. Il ne pouvait pas compter sur l'aide des autorités mexicaines qui, c'était chose admise, étaient irrémédiablement corrompues. « On était prêt à prendre la chance qu'ils nous échappent parce qu'on pensait qu'on les attraperait plus tard » de dire O'Neill.

Le mercredi 28 mars, jour de la grande razzia, les autorités québécoises informaient leurs homologues mexicains du fait que des mandats d'arrestation avaient été émis contre Carroll, Dubé et Chouinard. La police mexicaine en a profité pour appréhender sept individus jugés « indésirables » qu'elle a promptement déportés. Parmi eux, il n'y avait qu'un seul Hells : Yves Dubé. La femme et le fils de Chouinard sont revenus de vacances, mais André Chouinard lui-même avait pris la fuite. Wolf Carroll s'était lui aussi volatilisé.

Lorsqu'un Hells était en cavale, un réseau international s'étendant à travers toute l'Europe, l'Australie et les Amériques se montrait disposé à l'accueillir. La police estimait que, pour un Hells canadien, le Brésil représentait le refuge idéal. Là, un motard pouvait se la couler douce sans craindre l'extradition.

Chouinard aurait sans doute pu échapper indéfiniment aux autorités s'il n'avait décidé de revenir en sol canadien. Le 18 avril 2003, il se faisait pincer dans un petit village de l'Estrie. Quant à Wolf Carroll, il est toujours en cavale. Un témoin a déclaré à la police que Carroll avait à Antigua un compte bancaire contenant un million de dollars. O'Neill s'était résigné au fait qu'il ne retrouverait jamais le Nomad, à moins que celui-ci décide de revenir au Canada. De ce côté, le policier estimait qu'il y avait toujours lieu d'espérer. «Wolf est très proche de son fils et il aime beaucoup sa compagne, de dire O'Neill. Pour lui, vivre en fugitif est probablement pire que de se retrouver en prison.»

Tom O'Neill avait encore à superviser deux arrestations en Ontario : celle de Donald «Pup» Stockford et celle de Walter «Nurget» Stadnick. L'arrestation de Stockford se fit sans anicroche. La police l'a appréhendé dans sa résidence de Ancaster. Stockford, qui était le vice-président des Nomads, souffrait de toute évidence du syndrome du paperassier : la police a trouvé chez lui des douzaines de cartes plastifiées où figuraient le nom et le numéro de télé-avertisseur de tous les membres et *prospects* des Nomads ainsi que d'autres chapitres des Hells Angels. Stockford avait également des listes codées identifiant les 12 restaurants de la région de Montréal où les Nomads tenaient habituellement leurs réunions et il gardait les notes qui avaient été prises lors de ces réunions dans une grande mallette brune. Chez Stockford, la police mettra en outre la main sur le rapport d'impôt de Nomads Québec Inc. pour l'année 2000. Le document identifiait Mom Boucher comme président de la firme et Stockford en tant que vice-président.

Stadnick se révélera plus difficile à attraper. Trois jours avant la razzia de l'opération Printemps 2001, O'Neill contactait la police de Hamilton pour l'aviser que les autorités québécoises avaient émis des mandats de perquisition et des mandats d'arrestation contre Stadnick. À l'annonce de la nouvelle, les policiers ontariens se trouvaient dans une salle de conférence, rassemblés autour d'un téléphone à haut-parleur. O'Neill se souvient qu'il y avait eu un moment de silence à l'autre bout du fil. Il y avait des années que la police de Hamilton cherchait à coincer Stadnick.

«Vous dites qu'il est accusé de meurtre, mais est-ce que c'est au premier degré ou au second degré ? a demandé l'un des policiers.

— Au premier degré», répondit O'Neill.

N'en croyant pas leurs oreilles, les agents de Hamilton ont demandé à O'Neill de leur lire les chefs d'accusation. Le sergent de la GRC s'est exécuté de bonne grâce, récitant un à un les 13 chefs de meurtre au premier degré auxquels Stadnick faisaient face.

Un autre long silence a suivi la lecture de O'Neill.

Puis, à l'autre bout du fil, un policier de Hamilton s'est écrié : « Hé, les gars, on vous adore ! C'est vous autres les meilleurs ! »

Galvanisée à l'idée qu'elle allait enfin mettre la main au collet de l'insaisissable Walter Stadnick, la police régionale de Hamilton a mis la maison de l'accusé sous surveillance. Les autorités s'inquiétèrent bientôt du calme inhabituel qui y régnait. « Ça n'augure rien de bon, disait Steve Pacey à Tom O'Neill lors d'une conversation téléphonique. Pas de Stadnick en vue. On n'a pas encore réussi à le localiser. Est-ce que quelqu'un l'a aperçu ailleurs qu'à Hamilton ? »

— Non, on ne le sait pas », d'admettre O'Neill.

Après vérification, la police a pu déterminer que Stadnick était en vacances à Montego Bay avec sa conjointe de fait, Kathy Anderson. O'Neill a alors contacté Richard Sauvé, l'agent de liaison de la GRC en Jamaïque. Celui-ci s'est immédiatement rendu à Montego Bay pour confirmer la présence de Stadnick. Le motard se trouvait effectivement au Wyndham Rose Hall Golf and Beach Resort. « Je l'ai vu, annoncera Sauvé à O'Neill. Il est à la piscine avec sa femme. »

O'Neill n'a pas voulu alerter immédiatement le ministère de la Justice à Ottawa. Il craignait qu'un fonctionnaire ou une secrétaire un peu trop enthousiasmé par la nouvelle ne vende la mèche avant le jour fatidique. Ce n'est que le matin même de la rafle, le mercredi 28 mars, que la GRC a informé le gouvernement de l'endroit où était Stadnick et qu'elle a demandé l'autorisation d'organiser une intervention policière en Jamaïque.

Ce matin-là, à Hamilton, Steve Pacey faisait les cent pas devant la maison de Stadnick. Précédé d'une escouade tactique qui s'est chargée d'enfoncer la porte d'entrée, Pacey pénétrera enfin dans la résidence de son ennemi juré. Pour faire diversion, les hommes de l'escouade tactique lanceront des grenades détonantes dans la demeure ; également qualifiés de « grenades à percussion », ces instruments explosent en faisant un bruit d'enfer et en produisant une lumière aveuglante. Cette précaution s'est toutefois avérée inutile : la maison était vide. Les policiers feront par contre main basse sur quantité de preuves compromettantes.

Walter Stadnick était un homme soucieux de sa sécurité. La police trouvera chez lui trois caméras de surveillance miniatures dont l'une était dissimulée dans un faux détecteur de fumée. Parmi les autres découvertes que fera la police, on compte un gilet pare-balles, onze cartes plastifiées sur lesquelles apparaissent les noms et numéros de téléphone de plusieurs membres des Hells Angels, ainsi que de la documentation concernant les lois antiracketérisme américaines. Des effets personnels de Stadnick seront également saisis : des photos où le motard porte une veste affichant l'inscription *Filthy Few* ; deux cartes Air Miles et plusieurs cartes de crédit ; dix bouteilles de vin millésimé et une carafe de cristal.

En fouillant la chambre de Stadnick, Pacey fera une découverte pour le moins troublante. Dans le tiroir d'une table de chevet, le motard conservait une photo de Pacey. « Il n'y avait que moi sur la photo, de dire le policier expert des motards. De toute évidence, Stadnick m'avait ciblé. »

Pendant ce temps, en Jamaïque, Stadnick faisait mine de s'éclipser. Durant l'après-midi, la police l'avait repéré dans le lobby de l'hôtel ; ses valises étaient bouclées et il semblait sur le point de quitter l'établissement avec sa femme. Les autorités étaient convaincues que quelqu'un avait averti le Nomad des raids qui étaient en cours au Canada. Par la suite, la conjointe de Stadnick soutiendra qu'ils n'avaient pas cherché à fuir : ils ne faisaient que changer d'hôtel. Que cela ait été ou non le cas, la police s'estimait heureuse que Richard Sauvé ait gardé leur suspect à l'œil. « Sans Richard Sauvé, on aurait perdu Stadnick » affirme O'Neill.

Une équipe tactique de la police jamaïcaine appréhendera Walter Stadnick au Ritz Carlton. Eu égard à la gravité des accusations qui pesaient contre lui, le motard sera immédiatement placé en garde à vue et ne sera autorisé à recevoir aucun visiteur, et ce, jusqu'au moment de son extradition. « Walter a passé la nuit dans une cellule insalubre, de déclarer sa femme. Ensuite, il a été transféré à la prison de Kingston (en Jamaïque). »

Le lundi 2 avril, Stadnick était traduit devant un tribunal jamaïcain. Imperturbable en dépit des entraves qui l'enchaînaient, l'ex-président national des Hells Angels dira au juge qu'il ignorait tout des accusations qui pesaient contre lui au Canada et qu'il était empressé de retourner dans son pays pour les contester.

Une semaine plus tard, Tom O'Neill, accompagné d'un policier de la CUM, se rendait à Kingston pour rapatrier Stadnick.

Le sergent de la GRC admettra par la suite que les conditions carcérales en Jamaïque lui avaient fait penser au film *Midnight Express*. Il se disait que Stadnick serait sûrement très heureux de sortir de là.

« Alors, Walter, fit-il en voyant Stadnick, ça te dirait de rester ici quelques semaines de plus ? On pourrait t'arranger ça, si ça te tente.

— Donne-moi deux autres semaines, de rétorquer le motard, et je vais avoir le contrôle de toute la place. »

Le pire, c'est que Stadnick était sérieux. Sur le chemin de la sortie, tous les autres prisonniers l'ont salué au passage. Les « Yo, Walter ! » fusaient de tous côtés. « Quand je suis arrivé là, de dire O'Neill, j'étais certain que tout le monde lui en avait fait baver. Imaginez, un Blanc dans une prison jamaïcaine ! Mais Stadnick s'était fait des amis en prison. Il était très sûr de lui. »

Avant d'embarquer dans le petit avion de la GRC qui allait les ramener à la maison, O'Neill a tenu à mettre les choses au clair avec son prisonnier. « On peut faire ça de deux façons, a dit le policier, on peut faire ça facile, ou on peut faire ça difficile. Si tu veux faire ça difficile, tu restes menotté jusqu'à la fin du voyage et je t'enchaîne à ton siège. Si tu veux faire ça facile, je t'enlève les menottes et tu restes tranquille. Mais je t'avertis que si tu fais quoi que ce soit pour mettre ma sécurité ou celle du pilote en danger, tu vas le payer cher. »

« Je vas pas faire de trouble » d'assurer Stadnick.

Tout le long du voyage, le Nomad de Hamilton s'est montré très décontracté. Il bavardait tranquillement avec les policiers tout en grignotant quelques sandwichs. « Il nous a parlé de lui, de sa carrière, se rappelle O'Neill. Il s'est montré très franc, très ouvert. Il nous a parlé de sa jeunesse, de ses parents, des bons coups qu'il avait faits dans le temps avec les Cossacks. Il nous a même parlé des Hells Angels – rien qui soit compromettant pour lui, bien entendu. »

Durant le voyage, O'Neill a remarqué que son prisonnier prenait des médicaments à intervalles réguliers. Depuis l'horrible accident de moto qui avait failli lui coûter la vie plusieurs années auparavant, Stadnick était accro aux analgésiques. Après avoir subi de graves brûlures aux bras et aux mains, le motard avait fait refaire ses tatouages. Lorsque O'Neill lui a demandé si cela avait été douloureux, Stadnick a répondu : « Je sens plus rien où ç'a été brûlé. Ça m'a fait moins mal de me faire tatouer après l'accident qu'avant l'accident. »

O'Neill demandera ensuite à son prisonnier de se décrire lui-même. Quel genre d'homme était-il ? « Je bois pas beaucoup et je prends pas de drogue, de répondre le Hells. Finalement, je suis un gars assez tranquille. »

Une demi-heure plus tard, O'Neill s'intéressait à un des tatouages de Stadnick, un simple tatouage composé de deux mots : *Filthy Few*.

« J'ai entendu dire qu'il fallait avoir tué pour les Hells pour avoir le droit de porter ce tatouage-là, de lancer négligemment O'Neill. Est-ce que c'est vrai ?

— Non, répondit Stadnick. Ça, ça veut juste dire que j'aime ça sortir avec les gars pis faire le *party*.

— Ah oui ? Mais pas plus tard que tantôt, tu me disais que tu buvais pas et que tu ne prenais pas de drogue. »

Pris en défaut, Stadnick s'est tu. O'Neill se souvient que son prisonnier était resté calme tout le long du voyage… sauf lorsque les policiers se sont mis à parler des nombreuses accusations qui pesaient contre lui. « Peut-être que tu devrais songer à retourner ta veste » avait suggéré l'un d'eux. Stadnick est alors devenu très songeur. Il a terminé son sandwich, s'est essuyé la bouche avec une serviette de papier, puis il s'est détourné de ses compagnons pour fixer l'horizon. Il refusait de jouer le jeu des policiers. Il refusait de parler de sa situation présente ou de l'état de son organisation.

Malgré tout, Stadnick demeurait confiant. Durant le voyage, il dira aux policiers qui l'accompagnaient qu'il s'attendait à passer un an derrière les barreaux, tout au plus. Il estimait que la police n'avait aucune preuve contre lui. O'Neill a jugé bon de le contredire, affirmant que la police détenait des preuves audio et vidéo, qu'entre autres choses, elle avait filmé les « messes » des Rockers.

« Les Rockers ? a lancé Stadnick. Moi, je connais à peine ces gars-là. De toute façon, je comprenais jamais rien de ce qu'y disaient parce qu'y parlaient juste en français.

— Mais tu te souviens de Dany Kane, non ? Tu connaissais bien Dany Kane.

— Oui, je le connaissais.

— Bon. Eh bien, il travaillait pour nous ; c'était un de nos agents. »

En apprenant cette nouvelle, Stadnick est redevenu silencieux.

Maintenant que Stadnick était sous les verrous, les autorités ontarienne ne pouvaient s'empêcher de jubiler. Gary Nicholls, chef de la police régionale de Niagara, disait aux journalistes qu'il s'agissait là d'une perte importante pour les Hells. Affichant un soulagement qui, comme nous le verrons bientôt, allait s'avérer prématuré, Nicholls a prédit que l'arrestation de Stadnick allait dissuader les Hells d'établir un chapitre à Niagara.

En affirmant cela, le chef de police ne se doutait pas qu'il se fourvoyait royalement. Un an plus tard, la capitale mondiale de la lune de miel allait littéralement être prise d'assaut par les motards. La police de l'Ontario ne jubilerait pas longtemps. L'arrestation de Stadnick équivalait en fin de compte à l'excision d'une tumeur bénigne ; les autorités découvriraient bientôt que le cancer, loin d'avoir été enrayé, s'était propagé.

En Colombie-Britannique, les motards étaient plus forts que jamais. Au Manitoba, l'implantation que Stadnick avait amorcée dans les années 1990 commençait enfin à porter fruit. Et en Ontario, province natale de Stadnick, les Hells Angels étaient sur le point de mener à son apothéose la plus importante entreprise de recrutement de toute leur histoire.

En vérité, il était beaucoup trop tôt pour crier victoire.

QUATRIÈME PARTIE

D'UN OCÉAN À L'AUTRE

CHAPITRE 13

La conquête du sud de l'Ontario

Faire partie d'un club de motards, c'est une façon de rester jeune […]
La criminalité n'est pas un critère pour devenir membre.
Si un membre commet un acte criminel, c'est de son propre chef
et il devra alors répondre de son geste devant la justice.
DONNY PETERSEN, PORTE-PAROLE DES HELLS ANGELS
DE L'ONTARIO, JUIN 2002

Sous l'œil médusé d'une équipe de surveillance composée de policiers du Québec et de l'Ontario, les Hells de Sorel transbahutaient de peine et de misère deux énormes machines à coudre industrielles dans les entrailles de leur repaire fortifié. Les machines étaient si lourdes qu'il fallait quatre hommes pour les transporter. De toute évidence, un grand nombre de nouvelles *patches* seraient cousues cette fin de semaine-là.

Nous étions le vendredi 29 décembre 2000. À l'extérieur du bunker, des membres des clubs-écoles des Hells – des Rockers de Montréal et des Rowdy Crew de Sorel – montaient la garde. Dans l'air glacial de ce matin de décembre, un motard distribuait des téléphones cellulaires aux membres de l'équipe de sécurité alors que, non loin de là, les caméras et appareils photo de la police captaient la scène.

Les autobus en provenance de l'Ontario commencèrent à arriver vers la fin de l'après-midi. D'autres motards se pointaient dans des VUS flambant neufs. Pour les Hells, il s'agissait du point culminant d'une vaste entreprise d'assimilation qui avait débuté il y avait de cela plus d'une décennie : au cours du week-end, tous les membres des clubs ontariens Satan's Choice, Last Chance et

Lobos, tous les Para-Dice Riders – à l'exception de 13 d'entre eux – ainsi qu'une poignée de Rock Machine et de Outlaws allaient se rallier aux couleurs des Hells ; 11 motards ontariens accéderaient au rang de *prospect*, mais tous les autres – 179 au total – deviendraient instantanément des membres *full patch* des Hells Angels. Par le fait même, les Hells prenaient le contrôle du territoire de l'Ontario, s'appropriant dans la foulée le réseau de stupéfiants le plus lucratif au pays.

La majorité des motards feignait d'ignorer la présence policière aux abords du repaire ; en revanche, certains d'entre eux ne dédaignaient pas saluer ou même adresser la parole aux policiers. Steven «Tiger» Lindsay, un vétéran des Para-Dice Riders, s'est approché de George Coussens, le policier de Toronto qui, pendant des années, avait surveillé les moindres faits et gestes des Riders. «Salut, George, de lancer le motard. Comment ça marche ?» Donny Petersen, le porte-parole officiel des Hells de l'Ontario, a quant à lui salué les officiers en souriant. Certains motards se sont montrés moins tolérants envers la police. Lorne Brown, un Para-Dice Rider pur et dur qui s'était toujours opposé à l'alliance avec les Hells, s'est rué en direction des policiers. L'un des gardiens de la paix n'a pu s'empêcher de le ridiculiser en répétant d'un ton railleur ce qui, jusque-à, avait été la devise des Riders : *I'll live and die a Para-Dice Rider.* (Je suis un Para-Dice Rider et je le resterai jusqu'à ma mort.) Brown ne l'a pas trouvée drôle. Il s'est éloigné en pestant contre les policiers.

Tout Para-Dice Rider qu'il était, Brown imitera ce jour-là ses confrères ontariens en renonçant à ses anciennes couleurs pour adopter la tête de mort au casque ailé emblématique des Hells Angels. En quelques heures à peine, grâce aux machines à coudre industrielles que les Hells venaient d'acquérir, les *patches* rouges et blanches importées d'Autriche furent fixées aux vestes de cuir noir des nouveaux membres. Dehors, les policiers attendaient, tapant des pieds dans la neige pour se réchauffer, ne marquant un temps d'arrêt que lorsque les nouvelles recrues des Hells Angels ont commencé à sortir du repaire en arborant leurs nouvelles couleurs. « La plupart avaient l'air très fiers, comme s'ils venaient d'être recrutés par la LNH, se souvient Coussens. Mais il y en avait d'autres qui paraissaient nerveux et qui avaient l'air de se dire "Merde, dans quoi je viens de m'embarquer ?" »

Les policiers de l'Ontario étaient eux aussi très nerveux ce jour-là. Un des officiers se souvient qu'à leur retour à l'hôtel, ils avaient enfilé quelques bières, histoire de se calmer. Tous se mettront bientôt à discuter de ce que Coussens qualifiait de « nouvel ordre mondial ».

« Aujourd'hui est une date historique pour les motards de l'Ontario, avait annoncé Coussens à ses collègues. La *game* vient de changer du tout au tout. »

Le moins que l'on puisse dire, c'est que la police était stupéfaite. De toute l'histoire du club, il n'y avait eu qu'une autre cérémonie de recrutement de cette ampleur – en Allemagne, en 1999, 220 membres et 44 *prospects* avaient été intronisés d'un seul coup. Il y avait longtemps que les autorités de l'Ontario s'attendaient à ce que les Hells prennent le contrôle de la province, néanmoins tout le monde avait été pris de court par l'amplitude et la soudaineté de l'invasion. Même les policiers qui surveillaient les motards depuis des années n'en revenaient pas. Don Bell était de ceux-là.

Bell avait une longue expérience du milieu des motards. Ayant dirigé l'escouade provinciale spéciale que la police de l'Ontario avait fondée en 1998 pour contrer les motards, il était maintenant à la tête de l'Unité de lutte contre les bandes de motards (ULBM). Bell et ses collègues s'attendaient à ce que les Hells Angels recrutent un groupe sélect de leaders issus de bandes rivales. Selon lui, rien ne laissait supposer que les Hells allaient rafler toutes les bandes de la province. Pourtant ils l'avaient fait. La police considérait que les Para-Dice Riders et Satan's Choice étaient dignes de porter le blason des Hells Angels, en revanche des bandes de drogués et de criminels de bas étage tels Last Chance et Lobos n'étaient définitivement pas du même calibre que les Hells. « C'est difficile à admettre, mais on a toujours vu les Hells comme étant une coche au-dessus de ces petites bandes minables, de dire Coussens. Quand ils se sont mis à recruter à gauche et à droite, on s'est dit: "Pourquoi vous prenez ces gars-là ?" On pensait que vous étiez meilleurs que ça. »

Bien qu'en apparence le jugement des Hells ait semblé fautif, ils ont agi ainsi dans le but bien précis d'enrayer la compétition. Deux bandes rivales, les Bandidos et les Rock Machine, avaient formé une alliance et avaient entrepris de s'implanter en Ontario. En novembre 2000, les Rock Machine comptaient soixante-quinze membres répartis dans cinq chapitres – deux au Québec et trois en Ontario. Or, en devenant un club *prospect* des Bandidos, les Rock Machine portaient un grand coup au Hells. À l'échelle mondiale, les Bandidos, avec leurs quelque 5 000 membres répartis dans une centaine de chapitres et dans 10 pays, étaient seuls à menacer la suprématie des Hells Angels. En s'associant aux Bandidos, les Rock Machine étaient parvenus à établir une présence officielle en Ontario. Il y avait 20 ans que les Hells s'acharnaient à réaliser cet exploit.

La contre-attaque des Hells se devait d'être rapide et fulgurante. Leur première offensive sera de nature stratégique : grâce au travail de Walter Stadnick, les Hells Angels assimilèrent les membres des Los Brovos et s'implantèrent de ce fait au Manitoba. Le flanc ouest leur étant acquis, les Hells étaient prêts à s'attaquer à l'Ontario.

Avec Stadnick à leur tête, les Hells du Québec – et particulièrement ceux du chapitre de Sherbrooke – entamèrent bientôt des pourparlers avec les bandes ontariennes. Le 16 décembre 2000, Stadnick et Donald « Pup » Stockford rencontraient des membres de Satan's Choice, des Para-Dice Riders et d'autres clubs. Les Hells feront aux motards de l'Ontario une offre que ceux-ci ne pouvaient pas refuser : alors que les Bandidos n'accordaient à leurs nouvelles recrues que le statut de *prospect,* les Hells proposaient à ceux qui se rallieraient à eux le titre de membre à part entière. C'était ni plus ni moins qu'un échange de *patches* : vos couleurs contre nos couleurs. Pendant trois années, Andy Stewart a été l'officier en charge de la coordination des enquêtes à la ULBM. Lui aussi a été très surpris de ce soudain changement d'allégeance des motards ontariens. « Ils juraient de défendre leurs couleurs jusqu'à la mort… et l'instant d'après ils échangeaient leurs *patches* pour celles de leurs pires ennemis, dit-il. Au fond, tout ça, c'était une question d'argent. Ces gars-là, c'est tout ce qui les intéresse. Pourquoi rester dans une petite bande locale quand on peut se joindre aux Hells Angels et bénéficier du jour au lendemain d'un réseau international de contacts ? »

La monstrueuse cérémonie d'intronisation du 29 décembre annonçait la mainmise des Hells Angels sur le « Golden Horseshoe », c'est-à-dire la région du sud de l'Ontario. En l'espace d'un seul jour, les Hells, qui jusque-là ne comptaient aucun chapitre dans cette province, se retrouvaient à la tête d'une douzaine de chapitres en Ontario. Avec quatre fois plus de chapitres et cinq fois plus de membres que les Bandidos sur le territoire ontarien, les Hells dominaient maintenant leurs rivaux de façon magistrale. En s'associant à Satan's Choice, les Hells Angels ont hérité de chapitres à Thunder Bay, Sudbury, Keswick, Kitchener, Ottawa, ainsi que dans le comté de Simcoe et dans l'est de Toronto. L'alliance avec les Para-Dice Riders a quant à elle permis aux Hells de solidement s'implanter dans le centre de Toronto et à Woodbridge. Les Lobos n'avaient que leur mièvre petit chapitre de Windsor à offrir à leurs nouveaux maîtres, tandis que Last Chance assuraient la présence des Hells sur le territoire de l'ouest de Toronto. Pour couronner le tout, un groupe de déserteurs des Outlaws et des Rock Machine formera un chapitre Nomads à Ottawa.

Bien qu'il ne disposera que de peu de temps pour savourer sa victoire, Walter Stadnick finira l'année 2000 en beauté : sa vision d'un empire des Hells Angels qui s'étendrait d'un océan à l'autre s'était enfin réalisée.

Une fois convertis aux couleurs des Hells, bon nombre de motards de l'Ontario ont subi une profonde métamorphose. De un, leur allure a changé du tout au tout : ils ont coupé leurs cheveux, taillé leur barbe et ont délaissé leurs frusques de voyous en faveur de costumes dignes des hommes d'affaires. De deux, ils ont commencé à songer qu'ils se devaient de soigner leur image publique. Pour ce faire, ils avaient besoin d'un porte-parole.

Donny Petersen était tout indiqué pour remplir ce rôle. Bien qu'il portait le titre officiel de secrétaire-trésorier des Hells de l'Ontario, Petersen était avec Ricky Ciarniello (Vancouver) et Mike McCrea (Halifax) l'un des trois porte-parole nationaux de l'organisation. Le week-end du 12 janvier 2002, 400 Hells venus de partout au Canada se rendaient à Toronto pour fêter le premier anniversaire du club en Ontario. À cette occasion, Petersen usera avec brio de ses dons pour les relations publiques. Voyant que les motards avaient investi le Holiday Inn situé sur King Street, en plein cœur du centre-ville, la police a demandé aux commerçants du quartier de placer des enseignes disant *No Gang Colors* – interdiction aux bandes de porter leurs couleurs – à l'entrée de boutiques, restaurants et commerces. Dans une lettre publique, Petersen décriera cette initiative de la police en insistant sur le fait que les Hells sont un club de motocyclistes et non une « bande ».

« Vous verrez que nous sommes à la fois courtois et conciliants, écrivait Petersen. Les commerçants avec lesquels nous avons fait affaire par le passé s'estiment très heureux de nous avoir comme clients. Il n'en tient qu'à vous de bénéficier des retombées économiques de ce grand congrès des Hells Angels. »

Les restaurateurs de King Street n'avaient aucun problème avec les Hells – même qu'ils ont fait des pieds et des mains pour attirer cette clientèle fortunée. Quant au public, il semblait fasciné par ces légendaires motards. Nuit et jour, une foule de curieux se pressait autour de l'hôtel où logeaient les Hells, quémandant tantôt un autographe, tantôt une photo-souvenir… et même des faveurs sexuelles ! À preuve cette jeune femme de 26 ans qui avait annoncé à la presse : « J'ai toujours voulu rencontrer un vrai homme. »

Il était quasiment impensable que le maire de Toronto, l'impayable Mel Lastman, ait la décence et le bon sens de se tenir à l'écart de ces criminels notoires qui visitaient sa ville. Le soir même où les motards débarquaient dans la métropole, Lastman, qui était invité à un dîner organisé par les cardinaux et les évêques de la ville, demandait à son chauffeur de passer et de repasser devant le Holiday Inn de la rue King. Plus tard dans la soirée, il se rendra à l'hôtel sans son garde du corps. Lastman racontera aux journalistes qu'il était dans le lobby à discuter avec le gérant de l'hôtel lorsqu'un Hells du nom de Tony Biancaflora s'est approché de lui. « On s'est serré la main, mais c'est lui qui a tendu la sienne en premier » dira Lastman pour justifier son geste. Des témoins ont cependant affirmé que le maire avait échangé des poignées de mains avec plusieurs motards.

Non content de cette bourde, le maire de la plus grande ville au Canada a ensuite déclaré au *Toronto Sun*: « Les Hells Angels m'ont réservé un accueil vraiment fantastique. Quand je suis arrivé à l'hôtel, ils m'ont crié "Hé, Mel! Hé, Mel!" Ils m'ont accueilli à bras ouverts. Aux nouvelles du soir, Lastman s'est employé à rassurer le peuple canadien. « Vous savez, dit-il, en fin de compte, les Hells Angels, c'est des ben bons gars. »

Le lendemain, la poignée de main du maire de Toronto défrayait la manchette partout au pays. Comme de raison, les Hells étaient ravis. Sur une immense enseigne qu'ils ont placée devant leur repaire, les membres du chapitre de London, Ontario, remerciaient la ville de Toronto en général et Mel Lastman en particulier « de leur appui ». Lastman devint bientôt la risée du Canada entier. Au Québec, où les Hells Angels étaient synonymes de carnage et de violence, les pitreries de Lastman furent amèrement critiquées. En première page du *Journal de Montréal*, on voyait la photo de la fameuse poignée de main de Lastman accompagnée du titre : « Le maire de Toronto: l'ami des Hells. » Josée-Anne Desrochers, la mère du garçon de 11 ans qui avait perdu la vie en août 1995 lors d'un attentat à la bombe orchestré par les Hells, exigeait rien de moins que la démission de Lastman. « Je trouve ça dégradant, dit-elle. Est-ce que le gouvernement est avec nous ou avec les motards? »

Le lendemain de leur rencontre avec Lastman, les Hells Angels poursuivaient leur opération de relations publiques en distribuant des billets de 20 $ aux sans-abri – devant l'œil attentif des caméras de télévision, il va sans dire.

Au bout du compte, la campagne de marketing des Hells a connu un succès retentissant. Cela dit, cette soudaine visibilité des Hells aura pour Donny Petersen une fâcheuse conséquence. Quelques jours après la fin des festivités à Toronto, le gouvernement démet Petersen de ses fonctions au sein de la commission chargée d'évaluer les programmes d'apprentissage en mécanique de l'Ontario. Dans une lettre à l'intéressé, les instances politiques affirment que sa nomination a été révoquée à cause de son association avec les Hells Angels. Soucieux de défendre ses droits – sans parler qu'il s'agissait là d'une autre opportunité en or au plan des relations publiques –, Petersen intente une poursuite civile contre le ministère de la Formation et des Collèges et Universités de l'Ontario. À son avis, la décision du gouvernement ontarien lèse ses droits constitutionnels. Dans le dépôt de sa plainte, Petersen écrira : « Mon affiliation à un club de motocyclistes représente à la fois une affirmation de mes libertés individuelles et un geste de défi contre une autorité que j'estime arbitraire et illégitime. »

Les Hells Angels tenaient de toute évidence à assainir leur image publique. Or, les nouvelles recrues qu'ils avaient raflées dans leur hâte de s'imposer en Ontario n'allaient certainement pas leur faciliter la tâche à ce niveau. Au sommet de la pyramide, il y avait certes des vétérans pleins de prestance, des hommes de la trempe de Donny Petersen et du président de Satan's Choice, André Wattel ; mais à la base il y avait une flopée de bons à rien qui ne songeaient qu'à boire et à causer du grabuge. En temps normal, ces motards de peu d'envergure n'auraient jamais été acceptés au sein de l'organisation.

Le fondement même de l'univers des motards est la loyauté. Or, les Hells étaient maintenant principalement composés d'une bande d'opportunistes qui semblaient prêts à changer leurs couleurs à la moindre occasion. À preuve ce motard de London, Billy Miller, que la police avait surnommé « Velcro » parce qu'il changeait un peu trop souvent de camp. En l'espace de 18 mois, Miller avait délaissé ses couleurs de Outlaws pour se rallier aux Rock Machine ; il avait ensuite troqué sa veste de Rock Machine contre celle des Bandidos pour se retrouver enfin dans le chapitre de North Toronto des Hells Angels. Pour bien fonctionner, une organisation criminelle doit jouir d'une certaine cohésion et ses membres doivent travailler ensemble vers un but commun. De ce côté-là, les Hells Angels faisaient maintenant face à un sérieux problème en Ontario puisque, d'une ville à l'autre, et même d'un chapitre à l'autre, ses membres ne se connaissaient pas. « Je pense que bon nombre d'entre eux sont encore sous le choc, affirme George Coussens. Ils ne savent plus qui est qui dans leur club. Ils sont en train d'apprendre à qui ils peuvent faire confiance, à qui ils peuvent s'adresser pour avoir de la coke à Kitchener ou pour obtenir des pièces d'auto volées à Keswick. »

De tous les nouveaux chapitres ontariens, le plus influent est sans contredit celui du centre-ville de Toronto. Situé au

469 Eastern Avenue, le repaire du chapitre tranche dans ce quartier où s'alignent des bâtiments délabrés à la peinture écaillée et aux clôtures rouillées. Outre le fait qu'il s'agit du seul bâtiment bien entretenu de toute la rue, le bunker des Hells se démarque du fait que sa porte d'entrée est protégée par un mur de béton au sommet duquel trône une caméra de sécurité. Au centre de la façade, une enseigne disant « Hells Angels Toronto » brille en lettres de néon. C'est dans cette bâtisse – qui était auparavant le repaire des Para-Dice Riders – que les Hells avaient négocié leur alliance avec les Riders ; et c'était désormais là qu'avaient lieu les réunions entre les présidents des différents chapitres de l'Ontario. Le chapitre du centre-ville de Toronto était le plus riche de la province et, avec ses 31 membres, il était également le plus important. Certains des membres les plus éminents des Para-Dice Riders, dont Donny Petersen, faisaient maintenant partie du chapitre « Downtown Toronto » des Hells Angels.

Le seul chapitre qui peut rivaliser avec celui du centre-ville de Toronto en termes de richesse et d'influence est celui de Niagara Falls. Dans cette ville où pullulent les touristes, les Hells ont fait main basse sur le commerce de la drogue ainsi que sur celui des danseuses nues. Le sergent-détective Shawn Clarkson, un policier de 40 ans vétéran de la police régionale de Niagara, en sait quelque chose. Ancien joueur étoile d'une équipe locale de basket-ball, Clarkson est un imposant gaillard de 113 kg et de près de 2 m qui s'était inscrit dans la police en 1988 à l'âge de 23 ans. Au fil des années, il était devenu un véritable spécialiste des motards. « Niagara a toujours été un centre important de trafic et de consommation de cocaïne, dit-il. C'est sans doute dû au fait qu'il y a ici beaucoup de touristes et de casinos. »

Niagara Falls était traditionnellement le territoire des Outlaws. À partir de leur quartier général de St. Catharines, aidés d'une douzaine d'acolytes issus des Black Pistons – un de leurs clubs-écoles –, neuf membres de la bande avaient régné en maîtres sur ce fief. Puis les Hells étaient venus et ils s'étaient imposés par la force. Ils avaient d'abord établi un chapitre *prospect* à Welland. Situé à moins de 20 minutes des chutes, le repaire de ce chapitre était le plus grand et le plus sécuritaire de la province, une forteresse tentaculaire nichée au cœur de la campagne sud-ontarienne. En fait, le bâtiment de deux étages est la réplique quasi exacte du bunker fortifié de Sherbrooke; il est ceinturé par une solide clôture, entouré de caméras de sécurité, et sa façade rouge et blanche est peinte aux couleurs des Hells.

Tout comme leurs homologues québécois, les Hells de Niagara contrôlent le commerce du sexe dans la région – la majorité de leurs danseuses viennent d'ailleurs du Québec. Dans l'organisation, ces filles jouent bien souvent un triple rôle: elles sont à la fois danseuses, prostituées et revendeuses de coke.

Un peu plus au nord, à Hamilton, c'est à Steve Pacey qu'incombe la tâche de surveiller les motards. Si la cité de l'acier n'a pas son propre chapitre, il n'en demeure pas moins que 11 membres des Hells Angels, dont Walter Stadnick, y habitent. «L'influence des Hells est subtile à Hamilton, de dire Pacey. C'est quelque chose de caché. Je crois que ça reflète la façon de faire de Walter.»

Les Hells disposent par ailleurs de plusieurs clubs-écoles disséminés un peu partout en Ontario – les Dogs of War à Niagara Falls, le Redline Crew au centre-ville de Toronto, etc. Un ensemble de clubs-écoles répondant au nom des Demons sera brièvement en opération. Ce sera toutefois avec une série de clubs très judicieusement baptisée «Foundation» (que l'on peut entendre comme «fondement» ou «fondation») que les Hells auront le plus de succès. En créant les clubs Foundation les Hells disposaient enfin d'une organisation subsidiaire unique qu'ils pouvaient implanter dans diverses villes ontariennes.

Le club-école Foundation de Hamilton permettait aux Hells d'avoir une présence dans la ville sans trop attirer l'attention des autorités, ce qui aurait été le cas s'ils avaient établi un chapitre en bonne et due forme. Foundation célébrera en grand son arrivée à Hamilton: en mars 2002, ses membres étaient invités dans les coulisses lors d'un concert de Ozzy Osbourne. Après le spectacle, le célèbre rocker et ses musiciens sont allés au repaire de Foundation pour festoyer avec leurs nouveaux amis motards.

Avec la grande cérémonie d'intronisation de décembre 2000, les Hells Angels avaient assuré leur suprématie dans le sud de l'Ontario. Ils avaient assimilé Satan's Choice et les Para-Dice Riders et s'étaient assurés de la collaboration des quelque 50 membres d'une troisième bande, les Vagabonds. Mais avant d'avoir le monopole absolu du territoire ontarien, les Hells allaient devoir éliminer deux adversaires de tailles, en l'occurrence les Outlaws et les Bandidos. Il ne faisait aucun doute que les Hells allaient s'attaquer à ces deux bandes, mais comment allaient-ils s'y prendre ? Déclareraient-ils une guerre ouverte comme ils l'avaient fait au Québec ? Poursuivraient-ils l'approche diplomatique et stratégique qui les avait si bien servis jusque-là en Ontario ?

Fin négociateurs, les Hells décidèrent d'user d'abord de moyens pacifiques. Si cela ne fonctionnait pas, ils auraient ensuite recours aux armes et à la violence.

Pour assurer leur victoire, les Hells ont fait appel à une nouvelle recrue du nom de Paul « Sasquatch » Porter. Avec ses 2 m et ses 193 kg, Porter était toute une pièce d'homme. Ce n'était cependant pas sa taille imposante qui intéressait les Hells, mais sa feuille de route. Sasquatch avait été un ami intime de Mom Boucher au début des années 1980, mais, comme bien des copains de Boucher de l'époque, il avait choisi de se rallier aux Rock Machine. Il avait donc été pendant toutes ces années l'ennemi des Hells – et il avait les blessures de guerre pour le prouver.

De 1990 à 1994, Porter était reconnu comme étant le « boss de la Main » : il contrôlait le quartier chaud situé dans la portion sud du boulevard Saint-Laurent. Il avait déjà été arrêté pour des infractions relatives au trafic de la drogue, mais n'avait jamais été condamné. Benoît Roberge, le détective de la police de Montréal qui surveillait les Rock Machine, dit de Porter : « Y faisait pas de *business* avec ben de monde. Y avait peur de se faire prendre, ça fait qu'y prenait pas de chance. Y aimait mieux vendre moins de drogue, faire moins d'argent, mais pas aller en prison. »

Or, si la police laissait en général Sasquatch Porter tranquille, il n'en était pas de même des Hells Angels. Le 31 mai 1997, alors qu'il roulait sur une autoroute à proximité du village de l'Épiphanie, Porter est assailli par un commando des Hells. Son véhicule sera criblé de balles, néanmoins le géant des Rock Machine s'en tirera vivant. De justesse, cependant : un projectile avait effleuré son bras gauche puis s'était logé dans son gilet pare-balles. « C'était pas mon heure » d'affirmer Porter.

Dix mois plus tard, en mars 1998, Porter sera la cible d'une autre tentative de meurtre. Il se dirigeait cette fois en direction de Lachenaie sur l'autoroute 25 lorsque les Hells ont ouvert le feu sur son véhicule. Encore une fois, le gigantesque motard s'en tirera indemne.

Désireux de se venger des Hells Angels, Paul Porter s'installera en Ontario dans le but d'y implanter les Rock Machine. En juin 2000, il contribuera à la création d'un premier chapitre à Kingston. Porter avait peut-être remporté une bataille en sol ontarien, mais les Hells du Québec n'allaient pas s'avouer vaincus pour si peu. Un mois plus tard, en juillet 2000, plusieurs membres des Rock Machine, dont Porter, assistaient au salon de la moto de Georgetown, qui avait lieu chez le grand concessionnaire Canadian Thunder – le propriétaire de l'établissement, Joe Halak, était lui-même membre des Rock Machine. Pour ajouter du piquant aux célébrations, quelqu'un avait décidé de placer une bombe dans une distributrice du *Toronto Sun* se trouvant juste à l'extérieur du magasin. Par bonheur, la distributrice était défectueuse ; le technicien qui devait la réparer découvrira la bombe. La charge de 2,2 kilos d'explosif plastic C-4 avait été truffée de plusieurs milliers de clous de 10 cm de longueur. Il n'y avait aucun doute que la bombe avait été fabriquée par les Hells. Outre le fait que le C-4 provenait du Québec, la bombe était identique à celles utilisées par les hommes de Mom Boucher. Si elle avait explosé à une heure de grand achalandage, bon nombre de passants innocents auraient perdu la vie.

En dépit des attentats répétés dont il était l'objet, Porter demeurait fidèle aux Rock Machine. En octobre, il se rendait à Montréal avec d'autres leaders de son club pour négocier une trêve avec les Hells.

Deux mois plus tard, les Hells Angels avaient droit à un cadeau de Noël de taille : Paul « Sasquatch » Porter quittait ses anciens compagnons pour se joindre à eux. Dans la guerre que les Hells entendaient mener pour anéantir les Rock Machine en Ontario, Porter s'avérerait un précieux atout. Dan Gore, de la police d'Ottawa, confirme la chose : « Paul Porter avait beaucoup de renseignements sur les Rock Machine. Il connaissait tous les membres et il savait où était leur maison, leur chalet, leur famille. »

Les Hells récompenseront le transfuge en lui offrant la présidence du chapitre des Nomads à Ottawa.

Pour Porter, changer de camp était probablement avant tout une question de survie. Il avait survécu à trois tentatives de meurtre, mais il savait fort bien que certains de ses anciens confrères Rock Machine n'avaient pas eu cette chance : des onze membres fondateurs du club au Québec, quatre avaient déjà été supprimés par les Hells. L'une de ces exécutions avait été si violente que la victime n'avait pu être identifiée que grâce à un morceau de peau sur lequel une portion de tatouage était visible.

Plusieurs Rock Machine ont suivi Paul Porter dans le camp des Hells, notamment André « Curly » Sauvageau qui, tout comme Porter, était un ancien copain de Mom Boucher. Porter a en outre persuadé 10 membres du chapitre torontois des Bandidos de se rallier aux Hells Angels. Quatre autres membres préféreront se retirer plutôt que d'accepter l'offre de Porter. Ayant perdu la quasi-totalité de ses membres, le chapitre des Bandidos fermera boutique moins de deux semaines plus tard. À Ottawa, Paul Porter a recruté deux de ses bons amis, Johnny Spezzano et Steve Burns, deux anciens Outlaws qu'il avait attiré dans les rangs des Rock Machine. Spezzano était tellement ravi d'avoir changé une nouvelle fois de camp qu'il s'est rasé la tête et s'est fait tatouer la tête de mort ailée des Hells Angels de chaque côté du crâne.

Le fait que Porter ait réussi à convertir autant de Bandidos et de Outlaws du sud de l'Ontario démontrait sans l'ombre d'un doute que, dans cette région du moins, le profit était plus important que les *patches*. En d'autres mots, l'argent l'emportait sur la loyauté. « Aux États-Unis, on ne verrait jamais un Outlaw devenir un Hells Angel, affirme Don Bell de l'Unité de lutte contre les bandes de motards. La chose est impensable. Ici, par contre, les motards se convertissent parce que les Hells sont beaucoup supérieurs aux autres clubs sur le plan financier. »

Avec l'aide de Porter, les Hells avaient réussi à persuader bon nombre de leurs ennemis de se joindre à eux. Mais l'ambition des Hells Angels était telle qu'ils songeaient maintenant à éliminer ceux qui n'avaient pas répondu à l'appel.

À l'instar de Paul Porter, Alain Brunette avait quitté le Québec et avait contribué à la mise en place d'un chapitre des Bandidos à

Kingston. Au sein des Rock Machine, il avait été le bras droit de Porter du temps où celui-ci régnait sur la Main, mais contrairement à son ancien compagnon il avait refusé de se joindre aux Hells. «Y ont tué tous mes chums, tous mes frères motards, pis astheure y veulent que je change de bord? dira Brunette au sergent-détective Roberge. Chus pas une pute, moé.»

Le 13 février 2001, les Hells tentaient de supprimer le Bandido récalcitrant. Brunette se trouvait sur l'autoroute qui borde l'aéroport de Mirabel, dans la voie de droite, lorsqu'il a remarqué qu'une voiture se maintenait à sa hauteur dans la voie du centre. Quatre coups de feu ont résonné. Plusieurs balles ont atteint Brunette au torse. Gravement blessé, le motard a néanmoins réussi à semer ses agresseurs. «On veut juste vivre en paix» dira-t-il aux Hells vers la fin de l'année 2001.

Mais les Hells n'avaient nullement l'intention de vivre et laisser vivre. Un Bandido de 25 ans, Eric «The Red» McMillan, aura la malchance de tomber sur un groupe de Hells alors qu'il prenait un verre dans un club de danseuses d'Oshawa. Les Angels lui ouvriront le ventre à coups de poignard puis feront feu sur lui à plusieurs reprises. Plus que jamais, les Hells voulaient la peau des Bandidos, et plus particulièrement celle du chef du chapitre de Kingston, Alain Brunette. Ils chargeront l'un de leurs tueurs, Daniel Lamer, 37 ans, membre des Rockers, de supprimer Brunette.

Au début de mars 2002, Lamer se rendait à Kingston pour s'acquitter de son contrat. Il reviendra à Montréal bredouille: sa cible était en vacances à l'étranger. Le dimanche 10 mars, conduit par Marc Bouffard, un confrère Rocker, Lamer retourne à Kingston pour tenter de nouveau sa chance. À 10 h 30, juste à l'extérieur de Morrisburg, des agents de la police provinciale de l'Ontario les arrêtent pour excès de vitesse. Armé de deux pistolets, Lamer descend de voiture et fait feu sur les policiers. Une de ses balles effleurera la tête d'un des agents et une autre, atteignant celui-ci à la poitrine, sera heureusement stoppée par son gilet pare-balles. Les policiers ripostent et tuent Lamer. Encore une fois, les aléas du destin épargneraient Alain Brunette.

Quatre jours après cet incident, les Hells avaient la mort d'un autre innocent sur la conscience. Yves Albert, un père de famille de 34 ans, faisait le plein dans une station-service de Saint-Eustache lorsque deux hommes ont surgi d'une fourgonnette et ont criblé son corps de balles. L'innocente victime est morte instantanément. Il y avait bien sûr erreur sur la personne : le Bandido que les tueurs avaient cherché à éliminer avait une voiture de même marque et de même couleur que celle de la victime. Comble de malchance, la plaque d'immatriculation d'Yves Albert et celle du Bandido avaient trois chiffres en commun.

Au Québec et en Ontario, la police était en train d'achever ce que les Hells avaient commencé. Le 5 juin, quelque 300 policiers effectuaient des descentes simultanées dans les repaires et résidences des Bandidos de Toronto, Kingston, Montréal et Québec. Alain Brunette ainsi que 25 autres membres de la bande furent arrêtés. La police de l'Ontario a par ailleurs émis 62 mandats d'arrestation et a saisi près de 200 kg de haschisch, 8 kg de cocaïne, 4 armes à feu et 1 silencieux.

Si cette rafle se révéla un important succès pour les autorités, ce furent néanmoins les Hells qui devinrent les grands bénéficiaires de cette ambitieuse initiative policière. Maintenant que les chapitres des Bandidos avaient été démantelés, les Hells Angels avaient enfin la voie libre en Ontario.

En vérité, un dernier adversaire subsistait en Ontario. Mario « The Wop » Parente et ses Outlaws avaient presque autant de chapitres que les Hells Angels dans cette province ; en revanche, ils comptaient un peu moins de 80 membres, ce qui représentait la moitié des effectifs des Hells. Au cours d'une réunion secrète dans la région de Niagara, les Hells proposeront à l'ensemble des Outlaws de l'Ontario de se joindre à eux. Seule une poignée d'Outlaws acceptera de se convertir.

L'animosité entre les Hells et les Outlaws atteignait son paroxysme dans la région de London, là où les Outlaws tenaient leurs quartiers généraux. Le 7 janvier 2001, quatre membres des Jackals, un club-école des Hells, se rendirent à la faveur de la nuit à la résidence de l'ancien président local des Outlaws. Une fusillade s'ensuivit et, au bout du compte, un Jackal s'écroulait avec deux balles dans le ventre. Ses trois comparses se sont enfuis.

Durant cette période, les Outlaws ont perdu beaucoup de terrain dans le sud de l'Ontario. Les projets d'expansion qu'ils échafaudaient pour la région de Niagara Falls ont foiré à cause de querelles intestines et bon nombre de leurs membres ont joint les Hells Angels ou ont tout simplement démissionné. Puis, comme cela avait été le cas avec les Bandidos, les autorités se sont chargées d'achever le travail que les Hells avaient commencé : le 26 septembre 2002, la police lançait une opération qui mènerait finalement à l'arrestation de 52 membres des Outlaws – ce qui représentait la quasi-totalité de leurs effectifs – et à la saisie de 78 armes à feu ainsi que de 1,6 million de dollars de drogue. Baptisée « Projet Retire », l'initiative policière a été le point culminant d'une enquête qui avait été amorcée trois ans auparavant. Au même moment, aux États-Unis, le FBI procédait à des descentes dans les repaires des Outlaws. Le président international du club sera arrêté à Indianapolis ; au Michigan, les autorités mettront le grappin sur le vice-président national de l'organisation. Une autre arrestation importante aura lieu au Canada : à Hamilton, la police embarquait Mario Parente, le leader des Outlaws, et déposait contre lui des accusations de trafic.

Ainsi, trois mois après avoir démantelé les Bandidos, la police faisait de même avec les Outlaws. Encore une fois, les Hells Angels ne furent pas inquiétés, ce qui était étonnant considérant qu'ils étaient la bande de motards la plus importante et la plus notoire au pays. À l'époque, tout le monde, y compris les policiers eux-mêmes, s'entendait à dire que les razzias effectuées en Ontario avaient été bénéfiques pour les Hells.

Moins de deux ans après l'intronisation massive qui avait permis leur implantation dans la province, les Hells Angels devenaient les maîtres absolus de l'ensemble du territoire ontarien. Comme le disait si bien George Coussens : « Il ne reste que deux camps opposés en Ontario : les Hells et la police. Et plus les Hells vont devenir puissants – ce qui me paraît inévitable –, plus on va avoir de mal à les attraper. »

Lorsque Coussens avait débuté sa carrière de policier spécialiste des motards, il avait une bande de Para-Dice Riders indisciplinée et piètrement organisée pour seul adversaire. À cette époque, les Riders n'avaient ni le matériel ni les compétences requises pour prendre des mesures de contre-espionnage contre la police, mais aujourd'hui, Coussens et ses collègues devaient composer avec un club de motards – les Hells Angels – qui disposaient de moyens d'espionnage et de surveillance aussi sophistiqués que ceux de la police. Coussens se souvient du jour où Mark Dafoe, leader du chapitre de Richmond Hill, s'était approché de lui et l'avait pris en photo à l'aide d'une minuscule caméra numérique. « Pourquoi tu fais ça ? » avait demandé le policier. « Ça, c'est pour mes gars dans l'Ouest » avait répliqué Dafoe. Cet incident en apparence anodin signifiait que, partout au Canada, les Hells échangeaient de l'information au sujet de leurs ennemis policiers.

Dafoe est l'archétype du motard spécialiste en surveillance – il avait installé des caméras vidéo miniatures à l'avant et à l'arrière de sa moto. Bon nombre de motards avaient par ailleurs pris l'habitude d'enregistrer tout échange avec la police à l'aide d'un magnétophone de poche ; ce genre d'enregistrement pouvait s'avérer très utile dans le cadre d'un procès. « Les choses ont bien changé depuis quelques années, dit Coussens. Les motards sont devenus beaucoup plus rusés, beaucoup plus astucieux. »

En plus de bénéficier de systèmes de surveillance et de sécurité hautement sophistiqués, les Hells disposaient maintenant de sympathisants qui avaient infiltré le service des postes, les compagnies de téléphone et les bureaux de la police. Ainsi, en novembre 2002, une femme de ménage qui travaillait dans les locaux de la police régionale de York a été congédiée parce qu'elle entretenait des liens étroits avec un membre des Hells Angels.

En vue de contrecarrer l'avancée des Hells, les autorités ontariennes ont finalement mis sur pied une unité spécialisée qui s'avérera la plus importante et la plus coûteuse au pays. Fondée en juin 1998, la Brigade provinciale spéciale compte 44 officiers issus de 18 agences policières différentes. En août 2002, elle est rebaptisée « Unité de lutte contre les bandes de motards », nom qui exprime plus clairement la nature de son mandat. Le logo de la ULBM – deux roues de moto enchaînées par une paire de menottes – est lui aussi très révélateur. Grâce au généreux budget de 5,6 millions de dollars qui lui est accordé, l'unité spéciale portera cette année-là ses effectifs à 108 agents. Soucieux d'éviter les désastreuses querelles intestines qui avaient miné les efforts des

escouades mixtes des autres provinces, le gouvernement ontarien a conçu pour la ULBM une structure hiérarchique unique : du
sommet à la base de la chaîne hiérarchique, les opérations seront
régies par la Police provinciale de l'Ontario.

Les statistiques de la ULBM témoignent de résultats impressionnants : 446 chefs d'accusation portés en 2002 contre 37 motards
et 110 associés. Mais par-delà les chiffres, ce qu'il faut retenir c'est
que l'on parle ici d'accusations et non de condamnations. Dans
la plupart des cas, les chefs sont retirés ou une peine moindre est
négociée. La triste vérité est que, près de trois ans après que les Hells
Angels sont devenus le club dominant en Ontario, seule une
poignée de ses membres sont derrière les barreaux ou font face à
des accusations sérieuses.

Mais cela ne revient pas à dire que la police n'a pas connu quelques succès. En décembre 2002, le président du chapitre de North
Toronto, Billy Miller, ainsi que deux de ses confrères étaient inculp-
pés de possession d'une arme à feu et de participation aux activités d'un gang. À Thunder Bay, Peter Manduca, 38 ans, membre
des Hells et expert en karaté, était arrêté et faisait face à deux accusations de complot en vue de commettre un meurtre. La première
accusation s'est soldée par un procès nul ; Manduca comparaîtra
de nouveau devant les tribunaux en 2003.

Donny Petersen, le charismatique porte-parole des Hells, continuait de soutenir que ses confrères ontariens n'étaient pas des
criminels. « Les Hells Angels de l'Ontario ne sont pas une organisation criminelle, se plaisait-il à dire, et aucun tribunal n'a pu
faire la preuve du contraire. » On se souviendra que Petersen, après
avoir été démis de ses fonctions au sein d'une commission créée
par le ministère de la Formation et des Collèges et Universités,
avait contesté sa destitution. Dans les dernières semaines de 2002,
au terme d'un appel devant la Cour suprême de l'Ontario, le
motard perdait sa cause. Le tribunal a décrété que, par sa décision,
le gouvernement n'enfreignait pas le droit à la liberté d'association de Petersen. Dans leur décision, les juges écrivaient : « Le public
a été largement exposé à de l'information qui tend à démontrer
que les Hells Angels sont étroitement reliés au crime organisé et
que plusieurs de ses membres ont été condamnés pour des crimes
graves. »

Depuis cette décision de la Cour suprême, Petersen n'affiche plus la même assurance quand des journalistes le questionnent au sujet des violents antécédents des Hells et des accusations de plus en plus nombreuses qui pèsent contre ses membres. En dépit de demandes répétées, le porte-parole des Hells Angels a refusé d'accorder une entrevue de fond aux auteurs du présent ouvrage. « Peu importe ce que je dis, les Hells finissent toujours par passer pour des ogres tueurs d'enfants » nous a-t-il dit lors d'une courte conversation. Aux questions spontanées et potentiellement gênantes des reporters, Petersen préfère les déclarations publiques fignolées à la virgule près. Dans une lettre publiée récemment dans le *Ottawa Citizen*, il répétait une rengaine désormais familière : « La vie d'un Hells Angel a bien des attraits. C'est une existence palpitante […] Faire partie d'un club de motard, c'est une façon de rester jeune […] Les Hells Angels et la sous-culture des motards visent à célébrer la liberté et l'individualité. » Lorsqu'il aborde le sujet de la criminalité, Petersen pèse plus que jamais ses mots. « Dans une société multiculturelle telle que la nôtre, je crois qu'il est impossible qu'un groupe ou un individu domine le milieu de la drogue. La criminalité n'est pas un critère pour devenir membre des Hells Angels. Si un membre commet un acte criminel, c'est de son propre chef et il devra alors répondre de son geste devant la justice. » Ainsi, Donny Petersen admettait de manière détournée que les Hells n'étaient pas qu'un inoffensif club social composé d'amateurs de motos. A-t-on déjà vu le président d'un club Kiwanis préciser qu'il ne fallait pas nécessairement être un criminel pour devenir membre ? que ses membres, et non le club, étaient responsables des crimes qu'ils commettaient ? Petersen jugeait pourtant nécessaire de préciser qu'un Hells qui enfreignait la loi agissait « de son propre chef » et non sous les ordres du club.

Apparemment, la majorité des confrères de Petersen n'hésitaient pas à exercer leur esprit d'initiative, agissant « de leur chef » pour perpétrer une panoplie effarante de crimes. Selon les statistiques de la ULBM, 83 p. 100 des motards appartenant à un club ont un casier judiciaire.

CHAPITRE 14

Duel à Winnipeg

Même si vous nous mettez tous en prison, il va y en avoir
d'autres qui vont prendre notre place. On n'est pas près de disparaître.
Vous avez pas idée de l'envergure de notre club.
ERNIE DEW, PRÉSIDENT DES HELLS ANGELS DU MANITOBA

Il y eut d'abord des fusillades dans les rues, puis des attentats à la bombe. Puis il y eut subornation de témoins et une tentative de meurtre contre un policier en 2002. Une fois les échos de la violence et la fumée des explosions dissipés, la police de Winnipeg et le ministre de la Justice du Manitoba cherchaient toujours à comprendre ce qui s'était passé.

Alors que l'Ontario représentait pour les motards un vaste champ de bataille, Winnipeg était plutôt le site d'une confrontation digne du far west. En Ontario, Stadnick et ses Nomads avaient inspiré la création d'une douzaine de chapitres ; à Winnipeg, les Hells comptaient à peine une douzaine de membres. Mais s'ils étaient peu nombreux, ils n'en étaient pas moins extrêmement dangereux.

Winnipeg avait toujours été une sorte de second chez-soi pour Stadnick. Au début de l'année 2001, tandis que l'ex-président national des Hells était sous les verrous, les motards qu'il avait formés puis rassemblés sous la bannière des Hells Angels saccageaient littéralement la cité manitobaine. Sous la pression du public et des politiciens, la police et les magistrats ont réagi à l'assaut des motards avec un zèle qui causait parfois plus de tort que de bien.

C'est une rencontre fortuite qui a provoqué le remous initial de cette prodigieuse vague de violence. Nous sommes en 2001, au premier jour de l'été. Un Hells du nom de Rod Sweeney attend le passage d'un train pour traverser la voie ferrée qui le sépare de la rue Chalmers et de l'imposant repaire fortifié des Hells de Winnipeg. Dans le quartier de Elmwood, tout le monde connaît Rod et sa grosse dépanneuse rouge.

Tout le monde, y compris Kevin Sylvester.

Sylvester était l'un des rares Spartans à avoir survécu à la guerre qui, dans les années 1990, avait opposé sa bande à celle de Los Brovos. Les Spartans l'avaient déjà chassé de leurs rangs parce qu'il était trop tête brûlée – ce qui n'est pas peu dire considérant les critères plutôt virulents des motards. Par le passé, Sylvester avait été impliqué dans une douzaine de fusillades. Il avait été poignardé lors d'un séjour en prison et, à une autre occasion, avait failli être abattu par un motard d'une bande rivale.

Sylvester tenait Sweeney et les autres Brovos – qui s'étaient convertis aux Hells Angels depuis – pour responsables de la disparition de son frère Darwin. Ce dernier, qui était alors le chef des Spartans, était présumé mort.

Or donc, en ce 21 juin 2001, Kevin Sylvester aperçoit la dépanneuse rouge qui attendait tranquillement devant le passage à niveau. À cheval sur sa Harley, il s'approche du véhicule de Sweeney.

« J'sais pas ce qui s'est passé, raconte le Spartan, j'pense que j'ai pété une fuse. J'ai sorti mon *gun* pis j'y ai tiré dessus. » Sweeney ouvre brusquement sa porte, déséquilibrant son attaquant et le faisant tomber de sa moto. Du sol, Sylvester fait feu à cinq reprises en direction de la dépanneuse. « Pas devant mon fils ! » crie Sweeney. Dans le camion, l'enfant du motard, un petit garçon de deux ans, est tout éclaboussé du sang de son père.

Quatre projectiles atteignent Sweeney – à la tête, à l'épaule, au bras et au genou. S'éjectant de son véhicule, le Hells blessé prend la fuite. Sylvester dira plus tard à la police que son premier réflexe avait été d'abattre Sweeney d'une balle dans le dos, mais qu'il s'était ravisé au dernier moment en voyant le petit garçon dans la dépanneuse. « Il était bien attaché sur son siège, raconte Sylvester. Il avait l'air mort de peur et avait du sang partout sur lui. J'ai cru que je l'avais touché. »

Kevin Sylvester enfourche alors sa moto et prend lui aussi la fuite.

Sweeney s'en tirera à bon compte : à part un nerf de sa main gauche qui est endommagé, il n'a subi aucune blessure grave. Son fils s'en est tiré sans une égratignure.

Le lendemain, dans le stationnement d'un club de danseuses fréquenté par les motards, quelqu'un tire sur un aspirant Hells du nom de Glen MacEachern. Tout comme Sweeney, MacEachern ne sera pas grièvement blessé, néanmoins les Hells estiment qu'ils se doivent de riposter. Il ne faut pas que leurs ennemis croient qu'ils peuvent les attaquer impunément de la sorte. Le président des Hells du Manitoba, Ernie Dew, estime que des représailles sont inévitables : « Imaginez que vous êtes en auto avec votre enfant et que quelqu'un arrive et vous tire dessus à bout portant, ne me dites pas que vous allez le laisser faire, que vous ne ferez rien pour vous venger. »

De fait, les Hells ne tardèrent pas à exercer leur vengeance. Cinq jours plus tard, à 22 h 25, un ami des Sylvester, Michael Carroll, devient la cible de deux tueurs qui font feu sur lui à sept reprises depuis une voiture verte. Les attaquants prennent la fuite alors que leur victime s'écroule juste devant chez lui. Carroll survivra et un membre des Zig Zags, Ian Matthew Grant, sera arrêté et accusé de tentative de meurtre. Grant, un grand gaillard de 1 m 95 que l'on surnommait « The Terminator », était sur le point d'accéder au rang de *prospect* dans l'organisation des Hells Angels.

Durant le mois de juillet, cinq autres fusillades de ce genre auront lieu et la résidence de Kevin Sylvester sera attaquée trois fois à coups de bombes incendiaires. Le 2 juillet, deux cocktails Molotov explosaient contre la façade de la maison et, le lendemain, un autre cocktail incendiait la cuisine de Sylvester. Deux semaines plus tard, c'était le garage de la propriété qui était la proie des flammes. Il ne faisait aucun doute que les Hells étaient les auteurs de ces incendies criminels.

Quelques jours plus tard, Sylvester, qui est alors au volant de son auto, remarque que des hommes dans une fourgonnette blanche l'ont pris en filature. Une course folle s'amorce, avec Sylvester grillant plusieurs feux rouges et roulant du mauvais côté de la rue, en sens inverse du trafic, pour échapper à ses poursuivants.

Deux balles font éclater la vitre et l'un des feux arrière de la voiture. Sylvester ne sera pas touché et réussira finalement à semer ses agresseurs. À la suite de cet incident, trois hommes seront inculpés de complot en vue de commettre un meurtre : Ian Grant ; Dale Donovan, un *prospect* qui, moins de deux ans plus tard, deviendra membre en règle des Hells Angels ; et un *hangaround* du nom de Sean Wolfe.

Le lundi 30 juillet, Sylvester se rendait au palais de justice pour une requête de remise en liberté relative à sa tentative de meurtre contre Rod Sweeney. Tout au long de l'audience, un Hells arborant ses couleurs se trouvait dans la salle ; il s'agissait là d'une tactique d'intimidation typique des Hells Angels. Le lendemain, les motards envoyaient quelqu'un à la cour pour obtenir une copie des documents concernant la caution de Sylvester, documents sur lesquels apparaissait la nouvelle adresse de l'accusé.

Cet après-midi-là, les Hells lancèrent une autre attaque contre Sylvester. Ce dernier était au volant d'une Chevrolet Cavalier grise lorsqu'il a repéré deux hommes qui le suivaient à bord d'une fourgonnette noire aux vitres teintées. Le conducteur du véhicule était nul autre que Dale Sweeney, le frère de l'homme que Sylvester avait tenté d'abattre un mois plus tôt. Lorsque le passager de la fourgonnette a fait feu dans sa direction, Sylvester s'est immédiatement baissé pour éviter les balles, puis il a bifurqué à la première intersection pour échapper à ses attaquants.

La fusillade avait eu lieu dans les environs de Portage et Broadway, c'est-à-dire en plein centre-ville de Winnipeg. Le fait qu'aucun passant innocent n'ait été touché par une balle perdue tenait du miracle. L'école secondaire Gordon Bell se trouvait à proximité et les étudiants qui suivaient des cours d'été ont clairement entendu les coups de feu.

La police arrêtera Sweeney non loin de là. Sur la rue qu'avait empruntée la fourgonnette noire, les policiers trouveront un sac contenant une arme à feu. Dale Sweeney, qui, à l'instar de son frère, était un membre *full patch* des Hells Angels, sera accusé de tentative de meurtre. Au printemps 2002, anxieuse de voir Sweeney condamné, la police s'empressera de conclure un marché avec Sylvester. Comme nous le verrons bientôt, ce sera là un geste que les autorités regretteront amèrement.

Alors que l'été 2001 tirait à sa fin, les Hells de Winnipeg et leurs clubs associés se pavanaient dans la ville, convaincus que le territoire leur appartenait. À la mi-septembre, la bande exhibait ses couleurs autour du ring de boxe de Fort Garry Place. Un des leurs, Ralph « Junior » Moar, figurait au programme de la soirée. Moar sera éventuellement accusé de gangstérisme comme membre présumé des Zig Zags. Le vice-président des Hells Angels du Manitoba, Danny Lawson, était venu assister au combat. Lawson, qui en imposait avec son regard sombre et sa coupe Mohawk, était l'un des rares membres *full patch* présents ce soir-là et il était assis avec ses confrères motards à une grande table ronde, tel un monarque entouré de ses vaillants chevaliers.

À côté de Lawson se trouvait Darren Hunter, le sergent d'armes des Hells locaux. Plus sobre que son chef, Hunter coiffait sa chevelure blonde et soigneusement taillée d'une casquette de baseball rouge qu'il portait à l'envers, visière vers l'arrière. Les policiers s'entendaient généralement à dire qu'il était un type calme et réservé. « Je ne l'ai jamais vu perdre son sang-froid » affirmait Ray Parry. De son propre aveu, Hunter détestait la police.

Shane Kirton, un autre membre en règle des Hells Angels, était présent. Travaillant comme *doorman* dans un bar de la ville, Kirton venait d'être inculpé pour avoir attaqué un policier… avec son ventre. Deux membres des Zig Zags, Sean Wolfe et Ian Grant, complétaient le groupe.

Les Hells et leurs acolytes jouaient certes les grands seigneurs ce soir-là, mais dans les semaines et les mois qui suivront la moitié de leurs membres feront face à de multiples chefs d'accusation – trafic, tentative de meurtre, etc. Des six Hells qui seront accusés, trois seront libérés sous caution alors que les trois autres se retrouveront en prison. En décembre, un membre des Zig Zags sera condamné à quatre ans de prison. On se souviendra que le 13 décembre 2000, Moar avait tué par erreur un garçon de 15 ans.

Si ces démêlées avec la justice ont fait du tort aux Hells, ceux-ci n'en laissaient rien paraître. Le club quittait bientôt le district ouvrier de Elmwood pour inaugurer un nouveau repaire dans le quartier huppé de West Kildonan. Ce faisant, les Hells gravissaient un échelon de plus dans l'échelle sociale. Située sur

Scotia Street, l'élégante demeure de 2 865 pi^2 qui abritait le quartier général des Hells Angels de Winnipeg se trouvait en bordure d'une rivière tranquille. Aux grilles de l'entrée, une grande enseigne qui disait *No Trespassing* invitait le visiteur importun à passer son chemin. La luxueuse demeure était indicative de la prospérité et de la maturité nouvellement acquise des Hells du Manitoba. Nous étions loin des motards frustes et peu entreprenants de jadis.

Ernie Dew, le président du chapitre, était mécanicien depuis 22 ans et sa réputation dans ce domaine n'était plus à faire – il y avait même certains policiers locaux qui s'adressaient à lui pour faire réparer leurs véhicules. Dew était père de trois jeunes enfants en issus de son second mariage. Il avait aussi un fils 25 ans qui avait entamé des études en droit et une fille de 21 ans qui entendait se spécialiser en médecine légale. « La famille, c'est une chose très importante pour moi, dit-il. Dans le temps, les motards étaient des *bums* qui ne travaillaient pas. Mais on n'est plus dans les années 1960. Les motards d'aujourd'hui sont bien habillés et ils n'ont plus les cheveux longs. Les choses ont changé pour le mieux, je dirais. On est devenus plus sages en vieillissant. »

Plus sages, peut-être. Mais plus riches, assurément.

Dew habite St. Andrew, une agréable petite bourgade en banlieue de Winnipeg. Juste en face de chez lui se trouve un cimetière de voitures appartenant à Bernie Dubois, un autre membre des Hells Angels. Le commerce de Dubois est si lucratif qu'il lui a permis de se payer une belle grande maison de briques rouges aux fenêtres cintrées. De majestueuses plantes bordent l'entrée menant à la résidence et deux voitures de collection, dont une Rolls-Royce blanche, rutilent de tous leurs feux dans la cour arrière.

Les membres apprentis de l'organisation étaient eux aussi très loin de crier famine. À preuve Ron Stirling, un *prospect* des Hells qui habitait un quartier huppé et avait pour voisin un inspecteur de la GRC. À 52 ans, Stirling était définitivement l'un des doyens de l'organisation.

Les motards de Winnipeg aimaient bien prendre un verre au Teasers, un bar de danseuses malfamé situé dans le nord-est de la ville. Sean Wolfe, un aspirant Hells, était chargé de superviser les videurs de l'endroit. Un autre Hells Angel, un *prospect* du nom de Billy Bowden, visitait régulièrement le bureau du proprio.

À l'autre bout de la ville, un autre établissement était très fréquenté des motards. Le Concord Motor Hotel était un lieu encore plus sordide que le Teasers. Le propriétaire de l'endroit, un certain Mario Raimondi, avait récemment payé la caution de Dale Donovan, un *prospect* des Hells.

Les huiles de la police et les politiciens se pétaient les bretelles en affirmant qu'ils avaient la situation bien en main, mais les policiers qui avaient une longue expérience du milieu motard n'étaient pas dupes. Ray Parry, le sergent-détective en charge de l'escouade antigang, avait une tout autre vision de la situation au Manitoba : « Dès qu'on démantèle une cellule, il y en a aussitôt neuf autres qui sont créées. Quand la police arrête une des têtes dirigeantes des motards, ça ne veut pas dire que toute l'opération va s'écrouler. Les activités criminelles des motards rapportent tellement d'argent qu'il y a toujours des gars pour prendre la place de ceux qui se font arrêter. »

De fait, dans les premiers balbutiements de la nouvelle année, les motards réserveraient de très mauvaises surprises aux autorités.

Pour les habitants de Winnipeg, le début de l'an 2002 fut littéralement fracassant. Les Hells avaient manigancé un coup d'éclat qui aurait pu s'avérer fatal pour une femme policier de la capitale manitobaine ainsi que pour sa famille.

Par une glaciale nuit de février, l'agent de police en question dormait chez elle avec son époux et leurs deux enfants lorsqu'elle fut réveillée par un bruit inhabituel : quelqu'un avait lancé une brique sur la maison et fracassé la fenêtre du salon. La maîtresse des lieux, qui faisait partie de l'escouade antigang de la police de Winnipeg, a allumé les lumières extérieures juste à temps pour apercevoir deux individus prendre la poudre d'escampette.

Lorsque la police est arrivée sur les lieux, elle a découvert plusieurs cocktails Molotov, abandonnés sur la pelouse par les malfaiteurs. Il ne faisait aucun doute que ceux-ci avaient agi dans l'intention d'incendier la maison ; et il était tout aussi évident que l'attentat était l'œuvre des motards. Deux mois plus tôt, la fourgonnette de la femme policier avait pris feu alors qu'elle était garée dans l'entrée de la maison, mais là, c'en était trop. La police était outrée de ce nouvel assaut des motards. Le danger, voire la mort, étaient des facteurs inhérents au travail des représentants de la loi, néanmoins il y avait certaines règles implicites que criminels et policiers avaient veillé, du moins jusque-là, à respecter. L'une de ces règles était d'éviter les attaques personnelles. « Avant, les rôles de chacun étaient clairement définis et il y avait certaines limites qu'il ne fallait pas outrepasser, dit Ray Parry. Maintenant, les motards vont harceler les policiers jusque dans leur vie privée – ils les suivent, les intimident, ce genre de choses. Ça n'arrivait jamais avant. »

Après l'attentat contre sa collègue, Parry est allé voir Ernie Dew. « C'est pas un geste du club, ça, d'affirmer catégoriquement le président des Hells Angels du Manitoba. Le club n'a pas ordonné à ces gars-là de faire ça. » Dew ajoutera qu'il avait dit aux quelques têtes brûlées que comptait l'organisation de se tranquilliser. « Ils aiment pas ça, se faire dire de prendre ça *cool*. J'étais pareil quand j'étais jeune, j'écoutais personne. »

Il était effectivement possible que les membres des Zig Zags et des autres clubs satellites des Hells avaient agi de leur propre chef, à l'encontre des recommandations d'Ernie Dew. La police voulait bien croire que l'attaque dirigée contre son officier n'avait pas été sanctionnée par le club des Hells Angels, cependant il était clair que l'ordre provenait de quelque part dans la hiérarchie des motards. En fait, les autorités étaient presque certaines que c'était quelqu'un des Zig Zags, le club-école des Hells, qui avait commandé l'attentat. « Les Zig Zags sont jeunes, éduqués et intelligents, de dire Rick Lobban. Ils sont également très violents. Avec tout ce qu'elle voit au cinéma, leur génération voue un véritable culte à la violence et aux armes à feu. Ces jeunes-là se croient invincibles. »

Un incident viendra confirmer cette affirmation de Lobban. En mars 2002, deux membres des Zig Zags entraient dans un 7-eleven (un dépanneur) du quartier de Elmwood. Après avoir pris des friandises sans payer, les motards proféreront des menaces à l'endroit du commis. L'un des hommes sera arrêté par la police puis accusé d'avoir menacé l'employé du dépanneur.

Les représailles ne tardèrent pas à venir. Le 26 mars, trois individus masqués lançaient un cocktail Molotov dans le 7-eleven en question. La bombe incendiaire n'a pas rempli son office, mais, quatre jours plus tard, un autre attentat avait lieu et cette fois l'entrée du commerce s'est changée en un brasier rugissant. Le pantalon d'un client a pris feu et l'établissement a subi pour 15 000 $ de dommages.

Trois jours plus tard, les motards et leurs associés transposaient leur campagne de terreur du 7-eleven au palais de justice. Encore une fois, un membre des Zig Zags se trouvait au cœur du maelström. Alors qu'il célébrait la venue du troisième millénaire à une fête du Nouvel An, Robert Coquete, motard et kickboxeur professionnel, s'est bagarré avec le propriétaire d'un gym rival du nom de Joe Soares. La police a ensuite appréhendé Coquete et des accusations de voies de fait ont été portées contre lui.

Reconnu comme étant un bagarreur, Coquete avait l'habitude de recourir à ses poings pour servir les intérêts des Hells. Maintenant que le kickboxeur était aux prises avec la justice, les Hells se montraient tout disposés à lui rendre la pareille. Le 2 avril à 1 h 30 du matin, soit le jour de l'ouverture du procès de Coquete, des détonations arrachent Joe Soares à son sommeil. Des balles font voler la fenêtre de son salon en éclats. Fort heureusement, Soares et ses vieux parents – qui habitent là eux aussi – s'en tirent indemnes.

Le lendemain, Tyler et John Chidlow, deux gardes de sécurité qui étaient de service à la fête du Nouvel An au cours de laquelle avait eu lieu l'incident, témoignaient contre Coquete. Le juge, concluant que Soares et Coquete s'étaient battus d'un commun accord, décide d'acquitter l'accusé. Non contents d'avoir obtenu gain de cause, les motards s'accorderont une vengeance supplémentaire en incendiant la maison des Chidlow. Tyler Chidlow souffrira de lésions dues à l'inhalation de fumée et devra être hospitalisé.

À l'instar de leurs confrères québécois, les motards du Manitoba semblaient bien déterminés à mener des assauts directs contre le système judiciaire. Selon Ray Parry, bon nombre de ces attaques ne furent pas signalées à la police. Victimes et témoins étaient terrorisés par les motards. Ces derniers appliquaient leurs tactiques d'intimidation habituelles : certains témoins étaient suivis, menacés; d'autres recevaient des coups de téléphone anonymes à toute heure du jour et de la nuit. Des motards qui faisaient le commerce de la cocaïne sont allés jusqu'à mettre à prix la tête d'une femme qui les avait dénoncés à la police. Un des *dealers* lui avait appuyé le canon d'un revolver sur la tempe et lui avait dit: «C'est comme ça que les Hells Angels se débarrassent des délateurs.» À la suite de cet incident, la dame en question fut placée sous la protection des autorités.

La police a éventuellement arrêté plusieurs individus en rapport avec les incendies criminels du 7-eleven et avec la fusillade qui avait eu lieu chez Joe Soares. L'un des accusés, Harold Amos, sera par la suite inculpé de gangstérisme du fait de sa présumée affiliation avec les Zig Zags. La police soupçonnait que Amos agissait sous les ordres d'un des dirigeants du club, toutefois elle aura bien du mal à prouver cette allégation.

Tout comme leurs homologues manitobains, les policiers de Montréal, Vancouver et Toronto déploraient également le manque de preuves compromettantes contre les motards. Sans informateurs, il était impossible de réellement infiltrer les activités criminelles des Hells Angels et de leurs clubs-écoles. «Les membres des Hells Angels font faire leur sale boulot par des gens qui engagent d'autres gens qui engagent d'autres gens, et ainsi de suite, affirme un policier de Winnipeg. De cette façon, ils se distancient de leurs activités criminelles et se protègent des poursuites judiciaires.»

N'ayant ni les fonds, ni les effectifs, ni les moyens techniques nécessaires pour lancer une opération d'infiltration et de surveillance majeure contre les motards, la police de Winnipeg devait s'en remettre aux délateurs et autres mouchards qui, de temps à autre, consentaient à trahir leurs maîtres. Le problème était que ces personnes n'étaient pas toujours fiables. Les autorités de la capitale manitobaine verront cependant leur chance tourner pour le mieux le jour où Robert Coquete décidera de retourner sa veste.

Trois jours après avoir été acquitté des accusations de voies de fait qui pesaient contre lui, Coquete s'apprêtait à prendre un avion pour l'Europe lorsque la police l'a appréhendé à l'aéroport de Calgary. Accusé de vol, kidnapping, extorsion et voies de fait, le motard kickboxeur fut rapatrié à Winnipeg par les autorités.

Deux jours plus tard, Coquete était libéré. Fait étrange, les documents relatifs à sa libération donnent l'adresse du poste de police comme adresse civique de l'accusé. Ce que cela signifie en vérité, c'est que Robert Sousa Coquete est devenu informateur pour la police.

Pour la première fois, la police était parvenue à véritablement infiltrer les Hells Angels du Manitoba. Dans un enregistrement vidéo de sa confession, Coquete, vêtu d'un chandail Nike, d'un pantalon de sport bleu et d'espadrilles blanches, révèle aux policiers le fonctionnement des échelons inférieurs de l'organisation. Les détails de ses allégations ne peuvent être divulgués actuellement en raison d'une ordonnance de non-publication, mais une chose demeure certaine : la police de Winnipeg avait enfin son délateur. Il ne s'agissait peut-être pas d'un Stéphane Gagné ou d'un Dany Kane, néanmoins les autorités avaient le sentiment qu'il remplirait son office.

Le week-end du 4 mai, la police de Toronto arrêtait Ian Grant en vertu d'un mandat émis par leurs collègues de Winnipeg. Le membre des Zig Zags faisait face à 11 chefs d'accusation, notamment pour avoir participé à des fusillades et comploté en vue de commettre un kidnapping. Trois semaines plus tard, deux autres motards étaient derrière les barreaux, dont Sean Wolfe, qui était accusé d'avoir attenté à la vie des frères Mir en novembre 2000.

Comme elle ne disposait pas des ressources de l'Unité de lutte contre les bandes de motards de l'Ontario ou de l'Escouade régionale mixte du Québec, la police de Winnipeg avait peu de chance d'atteindre les têtes dirigeantes de l'empire des Hells. Pour déstabiliser l'organisation, les forces policières manitobaines se devaient d'attaquer le mal à la racine en s'en prenant aux échelons inférieurs, c'est-à-dire aux *prospects* et aux petits criminels qui, dans la rue, faisaient le gros du travail.

La police manitobaine se targuait auprès des médias d'avoir « remonté la hiérarchie des motards en partant de la base de manière à ce que tout le château de cartes en vienne à s'écrouler ». En réalité, la police et la Couronne n'avaient qu'un seul atout en main : Robert Coquete. Or, les autorités du Manitoba allaient bientôt découvrir qu'utiliser un motard pour en pincer un autre était loin d'être une méthode infaillible.

Maintenant que la police de Winnipeg avait réussi à faire d'un dangereux motard un délateur, elle envisageait d'utiliser un truand pour en attraper un autre.

Au printemps 2002, la police du Manitoba avait sous sa garde deux motards qui étaient susceptibles de témoigner l'un contre l'autre : Kevin Sylvester avait tenté de venger la disparition de son frère en supprimant Rod Sweeney ; en retour, Dale Sweeney avait cherché à venger son propre frère en abattant Sylvester. Il était évident que Sweeney n'hésiterait pas à incriminer Sylvester et vice-versa. Les autorités choisiront d'utiliser Sylvester, anciennement des Spartans, pour coincer Dale Sweeney des Hells Angels. En échange de son témoignage, Sylvester serait inscrit au Programme de protection des témoins et recevrait une nouvelle maison, une nouvelle identité, ainsi qu'une prime en argent importante. De plus, il deviendrait plus rapidement admissible à la libération conditionnelle. Quant à la peine de prison à laquelle Sylvester faisait face, elle serait elle aussi écourtée : une tentative de meurtre se solde habituellement par une peine d'une dizaine d'années, au bas mot ; or, Sylvester s'entendra avec les autorités pour purger deux ans moins un jour. « Ça me fait mal au cœur d'accepter ces conditions-là » disait le juge en prononçant la sentence de Sylvester.

Le marché ayant été conclu avec Sylvester, il ne restait plus qu'à espérer que celui-ci livrerait la marchandise. La partie était en effet bien loin d'être gagnée. Pour assurer sa défense, Sweeney avait engagé un avocat combatif et talentueux du nom de Alan D. Gold. Par le passé, Gold avait été président de la Criminal Lawyers Association (Association des avocats de la défense). L'avocat comptait innocenter son client en faisant le procès de Sylvester.

Il y eut des moments du procès où la stratégie de Gold semblait vouloir fonctionner. L'avocat de Sweeney soulignera le fait que Sylvester avait fait l'objet d'une douzaine de tentatives de meurtres au cours de sa carrière de motard, et ce, afin de faire comprendre au jury qu'à part son client, beaucoup d'autres personnes voulaient la mort de Sylvester. « Vous êtes une cible très courue, on dirait, de dire Gold à Sylvester. Les gens tirent sur vous à tout bout de champ. »

Lorsque Sylvester affirmera qu'il s'était débarrassé de l'arme qu'il avait employée contre Rod Sweeney en demandant à un de ses neveux de la jeter dans une rivière, Gold rétorquera que des analyses balistiques révélaient que, le lendemain de l'attentat contre le frère de son client, le même pistolet avait été utilisé contre Glen MacEachern, un *hangaround* des Hells. (On se souviendra que MacEachern avait été la cible d'un tireur dans le parking du club de danseuses Teasers.) La révélation de Gold fit l'effet d'une bombe. Il s'agissait là d'un détail capital, détail que la police avait soit négligé, soit volontairement dissimulé. Quoi qu'il en soit, il était clair que la crédibilité de Sylvester serait remise en question. Ce fut pour la Couronne un très dur coup à encaisser.

Kevin Sylvester s'est mis à bafouiller, prétendant qu'il ne savait rien de la tentative de meurtre contre MacEachern et répétant que l'arme se trouvait définitivement au fond de la rivière à ce moment-là. « C'est toute une chance pour vous de pouvoir témoigner contre mon client, n'est-ce pas ? de continuer Alan Gold. C'est un peu comme si vous aviez gagné la loterie : vous faites un *deal* avec le gouvernement, vous acceptez de témoigner contre mon client et vous vous en tirez à bon compte. »

Ce qui était incroyable dans tout ça, c'est que la Couronne avait conclu un marché avec Sylvester alors que celui-ci ne pouvait même pas identifier son attaquant. Sylvester n'a jamais pointé du doigt le Hells Angel qui se trouvait au banc des accusés en déclarant : « C'est lui, c'est l'homme qui m'a tiré dessus. » Tout ce que la Couronne pouvait espérait de Sylvester, c'était qu'il convainque le jury que Sweeney avait eu toutes les raisons du monde d'attenter contre sa vie. Le motif était bel et bien là : Dale Sweeney avait tenté de tuer Kevin Sylvester parce que Sylvester avait tenté de tuer le frère de Sweeney.

Au bout du compte, le juge qui présidait au procès, l'honorable Perry Schulman de la Cour du banc de la Reine de l'Alberta, a mis le cas à l'étude. Dale Sweeney allait devoir attendre l'automne pour savoir s'il était oui ou non un homme libre.

Incapable de coincer les Hells Angels pour des crimes sérieux, la police manitobaine s'est mise à pêcher de plus en plus fréquemment par excès de zèle.

À cette époque, Jeff Peck, un Hells qui avait déjà purgé plusieurs peines de prison pour trafic et autres transgressions majeures et qui était à ce moment-là en libération conditionnelle, fut arrêté au volant de sa voiture, soi-disant parce que son silencieux était défectueux. Lorsque le motard, dégoûté, a balancé sa contravention par terre, le policier lui en a donné une autre pour avoir jeté des déchets sur la route.

À une autre occasion, la police de Winnipeg a dissimulé un appareil de repérage dans le véhicule d'Ian Grant afin de pouvoir suivre ses mouvements. Le membre des Zig Zags découvrira le gadget en emmenant son camion au garage pour réparation et refusera de le rendre à la police. Les autorités l'inculperont du vol de l'appareil.

Ernie Dew, le président des Hells du Manitoba, sera lui aussi la cible du zèle excessif de la police. À la mi-avril, on l'arrêtait pour avoir battu un homme de 36 ans dans un bar quelques mois plus tôt. Les armes du crime : un pied-de-biche, des chaises et un pied de micro. « Vous êtes pas sérieux, là ? » dit Dew, incrédule, aux policiers qui se présentèrent chez lui pour l'arrêter. Le motard soutenait qu'il se trouvait à la maison avec ses enfants au moment de l'agression. Son alibi était plus que plausible considérant que la victime elle-même avait décrit son attaquant comme étant un homme dans la vingtaine ou au début de la trentaine, aux cheveux longs et pesant dans les 80 kg. Avec sa chevelure courte et clairsemée, ses 110 kg et sa quarantaine bien sonnée, Dew ne correspondait pas du tout à cette description. Un procès fut mis en branle, cependant la Couronne savait qu'elle ne disposait d'aucunes preuves solides contre l'accusé. Conscient du ridicule des accusations portées contre Dew, le juge qui présidait à l'affaire lui a permis de se rendre en Espagne pour participer à une randonnée mondiale des Hells Angels. La situation était pour le moins ironique : le chef des Hells du Manitoba obtenait la permission d'assister à un rassemblement international de motards alors qu'il était en liberté provisoire et n'avait pas le droit de fréquenter ses confrères locaux. La Couronne laissera tomber les accusations peu après et la police de Winnipeg se trouvera encore une fois couverte de ridicule.

Outre cette accusation embarrassante et erronée, la police se voyait impuissante à inculper Ernie Dew de quoi que ce soit. Quant au vice-président des Hells du Manitoba, Danny Lawson, l'accusation la plus grave que les autorités ont pu porter contre lui était de s'être procuré des médicaments sans prescription. Le secrétaire-trésorier de l'organisation, Mark Bohoychuk, fut pour sa part arrêté pour extorsion. Quatre des six membres en règle restants eurent des démêlées avec la justice en 2002, mais aucun d'eux n'a écopé de peines sévères.

La police de Winnipeg espérait que les razzias du printemps 2002 lui permettraient de faire tomber les têtes dirigeantes des Hells Angels. Quelques mois plus tard, à l'aube de l'automne, elle verrait ces espoirs s'écrouler.

Le 30 septembre, Dale Sweeney comparaissait devant les tribunaux au terme du procès qui le voyait accusé de tentative de meurtre à l'endroit de son ennemi juré, Kevin Sylvester. Pour la police et la Couronne, un verdict de condamnation marquerait la première victoire judiciaire importante contre les Hells depuis leur arrivée dans la province quelque trois ans plus tôt.

Malheureusement, ce n'était pas une victoire mais une cuisante défaite qui attendait les autorités manitobaines ce jour-là. Plutôt que de diriger ses foudres contre l'accusé, le juge Perry Schulman a sévèrement fustigé la police et les avocats de la Couronne. «Les membres du service de police de Winnipeg ont présumé de la culpabilité de Sweeney dès le départ, a-t-il déclaré. La police ne semble pas avoir envisagé la possibilité que quelqu'un d'autre pouvait avoir commis ce crime et elle n'a fait aucune enquête en ce sens.» Schulman a par ailleurs critiqué le choix de Sylvester en tant que témoin vedette dans l'affaire. «J'estime que son témoignage est sans valeur, de dire le juge, et je n'y accorde aucun crédit.» Pour finir, Schulman a décrié le marché que la Couronne avait conclu avec Sylvester: «Cette entente, dit-il, s'est avérée très avantageuse pour lui bien qu'il n'ait fourni à la police aucune information qu'elle ne détenait déjà.»

Le juge Schulman a finalement déclaré que Sweeney conduisait la fourgonnette noire au moment de l'attentat, mais que c'était son passager qui avait tiré en direction du véhicule de Sylvester. Le magistrat a ajouté que le tireur n'avait pas nécessairement cherché à tuer Sylvester, que son intention n'était peut-être que de « blesser, mutiler ou défigurer ». Schulman a donc acquitté Sweeney du chef de tentative de meurtre ; en revanche, il l'a reconnu coupable de complicité dans le déchargement d'une arme à feu.

Après tout le mal que la police et la Couronne s'étaient donné, après tous les ennuis qu'ils s'étaient attirés en concluant un pacte avec Sylvester, le Hells Angel qu'ils visaient s'en tirait avec une peine de six ans – en comptant le temps que Sweeney avait passé en détention en attente de son verdict, cela donnait un grand total de trois ans de prison. L'avocat de la défense, Alan Gold, retournait à Toronto, mais, dans un proche avenir, il serait appelé à défendre d'autres motards en dehors de l'Ontario.

Personne ne portait attention à la petite affiche qui, sur la porte vitrée de l'établissement, interdisait l'accès aux moins de 18 ans. À l'intérieur du Old Joe's Sports Lounge, tout près de l'entrée, se trouvaient deux jeux électroniques où, pour quelques dollars, on pouvait chevaucher des répliques de motos Harley-Davidson et participer à une course folle par le biais d'écrans vidéo. Ces innocents divertissements faisaient les délices des motocyclistes en herbe, mais il y avait également chez Old Joe's de quoi intéresser les vrais motards.

Occupant un édifice de deux étages dans un quartier achalandé du Nord de Winnipeg, Old Joe's n'était séparé des bureaux de Gord Mackintosh que par un magasin de musique et un magasin de meubles. Avant de devenir ministre de la justice du Manitoba, Mackintosh, qui n'était alors qu'un simple député à l'Assemblée législative, s'était opposé sans succès à l'octroi d'un permis d'alcool pour la salle de billard.

À l'époque, Mackintosh estimait que l'attribution d'un tel permis aurait des conséquences néfastes pour les jeunes du quartier. Ce qu'il ignorait, c'était que Old Joe's était un important point de vente de crack qui avait à sa tête Dawn Marie Deane, sœur de Bernie Dubois, un motard de longue date qui était passé des Redliners aux Brovos pour finalement aboutir chez les Hells. Au cours d'une enquête qui avait duré neuf mois, la police a découvert que Dawn Marie ne vendait pas que de la bière, des parties de billard et du Coca-Cola : elle vendait également du crack et de la cocaïne. Chez Old Joe's, les affaires marchaient si bien que les clients devaient parfois attendre en ligne pour se procurer leur drogue. Un agent de la police y avait acheté du crack à 39 reprises.

En août 2002, la propriétaire de bar de 49 ans était arrêtée. La police fouillera la maison de son frère, mais reviendra bredouille. Les policiers découvriront cependant que Dawn Marie Deane était une *businesswoman* ambitieuse et dynamique qui avait envisagé d'augmenter son chiffre d'affaires en mettant sur pied un service de livraison. « C'est pratique courante à Winnipeg, affirmera l'avocat de la Couronne lors du procès. Ici, on vous livre votre cocaïne chez vous comme si c'était de la pizza. » Deane sera condamnée à quatre ans de prison.

Gord Mackintosh, qui était alors ministre de la Justice, fut consterné d'apprendre que les motards avaient vendu de la drogue à deux pas de son bureau. « C'est un véritable cancer, dit-il, et malheureusement il n'y a pas de remède miracle pour le cancer. Aucun politicien ne peut prétendre détenir la solution pour enrayer le crime organisé. Si c'était aussi simple que ça, il n'y aurait pas des milliers de Hells Angels dans le monde. » Mackintosh ajoute que les méthodes traditionnellement employées par la police et les tribunaux ne sont plus d'aucune utilité contre les bandes criminalisées. Les cellules criminelles sont de mieux en mieux organisées, or, le système judiciaire doit s'adapter en conséquence. « Je crois qu'il faut complètement repenser le système » proclame le ministre en donnant du poing sur la table.

Scandalisé par l'avancée des Hells dans sa province, Mackintosh s'empresse de créer la Loi sur les bâtiments fortifiés. Alors qu'au Québec les municipalités sont livrées à elles-mêmes pour combattre les imposantes forteresses édifiées par les Hells, le Manitoba choisit de légiférer pour interdire la construction de bâtiments munis de portes anti-explosion, de barrières en béton, de barreaux d'acier et de d'autres types de fortifications.

Outre la Loi sur les bâtiments fortifiés, le gouvernement manitobain a mis de l'avant plusieurs autres initiatives pour contrer les motards. Mackintosh a procédé à une révision du Programme de protection des témoins, et ce, afin de mieux assurer la sécurité des personnes appelées à témoigner contre les motards. La province a par ailleurs créé une équipe de sept procureurs qui, travaillant en étroite collaboration avec la police, s'occupe exclusivement d'affaires reliées aux motards et au crime organisé. Le Manitoba a également constitué une unité de suppression des gangs criminels en milieu carcéral ainsi qu'une escouade de six agents de surveillance affectée aux membres de gangs récemment libérés de prison et considérés comme des récidivistes potentiels. La ville de Winnipeg a pour sa part instauré un règlement municipal interdisant aux membres de bandes criminalisées d'afficher leurs couleurs et leurs logos lors d'événements sanctionnés par la ville. La police de Winnipeg a réagi à l'assaut des motards en poussant les propriétaires de clubs du centre-ville à constituer une sorte de « liste noire » de clients associés aux Hells Angels – des avocats spécialisés en droits civils s'objecteront cependant à cette pratique qu'ils qualifieront de douteuse.

En dépit de ces toutes ces nouvelles mesures, Mackintosh admet que la police et les procureurs ne sont toujours pas parvenus à miner le pouvoir des Hells. « La nature secrète de l'organisation ; la multiplicité des personnes impliquées ; le système stratifié de délégation des tâches – des gens qui travaillent pour d'autres, qui travaillent pour d'autres ; les tactiques d'intimidation ; la structure organisationnelle complexe : voilà autant d'éléments qui permettent aux Hells Angels d'échapper à la justice. Après ça, il ne faut pas s'étonner si le public croit que la police et les politiciens ne font rien pour empêcher les Hells d'envahir la société. »

Mackintosh espérait remédier à la situation en constituant une escouade policière mixte qui se consacrerait à la lutte contre les motards, malheureusement son projet ne pourra se concrétiser à cause de l'intense rivalité opposant la GRC et la police de Winnipeg. Tandis que les Hells éliminaient systématiquement leurs adversaires, les diverses agences policières du Manitoba perdaient leur temps à se chamailler : les agents de la police de Winnipeg se moquaient des gendarmes de la GRC qui, invariablement, étaient pris au dépourvu lorsque les motards se débarrassaient d'un corps à l'extérieur des limites de la ville ; la GRC, pour sa part, engueulait les policiers locaux parce qu'ils ne se préoccupaient pas suffisamment de recueillir des renseignements et, ce faisant, d'obtenir une vue d'ensemble de la situation. À moins que Mackintosh ne parvienne à régler ce conflit, les forces policières du Manitoba resteraient divisées et les Hells pourraient tranquillement vaquer à leurs activités.

À Winnipeg, la police locale déplore beaucoup le fait qu'elle ne dispose pas des équipements nécessaires pour lutter efficacement contre les motards : elle n'a pas de caméras numériques pour enregistrer leurs allées et venues, pas d'ordinateurs pour communiquer et échanger des informations cruciales via courrier électronique avec leurs confrères du reste du Canada. Alors que les motards veillent à leur empire sept jours sur sept, les policiers de Winnipeg, à cause de contraintes budgétaires visant le temps supplémentaire, doivent donner trois semaines d'avis s'ils veulent faire des heures supplémentaires durant le week-end. La police de Winnipeg applique par ailleurs une politique de rotation stricte qui fait qu'un agent se doit de changer d'unité après un maximum de trois ans. Cette mesure qui a pour but d'éviter les *burnouts* et d'injecter périodiquement du sang neuf dans les effectifs fonctionne à merveille dans la brigade criminelle où chaque enquête est reliée à un suspect différent et indépendant ; en revanche l'escouade antigang a besoin de stabilité dans ses effectifs, justement parce que les bandes de motards sont des organisations stables. « Les Hells Angels ne font pas de rotation, de préciser Rick Lobban. D'année en année, leurs membres prennent plus d'expérience tandis que nous, on doit tout le temps former de nouveaux gars. » Lobban souligne le fait que depuis la création de l'escouade antigang en 1997, trois des cinq membres originaux ont dû quitter les rangs et que bon nombre de nouveaux agents démissionnent au bout d'un temps. « J'ai vu des gars de mon âge, et même des plus jeunes que moi, tout lâcher parce que le boulot est trop exigeant. On manque tellement de ressources que même si on travaille d'arrache-pied, on obtient rarement les résultats escomptés. C'est difficile de tenir le coup et de rester dans l'escouade dans ces conditions-là. »

Lobban lui-même a été muté à un autre département. Après deux décennies d'expérience avec les motards, il s'est retrouvé à la tête de l'escouade de détectives du district 6, un secteur du sud de la ville principalement habité par des gens de classe moyenne. Ray Parry a brièvement remplacé Lobban en tant que chef de l'unité antimotards – Parry quitterait le poste moins d'un an plus tard. Dans l'immeuble de la Sécurité publique, sur un babillard du troisième étage, différents diagrammes font état des derniers développements dans l'univers des motards du Manitoba. On y retrouve la liste des membres des Zig Zags et de d'autres clubs satellites des Hells ; un système de couleurs a été établi pour codifier le degré d'implication de chacun de ces associés dans l'organisation des Hells Angels. Lorsqu'il parle de ses vieux ennemis les motards, Parry a une pointe de respect, voire d'admiration dans la voix. « Il n'y a plus de rivalité ou de prédation entre les clubs, dit-il. Maintenant, c'est une *business* dont l'objectif est de faire de l'argent. De ce côté-là, les motards sont devenus des hommes d'affaires très efficaces. »

À plusieurs kilomètres des locaux de l'escouade antigang, dans un garage situé en banlieue de Winnipeg, Ernie Dew lit le quotidien local et s'esclaffe. « Hé, y disent que je fais un million par année ! Les chèques doivent être dans la malle parce que moi, j'ai pas vu une cenne de cet argent-là. Ici, je fais 10 $ de l'heure. L'argent me sort définitivement pas par les oreilles. »

Le président des Hells du Manitoba est assis dans un bureau minuscule et encombré d'objets divers. Il porte une casquette de base-ball et une chemise couverte de taches d'huile ; ses lunettes à monture noire, retenues autour de son cou par une chaîne, reposent sur sa poitrine. À son annulaire gauche, une impressionnante alliance incrustée de diamants brille de tous ses feux. Ses yeux bleu acier pétillent toujours et dans sa moustache subsistent quelques reflets d'une blondeur fanée ; néanmoins, il est évident qu'Ernie Dew a payé le prix fort pour ses quatre décennies d'excès et de débauche. Une longue cicatrice se dessine sur son ventre et, à sa jambe gauche, partant du genou et descendant jusqu'à la cheville, un vilain abcès violacé témoigne d'une fracture ouverte qui s'est infectée. Comme de raison, la fracture en question est la conséquence d'un accident de moto.

Justement, Ernie doit téléphoner à l'hôpital. Pendant un moment, il chante la pomme à l'infirmière qui se trouve à l'autre bout du fil, tentant d'obtenir, d'une voix cajoleuse, une confirmation quant à la date de l'opération qui pourrait sauver sa jambe et lui épargner l'amputation. Même les policiers s'entendent à dire qu'Ernie Dew a un petit côté charmeur absolument irrésistible. Ray Parry a déjà dit de lui qu'il « a de la prestance ».

Sur le mur, derrière le bureau, le chef des Hells a épinglé une photo de sa Harley Road Glide, une merveille mécanique qui a coûté à son propriétaire la bagatelle de 40 000 $. Nous sommes loin de la modeste Keystone qui avait fait le bonheur d'Ernie durant son adolescence.

Sa conversation avec l'infirmière terminée, Ernie Dew consent à accorder une entrevue à l'un des auteurs du présent ouvrage – « Vas-y, demande-moi tout ce que tu veux » avait-il dit.

À la question : Les Hells Angels sont-ils une organisation criminelle ? il a répondu : « Dès que des personnes s'assemblent pour former un groupe, on peut être sûr qu'il va y avoir du bon et du mauvais. C'est partout pareil.

— Mais la plupart des gens normaux n'ont pas d'armes à feu et elles n'ont pas été accusées d'avoir participé à des fusillades, de rétorquer l'intervieweur.

— C'est vrai qu'on n'a pas une ben bonne réputation, concède Dew, mais c'est quand même moins pire qu'avant. On veut que les gens voient qu'on est du monde comme tout le monde. Après tout, on est juste un club de motocyclistes.

— Mais qu'en est-il des fusillades et des guerres territoriales reliées à la drogue ? Peut-on dire qu'un club qui contrôle le marché de la drogue est un club comme les autres ?

— Je sais pas qu'est-ce qui te fait dire qu'on "contrôle" le marché de la drogue, réplique le motard. Je suis pas du tout d'accord avec ça.

— C'est mon emploi du verbe "contrôler" qui vous pose problème ?

— Ce que je veux dire, c'est qu'on n'a rien à voir avec le commerce de la drogue. Il y a probablement des Hells qui dealent de la drogue, mais c'est pas tout le monde. Il faut pas nous voir comme un groupe homogène. »

Dew admet ensuite avoir récemment purgé une peine de 18 mois pour complot en vue de faire le trafic. « La police aime ça nous faire du trouble, dit-il. Tu veux me mettre en prison ? Ben, vas-y. La prison, ça me fait pas peur. »

Ernie Dew déplore vivement ce harcèlement prétendument injustifié dont les motards seraient l'objet. Selon lui, cette vendetta que mène la police a provoqué une véritable vague d'accusations et de poursuites judiciaires dénuées de tout fondement. À preuve, ces accusations mensongères selon lesquelles il avait battu un homme dans un bar en janvier 2002. Au bout du compte, la mauvaise foi de la police avait été exposée au grand jour ; néanmoins, Dew avait dû débourser 7 000 $ en frais d'avocat. Le Hells songeait d'ailleurs à intenter des poursuites au civil contre la police de Winnipeg. « Ils ont utilisé les tribunaux pour nous faire dépenser des tonnes d'argent, eh ben, maintenant c'est nous autres qui vont leur rendre la pareille. »

Notre entrevue s'est terminé sur cet avertissement d'Ernie Dew : « Même si vous nous mettez tous en prison, il va y en avoir d'autres qui vont prendre notre place. On n'est pas près de disparaître. Vous avez pas idée de l'envergure de notre club. »

CHAPITRE 15

Il était une fois dans l'Ouest

Certains des Hells Angels de la Colombie-Britannique sont devenus très riches parce que la police ne faisait rien pour les empêcher de prospérer.
L'INSPECTEUR ANDY RICHARDS DE L'AGENCE DE LUTTE CONTRE LE CRIME ORGANISÉ

En Colombie-Britannique, vous pouvez acheter une propriété avec vue sur l'océan, puis engager un paysagiste pour s'occuper du terrain pendant que vous faites votre marché ou que vous dînez dans un bon restaurant italien ; en attendant votre repas, vous pouvez utiliser votre cellulaire pour faire des réservations pour vos prochaines vacances. Vous pouvez faire tout cela sans soupçonner un seul instant que l'agence immobilière, la compagnie d'aménagement paysager, l'épicerie, le restaurant, la compagnie de téléphonie cellulaire et l'agence de voyage avec lesquels vous faites affaire appartiennent tous aux Hells Angels. En fait, très peu d'habitants de la Colombie-Britannique ont idée de l'étendue de l'empire financier des Hells dans leur province. À Burnaby, il suffit de longer East Hastings Street pour apercevoir un café à la mode et deux boutiques de vêtements qui sont la propriété des motards. Un peu plus loin sur la même artère, il y a un hôtel et un restaurant très fréquenté par les Hells du chapitre local, qui ont l'habitude de tenir là leurs réunions. « Ces gars-là ont un paquet de fric » dit le sergent Larry Butler de l'Unité.

La Colombie-Britannique abrite la troisième plus importante concentration de motards au pays après le Québec et l'Ontario. Cela dit, les motards de la province de l'Ouest occupent la première place en termes de richesse et d'influence. Il est vrai que Mom Boucher et ses Nomads québécois font encore plus d'argent que leurs confrères de l'Ouest grâce au marché de la drogue de la côte Est, cependant, contrairement à leurs homologues québécois, les Hells de la Colombie-Britannique se sont employés à infiltrer le marché boursier et les autres secteurs de l'économie de façon systématique. « Les motards d'ici sont des *baby-boomers*, affirme Pat Convey, spécialiste des motards à la GRC de Victoria. De simples criminels, ils sont devenus des hommes d'affaires redoutables. Au fil des années, ils ont beaucoup appris et amassé des fortunes colossales. Le pire, c'est qu'ils vont devenir encore plus riches puisqu'ils peuvent maintenant se payer les meilleurs conseillers, et ce, dans tous les domaines. »

Parmi ces conseillers, on retrouve des avocats de renom, des comptables et de brillants hommes d'affaires ; tous ces gens aident les Hells à orchestrer des opérations de blanchiment de fonds d'une envergure inégalée dans le reste du Canada. Si tous les Hells de la Colombie-Britannique n'ont pas troqué leur veste de cuir pour un complet-veston, il demeure que bon nombre d'entre eux se sont engagés dans des avenues financières et commerciales jusque-là négligées des motards. Il faut dire que, d'entrée de jeu, les requins de la finance de la côte Ouest se sont montrés tout disposés à frayer dans les mêmes eaux que les Hells. À Vancouver, les Harley ont définitivement envahi le secteur financier de Howe Street. Sasha Angus veille à l'application des règlements à la Commission des valeurs mobilières de la Colombie-Britannique. « Nous savons que les motards sont à l'origine d'une bonne part des activités frauduleuses que nous avons détectées, dit-il, mais la chose demeure difficile à prouver. Ils ne laissent pas leur carte de visite quand ils font quelque chose de travers. »

Le club le plus riche de la Colombie-Britannique est celui de l'est de Vancouver. Situé sur East Georgia Street, le repaire du chapitre est entouré d'une imposante clôture brune ainsi que de 10 haies impeccablement taillées ; l'immeuble de deux étages a un joli fini de stuc blanc et sa façade est agrémentée d'une petite fenêtre en baie. Le président du club se nomme John Bryce. Un confrère motard qui le connaît depuis l'école secondaire dit ceci de lui : « C'est un gars ben sociable. Y a toujours été *cool,* mais quand y explose, ôtez-vous de d'là par exemple. »

Au fil des années, Bryce est parvenu à amasser une enviable fortune tout en conservant un casier judiciaire vierge. Il est propriétaire de Hi-way Choppers, un magasin de motos situé sur Parker Street à Burnaby. Si ce commerce constitue sa seule source de revenus, il faut croire que le marché de la moto est particulièrement florissant. C'est que, voyez-vous, John Bryce vit très bien. À part son commerce et sa résidence particulière, il possède quatre propriétés sur la rue Caledonia à North Vancouver et une autre à Maple Ridge. Sa mère, sa sœur et l'un de ses principaux associés demeurent dans trois maisons que Bryce a récemment fait construire sur la rue Wall à East Vancouver. La résidence qu'habite Bryce au 341 Springer est juchée dans l'air raréfié des collines de Burnaby. Le point de vue est saisissant : de chez lui, on aperçoit toute la ville de Vancouver ainsi que la région environnante. La propriété est présentement évaluée à 538 000 $.

Le président du chapitre de Vancouver East End garde généralement son Ford Excursion vert flambant neuf garé dans l'entrée, mais il possède également deux Harley haut de gamme et plusieurs voitures de collection, dont un Coupé Ford 1933 et une Chevelle 1966. Collectionner les voitures antiques semble être devenu une véritable passion pour les motards de la Colombie-Britannique. Ron Cameron a un Ford Convertible 1934 et un Coupé Ford 1947. Carlo Fabiano possède pour sa part une collection de 10 automobiles, dont une Chevy Impala 1961.

À l'instar de leur président, la majorité des membres du chapitre de l'Est ont quitté les quartiers ouvriers où ils ont grandi en faveur de secteurs plus huppés comme ceux de Burnaby, de North Vancouver, de West Vancouver et de Maple Ridge. Cet exode vers des cieux plus cléments témoigne du succès financier des membres du chapitre.

En Colombie-Britannique, il semblerait que motard et magasin de motos vont de pair. Trois membres locaux des Hells ont de grosses concessions de motos à Burnaby, Nanaimo et Maple Ridge. Mais les Hells de l'Ouest ne s'intéressent pas qu'aux motocyclettes, ils ont également des parts dans le marché très lucratif du sexe. Un membre du chapitre de l'Est, Rob Alvarez, a obtenu un permis de la Ville l'autorisant à opérer une compagnie de productions pornographiques : avec quelques lits et une poignée de caméras vidéo, Rhythm Productions fait des affaires d'or en publiant des sites pornos sur Internet.

L'épouse d'un autre membre du chapitre de l'Est, Damiano Dipopolo, a quant à elle son propre site érotique sur Internet. On y trouve des photos de sa jolie personne en tenue légère, des vidéos où elle se trémousse devant la caméra – toujours vêtue du strict minimum, il va sans dire –, ainsi qu'une vaste sélection de clichés et de vidéos mettant en vedette d'autres « beautés canadiennes ». Les Hells Angels contrôlent par ailleurs deux des trois principales agences de danseuses nues de la province.

Outre les motos et le sexe, les Hells de la Colombie-Britannique ont investi dans plusieurs autres domaines lucratifs, notamment dans l'immobilier – ils possèdent des centres commerciaux ainsi que plusieurs immeubles d'habitation. Les Hells ont également des compagnies de construction, des firmes d'élimination des déchets et deux boutiques de téléphones cellulaires – Planet Cellular et Tele0tel Communications. Rocco Dipopolo, un ancien *prospect* du chapitre de l'Est qui entretient toujours des liens étroits avec le club, gère le EuroSport Café sur East Hastings, tandis que son frère Damiano est propriétaire d'un restaurant sur Commercial Drive. Ayant toujours opéré des boutiques de vêtements de cuir et de vêtements pour faire de la moto, les Hells investissent maintenant dans les grands courants de la mode : la boutique Antonio Clothing de Aldergrove appartient à Tony Pires, un membre des Nomads ; Werner Gonzalez du chapitre de Haney est le proprio de Pronto Moda, sur la rue Hastings ; à deux pas de là, le prospère Damiano Dipopolo a fondé Digstown Clothing, une boutique branchée où l'on trouve les dernières créations de griffes telles que Ecko et J. Lo.

Les Hells Angels de la Colombie-Britannique ont également leurs entrées dans l'industrie du spectacle. Kim Harmer du chapitre de Mission a fondé 81 Transport, un pourvoyeur de services très en vue dans l'industrie du cinéma. Quand Shania Twain a donné un concert à Vancouver en 1999, deux membres en règle du chapitre de l'Est, Damiano Dipopolo et Carlo Fabiano, ont été autorisés à s'installer sur la scène, hors du champ de vision des spectateurs et vêtus de leurs couleurs, pour écouter la vedette chanter.

Depuis les années 1990, bon nombre de motards de la Colombie-Britannique se sont mis à jouer à la Bourse. L'ancien président du chapitre de Haney, Ernie Ozolins, n'a jamais manqué d'argent. Des rapports confidentiels de la police révèlent qu'en 1993, Ozolins avait été arrêté à deux reprises alors qu'il avait « des sommes très importantes en liquide sur sa personne ». À une de ces occasions, le motard avait sur lui 185 000 $ en argent comptant. Ozolins, qui possédait plusieurs Harley, une Porsche noire et une BMW, était très ami avec Martin Chambers, un avocat de Vancouver qui avait été radié du barreau et donnait maintenant dans l'immobilier. Chambers, qui entretenait depuis de nombreuses années des liens étroits avec les motards, avait un jour dit à la police qu'Ozolins était « comme un fils » pour lui et qu'ils étaient tous deux « partenaires dans plusieurs entreprises ». L'ex-avocat a finalement été arrêté pour blanchiment de fonds dans le cadre d'une opération conjointe entre le FBI et la GRC. Son procès débutait en août 2003, au palais de justice de Miami.

En 1997, Ernie Ozolins et deux autres criminels associés aux Hells Angels avaient été impliqués dans une combine où ils ont artificiellement fait grimper le prix des actions d'une fausse compagnie minière pour les larguer ensuite en réalisant un profit phénoménal – les titres étaient passés de 8 ¢ à 25 $. Mais Ozolins n'aura pas le temps de profiter de cette manne soudaine : le 2 juin 1997, il était exécuté chez lui avec sa compagne du moment. La police n'a toujours pas identifié son ou ses assassins.

Lloyd « Louie » Robinson est l'un des plus anciens membres du chapitre de l'Est de Vancouver, mais aussi l'un des plus fortunés. Demi-frère du président (John Bryce et lui ont la même mère), Robinson est considéré par plusieurs comme étant à la fois le cerveau et le moteur du chapitre. Il est par ailleurs l'un des rares Hells de la côte Ouest à entretenir des liens étroits avec la mafia italienne de l'est du pays. Il avait un précieux contact en la personne du boxeur torontois Eddie Melo qui était le protégé du mafioso montréalais Frank Cotroni et de la famille Commisso de Toronto. Lorsque Melo allait à Vancouver, Robinson l'invitait toujours au repaire de la rue East Georgia. Robinson visitait lui-même fréquemment Toronto ; Melo et lui se rendaient alors dans le quartier commercial et cossu de Yorkville, dans des restaurants comme le Remy's et le légendaire Pilot – où, aux dires des équipes de surveillance de la GRC, Robinson avait l'habitude de s'entretenir avec des membres de la famille Commisso.

Physiquement, Robinson en imposait et il avait la réputation d'être un homme qu'il ne fallait pas contrarier. En septembre 1989, Hilmar Suessmaier, propriétaire de la boîte de nuit Metro sur la rue West Georgia, était battu à mort par un client indésirable qu'il avait cherché à faire sortir de son club. Des témoins identifièrent Robinson comme étant l'agresseur et le Hells fut promptement arrêté. Fautes de preuves contre l'accusé, le procès s'est soldé par un non-lieu. En avril 1996, Robinson se frottait à nouveau aux tribunaux alors que lui et l'un de ses collègues des Hells, Gino Zumpano, étaient accusés d'extorsion. Encore une fois, la Couronne s'est vue forcée de retirer les charges faute de preuves.

Lloyd Robinson a toujours eu la bosse des affaires. Au début des années 1990, les motards contrôlaient deux des trois plus grosses agences de danseuses nues de Vancouver : l'agence Deluxe Entertainment appartenait à Elie Bruneau, qui était alors président du chapitre de Haney ; Robinson partageait la direction de l'agence That's Entertainment avec un partenaire du nom de Ken Lelek. Robinson et Lelek allaient finalement devenir des pionniers de la pornographie et des sites de jeu de hasard sur Internet. Sur papier, That's Entertainment était la propriété d'une compagnie à numéros – 399413 Alberta Ltd. –, toutefois les rapports financiers de la firme pour 1993 et 1994 révèlent que Lelek et Robinson en sont les administrateurs. À partir de 1995, seul le nom de Lelek apparaît dans les papiers officiels de la compagnie ; néanmoins, les deux hommes demeurent associés.

That's Entertainment a entrepris d'envahir le cyberespace en 1995. Cette grande révolution virtuelle s'est amorcée au Number 5 Orange, l'un des nombreux clubs de danseuses qui ont pignon sur rue dans l'Est de Vancouver. Fait intéressant : le Number 5, avec son enseigne qui promet de la bière froide et des femmes chaudes, se trouve à six portes seulement du quartier général de la police de Vancouver.

L'agence de danseuses avait initialement eu l'intention de créer un CD-Rom contenant des photos des filles de son écurie, et ce, afin de faciliter le choix des propriétaires de bar avec lesquels elle faisait affaire. Quelle ne fut pas la surprise des gars de That's Entertainment lorsque les jeunes génies de l'informatique qu'ils avaient engagés pour faire ce travail leur ont annoncé que cette façon de faire était déjà complètement dépassée. Ce qu'il fallait, c'était mettre les photos des filles sur Internet.

Les motards ont donc entrepris de filmer les danseuses à deux endroits différents, soit au Number 5 Orange et dans les bureaux d'une nouvelle compagnie, Starnet Computer Communications, que Lelek avait fondée en mai 1995.

La page d'accueil de Sizzle.com, l'un des premiers sites Web publié par la firme, promettait à l'internaute une expérience unique et inoubliable : « Pénétrez à l'intérieur d'un club de danseuses à l'aide d'une image vidéo en temps réel ! Vous ne faites pas que lire du texte ou regarder des photos, vous pouvez VOIR et ENTENDRE la femme de vos rêves comme si elle se trouvait là, devant vous ! » Ce baratin publicitaire peut sembler ronflant aujourd'hui, alors que la lecture en transit d'images vidéo est devenue chose courante, mais à l'époque il s'agissait d'une initiative tout à fait innovatrice. La technologie de pointe qui fut utilisée à cette époque pour amener les minettes du Number 5 à votre poste de travail est maintenant employée par des sites Web de tout acabit. La documentation de Starnet proclame que « Sizzle.com a été la première compagnie au monde à diffuser un spectacle de danseuses exotiques en temps réel par Internet. »

Maintenant qu'ils disposaient de la technologie nécessaire pour projeter des images dans le cyberespace en temps réel, les pionniers de la porno virtuelle de Vancouver devaient s'attaquer au problème de l'argent. Comment faire pour que le client puisse payer par Internet ? Au début, toute facturation par carte de crédit sur les sites de Starnet passait par le Number 5 Orange. Puis la compagnie a perfectionné son propre réseau sécurisé de traitement d'opérations bancaires ; un contrat fut signé avec la Banque de Montréal, laquelle se chargerait d'acheminer les transactions.

Starnet vendait bientôt sa salade pornographique à l'échelle de la planète. Dans une soixantaine de pays, des consommateurs de porno cliquaient à cœur joie, choisissant parmi un vaste éventail de sites signés Starnet : Sizzle.com se disait le site le plus cochon du Net ; Redlight.com proclamait qu'il était le *nec plus ultra* de l'obscénité. Starnet s'est également attiré une clientèle gay en créant Chisel.com, le « super site du sexe gay – si réel qu'il en fait mal ».

Dès 1997, Starnet créait ses premiers sites de jeux de hasard en ligne, un domaine qui allait s'avérer encore plus lucratif que la porno. Comme elle ne pouvait pas légalement accepter de paris provenant du Canada et des États-Unis, la compagnie a obtenu son permis d'un paradis fiscal des Antilles, en l'occurrence, Antigua. Permis en main, Starnet a pu développer une technologie de pointe qui allait lui permettre de recueillir l'argent de joueurs provenant des quatre coins de la planète. Les internautes se sont rués sur ces casinos virtuels, anxieux de tenter leur chance au black jack ou au poker, et des milliers de fanatiques de sport se sont mis à parier sur leurs équipes de hockey ou de soccer préférées.

Les sites de sexe et de jeu de Starnet connurent un succès retentissant. Pour l'année fiscale de 1997, la compagnie a déclaré des revenus de 1 996 535 $; deux ans plus tard, en 1999, Starnet réalisait un chiffre d'affaires de 9 773 000 $. À Vancouver, les locaux de la compagnie occupaient 2 550 m^2 et comptaient 280 postes de travail, 22 serveurs et 3 antennes paraboliques de 2,5 m de diamètre sur le toit. Vint un temps où Starnet pouvait se vanter d'avoir la plus grande largeur de bande de toute la ville de Vancouver. Ses sites étaient en outre les plus achalandés de la Colombie-Britannique. À son apogée, Starnet valait quelque 900 millions de dollars – du moins sur papier. Les affaires de la compagnie marchaient si bien qu'elle a fait une demande pour être inscrite à la Bourse Nasdaq.

On pourrait dire que la chance de Starnet a tourné le jour où Mike Ryan a commencé à s'intéresser à ses activités. Ryan avait 24 ans d'expérience au sein de la GRC, où il était affecté à la section des crimes économiques depuis 1984. Ryan était différent de la majorité de ses collègues en ce sens qu'il tenait davantage du comptable que de l'homme d'action. En 1991, bien que ses responsabilités à la GRC le gardaient très occupé, Ryan a trouvé le temps de terminer un bac en administration à la Simon Fraser University.

En 1995, il décrochait un autre diplôme, cette fois pour des études en droit à l'Université de la Colombie-Britannique.

Deux choses avaient éveillé la curiosité de Ryan dans la fulgurante ascension de Starnet : premièrement, il savait que Ken Lelek, l'administrateur de la firme, avait des liens avec les Hells Angels par le biais de son partenaire d'affaires, Lloyd Robinson ; deuxièmement, l'agent de la GRC doutait fort que les activités de Starnet étaient centrées exclusivement sur la petite île d'Antigua. « Le réseau téléphonique de l'île est plutôt rudimentaire, de dire Ryan. Il est absolument impossible d'opérer une compagnie Internet de cette envergure-là et avec cette largeur de bande-là à partir d'Antigua. Il est impossible de faire ça sans avoir des serveurs ici. »

Vers la fin de 1997, les soupçons de Mike Ryan ont donné naissance au projet Enigma.

Dans les deux années qui suivirent, Ryan et son équipe menèrent une enquête qui allait les conduire dans les replis les plus reculés du Net, à la recherche de sites Starnet, d'adresses IP et jusque dans les méandres des noms de domaine. Mais l'opération ne s'est pas cantonnée à la haute technologie : les détectives d'Enigma ont également eu recours à de bonnes vieilles techniques policières – en fouillant dans les poubelles des cadres de la compagnie à la recherche d'indices, par exemple. L'enquête a bientôt pris des proportions gigantesques. « Quand on a lancé Enigma, dit Ryan, Starnet avait huit sites Internet. À la fin de l'enquête, elle en comptait plusieurs centaines. »

L'objectif de Ryan était de prouver que les sites Internet affiliés à Starnet faisaient partie d'une vaste opération de jeux de hasard illégale coordonnée et administrée à partir de Vancouver. Tout au long de l'enquête, les agents de la GRC ont fait des douzaines de paris sur des sites Starnet : ils ont parié sur des matchs de la LNH et de la LNF ; ils ont même parié sur un match de soccer de la ligue écossaise opposant l'équipe d'Aberdeen à celle de Dundee.

La GRC passera à l'attaque à la fin de l'été 1999. Le matin du vendredi 20 août, la police faisait irruption dans les bureaux de Starnet Communications International à Vancouver et perquisitionnait 154 boîtes de documents, 74 ordinateurs et disques durs, ainsi qu'un serveur contenant plus de 100 gigaoctets de données – ce qui équivaut à environ 100 000 bouquins. Affolés, des cadres supérieurs de Starnet se sont précipités à la CIBC de Burrard Street pour tenter de transférer 6 697 000 $ d'une banque d'Antigua – compte numéro 0321516. Les employés de la CIBC ont refusé de procéder au transfert, si bien que la police fut en mesure de bloquer ces actifs.

Starnet a par la suite insisté sur le fait qu'au moment de la razzia, elle avait déjà coupé tout lien avec Ken Lelek et, de ce fait, avec Lloyd Robinson et les Hells Angels. Il était vrai que, sur papier, Robinson ne tenait plus le gouvernail chez That's Entertainment depuis 1995 et que Lelek avait quitté son poste de directeur chez Starnet à la fin de cette même année. Cependant, en fouillant la résidence de Lelek, la police a trouvé des documents qui prouvaient que les deux hommes poursuivaient toujours leur affiliation au sein de Starnet. « Les documents démontrent clairement qu'il y a division des revenus entre Lelek et Robinson » affirmait un policier. Les autorités ont trouvé chez Lelek des chèques oblitérés que celui-ci avait fait au nom de Robinson, ainsi qu'un contrat fiduciaire rédigé par l'avocat de Robinson qui stipulait que Lelek s'engageait à administrer un bloc d'actions Starnet en fidéicommis pour le compte du motard.

Bien que Lelek n'avait plus de liens officiels avec Starnet au moment de la descente de police, il était évident qu'il continuait d'être étroitement impliqué dans les activités de la société. Les documents saisis chez Lelek indiquent qu'en 1998 et 1999, les administrateurs de la compagnie lui faisaient régulièrement parvenir les procès-verbaux des réunions du conseil d'administration, ainsi que des copies des courriels importants. Lelek avait par ailleurs placé un important bloc d'actions de Starnet dans une fiducie étrangère.

Pour intéressantes qu'aient été ces découvertes, elles ne permettaient pas à Ryan d'élucider la véritable énigme de Starnet, en l'occurrence : qui avait été propriétaire de la compagnie durant les beaux jours de son réseau de jeu illégal et de pornographie ? Se pouvait-il que le sexe et les jeux de hasard en ligne n'étaient que de très lucratives façades servant à blanchir l'argent des motards et d'autres organisations criminelles ?

Starnet a été fondé grâce à des placements privés totalisant 2,2 millions de dollars et provenant de sept investisseurs étrangers anonymes. Ryan souligne que, à ce jour, l'identité de ces investisseurs demeure un mystère. Starnet a ensuite vendu des licences d'exploitation pour ses sites de jeu *offshore* au prix d'émission de 100 000 $ pièce. Bien qu'une soixante de ces licences aient été émises, la GRC n'a pu retracer que huit des exploitants. «Nous n'avons jamais pu découvrir qui étaient les propriétaires des autres trusts extraterritoriaux, dit Mike Ryan. Et on ne sait toujours pas combien d'entre eux sont des motards. Un membre du crime organisé peut aisément charger une société nominée d'acheter un site Starnet et, grâce à cette source de revenus, l'individu pourra financer ses activités criminelles.»

Les sites Starnet étaient en outre une véritable bénédiction pour les blanchisseurs de fonds. À preuve ce client qui, sur une période de 10 mois, avait parié plus de 5 millions de dollars sur les sites de jeu administrés par la compagnie. «Ou bien ce gars-là à un gros problème de jeu, de blaguer Ryan, ou bien il blanchit de l'argent.» Durant son enquête, la GRC a également découvert que des sociétés et des trusts paravent pariaient régulièrement des sommes colossales. «Vous ne trouvez pas ça louche que des compagnies à Grand Caïman ou aux Bahamas fassent des paris de cette importance sur Internet?» demande Ryan.

Louche ou pas, Starnet finira par s'en tirer à bon compte. Le 17 août 2001, presque deux ans jour pour jour après la rafle de la GRC dans ses quartiers généraux de Vancouver, Starnet se reconnaissait coupable d'avoir exploité une opération de jeux de hasard illégale. La compagnie paiera une amende de 100 000 $ et se fera confisquer 6 millions de dollars – somme qui, selon le jugement, constituait un produit de la criminalité. Aucun individu ne sera accusé dans l'affaire.

Ce procès a marqué la fin des problèmes légaux de Starnet. À la suite de la décision de la cour, la firme a changé son nom pour «World Gaming», puis elle a quitté le Canada pour établir son réseau de jeu en ligne à l'étranger. Quant à son réseau de sites pornographiques, elle l'a vendu à une société paravent. Certains sites, notamment Sizzle.com et Redlight.com, continuent d'être exploités à partir des humbles locaux que Starnet occupait à ses débuts sur la rue Carrall.

À travers les tribulations de Starnet, Lloyd Robinson n'a jamais cessé de prospérer. Le vétéran des Hells est aujourd'hui propriétaire d'une magnifique résidence de 1 330 000 $, perchée à flanc de montagne dans le quartier très recherché de West Vancouver. Au fil des années, il a eu des parts dans plusieurs sociétés, dont Robinson Investments, JLK Holdings et Genesis Resources ; il a également entretenu des liens financiers avec la Treasure Island Resources Corp., un consortium qui comptait parmi ses administrateurs la sœur de John Bryce, membre des Hells Angels et président du chapitre de l'est de Vancouver. Robinson a par ailleurs effectué un placement privé et détenait une option d'achat d'actions dans une société d'exploitation minière.

Peu après cette rare et imparfaite victoire judiciaire qui a marqué la fin du projet Enigma, la police essuyait un autre cuisant échec. Quatre mois à peine après la condamnation de Starnet, le président du chapitre de Haney, Elie Bruneau, était acquitté de trois chefs relatifs au trafic de la cocaïne. Le juge ayant invité les jurés à se méfier du témoignage de l'informateur de la GRC, le verdict fut rendu en moins de deux heures. Le secrétaire des Hells Angels de la côte Ouest, Rick Ciarniello, s'est montré particulièrement satisfait de la décision du jury. « Je suis très heureux de vous annoncer qu'aucun membre des Hells Angels de la Colombie-Britannique n'est présentement en prison » disait-il fièrement.

Andy Richards s'était frotté aux motards pour la première fois en 1991, alors qu'il faisait ses débuts dans la police de Vancouver. « Certains des Hells Angels de la Colombie-Britannique sont devenus très riches parce que la police n'a rien fait pour les empêcher de prospérer, dit-il. Pendant toute une décennie, les autorités les ont laissés libres de faire ce qu'ils voulaient et d'amasser des fortunes fabuleuses grâce à leurs activités criminelles. »

Outre le fait que leurs efforts se sont vus minés par l'incompétence de leurs effectifs et par les rivalités qui les opposaient, les agences policières de la Colombie-Britannique – et particulièrement la GRC – ont fait l'erreur de grandement sous-estimer la menace des motards. Lorsque la police a enfin décidé de s'en prendre aux Hells Angels, ceux-ci étaient déjà devenus pratiquement invulnérables.

C'est en Colombie-Britannique que la GRC compte le plus grand nombre d'agents. Des 4 000 membres répartis sur l'ensemble du territoire canadien, 1 000 sont postés à l'ouest des Rocheuses. Comme le dit si bien un policier de cette province : « S'il y avait un endroit au Canada où la police avait l'argent et les ressources nécessaires pour s'attaquer aux motards, c'était bien ici. » En dépit de ce fait, les autorités de la Colombie-Britannique mettront près de 20 ans à réagir à la présence des Hells.

Il est vrai que, pendant une période de 10 ans, la GRC de la Colombie-Britannique avait son Escouade spéciale pour surveiller les trafiquants de stupéfiants et, par le fait même, les motards. À l'époque, on disait que le mandat de l'escouade était trop vague, que ses ressources n'étaient pas adéquates et qu'elle se cantonnait dans la surveillance et la cueillette de renseignements au lieu d'agir. Un policier spécialiste des motards raconte : « Les gars de l'escouade E savaient tout des motards de la province, à l'inclusion de la couleur de leur caleçon, mais ils n'avaient pas assez de ressources pour procéder à des initiatives de répression à leur endroit. »

À la suite du démantèlement, 10 années après sa création, de l'Escouade spéciale E, ce fut la CLEU (Combined Law Enforcement Unit) qui hérita des motards. Fondée en 1974, cette unité mixte devait en principe conjuguer les ressources des corps de police municipaux et de la GRC pour combattre le crime organisé. Nous disons « en principe » car, dans les faits, la CLEU est vite devenue une sorte de dépotoir où les diverses agences policières reléguaient leurs indésirables, leurs blessés, leurs alcooliques et leurs agents qui se trouvaient à deux doigts de la retraite.

À l'instar de bon nombre de ses collègues, Andy Richards se souvient combien il lui était difficile, au début des années 1990, de convaincre ses supérieurs de la menace que représentaient les motards. « Je me rappelle avoir assisté à des réunions où on disait qu'il fallait commencer à sérieusement s'intéresser aux motards et à leurs activités, dit-il, et que certains des chefs de la GRC se sont opposés à la chose. »

Même au quartier général de la GRC à Ottawa, on trouve des agents de niveau supérieur pour dire qu'à l'époque, la division de la Colombie-Britannique semblait sans cesse se dérober en ce qui avait trait aux motards. « On aurait dit que nos gars de l'Ouest avaient

peur de leur ombre » de déclarer un officier de l'agence. Effectivement, dans les années 1990, la GRC de la Colombie-Britannique
a laissé passer deux chances en or d'infiltrer les Hells Angels.

La première occasion s'est présentée en 1996 quand un vétéran d'un des chapitres de la province a tout bonnement proposé
ses services à la GRC. Un autre membre du chapitre l'avait escroqué
et fait passer pour un voleur. Le délateur potentiel venait de se
faire renvoyer du club ; néanmoins, il a pu fournir à la police de précieuses informations quant aux récentes activités de ses anciens
camarades – il a par exemple exposé aux policiers tous les détails
d'une opération d'importation de cocaïne que les Hells projetaient
de mettre sur pied.

Plutôt que de saisir cette chance inouïe, la GRC a regimbé. Un
agent se souvient qu'il avait entendu les responsables du dossier
dire : « Ah, on n'a pas assez d'argent pour payer des informateurs. »
Lorsque Ottawa a offert de débloquer les fonds nécessaires, les
officiers ont trouvé d'autres excuses pour se désister. « Ah, disaient-
ils alors, c'est pas vraiment l'argent, c'est plutôt que ce gars-là à
beaucoup de parenté et qu'il va falloir qu'on protège tout ce monde-
là. » Au bout du compte, la GRC de la Colombie-Britannique a
tout simplement rejeté cette source inespérée.

Une autre opportunité survint à l'été 1998. L'un des principaux
protagonistes du réseau de trafic de cocaïne des Hells avait de graves ennuis : ses confrères le tenaient pour responsable d'une transaction qui avait foiré ; s'il ne payait pas de sa poche leur manque à gagner, il était un homme mort. « Il lui fallait 80 000 $ pour
régler sa dette et il les lui fallait tout de suite, de dire un agent
de la GRC. S'il payait, il conservait son statut chez les Hells et il
aurait pu fournir toutes sortes de renseignements à la police. »

Ne faisant pas confiance à la GRC, le Hells en question avait
téléphoné au programme Crime Stoppers (Échec au crime) de
Vancouver pour annoncer qu'il détenait de l'information concernant les motards. « Sortez-moi de ce pétrin-là pis je vais travailler
pour vous autres » avait-il dit à la police de Vancouver. « La situation
était prometteuse, affirme un policier qui avait été impliqué dans
l'affaire. Il était prêt à travailler pour nous et il aurait pu nous aider
à jeter en prison plusieurs membres en règle des Hells Angels. »

Lorsque la police a demandé à la GRC de financer l'opération, encore une fois, les grosses légumes de l'agence policière ont tergiversé. Dans les quatre ou cinq jours qui suivirent, ils ont multiplié les faux-fuyants, tant et si bien que le délateur en puissance s'est désisté, préférant se cacher de ses confrères motards plutôt que de collaborer avec la police. « C'est tout un cadeau qui leur est tombé entre les mains et ils l'ont refusé, dit un officier, visiblement furieux de l'incompétence de ses supérieurs. C'est évident qu'à force d'attendre que la police se décide, l'informateur potentiel a perdu confiance et a finalement changé d'idée. »

Un haut gradé de la GRC, consterné de ce manque de jugement de ses collègues, dira : « Des Hells sont venus frapper à notre porte à deux reprises. Pas une, mais deux fois ! On a perdu deux gars qui auraient pu être des informateurs de premier ordre à cause d'une poignée d'imbéciles ! »

Avec un peu de chance, l'un de ces informateurs aurait pu devenir le Dany Kane de la Colombie-Britannique ; il aurait pu aider la police à infiltrer les échelons supérieurs de cette société très secrète que sont les Hells Angels et à coincer les têtes dirigeantes de l'organisation. Stupidement, la GRC avait dédaigné cette formidable offrande. Dans l'esprit de bien des policiers, ces deux monumentales bévues venaient confirmer tout ce que les mauvaises langues disaient au sujet de la GRC de la Colombie-Britannique. Certains allaient jusqu'à proclamer en rigolant que la devise de l'agence était : « Pas d'enquête, pas de problème. »

Cette indolence qui paralysait la GRC de la Colombie-Britannique a atteint son point culminant en 2001 lorsque l'agence policière a eu l'occasion de prendre plusieurs trafiquants majeurs la main dans le sac avec quelque 330 millions de dollars en cocaïne. Alors qu'ils auraient pu porter un grand coup au crime organisé et réaliser l'une des plus importantes saisies de leur carrière, les haut gradés de la GRC ont complètement bâclé l'affaire.

L'histoire de ce prodigieux désastre a pour principal protagoniste Philip John Stirling, un pêcheur dans la cinquantaine qui habite le petit village de Metchosin en banlieue de Victoria. Marin accompli, Stirling connaît les eaux du Pacifique comme le fond de sa poche ; de même, les routes empruntées par trafiquants et contrebandiers n'ont plus de secret pour lui. Pat Convey, un vétéran de la GRC qui a passé le plus clair de sa carrière à traquer les trafiquants de stupéfiants sur l'île de Vancouver, avait maintes fois eu l'occasion de faire connaissance avec Convey dans l'exercice de ses fonctions. « C'est un navigateur hors pair, dit-il. Il peut piloter un navire les doigts dans le nez et le faire accoster sur votre pelouse si c'est ça qui vous chante. »

En 1989, Stirling avait été condamné à cinq ans de prison pour contrebande de cocaïne. Dix ans plus tard, il se vantait ouvertement aux journalistes qu'il était impliqué dans une transaction de cocaïne majeure entre les Colombiens et les Hells Angels. Aux dires du marin, les motards l'avaient engagé pour importer la drogue au Canada via la Colombie-Britannique. Stirling a alors proposé un marché à la GRC : il révélerait à la police tous les détails de la transaction et en échange, il serait inscrit au Programme de protection des témoins et recevrait la coquette somme de 1 million de dollars. Si un individu devient informateur, la GRC n'a légalement pas le droit de confirmer ou de démentir la chose, néanmoins certaines de nos sources à la GRC admettent qu'une entente avait été conclue avec Stirling et ajoutent qu'en tant que délateur, celui-ci s'avérait très prometteur.

Malheureusement, les hautes instances de la GRC saboteront l'opération. Un premier contretemps survint lorsque Richard Barszczewski, qui était alors inspecteur en charge de la Section des stupéfiants de la GRC en Colombie-Britannique, a soudainement révoqué l'accord que ses hommes avaient conclu avec Stirling. À ce jour, Barszczewski refuse d'expliquer sa décision ou de divulguer quelque détail que ce soit concernant l'affaire. « L'enquête est toujours en cours » dit-il simplement.

Pat Convey est l'un des agents qui avaient été affectés au dossier et il se souvient que la décision de Barszczewski avait irrité ses collègues au plus haut point. En dépit de ses cheveux blancs, Convey est un type très en forme ; avec son physique athlétique, ses éternels blue jeans et sa veste de cuir, il ne fait pas du tout ses 55 ans. « Grâce aux renseignements que Stirling nous aurait donnés, on aurait pu démanteler un réseau international de trafic de drogue. Malheureusement, nos supérieurs se sont mis en tête de saborder le navire. » La mort dans l'âme, Convey et ses collègues ont dû avertir Stirling que leur entente n'avait plus cours.

En novembre 2000, Stirling avait investi 100 000 $ dans l'achat d'un navire de 27 m apte à transporter la cocaïne des motards. Après avoir été évincé par la GRC, le marin affirmait qu'il n'avait plus l'intention d'honorer son contrat avec les Hells ; pourtant, en février 2001, son navire, le *Western Wind*, quittait la côte colombienne et mettait le cap sur Victoria avec sa cargaison de cocaïne. La GRC se trouvait dans un bien mauvais pas : d'un côté, elle savait que les Hells Angels étaient sur le point de prendre livraison d'un important chargement de drogue ; de l'autre, Barszczewski avait éliminé toute possibilité de collaboration avec Stirling. Confrontée à ce cruel dilemme, la GRC décide d'alerter les autorités américaines ; après tout, quelqu'un se devait bien d'arrêter le *Western Wind*.

Le navire de Stirling a pénétré en eaux territoriales américaines au large de Cape Alava, dans l'état de Washington. La réponse des autorités américaines fut immédiate. Au bout du compte, la police a saisi 101 ballots de cocaïne qui avaient été dissimulés dans deux réservoirs à essence modifiés situés dans la proue du vaisseau. Il va sans dire que les douaniers américains étaient aux anges ; il s'agissait là de la saisie la plus importante que la région ait connue.

À l'époque de la razzia, Rod Tureaud était l'agent spécial en charge du bureau des douanes de Seattle. Originellement affecté au sud du pays, il s'était fixé plusieurs objectifs quand il avait été muté dans les États plus glaciaux du Nord-Ouest : il voulait réquisitionner un hélicoptère, un avion et un traîneau à chiens utilisés pour la contrebande – chose que, dans les deux premiers cas, il avait réussie. Mais son rêve le plus cher était de mettre le grappin sur un motard. « Je voulais me faire des couleurs, dit-il. Je voulais arrêter un Hells pis foutre ses maudites couleurs en prison. » En ce jour de février 2001, Tureaud aurait peut-être sa chance.

Dès qu'il a appris que le *Western Wind* et sa cargaison se trouvaient entre les mains de la police américaines, Pat Convey s'est dépêché de se rendre à bord. Pour convaincre Stirling que sa situation était sans issue, Convey et ses homologues américains lui ont annoncé qu'il serait arrêté et jeté en prison… à moins qu'il ne leur livre les Hells à qui appartenait la cocaïne. Après tout, Stirling n'était qu'un simple courrier ; or, c'était les importateurs et les autres grands pontes du réseau que la police cherchait à coincer. Un des agents américains se rappelle que ses confrères et lui avaient eu le sentiment qu'il fallait agir le plus rapidement possible. « Une occasion comme ça, c'est comme les éclipses, ça arrive pas à tous les ans, dit-il. Alors il faut savoir saisir sa chance. C'était pas le temps d'appeler à Washington ou à Ottawa pour demander la permission : il fallait passer à l'action. »

Si les policiers américains avaient carte blanche, les agents de la GRC, eux, se devaient d'obtenir la bénédiction de leurs supérieurs avant de procéder. À la stupéfaction générale, Richard Barszczewski a interdit à ses hommes d'intervenir. Comme il était impossible d'offrir à Stirling quelque protection que ce soit sans le consentement de Barszczewski, toute l'opération était à l'eau. Pour la seconde fois, Barszczewski empêchait ses troupes de réaliser un important coup de filet. « L'opération aurait été un grand succès si ce n'avait été de Barszczewski » déclare un policier canadien qui a participé à l'enquête.

Encore une fois, Barszczewski refusera d'expliquer son geste. « Je ne suis pas autorisé à discuter des détails de cette affaire » se contentera-t-il de dire. En revanche, il ne se gêne pas pour affirmer que même si la GRC avait suivi la drogue jusqu'au port, il était peu probable que les leaders du réseau auraient été arrêtés. « Dans un complot de contrebande de ce genre, dit-il, les organisateurs de l'opération se trouvent rarement au site d'arrivée de la cargaison et il est donc très rare que la police puisse les arrêter. »

Les Américains, eux, ne sont pas du tout de l'avis de Barszczewski. « Les agents qui étaient à bord auraient dû être autorisés à procéder, affirme Rod Tureaud. À mon avis, quand on bloque une enquête comme ça, c'est uniquement pour protéger ses arrières. »

Extrêmement contrariés, les Américains ont dû se contenter d'escorter le *Western Wind* jusqu'au port. Aucune accusation ne furent déposées par les procureurs fédéraux américains, en partie parce que la GRC refusait de divulguer quelque information que ce soit concernant Stirling et son rôle d'informateur. Au bout du compte, les autorités américaines n'auront d'autre choix que de relâcher Stirling et son équipage ; en revanche, elles détruiront 2 500 kg de cocaïne et saisiront le *Western Wind*. Proclamant qu'il travaillait pour la police, Stirling s'est officiellement opposé à la confiscation du navire. Des documents de la cour de district de Tacoma affirment que le marin avait « agi sur l'ordre du gouvernement du Canada pour l'avancement d'objectifs policiers légitimes ».

D'aucuns auraient pensé qu'en faisant ce genre d'aveu, Stirling signait son arrêt de mort. Non seulement il admettait qu'il était un traître, mais il avait fait perdre aux Hells Angels une importante cargaison de cocaïne. « Considérant qu'il doit deux tonnes et demie de coke aux motards, je suis très étonné du fait qu'il soit toujours vivant » dit Pat Convey. En réalité, c'était sans doute pour cette raison que les Hells avaient épargné Stirling ; mort, le marin n'aurait jamais pu rembourser cette dette. Les Hells disposaient en Stirling d'un navigateur expert qui, dans un proche avenir, pourrait mener à bon port d'autres chargements de drogue. « Ça vaut tout de même quelque chose, de dire Convey. Pourquoi les Hells se débarrasseraient-il d'un élément qui avait été jusque-là un maillon efficace et essentiel du réseau ? »

Aujourd'hui, près de trois ans après la plus grosse saisie de cocaïne jamais réalisée, pas un seul individu n'a encore été arrêté ou inculpé.

Rodney Tureaud ne travaille plus pour le Service des Douanes américaines. Il aura pris sa retraite sans jamais réaliser son rêve le plus cher, qui était de mettre le grappin sur un motard. Dans une récente entrevue, Tureaud dissimulait mal son indignation vis-à-vis d'une d'affaire qui, selon lui, fut méchamment bâclée : « Je trouve ça honteux, ce qui s'est passé. À mon sens, c'est ni plus ni moins qu'un travestissement de la justice. Il y a des gars qui vont en prison pour dix ans ou plus parce qu'ils ont été pris avec deux ou trois doses de crack – on parle d'une quantité qu'on peut tenir sur le bout d'un seul doigt. Nous, on attrape un bateau avec deux tonnes et demie de coke et après on est forcés de relâcher tout le monde ? C'est à n'y rien comprendre. C'était pourtant là une chance inespérée de porter un grand coup au crime organisé. C'est un véritable affront que la GRC nous a fait là. »

Et l'injure est encore plus cuisante lorsque l'on songe que l'inspecteur de la GRC que d'aucuns tiennent pour responsable de l'échec de l'opération s'est vu accorder une promotion : à la suite de ce fiasco, Richard Barszczewski fut nommé surintendant en charge des services de soutien – ce qui signifiait qu'il était maintenant responsable des informateurs et de la protection des témoins, mais aussi de toutes les opérations secrètes de la GRC. Barszczewski refuse toujours d'admettre que l'affaire Stirling s'est soldée par un échec. « L'opération a été un gros succès, affirme-t-il catégoriquement. Même si personne n'a été inculpé, reste que deux tonnes et demie de coke ont été retirées de la circulation. »

Mais peu de policiers partagent l'enthousiasme de Barszczewski. Pat Convey est de ceux qui estiment que Stirling aurait pu mener les autorités aux plus hauts échelons du réseau. « Des tas de questions demeurent sans réponse dans cette enquête-là, dit-il. Presque tous les agents impliqués se demandent encore pourquoi tout a foiré comme ça. »

Si la GRC semblait incapable de mener à bien ses raids anti-drogue, la police de Vancouver, elle, avait bien du mal à arrêter et à inculper les motards soupçonnés de meurtre. Et ce n'était pas faute d'essayer. Dans les mois qui ont suivi le fiasco du *Western Wind*, la police de Vancouver s'est retrouvée avec deux meurtres sur les bras. Ces crimes étaient de toute évidence l'œuvre des motards, néanmoins la chose restait à prouver car, si les assassins abandonnaient le corps de leurs victimes dans la rue, à la vue de tous, ils prenaient bien soin de ne laisser aucun indice derrière eux.

Tout a commencé au printemps 2001. Dans le quartier de Yale-town, non loin d'un bar branché qu'il aimait fréquenter, Donny Roming baigne dans son sang. Quatre coups de feu avaient retenti dans la nuit ; une balle s'était logée dans la poitrine de celui que tous connaissaient comme étant un membre du chapitre Nomad des Hells Angels de la Colombie-Britannique. Deux suspects ont pris la fuite en direction du pont de Granville à bord d'un véhicule. Des policiers qui patrouillaient le secteur ont entendu les coups de feu et ont même vu les éclairs fulgurants qui ont jailli de la gueule des canons. Ils ont couru à toutes jambes jusqu'à la scène du crime, mais il était déjà trop tard pour sauver Roming.

De son vivant, le Hells avait été un personnage pour le moins imposant. Au fil des années, Roming, qui était un importateur et un trafiquant de cocaïne notoire, avait fait face à de multiples accusations relatives à la drogue et aux armes à feu. À chaque occasion, il s'en était tiré sans une égratignure. Aujourd'hui, à l'âge de 43 ans, Donny Roming n'était plus.

Pour Mike Porteous, il était évident que l'enquête se terminerait en queue de poisson. Le policier vétéran de l'escouade des homicides n'avait pas besoin d'informateur pour savoir ce qui s'était passé ou pour identifier les coupables, pourtant il était conscient que le meurtre de Roming ne serait jamais officiellement élucidé. Au cours des cinq années précédentes, il avait enquêté sur une vingtaine de règlements de comptes de ce genre, or, il n'était toujours pas parvenu à inculper un seul suspect. « Notre taux de succès dans des affaires de meurtre est normalement de 70 p. 100, dit-il. Mais quand le crime organisé est impliqué, on frôle carrément le zéro. »

Roming avait été l'un des membres fondateurs des East Enders, le club-école du chapitre de l'est de Vancouver des Hells Angels. Il avait commencé au bas de l'échelle en tant que *doorman* et *dealer*, puis, lentement mais sûrement, il avait accédé au rang de membre *full patch* dans la hiérarchie des Hells. Après avoir obtenu ses pleines couleurs, il a pris le contrôle du commerce de la cocaïne dans les bars de l'est de Vancouver.

Tout comme Roming, John « Slick J » Rogers a grandi dans l'est de la ville et s'est impliqué dans le trafic de la drogue. Là s'arrête la comparaison, car, contrairement à Roming, Rogers a préféré conserver son autonomie en se dissociant des Hells Angels. Or, c'est cette différence qui, le vendredi 9 mars 2001, allait s'avérer fatale pour Donny Roming. Fendant la fraîcheur de la nuit à bord d'une opulente limousine, Roming fait la tournée des bars accompagné de quelques confrères Hells. La bande de fêtards aboutit finalement au Bar None. La boîte de nuit de Hamilton Street devient bientôt le théâtre d'une virulente prise de bec entre un des copains de Roming et un gars de la bande de John Rogers. À 1 h 51 du matin, les deux clans échangent insultes et bravades dans la rue. Fort de ses couleurs et passablement éméché, Roming n'entend pas reculer. « Il n'était peut-être pas aussi costaud que certains des autres gars, dit Porteous, mais il était un personnage influent chez les Hells et il a donc décidé de prendre un rôle de premier plan dans l'altercation. Il s'est probablement dit qu'il avait de bonnes chances de s'imposer. »

En tenant tête aux acolytes de John Rogers, Roming commettra une funeste erreur. Les événements se précipitent alors qu'un des hommes de Rogers dégaine son pistolet. Peu impressionné, Roming empoigne lui aussi son arme. Lorsque son adversaire tire un coup de semonce dans les airs, Roming ne fait ni une ni deux et tire dans sa direction. Ses sens émoussés par l'alcool, le Hells manque sa cible. Son rival fait feu à son tour. L'une de ses balles atteint Roming à la poitrine.

Le motard s'écroule sur le macadam.

« Eh, bon Dieu ! de s'écrier l'un des hommes, tu viens de le tuer ! »

Tandis que les hommes de Rogers quittaient la scène du crime en catastrophe, les Hells s'empressaient de faire disparaître ces preuves compromettantes qu'étaient l'arme de Roming et les douilles de cartouche qui jonchaient le sol. L'escouade des homicides dépêchera deux de ses détectives sur les lieux, mais en vain : Gary Vath et Rick Tod ne pourront rien tirer des compagnons de Roming. Les Hells qui avaient été témoins de l'assassinat de leur confrère semblaient soudain souffrir d'amnésie sélective.

L'enquête numéro 01-48397 venait à peine de commencer et, déjà, tout indiquait qu'elle n'aboutirait à rien.

Les choses s'annonçaient mal, cependant les policiers de l'escouade des homicides n'étaient pas prêts à s'avouer vaincus. Sachant que les Hells Angels chercheraient à venger la mort de Roming, la police a mis sous surveillance plusieurs endroits fréquentés par Rogers.

Deux semaines après les funérailles de Donny Roming, les policiers ont aperçu un homme tout de noir vêtu qui rôdait autour de la maison du frère de Rogers. À un moment, l'individu est monté dans une voiture louée et a fait le tour du pâté de maisons avant de quitter les lieux. La police découvrit que le rôdeur en question était nul autre que Ricky Alexander, un criminel de 46 ans reconnu pour sa brutalité et sa cruauté. Même les motards avaient peur de lui ! À preuve ce sympathisant qui déclarait : « Ricky, y est épeurant en osti ! » En plus d'avoir un casier judiciaire bien garni – vol à main armée, introduction par effraction, trafic de drogue, etc. –, Alexander était un ami intime de John Bryce, leader du chapitre de l'est de Vancouver. Au début des années 1990, alors que la guerre entre les Hells et les gangsters russes faisait rage, Alexander fut la première personne que Bryce a contactée lorsque son repaire fut pris d'assaut par l'ennemi.

Une chose était sûre : la présence d'Alexander à la résidence du frère de John Rogers n'était pas fortuite. Quelque chose se tramait. Ayant placé Alexander sous surveillance, la police verra ses efforts récompensés deux semaines plus tard alors que le criminel revenait rôder sur les lieux. Une escouade armée est immédiatement entrée en action et a arrêté Alexander séance tenante. La suite des événements avait quelque chose de tragicomique.

« Je vous arrête pour tentative de meurtre, de dire l'officier en charge à Alexander.

— Tentative de meurtre contre qui ? a demandé Alexander.

— Je ne sais pas.

— Vous voulez m'arrêter pour tentative de meurtre et vous savez même pas qui je suis censé tuer ? Ça tient pas debout, votre affaire ! »

En fouillant le véhicule du suspect, la police a tout de même trouvé deux armes de poing – un pistolet semi-automatique et un revolver à long canon de calibre .22 – ainsi que les cartes d'affaires de plusieurs motards. Les policiers découvriront également deux petits morceaux de papier dans la boîte à gants, deux petits bouts de papier d'apparence anodine qui, après inspection, seront encore plus révélateurs que les autres pièces à conviction. « C'était une liste de cibles » affirme Gary Vath.

Les noms de John Rogers et de trois membres de son gang qui étaient présents lors du meurtre de Roming figuraient sur cette liste écrite de la main d'Alexander. Par l'entremise du réseau de renseignements hautement sophistiqué des Hells Angels, Alexander avait obtenu une quantité incroyable d'informations concernant ses futures victimes : leur adresse civile ; la marque et la description de leurs véhicules ; les codes d'entrée de leur appartement ; l'adresse du gymnase où ils s'entraînaient et du salon de bronzage qu'ils fréquentaient ; etc. Alexander détenait aussi de l'information au sujet des parents et des petites amies de Rogers et de ses hommes. Il savait jusqu'au nom de leurs animaux domestiques.

Lors de son procès, Ricky Alexander a plaidé coupable à une accusation de port d'une arme à feu prohibée et chargée, mais il a catégoriquement nié toute implication dans des desseins dangereux pour le compte des Hells Angels. Il a également nié que les papiers trouvés dans sa voiture constituaient une « liste de cibles ». L'avocat d'Alexander soutenait que son client avait été engagé pour faire de la surveillance et qu'il ignorait tout de ce que ses employeurs entendaient faire avec les renseignements qu'il avait recueillis pour eux. Quant à l'arme chargée que son client portait sur sa personne, elle n'était là que pour assurer sa propre protection.

Depuis la mort de Roming, John Rogers avait l'intime certitude que ses jours étaient comptés. Or, la fatidique échéance arriva le dimanche 29 avril, alors qu'il faisait le plein dans une station-service à l'angle de Oak Street et de 67th Street. Craignant pour sa vie, Rogers était armé et portait un gilet pare-balles. Le trafiquant retournait à sa voiture après avoir payé son essence lorsqu'un homme de race asiatique s'est approché de lui et lui a tiré une balle dans la poitrine. Ricochant sur le gilet pare-balles de Rogers, le projectile s'est logé sous son menton. Mortellement touché, Rogers s'est écroulé. Son assassin a tout de même jugé bon de lui tirer une balle dans la tête et une autre dans le côté.

Les Hells Angels savaient pertinemment que Rogers n'avait rien à voir avec le meurtre de Donny Roming – Rogers ne se trouvait même pas au Bar None le soir du drame. Cela dit, la police était convaincue que les Hells l'avaient fait tuer pour venger la mort de Roming. « Les Hells l'ont exécuté pour sauvegarder leur honneur, explique Mike Porteous. En faisant ça, ils disaient : "Si vous vous en prenez à nous, voilà ce qui va vous arriver". »

Les autorités de la Colombie-Britannique marquaient une première victoire sur les motards au début de l'année 2001, alors que deux membres en règle des Hells Angels étaient reconnus coupables dans une affaire de drogue. Ce genre de condamnation était peut-être monnaie courante dans les autres provinces canadiennes, mais en Colombie-Britannique il s'agissait bel et bien d'une grande première. Bien que l'enquête qui avait mené à l'arrestation des deux suspects se soit avérée coûteuse et laborieuse, elle n'en a pas moins annoncé la création d'une agence policière entièrement vouée à la chute des Hells.

Tout a commencé en 1995 avec un informateur du nom de Robert Molsberry qui était *doorman* au Number 5 Orange, le bar de danseuses à partir duquel Ken Lelek et Lloyd Robinson avait bâti leur empire pornographique sur Internet. Molsberry travaillait également au Marble Arch, un autre bar de danseuses où les filles, l'alcool et la coke s'achetaient à bon prix. Molsberry avait droit à sa part de gâteau en fourguant autant de cocaïne qu'il le pouvait aux clients du bar.

Les ennuis ont commencé lorsque deux associés des Hells Angels, Francisco « Chico » Pires et Ronaldo Lising, ont décrété que le Marble Arch se trouvait sur un territoire désormais contrôlé par le chapitre de l'est de Vancouver. Pires et Lising avaient tous deux été membres du club-école East Enders. À l'époque qui nous intéresse, c'est-à-dire en 1995, Pires s'était hissé au rang de membre *prospect* au sein du puissant et redoutable chapitre de l'Est et il était en voie d'obtenir ses pleines couleurs. Son frère Tony était membre en règle des Nomads de la Colombie-Britannique et un autre de ses frères, George, était membre *full patch* du chapitre de l'Est. Quant à Lising, il était sur le point d'être nommé *prospect* dans le prestigieux chapitre.

Maintenant que Pires et Lising contrôlaient le territoire, Molsberry et ses collègues se voyaient forcés d'acheter leur produit à 1 500 $ l'once, ce qui représentait une hausse de 400 $ l'once par rapport au prix courant. Des documents de la Cour affirment que les deux associés des Hells avaient « menacé de tuer quiconque ferait mine d'acheter sa cocaïne d'un autre fournisseur ». Jugeant le prix exorbitant, Molsberry a d'abord rouspété, mais il n'a pas insisté outre mesure. Il avait grandi avec certains des membres du chapitre de l'Est et il savait fort bien de quoi ces gars-là étaient capables. Sur une période de quatre à cinq mois, soit jusqu'en avril 1996, Molsberry s'approvisionnera auprès de Lising et Pires, achetant environ quarante onces de cocaïne réparties sur quelque vingt-cinq transactions.

L'été 1996 fut particulièrement éprouvant pour Molsberry. S'étant fait voler un stock de cocaïne qu'il n'avait pas encore payé, le videur du Marble Arch était soudain redevable d'une somme importante à ses fournisseurs. Craignant pour sa vie, il se planque dans l'appartement d'un ami, mais Pires et Lising le retrouvent bientôt et entreprennent de le menacer. Paniqué et désespéré, Molsberry s'adresse à la police.

Ce sera Andy Richards qui s'occupera du cas de Robert Molsberry. À l'époque où il n'était qu'un simple agent patrouillant les rues de Vancouver, Richards acceptait mal le fait que la police ne déployait aucune énergie pour infiltrer l'empire des motards. Puis, au début des années 1990, il avait mené une enquête exhaustive dans l'univers des agences d'escortes et des bars de danseuses nues, univers qui était le fief exclusif des motards. Au bout de deux ans, il a dû se résoudre à clore l'enquête faute de témoins. Avec Molsberry, Richards entendait bien saisir sa chance. Secondé par un autre policier spécialiste des motards du nom de Al Dalstrom, Richards comptait utiliser le nouvel informateur non pas simplement pour recueillir des renseignements comme la GRC l'avait fait avec Dany Kane, mais aussi pour cibler des individus bien précis dans la hiérarchie des Hells. Le but avoué de Richards et de son partenaire était de faire tomber les têtes dirigeantes de l'organisation.

D'emblée, l'opération fut baptisée « projet Nova ». Une fois leur objectif principal fixé, les deux policiers s'employèrent à débloquer les fonds et les ressources nécessaires pour lancer l'enquête. Pour ce faire, Richards et Dalstrom auraient normalement dû s'adresser à la CLEU (Combined Law Enforcement Unit), cependant ils étaient tous deux convaincus que personne au sein de cette escouade mixte ne savait comment s'y prendre pour s'attaquer aux motards. Lorsque les deux policiers ont demandé une ligne téléphonique sécurisée que Molsberry pourrait utiliser pour les contacter, la CLEU leur a donné un numéro qui était officiellement répertorié à la GRC.

Dégoûtés par l'incompétence des gars de la CLEU, Richards et Dalstrom ont obtenu les fonds nécessaires à l'établissement d'une escouade *ad hoc* totalement indépendante de la CLEU. Pour ses services d'informateur, Molsberry serait payé 2 000 $ par mois, plus 25 000 $ à la fin de l'enquête – ce qui, aux dires de Richards, était peu cher payé.

Au cours des six mois qui suivront, la police fournira à son nouvel agent le montant nécessaire pour rembourser sa dette auprès des Hells et pour faire d'autres achats de drogue. Pires et Lising feront l'objet d'une surveillance électronique étroite : leurs lignes téléphoniques seront mises sur écoute ; des micros et des caméras seront cachées dans l'appartement de Molsberry. Sur une période de 15 mois, la police interceptera plus de 4 000 conversations téléphoniques qui lui offriront un aperçu du fonctionnement du réseau de drogue des Hells Angels.

Lorsqu'ils parlaient au téléphone, Pires et Lising employaient toujours un langage codé pour éviter que d'éventuelles oreilles indiscrètes ne découvrent la vraie nature de leurs sombres transactions. Quand ils disaient « On va manger ensemble », cela signifiait qu'ils devaient se rencontrer pour acheter de la cocaïne. Au lieu de « manger », ils employaient parfois le verbe « dîner » ou « souper ». Le mot « bière » se substituait bien souvent à « cocaïne », tandis que « oh zee » faisait référence à une once de coke – l'abréviation anglaise pour once étant « oz. ». Dans une conversation téléphonique du 11 mars 1997, Pires disait à Lising : « Amène une couple de oh zee, *man* ! » Son interlocuteur a rétorqué en disant : « *Fuck, man*, veux-tu ben me dire où c'est que tu vas chercher ces codes-là ? »

Les motards n'étant pas tous des lumières, il arrivait que le système de codes s'avère trop complexe et élaboré pour eux. À preuve cette conversation téléphonique datant du 28 décembre où, s'adressant à l'un de ses revendeurs, Lising a bien du mal à se faire comprendre. La commande était pourtant simple : Lising voulait que son interlocuteur livre « une caisse de bière » – c'est-à-dire une once de cocaïne – à un membre du chapitre de Haney du nom de Vince « Stocky » Brienza.

« Salut, de commencer Lising.

— Salut, répondit une voix ensommeillée – il était 6 h 41 du matin.

— Stocky veut une caisse de bière.

— Hein ?

— Stocky veut une caisse de bière.

— Quoi ? de faire le *dealer*, visiblement déconcerté.

— Va y porter une caisse de bière, a gueulé Lising dans le combiné.

— J'ai pas de crisse de caisse de bière, d'insister le *dealer*. Si j'en avais une j'y donnerais, mais j'en ai pas. »

À l'autre bout du fil, Lising était à bout de patience.

« Écoute, fit-il, tu sais-tu de quoi je veux parler ? Une caisse de bière, tabarnac ! Tu comprends-tu ça ?

— Ah ! ok ! »

Le *dealer* venait d'allumer.

« Toé, t'es épais pis pas à peu près, a lancé Lising, exaspéré. Dis-moi pas que j'vas être obligé de te mettre les points sur les « i » au téléphone, sacrament !

— Non, non, j'ai compris.

— T'es sûr ?

— Ouais, j'ai compris.

— Y en veut juste une caisse, ok ?

— O.K. »

Sur ce, Lising a raccroché. La transaction avait été laborieuse, mais son client aurait finalement son Noël blanc.

Les associés des Hells avaient également développé une série de codes pour communiquer par téléavertisseur. Le chiffre « 55 » à la fin d'un message signifiait que l'appelant était un *prospect* du chapitre de l'Est – East End, ou EE, « E » étant la cinquième lettre de l'alphabet. Plusieurs « 5 » à la fin d'un message indiquait qu'il y avait urgence. Quand Lising laissait un message suivi d'un « 5555555555 » à l'un de ses hommes, il s'attendait à ce que celui-ci le rappelle dans la minute.

À l'été 1998, soit deux ans après les débuts de Molsberry en tant qu'informateur, la police était prête à passer à l'action. Il fut décidé que le coup de filet aurait lieu le 23 juillet, date symbolique pour les Hells puisqu'elle marquait le quinzième anniversaire de plusieurs chapitres de la Colombie-Britannique. À cette occasion, des Hells Angels de partout au pays se rendraient à Vancouver pour faire la fête. Pires et Lising, qui étaient maintenant tous deux membres en règle, furent arrêtés et inculpés. Plusieurs autres associés des Hells furent également arrêtés.

Il s'en est fallu de peu pour que la police perde son témoin vedette. Immédiatement après la rafle, les motards ont mis un contrat de 50 000 $ sur la tête de Molsberry. Les autorités croyaient protéger leur informateur en le mettant à l'abri quelque part hors des frontières canadiennes, toutefois les Hells, grâce à leurs contacts auprès de diverses compagnies de télécommunications, ont promptement retrouvé la trace du délateur. Fort heureusement, Molsberry fut soustrait à temps des griffes de ses anciens fournisseurs.

Maintenant que les accusés étaient sous les verrous, il fallait trouver un procureur fédéral qui ne craindrait pas de s'attaquer aux Hells Angels. Andy Richards se souvient que ce ne fut pas une tâche facile. « Ils ont tous refusé, dit-il. Ils avaient peur que les motards s'en prennent à eux. » La police de Vancouver a finalement fait appel à Peter Hogg, un procureur de l'extérieur de la province qui, en 1999, avait obtenu la condamnation de deux hommes accusés d'avoir assuré le transport de 2 millions de dollars pour une organisation criminelle. Bien que conscient du fait que les tribunaux de la Colombie-Britannique n'avaient jamais condamné un seul motard, Hogg a accepté la cause sans l'ombre d'une hésitation. « Je sais que les motards vous ont donné du fil à retordre par le passé, dira-t-il d'entrée de jeu à son équipe, mais ce coup-ci, il faut qu'on s'attelle à la tâche et qu'on fasse du bon boulot. »

Et c'est ce qu'ils firent. Au bout du compte, grâce au témoignage de Molsberry et aux conversations téléphoniques interceptées par la police, Pires et Lising furent reconnus coupables des accusations qui pesaient contre eux : en janvier 2001, les deux membres en règle des Hells Angels étaient condamnés à quatre ans et demi de prison pour trafic de faibles quantités de cocaïne. Il faut dire que la Couronne avait évité toute subornation ou intimidation des jurés en taisant le fait que les accusés faisaient partie des Hells Angels. Ce n'est qu'à la fin du procès que la nouvelle fut annoncée. Hogg se souvient que les membres du jury avaient laissé échapper « un petit cri horrifié » en apprenant la chose. Les motards ont bien entendu porté leur cause en appel, mais, d'une manière ou d'une autre, ils ne font face qu'à quelques années d'emprisonnement.

La police de Vancouver a été la première à admettre que leur victoire n'était que partielle. Bien que les gros titres des journaux proclamaient avec justesse qu'il s'agissait d'un premier verdict de culpabilité pour les Hells Angels en Colombie-Britannique, il demeurait que l'enquête qui avait mobilisé 25 policiers pendant 2 ans et avait coûté 1 million de dollars au contribuable n'avait pas permis à Richards et à son équipe de coincer les grosses têtes du réseau, celles-là même qui fournissaient à Pires et à Lising des milliers de kilos de cocaïne chaque année. À la vérité, la police avait manqué de temps et d'argent pour arriver à ses fins.

Malgré son succès mitigé, le projet Nova aura inculqué deux leçons importantes aux policiers de la Colombie-Britannique. Tout comme leurs homologues du Québec, de l'Ontario et du Manitoba, ils auront appris que pour élucider le mystère d'une organisation aussi complexe et secrète que celle des Hells Angels, il fallait disposer d'espions et de délateurs en des endroits stratégiques. Dans le cas des motards, l'information glanée par le biais des tables d'écoute ne suffisait pas. « Finalement, ce qu'il faut, c'est pénétrer au cœur de l'organisation en utilisant quelqu'un en qui ils ont confiance, déclare Al Dalstrom, quelqu'un qui transige avec eux au jour le jour. Mais pour arriver à maintenir des agents chez les Hells, il faut de l'argent et aussi un réel engagement de la part des agences policières. »

Malheureusement – et c'est là la seconde leçon que la police de la Colombie-Britannique apprendra –, argent et engagement sont deux choses qui manquent cruellement aux corps policiers municipaux. En soutenant pendant deux années l'opération dirigée par Richards et Dalstrom, la police de Vancouver a très lourdement sollicité ses ressources. Comme ce fut le cas à Winnipeg, les autorités de Vancouver ont appris à leurs dépens le prix de la lutte contre le crime organisé.

En fait, les différentes agences policières de la Colombie-Britannique commençaient à comprendre qu'aucune force policière ne pouvait à elle seule combattre les Hells Angels. La police de Vancouver n'y était pas parvenue, la GRC de la province n'y était pas parvenue, personne n'y était parvenu. Selon Richards : « Il faut créer une équipe spécialisée d'experts et d'enquêteurs […] et puis il faut financer adéquatement cette équipe. Nous, on a l'expertise pour leur donner un modèle sur lequel ils vont pouvoir se baser – du moins au début.»

Ce modèle issu du projet Nova a donné naissance à l'OCA (Organized Crime Agency, ou Agence de lutte contre le crime organisé). En octobre 1998, le gouvernement de la Colombie-Britannique démantelait enfin la pitoyable et inutile CLEU pour, cinq mois plus tard, créer l'OCA.

Le quartier général de l'OCA fut promptement établi sur une petite île au large de New Westminster. L'emplacement n'avait peut-être rien de secret; n'empêche que, niché comme il l'était au cœur d'un parc industriel, l'édifice fade et gris de l'OCA se fondait parfaitement dans les entrepôts et édifices à bureaux environnants. Rien n'annonçait au visiteur qu'il était en présence d'un centre névralgique de lutte contre le crime organisé: l'édifice était entouré d'une clôture grillagée très ordinaire surplombée de barbelés; à l'entrée, pas d'enseigne portant le sigle ou le nom de l'agence, mais un simple poste de sécurité muni d'un intercom.

À l'intérieur, quelque 170 agents s'employaient vaillamment à lézarder la muraille impénétrable du crime organisé. Avec le temps, l'OCA a su attirer dans ses rangs certains des plus grands spécialistes des motards. Un mois après la désastreuse affaire du *Western Wind*, Pat Convey quittait allègrement la GRC pour se joindre à l'OCA. Mike Ryan fit de même, finissant à l'OCA l'enquête sur les activités de Starnet qu'il avait amorcée à la GRC. Au sein de la nouvelle agence, une quinzaine de policiers, dont Al Dalstrom et Andy Richards, travaillaient à plein temps sur le cas des Hells Angels.

L'existence même de l'OCA représentait pour la GRC une cruelle humiliation. Après tout, n'était-ce pas la GRC qui était censée s'occuper de crimes majeurs tels le trafic de drogue et le blanchiment de fonds? La création de l'OCA disait carrément à la GRC qu'elle ne faisait pas son travail. «La GRC considère qu'on empiète sur son territoire et sur ses fonctions, de dire un membre de l'OCA, mais la vérité c'est qu'ils se sont pognés le cul pendant 25 ans au lieu de combattre le crime organisé.»

Tandis que l'OCA et la GRC se chicanaient pour des questions de ressort territorial, les policiers qui se frottaient quotidiennement aux motards en patrouillant les rues de Vancouver devaient continuer de faire leur boulot. Le sergent Larry Butler était de ceux-là. À partir d'un immeuble situé dans l'Est de la ville, Butler dirige l'Unité de lutte contre les bandes de motards hors-la-loi pour la police de Vancouver. Dans son bureau, il a une radio en forme de Harley-Davidson et ses classeurs sont couverts d'affiches et d'autocollants issus des Hells Angels de Vancouver. Si ce n'était de son insigne de police, Butler pourrait aisément passer pour un motard. C'est un type trapu et musclé qui porte toujours un jean, un t-shirt noir et un anneau à l'oreille gauche.

La mission que la police de Vancouver a confiée à Larry Butler est à la fois simple et confondante : il doit surveiller les Hells appartenant au tout-puissant et richissime chapitre de l'Est, mais il doit aussi recueillir des renseignements sur les motards et arrêter ceux qui contreviennent à la loi. Pour accomplir cette tâche colossale, Butler dispose d'un effectif total de trois hommes, lui-même compris. Même l'escouade antigraffitis compte plus d'agents que cela ! Butler dit d'ailleurs en blaguant que pour qu'on lui accorde suffisamment d'hommes pour faire un raid, il faudrait que les Hells se mettent à faire des graffitis.

Les policiers affectés aux motards font un travail exigeant et ingrat. À l'été 2002, un individu nommé John O'Shaughnessy entrait dans un poste de police et prétendait qu'il avait été battu par un Hells du chapitre de l'Est du nom de Juel Stanton. Les deux hommes s'étaient prétendument disputés au sujet d'une opération de culture de marijuana. Butler connaissait fort bien Stanton : c'était un type à la mine sévère, qui portait les cheveux courts et une barbiche au menton ; il était par ailleurs reconnu pour son tempérament agressif.

Au terme d'une enquête qui avait duré trois semaines et avait mobilisé plus d'une douzaine d'officiers, la police a arrêté Stanton et l'a inculpé de voies de fait graves, d'extorsion et de séquestration. Un an plus tard, le 22 juillet 2003, un juge acquittait le motard de toutes ces charges en qualifiant la supposée victime de « menteur et manipulateur ». C'était là une autre victoire pour les Hells de la Colombie-Britannique. Deux jours plus tard, la police se consolait de cette défaite en apprenant que l'Agence de lutte contre le crime organisé avait arrêté Glen Hehn, un membre des Nomads de la Colombie-Britannique, pour possession de

51 kg de cocaïne en vue d'en faire le trafic. Il s'agissait à ce moment-là de la plus importante razzia de drogue visant un membre en règle des Hells.

De tous les Hells Angels de la côte Ouest, nuls ne sont aussi fiers et arrogants que les Nomads. Fondé en 1998 par Donny Roming et par d'autres membres du chapitre de l'Est, le chapitre des Nomads de la Colombie-Britannique diffère de son pendant québécois du fait qu'il n'exerce aucun contrôle sur d'autres chapitres.

Même s'ils n'ont ni le pouvoir, ni l'influence dont jouissent Mom Boucher et ses hommes, les Nomads de l'Ouest s'estiment supérieurs aux autres motards. Un ancien sympathisant des Hells dit des Nomads de la Colombie-Britannique qu'ils sont « trop pressés de réussir ; ils veulent tous une BMW, mais ils veulent pas attendre cinq ou dix ans pour l'avoir ».

Si Jamie Holland n'a pas de BMW, c'est qu'il a préféré s'acheter une Porsche flambant neuve en 2002. Le Nomad de 29 ans est par ailleurs l'heureux propriétaire d'une Harley neuve et d'une Ford Expedition. Holland est l'archétype du motard ambitieux : ayant fait ses débuts comme garde du corps pour Bob Green et Gino Zimpano, deux membres en règle des Nomads, Holland a su lui aussi se hisser, et ce, en peu de temps, au rang de membre *full patch*. Comme la plupart des Hells Angels, Holland n'a pas d'emploi rémunéré et ne déclare aucun revenu, pourtant il s'est acheté un condo de 600 000 $ avec vue panoramique sur la ville au Wall Centre, dans le centre-ville de Vancouver.

Mais l'arrogance de Holland a fini par lui jouer des tours. Fin 2002, alors qu'il se battait à la sortie d'un bar, l'arme à feu qu'il avait glissée dans sa ceinture tombe par terre et attire l'attention des policiers. Holland en est quitte pour une amende de 8 000 $ et 45 jours en prison. De plus, il écope d'une interdiction de porter une arme à feu pendant une période de cinq ans, ainsi que d'une interdiction de fréquenter son confrère Bob Green, qui était présent lors de l'altercation.

Comme leur nom l'indique, les Nomads n'ont pas de repaire. L'hôtel North Burnaby Inn de la rue Hastings – qui, incidemment, a pour gérant Bob Green – est leur principal point de ralliement. Outre ses chambres, le bâtiment comprend un restaurant, un gymase et un club de danseuses. Tout près de la porte d'entrée, une enseigne avertit l'automobiliste imprudent qu'une partie du terrain de stationnement est réservée aux motos – *Motorcycle Parking Only*. Avec ses deux salons VIP vitrés, ses fauteuils profonds et confortables et sa moelleuse moquette, le bar de danseuses a un chic certain.

Bien que les motards de la Colombie-Britannique ne se gênent pas pour afficher leurs biens et leur richesse avec ostentation, peu de gens saisissent la véritable étendue de leur pouvoir. Même le gouvernement de Gordon Campbell, qui se prétend pourtant très soucieux de faire régner l'ordre public, ne semble pas conscient de l'emprise des motards sur leur territoire.

Lorsque Mervyn « Mad Dog » Mayes, un vétéran des Hells Angels, est décédé à la suite d'un traumatisme crânien en mai 2002, le ministre du Développement des enfants et de la famille, Gordon Hogg, était présent aux obsèques. « Je connaissais Mervyn depuis la petite école, expliquait le ministre, entouré de Hells en uniforme. Il a marqué la vie de tant de gens… »

Quoi qu'il en soit, les habitants de la Colombie-Britannique s'inquiétaient bien davantage des Hells Angels qui étaient toujours vivants que de ceux qui étaient morts. Même si la majorité des politiciens ou des haut gradés de la police hésitaient à admettre la chose, les Hells de la province étaient effectivement en train de marquer la vie de bien des gens… mais d'une manière peu agréable et peu positive.

CHAPITRE 16

Ports et magouilles

Ce que nous avons appris nous a troublés au plus haut point.
Nous avons découvert que certains ports sont la proie d'une
administration criminelle clandestine. La police est consciente du
problème, mais elle n'a pas les ressources nécessaires pour intervenir.
COLIN KENNY, SÉNATEUR LIBÉRAL

Damiano Dipopolo avait l'habitude que tout le monde fasse ses quatre volontés. Il faut dire que le vétéran Hells Angel du chapitre de l'est de Vancouver était un homme d'affaires prospère : pendant plusieurs années, il avait tenu une compagnie de téléphones cellulaires, puis il s'était ouvert une boutique de vêtements et un café. Son épouse mettait elle aussi la main à la pâte en opérant un site porno très couru sur Internet. Fort de son succès et de sa notoriété, Dipopolo ne s'attendait pas à avoir de problèmes quand, au début de l'année 2002, il s'est rendu au port de Vancouver pour rendre visite à ses copains motards. Damiano lui-même ne travaillait pas sur les quais, mais son frère jumeau, Rocco, était débardeur de longue date et membre de l'union. De toute manière, des douzaines de Hells et de sympathisants des Hells travaillaient sur les quais ; Damiano savait que, comme tous les autres motards, il pouvait se balader un peu partout dans le port sans être inquiété.

Ce jour-là, il allait rencontrer un membre de l'équipage d'un navire qui venait d'accoster. Après avoir discuté avec l'homme en question, Dipopolo est remonté dans sa voiture et s'est dirigé vers la sortie. Arrivé au poste de contrôle, quelle ne fut pas sa surprise lorsque le garde – qui, de toute évidence, ne connaissait pas Dipopolo – a abaissé la barrière devant lui. Imperturbable, Damiano a tout simplement enfoncé l'accélérateur. Dans un formidable bond en avant, son véhicule a fracassé l'obstacle.

Le lendemain, deux aspirants Hells plutôt costauds sont allés voir ce garde un peu trop zélé pour mettre les choses au clair. «La prochaine fois que monsieur Dipopolo vient ici, de dire les malabars, pense même pas à baisser ta barrière. Quand y vient ici, y peut faire ce qu'y veut, quand y veut. Compris?»

Il y avait maintenant cinq ans qu'Ottawa avait aboli la police des ports… et les Hells Angels faisaient toujours la loi sur les quais de Vancouver. La police estimait que 43 sympathisants et membres *full patch* œuvraient maintenant sur les quais. Selon Peter Bell, analyste en chef des renseignements stratégiques à l'OCA: «Les quais ne sont pas contrôlés par une seule organisation criminelle. Cela dit, les Hells ont beau jeu parce que leurs gars occupent des postes stratégiques.»

Sur les murs de son bureau, Bell a épinglé de grandes mappemondes sur lesquelles il a tracé tous les corridors internationaux de la drogue. Avant de s'expatrier au Canada, Bell était sergent-détective pour la police de Queensland, en Australie. La raison de sa venue: étudier les méthodes employées par différents organismes criminels pour infiltrer les ports de Vancouver. Fort de son expertise et de son insatiable curiosité envers tout ce qui touche de près ou de loin le crime organisé, Bell a pondu un rapport de 35 000 mots pour le moins troublant qui affirme que les motards et les autres organisations criminelles ont infiltré non seulement les quais, mais aussi les services de livraison, d'entretien, de blanchissage et de collecte de déchets des ports. Pourquoi infiltrer le service de collecte de déchets, demanderez-vous? Pour faire passer de la drogue en contrebande, tout simplement. En janvier 2001, par exemple, 8 kg de cocaïne quittaient clandestinement le port de Prince Rupert dans un camion rempli de déchets provenant des navires.

Peter Bell estime qu'au moins huit des motards qui travaillent sur les quais sont chefs de main et contrôlent de ce fait les mouvements des véhicules et de la main-d'œuvre. «On observe parfois autour d'un certain navire un bouillonnement d'activité inhabituel et on remarque alors que ce sont toujours les mêmes gars qui déchargent et acheminent la cargaison à ce moment-là» d'expliquer Bell. Ainsi, durant l'été 2002, Bell et ses hommes ont pu observer une véritable migration de travailleurs : sur une période de deux jours, des gars qui travaillaient normalement aux ports de Delta et de Vancouver se sont retrouvés sur les quais du port de Fraser Surrey. Un associé des motards qui travaillaient depuis vingt ans comme chef de main au terminal de Vancouver s'est brusquement rendu à Surrey pour, pendant deux jours seulement, y occuper un poste moindre. Au cours de ces 48 heures, d'autres sympathisants des motards ont afflué sur les lieux ; parmi eux, on comptait des camionneurs, des conducteurs de portique, des *shipchandlers* et des pointeurs. «Il y avait quelque chose de louche là-dedans, de lancer Peter Bell. C'est sûr qu'il y avait de la magouille.» En pareilles circonstances, la police ne peut généralement rien faire, le problème étant que les motards planifient minutieusement ce genre d'opération et agissent avec la vitesse de l'éclair. Même s'ils sont persuadés qu'il y a anguille sous roche, les policiers n'ont pas le temps d'enquêter ou d'amasser suffisamment de renseignements pour justifier une razzia.

Lorsqu'elle décide d'intervenir, la police se fait le plus souvent damer le pion par les motards, qui ont eux aussi leurs sources et leurs espions. Bell se souvient d'une opération secrète au cours de laquelle la police avait saisi 150 kg de cocaïne au terminal de Vancouver. Ayant substitué une poudre blanche inoffensive à la drogue, les policiers se sont planqués et ont attendu que quelqu'un vienne récupérer la marchandise. Le soir même, à 22 h 22 précises, les lumières se sont subitement éteintes ; la section du port où se trouvait la drogue fut plongée dans l'obscurité pendant 17 minutes. Lorsque les lumières se sont rallumées, la poudre avait disparu. Les contrebandiers n'avaient pas mis la main sur la vraie drogue, néanmoins ils avaient réussi encore une fois à échapper aux autorités.

Depuis qu'il avait porté ses couleurs à l'inauguration du port Robert Banks, Al Debruyn, président du chapitre de White Rock, était allé de promotion en promotion : de chef de main, il était finalement devenu officier en charge de la formation des dockers. Or, des rapports de surveillance de la police révèlent que Debruyn avait des contacts réguliers avec un des cadres supérieurs d'une grande compagnie de transport maritime qui domine les ports. «Quand on voit un cadre de direction qui porte un complet trois-pièces et qui gagne 300 000 $ par année prendre le café avec un motard, et que la chose se répète une ou deux fois par semaine, on peut pas s'empêcher de se poser des questions, de dire un policier. Peut-être qu'ils aiment juste discuter ensemble, ça, c'est sûr que ça se peut. N'empêche que quand tu te tiens avec du monde sale, y a ben des chances que tu deviennes sale toi aussi.»

Peter Bell déplore lui aussi le laisser-aller de l'administration du port en ce qui concerne les questions de sécurité. Des 27 000 employés qui travaillent sur les quais, seulement 121 font quotidiennement l'objet d'une vérification pour des raisons de sécurité. La sécurité du port est aujourd'hui assurée par une escouade spéciale qui ne compte que 11 agents. Différentes agences policières ont également des hommes qui patrouillent les ports. La police de Vancouver, par exemple, dispose d'une unité de 15 policiers qui ont pour mandat de surveiller ce qui se passe dans l'eau et sur les quais. «On a seulement deux bateaux pour patrouiller 200 km de côte, dit le sergent Jock Wadley, officier en charge de l'unité portuaire de la police de Vancouver. Je dirais que la quasi-totalité de la région côtière demeure sans surveillance.»

À Centerm, l'un des terminaux du port de Vancouver, un écriteau interdit à quiconque de franchir la barrière de l'entrée – *No Access Beyond this Gate*, peut-on lire. Selon Wadley, la barrière en question est toujours grande ouverte et il n'y a aucun garde de sécurité pour empêcher les automobilistes d'entrer. Bref, n'importe qui peut aller et venir à sa guise sans être inquiété. Wadley affirme que les compagnies concernées ont promis de solidifier la barrière et d'implanter des mesures de sécurité plus efficaces, mais, à ce jour, aucune amélioration n'a été apportée en ce sens.

À deux pas des quais qu'ils patrouillaient jadis, dans un restaurant grec situé juste au bord de l'eau, Gary Fotia et Mike Toddington sirotent un café en évoquant les beaux jours de la police des ports. Encore aujourd'hui, quelque cinq années après le démantèlement de l'agence qu'ils avaient dirigée, les deux policiers éprouvent une certaine amertume en songeant qu'ils avaient eu raison de considérer les Hells Angels comme une menace. Leurs supérieurs n'avaient rien voulu entendre, mais les événements avaient prouvé depuis que Fotia et Toddington avaient vu juste. À la suite de son licenciement, Toddington avait intenté une poursuite contre la corporation du port pour renvoi injustifié, poursuite qu'il a finalement gagnée. Le policier avait catégoriquement refusé de se soumettre à une clause de non-divulgation. Toddington occupe maintenant le poste de directeur général de l'Union internationale des polices des ports et aéroports ; il poursuit sa mission d'informer le public au sujet des éléments criminels qui ont infiltré les ports du Canada.

Fotia, qui avait vu son rêve de jeunesse se réaliser en devenant policier au port de Vancouver, n'entretenait plus aucune illusion quant au rôle de la police dans les ports de la ville. Malgré tout, il porte volontiers main-forte à son ancien partenaire lorsque l'occasion se présente. « On n'a pas pu finir ce qu'on avait commencé parce que, il y a cinq ans, on nous a coupé l'herbe sous le pied, dit-il. Mais je continue de croire que le public doit savoir ce que les Hells manigancent dans le port de Vancouver. »

À Montréal, le public a fini par avoir un aperçu de ce qui se passait au port. Comme la majorité des opérations policières contre les motards qui se soldaient par un succès, celle-ci fut menée à bien grâce à la participation d'un informateur – en vérité, dans ce cas-ci, deux informateurs furent concernés. Voilà près de trois décennies que la police essayait de pincer Gerry Matticks, ce sociable criminel irlandais qui faisait la loi sur les quais, et, maintenant, grâce au concours de Dany Kane et d'un autre délateur, la police le tenait enfin.

On se souviendra qu'à l'automne 2000, la police avait eu accès à la liste des opérations bancaires des Nomads dans le cadre du projet Océan. Or, dans la banque de données des motards, un compte bancaire particulièrement actif portait le nom de code « Bœuf », sobriquet dont Mom Boucher avait affublé l'un de ses associés au port de Montréal. Les autorités découvrirent par la suite un calepin dans lequel le mot Bœuf apparaissait à côté du nom et du numéro de téléphone de Gerry Matticks. Il s'agissait là d'un premier indice qui laissait entendre que Matticks était de mèche avec les Hells.

En surveillant la banque des Nomads qui était située dans un appartement de la rue Beaubien, la police avait identifié un individu du nom de Elias Luis Lekkas. Ancien propriétaire d'un magasin de suppléments alimentaires, Lekkas se rendait à la banque de la rue Beaubien au moins une fois par mois et quittait les lieux avec des sacs contenant jusqu'à 500 000 $ en petites coupures. Il transportait ensuite l'argent à un vaste domaine perdu dans la campagne qui appartenait à Matticks et, là, les billets étaient comptés. Lekkas acceptera par la suite de donner son ancien patron à la police : le 6 août 2001, lorsque le tribunal a demandé à Gerry Matticks s'il plaidait coupable, celui-ci a répondu par l'affirmative.

Il faut dire que la police avait amassé des preuves pour le moins écrasantes contre le gangster irlandais. Alors même que Dominic Taddeo proclamait à tous vents que le port dont il était le directeur général était l'un des mieux gardés au pays, Matticks, sur une période d'un peu plus d'un an, avait importé par le port de Montréal quelque 33 363 kg de haschisch et 260 kg de cocaïne. Matticks avait consenti à plaider coupable à des accusations de trafic à condition qu'il ne soit pas extradé aux États-Unis, pays où il aurait écopé d'une sentence beaucoup plus sévère. Au Canada, il fut condamné à douze ans de prison ; avec un peu de chance, il serait libéré après deux ans.

Six mois après la condamnation de Big Gerry, un autre Matticks était appréhendé par la police. À l'occasion d'un raid auquel avaient participé 50 agents issus de 3 services de police différents, Donald Matticks, fils de Gerry, ainsi que 14 de ses complices étaient arrêtés. Donald était soupçonné d'avoir orchestré l'importation de 44 tonnes de haschisch et de 265 kg de cocaïne entre 1999 et 2001. Cette drogue – qui, soit dit en passant, avait une valeur marchande de 2,1 milliards de dollars – était destinée à un réseau de distribution régi par les Hells Angels s'étendant à l'ensemble du Québec, de l'Ontario et du Nouveau-Brunswick. Avec Donald Matticks comme pointeur sur les quais, les Hells pouvaient aisément faire charger les conteneurs qui renfermaient la drogue sur des camions spécifiques pour l'acheminer vers des entrepôts situés par-delà les limites du port.

Si ces arrestations furent source d'embarras pour les autorités portuaires, celles-ci n'en laissèrent rien paraître. En fait, l'administration du port s'est distanciée de la corruption qui minait ses effectifs en soulignant le fait que Donald Matticks n'était pas en principe un employé du port puisque c'était une agence de placement de travailleurs portuaires, la Maritime Employers Association, qui payait son salaire. « La situation au port de Montréal n'est pas pire que dans n'importe quel autre port international » dira sottement un porte-parole en guise d'excuse.

En vérité, il y avait des années que la situation à Montréal était pire qu'ailleurs, seulement les dirigeants du port continuaient de jouer à l'autruche en affirmant qu'il n'y avait pas de problèmes. Pourtant, quand le sénateur libéral Colin Kenny décida de lancer une enquête sur le crime au port de Montréal, son équipe découvrit très vite que problèmes il y avait. La situation était même si dramatique que le sénateur avait tout de suite songé au film *Sur les quais*, qui mettait en vedette Karl Malden et Marlon Brando. « On avait tous l'impression que Malden allait apparaître sous nos yeux d'un moment à l'autre, dit Kenny. Ce qu'on a vu au port de Montréal nous a vraiment secoués. »

L'enquête de Kenny a révélé que, depuis la dissolution de la police des ports, les autorités portuaires n'avaient à peu près rien fait pour enrayer la prolifération des activités criminelles. Les gardes de sécurité qui patrouillaient le port n'étaient pas armés, n'étaient pas habilités à procéder à des arrestations et ne disposaient d'aucune ressource pour recueillir des renseignements concernant les éléments criminels qui évoluaient sur leur territoire. Ces gardes travaillent pour des compagnies engagées par les autorités portuaires, et ces compagnies peuvent aisément être infiltrées par le crime organisé.

L'investigation montréalaise s'inscrivait dans une vaste enquête concernant la sécurité et la défense nationale qui fut mise sur pied par Colin Kenny ainsi que par d'autres membres du Comité permanent du Sénat. Le rapport final du Comité s'avère particulièrement accablant. « Ce que nous avons appris nous a troublés au plus haut point, dira Kenny aux journalistes. Nous avons découvert que certains ports sont la proie d'une administration criminelle clandestine. La police est consciente du problème, mais elle n'a pas les ressources nécessaires pour intervenir.» Des employés du service des Douanes ont témoigné devant le Comité à l'effet de quoi les motards et les autres organisations criminelles peuvent faire disparaître des conteneurs entiers dès leur déchargement pour les faire ensuite sortir subrepticement du port.

Le rapport de Kenny révèle en outre que 15 p. 100 des acconiers, 36,2 p. 100 des pointeurs et 54 p. 100 des collecteurs de déchets qui travaillent au port de Montréal ont un casier judiciaire. Ailleurs au Canada, la situation est similaire : à Halifax, 39 p. 100 des dockers ont un casier judiciaire ; au port de Charlottetown, on frise les 54 p. 100. À l'aéroport Pearson de Toronto, des quantités importantes de drogue sont déchargées des avions par des Hells Angels travaillant pour le service de manutention au sol. Deux policiers à la retraite ont dit aux membres du Comité qu'Air Canada avait refusé que la police dépêche des agents secrets pour infiltrer un groupe de Hells affecté au chargement et au déchargement des marchandises. Air Canada réfute catégoriquement cette allégation.

Au terme de l'enquête, Colin Kenny et son équipe firent les recommandations suivantes : les antécédents de tout employé travaillant au port ou embauché par le port devaient faire l'objet d'une vérification systématique ; des normes nationales de sécurité visant les ports et leurs environs devaient être établies ; et une commission d'enquête sur les ports du Canada devait être créée.

Le gouvernement a réagi au rapport de Kenny en augmentant un peu les budgets de sécurité des ports. Malheureusement, les choses se sont arrêtées là.

Quelques mois à peine après que le Sénat eut rendu public son rapport, la police effectuait à Halifax une razzia monstre qui allait s'avérer emblématique du peu d'attention que les autorités avaient portée au problème de l'infiltration des ports par le crime organisé. En juillet 2002, la GRC et les forces policières locales procédaient à une série de raids simultanés en Nouvelle-Écosse, au Québec et en Ontario. Ces descentes ont mené à l'arrestation de plus de 30 individus et à la saisie de 95 millions de dollars en drogues, de 216 000 $ en argent liquide et de 8,2 millions de dollars en actifs divers – voitures, camions, bijoux, meubles, etc.

Les drogues réquisitionnées incluaient 317 kg de cocaïne, 428 kg de hasch, 676 kilos de mari, 159 kg d'huile de haschisch et 3 700 plants de marijuana.

Le sergent de section Kevin Payne explique comment l'initiative a été déclenchée : « Nous avions identifié un individu au port de Halifax qui agissait en tant que facilitateur, c'est-à-dire qu'il se chargeait de placer des sympathisants et complices dans des postes stratégiques. » L'individu en question, Paul Arthur, travaillait comme grutier et habitait le petit village côtier de Ketch Harbour. Outre Arthur, deux autres travailleurs du port furent arrêtés : Robert Langille, débardeur ; et Laurence Coady, agent maritime. Les trois hommes, qui proclament haut et fort leur innocence, sont en attente de procès.

Selon la police, Arthur, Langille et Coady travaillaient de concert pour offrir à leur clientèle de malfaiteurs le libre accès aux ports du Québec et de l'Ontario. Steve « Bull » Bertrand, un ami intime de Mom Boucher, était l'un de leurs plus importants clients à Montréal. Le 8 février 2002, une caisse de 49 kg de cocaïne qui lui était réservée arrivait au port de Halifax. Les sympathisants des motards qui travaillaient au port avaient averti les Hells que les douaniers projetaient d'inspecter tous les conteneurs se trouvant à bord du navire. Ce jour-là, Bertrand reçoit un coup de fil décevant. « T'as pas gagné à la loterie » lui annonce son interlocuteur. Cela signifiait que sa cargaison de cocaïne avait été saisie. Steve Bertrand plaidera coupable à des accusations de trafic et écopera de sept ans de prison et d'une amende de 100 000 $, somme qu'il paiera immédiatement.

L'affaire Bertrand a par ailleurs mis en lumière l'affiliation existant entre les Hells Angels et la mafia italienne. Jose Guede, un avocat montréalais qui travaille pour la firme qui représente Vito Rizzuto, le parrain de la mafia montréalaise, fut accusé d'avoir agi comme intermédiaire entre les motards et les Colombiens. La GRC a identifié Rizzuto comme étant l'un des artisans du complot pour importer la cocaïne, mais elle ne détenait pas « suffisamment de preuves pour procéder à son arrestation ».

Après la razzia de juillet 2002 au port de Halifax, la GRC n'a pas pu s'empêcher de se péter les bretelles en disant qu'elle « venait de porter un grand coup au crime organisé ». Personne dans la GRC n'a mentionné le fait que Arthur, Langille et Coady avaient tous figuré sur la liste de surveillance de la police des ports 10 années plus tôt. Paul Arthur avait été l'un des personnages centraux du réseau d'influence dont le policier Eric Mott avait parlé en 1993. On se souviendra que Mott avait dressé un organigramme identifiant les individus qui travaillaient au port et étaient liés d'une manière ou d'une autre aux Hells Angels. Les noms de Robert Langille et de Laurence Coady apparaissaient sur ce diagramme.

«Je ne peux pas vous dire à quel point tout ça me met en colère» de dire Bruce Brine, l'ancien partenaire de Mott. À l'époque où Brine avait été congédié par les autorités portuaires, il avait tenté sans succès de convaincre la GRC que ses hommes et lui avaient bel et bien enquêté sur le crime organisé. «Encore aujourd'hui, la GRC soutient que les allégations que j'avançais à l'époque demeurent sans fondement, pourtant toutes les arrestations qu'ils ont faites ces derniers temps viennent confirmer le travail d'enquête qu'on a fait il y a 10 ans.»

Si les autorités avaient écouté Mott et Brine au début des années 1990 au lieu de les licencier, cela aurait empêché l'importation de dizaines de tonnes de drogues de toutes sortes.

En janvier 2003, Ottawa lançait un projet de 172,5 millions de dollars qui avait pour objectif de resserrer la sécurité dans les ports. On projetait d'établir une procédure plus stricte de sélection du personnel et on entendait procéder à la vérification des conteneurs à l'aide d'appareils d'inspection radioscopique mobiles. Personne ne remettait en doute l'utilité de ces gadgets technologiques – à tout le moins permettraient-ils d'accroître le nombre de conteneurs inspectés, le taux de vérification actuel étant de 3 p. 100 –, néanmoins une machine ne peut veiller à l'application de la loi ou arrêter des criminels. Seul un être humain peut faire cela. De toute évidence, c'est là une chose que nos gouvernements n'ont pas comprise : en dépit des sommes faramineuses investies dans de nouveaux équipements de sécurité, seule une poignée de policiers en uniforme patrouillent désormais les quais du port de Halifax.

Bruce Brine ne s'est jamais remis de son renvoi brutal en 1995 et de la dépression nerveuse qui en a résulté. Au cours des huit années qui ont suivi son licenciement, l'ancien surintendant de la police des ports s'est employé à restaurer sa réputation et sa dignité. Il a commencé pour demander l'ouverture d'une commission d'enquête sur la GRC. Voyant sa requête rejetée, Brine en a appelé à la Commission des plaintes du public contre la GRC. Selon lui, les enquêteurs de la GRC avaient délibérément omis de contacter des témoins clés qui auraient pu confirmer que son congédiement avait été injustifié. Brine a également déposé une plainte contre les autorités portuaires auprès de la Commission canadienne des droits de la personne. « On faisait du bon travail, affirme-t-il, au bord des larmes. J'étais un policier honnête, mais ils m'ont pris ma vie, ma carrière et ma crédibilité. »

Tout ce que Bruce Brine désire, c'est qu'on lui écrive une lettre d'excuses et qu'on lui rende son insigne de policier – le badge numéro 131. Ce n'est qu'après avoir obtenu ces choses qu'il pourra prendre sa retraite en toute tranquillité, sachant que son honneur est sauf.

CINQUIÈME PARTIE

LE PRIX
À PAYER

CHAPITRE 17

L'ère des mégaprocès

J'ai des convictions, moi. Je ne suis pas ici pour m'amuser.
France Charbonneau, avocate de la Couronne

Nous sommes au printemps 2002 et il y a déjà 18 mois que Maurice «Mom» Boucher, cloîtré entre les murs de la prison des femmes de Tanguay, attend le début de son procès. Les gardiens qui surveillent le chef des Nomads prétendent que celui-ci est très nerveux et qu'il passe ses journées à tourner en rond dans sa cellule. Craignant que la nourriture préparée par les détenues ne soit contaminée, Boucher refuse généralement de la manger pour se gaver plutôt de tablettes de chocolat. Il gagnera en peu de temps une dizaine de kilos.

Durant sa détention, Mom Boucher n'a eu aucun contact avec ses confrères motards. C'est isolé des siens et dans la plus totale impuissance qu'il avait appris l'arrestation des membres de sa bande et de son fils Francis dans le cadre de l'opération Printemps 2001. Malgré tout, Mom demeurait confiant; il avait été acquitté d'une accusation de meurtre par le passé et il savait que, cette fois encore, la cause de la Couronne s'appuierait sur le témoignage du délateur Stéphane Gagné, dont la crédibilité avait déjà été remise en doute par les tribunaux. Dans l'esprit de Boucher, le scénario serait le même que lors du procès de 1998 : l'accusation était la même, le jury l'avait acquitté; donc il n'y avait aucune raison qu'il se fasse condamner cette fois-ci.

Belle logique, mais c'était sans compter sur France Charbonneau.

Monolithe de granite et de verre, le palais de justice de Montréal fait contraste avec les bâtiments de pierre de la vieille ville.

Avocats et accusés se réunissent en groupes serrés dans les corridors pauvrement éclairés et dans les pièces minuscules, de la taille d'une penderie, qui jouxtent les salles d'audience. C'est en ces lieux que les avocats de la défense marchandent avec les procureurs le sort de leurs clients. Les uns quémandent une peine allégée, les autres exigent une reconnaissance de culpabilité et, dans 85 p. 100 des cas, les parties concernées en arrivent à une entente.

Mais dans le cas de Mom Boucher, il n'y aurait pas de négociation. «Je suis aussi à l'aise dans une salle de tribunal que dans mon salon, lance France Charbonneau, avocate de la Couronne. Je suis ici chez moi.» Effectivement, le juge Pierre Béliveau et l'avocat de la défense, Jacques Larochelle, allaient bientôt découvrir que Charbonneau n'était pas femme à se laisser marcher sur les pieds. Lors du procès précédent, les jurés avaient été intimidés par la présence évidente des motards. Afin d'éviter que la chose se répète, Charbonneau a insisté pour qu'aucun Hells Angel ne soit autorisé dans la salle d'audience avec ses couleurs. Qui plus est, toute personne portant quelque logo que ce soit sur sa personne serait banni de la cour. Si quelqu'un portait une chemise Lacoste, il aurait à retirer le petit alligator avant de pénétrer dans la salle d'audience. Cette fois-ci, il n'y aurait de logos, pas d'insignes ou de bijoux portant le sceau des Hells Angels en vue. Et pas de gros bras tatoués! France Charbonneau ne tolérerait pas ce genre de choses chez elle, dans son salon.

L'avocate de la Couronne a imposé une mesure supplémentaire afin de prévenir toute intimidation du jury: elle a fait construire une grande vitre givrée pour éviter les contacts visuels entre le public et les jurés. Sachant que les membres de la presse se plaindraient si la Cour adoptait envers eux une mesure semblable, Charbonneau s'est assurée que les journalistes pouvaient voir le jury à partir de leurs sièges.

Découragés par ces mesures draconiennes, très peu de motards ont assisté au procès. Lorsque l'un d'eux se risquait dans la salle d'audience, il ne restait jamais bien longtemps. Boucher se retrouvait bel et bien seul au banc des accusés.

L'atmosphère de déférence qui avait marqué le procès de 1998 n'aurait pas cours cette fois-ci. France Charbonneau n'avait nullement l'intention de ménager le juge ou la défense en faisant preuve d'un respect immodéré. Son objectif était la condamnation d'un meurtrier ; or, tout au long du procès, elle entendait faire régner une atmosphère qui refléterait le sérieux de sa mission. Ce coup-ci, il n'y aurait pas de familiarités, pas de badinages et pas de papotages inconséquents ; la Cour n'appellerait pas l'accusé « Mom », mais « M. Boucher » ou « Maurice Boucher ». Charbonneau s'en allait en guerre et elle ne ferait pas de quartiers. « J'ai des convictions, moi, lançait-elle. Je ne suis pas ici pour m'amuser. »

Charbonneau avait bien observé Jacques Larochelle lors du premier procès et elle en était arrivée à la conclusion que le personnage ne l'impressionnait pas du tout. À ses yeux, l'avocat de Boucher était du même acabit que tous ces avocats qui, du temps où elle était secrétaire juridique, jouaient les grands seigneurs en l'envoyant dédaigneusement chercher du café. C'était avec l'intime conviction qu'elle valait mieux qu'eux qu'elle s'était inscrite à la faculté de droit. Beaucoup d'eau avait coulé sous les ponts depuis ce jour : aujourd'hui, forte de ses 23 années de pratique et des quelque 80 causes criminelles qu'elle avait plaidées – avec une seule défaite, s'il vous plaît ! –, Charbonneau entendait s'en prendre à la crédibilité de Larochelle et mettre l'avocat au banc des accusés en même temps que son client. Elle était certaine qu'il allait se fourvoyer tôt ou tard et elle se promettait donc de le surveiller avec la plus grande vigilance.

Au procès précédent, Larochelle avait su convaincre le jury que Gagné était un témoin récusable. Espérant que des preuves additionnelles viendraient corroborer le témoignage de Stéphane Gagné, Charbonneau a fort judicieusement exigé que la police examine de nouveau les pièces à conviction et les données qu'elle avait en sa possession. Après avoir épluché des pages et des pages de transcriptions de tables d'écoute et visionné d'innombrables heures de vidéo de surveillance, la police en est arrivée à la conclusion que les enquêteurs en charge de l'affaire n'avaient pas pleinement analysé les preuves – photos et vidéos de rassemblements de Hells, transcriptions de tables d'écoute, listes d'appels téléphoniques, rapports de surveillance, etc. – qu'ils avaient à leur disposition. Le problème était que la police avait fait appel à des analystes dans le civil pour cataloguer les enregistrements vidéo et audio réalisés par les équipes de surveillance, et que ces analystes avaient involontairement retranché de preuves importantes de la montagne de documents qui leur avait été confiée.

Lors de cette seconde analyse, la police a découvert des vidéos de surveillance qui venaient confirmer certaines portions du témoignage de Gagné. Au cours du premier procès, Gagné avait déclaré que, le 5 décembre 1997, il s'était rendu à Sorel avec Boucher et Tousignant pour fêter le 20e anniversaire des Hells Angels du Québec. Or, les enquêteurs ont retrouvé une bande vidéo qui montre les trois hommes arrivant ensemble dans le Dodge Ram de Mom Boucher à la date dite et au lieu dit; en passant devant les caméras, le trio a fait des grimaces à la police. La scène était exactement telle que Gagné l'avait décrite lors du procès. La police a également mis la main sur un enregistrement vidéo montrant Boucher et Gagné en train de quitter le bunker de Sorel à bord du VLT de Boucher. Encore une fois, l'image est conforme au témoignage de Gagné.

Charbonneau est par ailleurs parvenue à obtenir les enregistrements de deux conversations téléphoniques auxquelles la Couronne n'avait pas eu accès lors du premier procès. Les interlocuteurs étaient Mom Boucher et Daniel Foster, le concessionnaire automobile qui, selon Gagné, avait fourni aux Hells les véhicules utilisés dans le meurtre des gardiens de prison. Dans la première conversation, qui date du 4 juin 1997, Foster annonce à Boucher qu'il est sur le point de prendre possession des véhicules; dans l'autre, datant du 27 juin, Foster donne rendez-vous à Mom en disant: «Si jamais ça t'adonne, y faudrait qu'on calcule le prix des chars que t'as achetés pendant le mois, là.» Ces enregistrements prouvaient que, ainsi que l'avait déclaré Gagné dans son témoignage, Foster fournissait régulièrement des voitures à Mom Boucher.

Tous ces nouveaux éléments venaient authentifier la description que Gagné avait faite de la hiérarchie des Hells et prouvaient qu'il entretenait des liens étroits avec Maurice Boucher. Auparavant, personne n'avait songé à vérifier les vidéos de surveillance et les tables d'écoute pour obtenir confirmation de ces choses. Ces preuves se trouvaient maintenant entre les mains de France Charbonneau.

Mais ce n'était pas tout. La procureur disposait en outre d'un nouveau témoin qui viendrait confirmer ce que disait Gagné. La police venait de mettre le grappin sur Serge Boutin, le grand mani-tou du réseau de vente de drogue des Hells dans le centre-ville de Montréal. De son propre aveu, Boutin ne voyait aucun incon-vénient à être condamné pour des offenses relatives à la drogue – au fond, c'était là les risques du métier. Mais voilà qu'il se voyait accusé du meurtre de Claude Des Serres, l'informateur qui avait été tué dans un chalet des Laurentides en février 2000. Faisant face à une peine de 25 ans, Boutin a accepté de plaider coupable à un chef d'homicide involontaire en échange de son témoignage. Il écoperait ainsi d'un maximum de sept ans de prison. Char-bonneau comptait utiliser Boutin pour confirmer ce que Gagné avait dit au sujet de la hiérarchie des Hells, notamment que Mom Boucher se trouvait au sommet de cette hiérarchie. Boutin témoi-gnerait aussi du fait que les motards avaient perdu de vue Paul Fontaine après l'arrestation de Gagné, ce qui permettrait à Char-bonneau de démontrer que deux des plus proches associés de Mom Boucher, en l'occurrence Paul Fontaine et Toots Tousignant, avaient disparu immédiatement après que Gagné eut décidé de devenir délateur. Le jury trouverait sûrement qu'il y avait quelque chose de bizarre dans ces soudaines disparitions.

Au dernier instant, un des témoins clés de Charbonneau refu-sera de témoigner. Nancy Dubé, la femme qui avait vu Gagné met-tre le feu à une fourgonnette après le meurtre de Pierre Rondeau, s'était ravisée après que Mom Boucher lui eut rendu visite à son lieu de travail. Le motard lui avait tourné autour pendant un moment en la regardant d'un œil mauvais, puis il était sorti sans dire un mot. « Ça l'a terrifiée, dira Charbonneau au juge Béliveau pour expliquer l'absence du témoin. Elle est quasiment morte de peur. »

Charbonneau a également échoué dans sa tentative de faire entrer dans les documents de la cour le fait que l'on ait offert un pot-de-vin à son témoin vedette. Deux ans avant le début du second procès de Mom Boucher, un avocat avait fait en secret une offre pour le moins alléchante à Stéphane Gagné : si Gagné refusait de témoigner contre Boucher, sa famille recevrait 1 million de dollars. La chose est en partie confirmée par un rapport de Dany Kane qui, le 9 mai 2000, écrivait que Normand Robi-taille lui avait confié que les Hells avaient « acheté » le silence de

Gagné. Robitaille aurait ensuite dit à Kane que même si Gagné changeait d'idée et révélait au tribunal qu'on avait essayé de le corrompre, les Hells s'en tireraient tout de même gagnants parce que cela anéantirait la crédibilité de Gagné en tant que témoin. Mais c'était sans compter sur Gagné qui a immédiatement informé la police de la tentative de corruption et a signé une déclaration assermentée dans laquelle l'avocat crapuleux était nommé. Le juge Béliveau a ordonné que la déclaration de Gagné soit scellée, ce qui fait que le jury n'en a jamais été informé. L'avocat qui avait offert le pot-de-vin au délateur ne fut jamais inculpé ; après tout, c'était sa parole contre celle de Gagné.

Le procès a débuté le 26 mars 2002. À tous les niveaux, la surveillance était très serrée. France Charbonneau, qui avait reçu des menaces de mort et figurait sur une liste de cibles que la police avait trouvée dans un bunker des Hells, était l'objet d'une protection policière constante. Des caméras de surveillance avaient été placées tout autour de son domicile et un dispositif de sécurité avait été installé aux fenêtres pour alerter la police en cas d'effraction. Une escorte policière accompagnait la procureur le matin lorsqu'elle se rendait au palais de justice, et le soir quand elle rentrait chez elle. Charbonneau a magnifiquement tenu le coup durant le procès, mais elle succombera par la suite aux effets du stress.

Tout au long de son procès, Mom Boucher est demeuré impassible et parlait rarement à son avocat. Hormis les petits sourires moqueurs qu'il adressait aux policiers qui témoignaient contre lui, il s'est montré très peu émotif.

Le procès lui-même s'est avéré particulièrement chaotique, les deux camps se livrant une bataille de tous les instants. Larochelle avait recours à ses vieilles tactiques d'intimidation, mais il était clair que le tempérament combatif de Charbonneau le déstabilisait. À un moment, l'avocate de la Couronne s'en est même prise au juge Béliveau parce qu'il avait osé sourire. « Vous trouvez ça drôle, vous ? » avait-elle craché. Avec Larochelle, elle était impitoyable. Dès que l'avocat de Boucher faisait un commentaire déplacé ou une geste désobligeant, Charbonneau profitait de l'occasion pour le fustiger. Si Larochelle avait le malheur de soupirer, de hausser les épaules, de pousser des oh ! et des ha ! en contreinterrogeant Gagné, la procureur dénonçait aussitôt son attitude sarcastique. Ébranlé par ce barrage incessant d'objections, Larochelle perdait peu à peu sa contenance et sa prudence habituelles. C'est alors que la stratégie de Charbonneau a commencé à porter fruit.

Voilà plusieurs jours que Larochelle s'acharnait sur Gagné pour démontrer que sa confession originelle différait nettement de son témoignage actuel. Gagné admettait qu'au moment de son interrogatoire avec le sergent Pigeon il n'avait pas nécessairement été très précis ou exhaustif dans ses déclarations. Mais, ajoutait-il, il y avait plus de 24 heures qu'il n'avait pas dormi à ce moment-là ; il était exténué et avait peine à aligner deux idées l'une à la file de l'autre. « J'ai vu le vidéo de l'interrogatoire, a alors lancé Larochelle d'une voix triomphante, et vous aviez pas du tout l'air fatigué. »

Charbonneau n'en croyait pas ses oreilles. C'était une gaffe monumentale que Larochelle venait de faire là. Sur l'enregistrement vidéo de l'interrogatoire, Gagné était visiblement épuisé. Alors pourquoi Larochelle prétendait-il le contraire ? Se pouvait-il qu'il n'ait pas visionné la cassette ? Un grand bruit a retenti dans la salle d'audience alors que Charbonneau abattait violemment la paume de sa main sur une pile de documents. « On va regarder le vidéo, a-t-elle lancé, comme ça on va en avoir le cœur net. »

Dans la salle d'audience, tous les regards se sont tournés vers Larochelle.

L'avocat de la défense était manifestement très ébranlé. Il ne pouvait rien faire pour empêcher le visionnement de la vidéo. On fit donc jouer la cassette… et tous purent constater que Stéphane Gagné était vraiment au bout du rouleau durant sa confession. Il était littéralement en train de s'endormir sur sa chaise !

La crédibilité de Larochelle venait d'être sérieusement entamée. Jusqu'à la fin du procès, Charbonneau continuera d'exploiter cette fatale erreur de son adversaire. En présentant ses arguments finaux au jury, l'avocate de la Couronne accusera Larochelle d'avoir tenté de déformer la vérité : « Si je n'avais pas vigoureusement protesté – ce que mon collègue a si délicatement qualifié de crise de nerfs –, si je n'avais pas insisté pour que l'on voie le vidéo, n'auriez-vous pas été convaincus, comme le laissait entendre maître Larochelle, que Gagné mentait lorsqu'il disait qu'il était fatigué ? Avez-vous vu dans les propos de mon collègue la recherche de la vérité, la recherche d'un processus juste et équitable ? »

Tandis que Larochelle s'évertuait à convaincre le jury que Gagné mentait pour sauver sa peau, Charbonneau continuait d'attaquer sa crédibilité.

Les délibérations du jury commenceront le 25 avril et dureront 11 longues journées. Les jurés passeront le plus clair de leur temps à réviser les arguments finaux des deux parties.

Au neuvième jour, les jurés ont annoncé au juge Béliveau qu'ils étaient dans l'impasse. Le magistrat les a alors exhortés à poursuivre leurs délibérations. Des 12 jurés, 11 avaient pris une décision définitive. Quant à l'indécis, il avait apparemment du mal à saisir le concept de « doute raisonnable ». Béliveau lui a donné une définition judiciaire de la chose et, deux jours plus tard, le jury était prêt à rendre son verdict.

Le dimanche 5 mai 2002, 15 ans presque jour pour jour après que Mom Boucher eut adopté les couleurs des Hells Angels, le jury le reconnaissait coupable des meurtres de Diane Lavigne et de Pierre Rondeau et de tentative de meurtre sur la personne de Robert Corriveau. Outre un léger pincement des lèvres, Mom Boucher est resté parfaitement impassible à l'annonce du verdict.

France Charbonneau avait peine à contenir sa joie. C'est en arborant un large sourire qu'elle a félicité son partenaire, Yves Paradis. Elle s'est ensuite tournée vers Larochelle, mais celui-ci avait déjà quitté la salle. À la fin du premier procès, Jacques Dagenais et elle, même dans la défaite, avaient eu la décence de serrer la main de Larochelle. Deux ans plus tard, l'avocat de Boucher jouait les mauvais perdants et ne daignait pas rendre le compliment.

Hélène, la sœur de Diane Lavigne, avait été présente à la Cour presque tous les jours. En entendant le verdict, elle a posé sa tête sur l'épaule d'un policier et a fondu en larmes. Elle gardait toujours sur elle des souvenirs de sa sœur défunte – une boucle d'oreille, une médaille, ainsi qu'un signet à l'effigie de sa sœur qui lui avait été donné aux obsèques. « J'ai parlé à ma sœur, dira-t-elle aux journalistes, j'ai prié pour qu'elle intervienne, mais j'avais peur quand même. Maintenant je suis heureuse parce que justice a été faite. » Le père de Diane Lavigne, Léon, n'avait pas pu assister au procès pour cause de maladie, mais il était présent au prononcé de la sentence. « Je tiens à remercier le jury, disait-il. Il faut vraiment avoir des couilles pour condamner un gars comme Boucher. »

Hélène Brunet, la serveuse qu'un Hells avait utilisée comme bouclier humain en juillet 2000, déclarait que la décision du jury était une lueur d'espoir pour les autres victimes innocentes de la guerre des motards.

Stéphane Gagné a été informé du verdict de culpabilité en écoutant les nouvelles à la télé. Il se trouvait dans sa cellule à la prison de Sainte-Anne-des-Plaines à ce moment-là. « J'ai crié "Oui !", pis après j'ai été dans la cour de la prison pour faire un *work-out* pis prendre un peu de soleil » a-t-il dit au journaliste Michel Auger du *Journal de Montréal*. Ce soir-là, Gagné allait célébrer sa victoire en écoutant un bon match de hockey à la télé.

Plus tôt dans la journée, le commandant André Bouchard avait reçu un message sur son téléavertisseur pendant qu'il jouait au golf ; 911, disait le message. Apparemment, il y avait urgence. « 911 ! de s'exclamer Bouchard. Ah ! Tabarnac ! » Avec son handicap de 4, Bouchard est un golfeur accompli qui n'aime pas être dérangé pendant une partie. Lorsqu'il a retourné l'appel, le policier a immédiatement été transféré aux bureaux de la Couronne.

« Bon, kessé qu'y a ? fit Bouchard, impatient.

— Coupable, a dit une voix à l'autre bout du fil. Il a été reconnu coupable sur toute la ligne.

— Passe-moi France », a rétorqué Bouchard.

Le commandant a chaudement félicité l'avocate de la Couronne. « A pleurait au téléphone, dit-il. Y avait un *party* chez elle pis a m'invitait à boire le champagne. » L'invitation était généreuse, mais le policier qui luttait contre les motards depuis 30 ans déjà et qui avait passé le plus clair de la dernière décennie à traquer Mom Boucher décida de laisser les avocats célébrer entre eux leur victoire.

Satisfait, Bouchard est retourné sur le terrain de golf pour finir sa partie.

La condamnation de Mom Boucher en mai 2002 a marqué un point tournant pour les Hells Angels. En emprisonnant le leader le plus en vue du gang le plus puissant au pays, le gouvernement mettait fin à une longue série de défaites judiciaires contre les Hells. C'est donc enhardis par cette victoire que les procureurs se sont attaqués au cas des 42 Rockers et Hells Angels qui avaient été arrêtés l'année précédente lors de l'opération Printemps 2001.

Ce mégaprocès allait débuter en avril 2002 dans un nouveau palais de justice de 16,5 millions de dollars que l'on avait bâti juste à côté de la prison de Bordeaux. De tous les bâtiments du genre dans la province, celui-ci bénéficie du plus haut niveau de surveillance : véritable bunker, l'imposante structure de brique jaune est entourée d'une clôture grillagée surmontée de barbelés et est équipée d'un système de sécurité sophistiqué qui inclue des caméras et des détecteurs de métaux ; de plus, des agents de sécurité patrouillent le périmètre 24 heures sur 24. La bâtisse abrite deux salles d'audience identiques qui, prises ensemble, sont aussi grandes qu'une patinoire de hockey. Les accusés sont assis sur des gradins situés derrière un mur de verre insonorisé et ils entendent la voix des témoins par des haut-parleurs et des casques d'écoute – système qui évoque de façon assez troublante le procès de Nuremberg. Les salles d'audience sont si vastes que les avocats doivent parler dans des microphones pour être entendus ; ils disposent d'écrans vidéo leur permettant d'observer les témoins et d'étudier les pièces à conviction. Toute cette technologie de pointe aurait normalement dû faciliter le déroulement du procès, mais c'était sans compter sur l'habileté et les rusés stratagèmes des avocats des motards : telle une armée défaite battant en retraite, ceux-ci mèneront un combat d'arrière-garde de tous les instants.

Les motards faisaient face à des accusations de meurtre, de complot en vue de commettre un meurtre, de trafic de drogue et de gangstérisme. Mom Boucher était pour sa part inculpé de 10 chefs de meurtre additionnels. Ces procès allaient mettre encore une fois à l'épreuve la loi antigang canadienne de 1997, en ce sens que la Couronne devait prouver que quiconque faisait partie d'un gang structuré et organisé était coupable d'un crime du simple fait de son adhésion à ce gang. Le défi était de taille, car aucun tribunal canadien n'était encore parvenu à faire appliquer la loi antigang. Les procès au cours desquels on avait tenté l'expérience s'étaient avérés coûteux et avaient donné des résultats peu reluisants.

La débâcle la plus notoire était survenue au Manitoba. En vue d'un procès visant 35 motards membres des Warriors, le gouvernement manitobain avait fait construire au coût de 3,5 millions de dollars un nouveau palais de justice qui ne sera jamais utilisé : presque tous les inculpés consentiront à plaider coupable à des charges relatives à la drogue à condition que la Couronne retire les accusations relevant de la loi antigang. « Est-ce que quelqu'un voudrait acheter un palais de justice ? » demandait le ministre de la Justice du Manitoba en juin 2000. D'aucuns n'aurait su dire s'il blaguait ou s'il était sérieux.

Depuis ces premières tentatives d'application de la loi antigang, la police et les procureurs avaient compris qu'il n'existait aucune solution miracle au problème des motards. C'était donc avec une bonne dose d'appréhension que l'on attendait l'ouverture de ce premier mégaprocès québécois contre les Hells. L'expérience allait-elle de nouveau se solder, comme ce fut le cas au Manitoba et à Edmonton, par une cuisante et humiliante défaite pour les autorités ?

Comme il était impossible de juger au sein d'un seul procès plus de 40 défendeurs, les procureurs québécois ont conçu un plan d'attaque consistant à diviser les accusés en plusieurs groupes. Ainsi, les Hells qui avaient commis des crimes de même importance ou qui se trouvaient au même niveau dans la hiérarchie de l'organisation seraient jugés ensemble dans des procès distincts. Dans le premier procès, 13 membres des Hells Angels et des Rockers feraient face à autant de chefs d'accusation de meurtre. Un second procès verrait 17 Rockers accusés de gangstérisme, de trafic de drogue et de complot de meurtre.

Le juge Réjean Paul, un homme bourru, doté d'une grosse moustache touffue et d'une voix de stentor, allait présider au premier procès. De toute évidence, 13 n'était pas son chiffre chanceux : en dépit des louables efforts du magistrat, le procès s'est vite changé en un cirque épouvantable. Les 13 avocats de la défense se relayaient pour interroger chaque témoin, si bien que le procès avançait à pas de tortue. Le juge Paul tentait tant bien que mal d'imposer un rythme plus rapide à la procédure, mais les avocats de la défense se montraient sourds à ses recommandations et poursuivaient comme ils l'entendaient. Durant les 3 premiers mois d'audience, 72 témoins furent entendus. Le chiffre était certes impressionnant, mais ce n'était rien, considérant que la Couronne et la défense avaient prévu un grand total de 750 témoins. À ce rythme, le procès durerait un an et demi. À un moment, un avocat qui assistait à la procédure a quitté la salle d'audience en se déclarant honteux de sa profession.

Parmi les avocats de la défense, on retrouvait quelques vétérans qui avaient eu des démêlés avec la justice : l'un d'eux avait failli être radié du barreau parce qu'il avait participé à une bagarre dans un bar ; un autre avait trempé dans une affaire de cocaïne. Certains des avocats de la défense avaient même des liens de parenté avec des membres des Hells Angels. Le plus redoutable d'entre eux était sans nul doute Réal Charbonneau.

Avec ses formes replètes et sa coupe de cheveux digne d'un moine, Charbonneau ressemble à s'y méprendre au frère Tuck, le célèbre compagnon de Robin des Bois. En 1986, il avait été accusé et reconnu coupable d'avoir tenté de persuader un témoin à charge de signer une fausse déposition. La police, ayant anticipé ce genre de manœuvre de la part de l'avocat, avait armé son témoin d'un magnétophone de poche et enregistré toute la conversation. Reconnu coupable d'entrave à la justice, Charbonneau fut condamné à 18 mois de prison, mais il est allé en appel et est parvenu à convaincre le juge de renverser le verdict et d'ordonner la tenue d'un nouveau procès. Durant la seconde procédure, l'avocat de Charbonneau, Sidney Leithman, un personnage sordide qui avait l'habitude de transiger avec des figures du crime organisé, fut assassiné – on soupçonnait qu'il avait été tué par des trafiquants de cocaïne colombiens. Charbonneau prétendait que, sans son avocat, il ne pouvait espérer un procès équitable. Le juge lui donnera raison et l'acquittera.

À l'occasion du mégaprocès, Charbonneau représenterait un Hells du nom de Paul « Smurf » Brisebois, qui faisait face à deux chefs de meurtre et à une autre accusation de tentative de meurtre. D'entrée de jeu, Charbonneau et le juge Paul se sont livrés une véritable guerre de tranchées. L'avocat interrompait fréquemment le magistrat et ignorait ses interventions. À un moment donné, le juge Paul a jugé irrecevable un contre-interrogatoire mené par l'avocat de Brisebois et il lui a ordonné de s'asseoir. Charbonneau a fait objection dans un langage convenant peu au décorum de la cour : « Hé ! s'est-il exclamé d'un ton railleur, j'ai pas fini, moé là, là ! »

Au cinquième mois d'audience, à bout de patience, Réjean Paul a fait une chose qu'il n'avait jamais faite dans ses 20 années de carrière en tant que juge : il a expulsé l'avocat impoli en l'accusant d'outrage au tribunal. « Je suis fatigué d'avoir à le rappeler à l'ordre à chaque fois qu'il ouvre la bouche » a dit le juge Paul à la cour.

Tandis que son avocat semait la pagaille au tribunal, Paul Brisebois restait sagement assis dans le box des accusés, souriant. De temps à autre, il décochait un clin d'œil amusé à une amie qui se trouvait dans l'assistance. Brisebois se doutait bien qu'il avait davantage de chances d'être acquitté s'il était jugé séparément. Lorsque le juge, après avoir évincé son avocat, a annoncé au Hells qu'il pouvait continuer le procès soit avec un autre avocat, soit en se représentant lui-même, mais qu'il pouvait également être jugé à nouveau dans un procès individuel, le choix de Brisebois a été instantané. Le mégaprocès ne comptait plus maintenant que 12 accusés.

Pendant ce temps, une déroute encore plus sérieuse et encore plus coûteuse avait lieu dans la seconde salle d'audience du Palais de justice. Là, les 17 Rockers qui se trouvaient au banc des accusés avaient affaire au tristement célèbre juge Jean-Guy Boilard, celui-là même qui, lors du premier procès de Mom Boucher, avait donné au jury des instructions erronées et avait ainsi permis l'acquittement du chef des Nomads. Boilard était de retour… et tout semblait indiquer qu'il y aurait encore une fois du grabuge.

Le procès a connu un début chaotique lorsque les avocats de la défense se sont opposés à la divulgation de preuves contenues sur 177 disquettes d'ordinateur, soit l'équivalent de 693 000 pages de texte. Hormis ces documents, la Couronne disposait d'une véritable montagne de preuves : 274 000 conversations enregistrées à partir de tables d'écoute ; 256 000 fichiers de police ; et 211 vidéos de surveillance. Les avocats des Hells exigeaient que toute cette information soit immédiatement transcrite sur papier parce que, disaient-ils, les disquettes pouvaient être manipulées et les autres documents détruits ou volontairement égarés. La Couronne soutenait pour sa part que la disquette constituait un support sécuritaire qui facilitait la navigation entre les documents. Les procureurs ajoutaient qu'il faudrait plusieurs mois pour transcrire, organiser et photocopier tout ça et que l'opération coûterait des millions de dollars. Afin d'appuyer leur requête, les avocats de la défense ont fait venir de Vancouver un témoin soi-disant expert en sécurité informatique. La police découvrit que cet individu était en fait un entrepreneur en pavage et qu'il entretenait des liens avec les Hells Angels de la Colombie-Britannique.

Les avocats des Rockers ont donc perdu sur ce point ; toutefois ils présentèrent bientôt une autre requête à la cour : sept d'entre eux, qui travaillaient pour l'Aide juridique, ont décidé de réclamer des honoraires de 1 000 $ par jour, soit le double de leur rémunération habituelle. Non content de répondre favorablement à cette requête, le juge Boilard a jugé bon de tripler les honoraires des avocats de l'aide juridique, portant leur tarif journalier à 1 500 $. Boilard justifiera sa décision en disant qu'il était « impossible de faire du bon travail pour moins que ça, parce que ce procès-là, c'est du jamais vu, une entreprise colossale ». Ayant peine à croire qu'un juge puisse ainsi s'accorder le droit de changer une tarification établie par le gouvernement, le ministre québécois de la Justice a menacé de renverser la décision du magistrat – mais il n'en fera rien.

Les avocats des motards exultaient. Bon nombre d'entre eux n'avaient jamais été aussi bien payés et ils ont vite compris que plus le procès s'éterniserait, plus ils feraient d'argent. Boilard estimait que la procédure durerait au moins huit mois, ce qui signifiait que, avec un salaire hebdomadaire maximum de 9 000 $, les avocats de l'aide juridique affectés à la défense des Rockers récolteraient au bas mot 288 000 $ pour leurs services. Leurs collègues qui plaidaient devant le juge Paul ont eux aussi réclamé une augmentation de salaire substantielle. Ils se verront accorder la coquette somme de 5 500 $ par semaine, soit le double de leurs honoraires habituels.

À partir de ce moment, les deux procès ont adopté une vitesse de croisière évoquant celle d'une limace invalide. Le procès présidé par le juge Paul a soudain pris des airs de colonie de vacances. La journée d'audience durait à peine quatre heures et demie. Il y avait près d'un an que les deux parties négociaient en douceur un règlement hors cour, mais sans succès. Au printemps 2003, le juge Paul, fatigué et alarmé par la lenteur de la procédure, s'est mis à insister pour que la Couronne et les avocats des motards s'entendent sur une négociation de peine. Le magistrat avait déjà eu de sérieux problèmes de santé par le passé et des avocats craignaient qu'ils ne se manifestent à nouveau. La Couronne a refusé de marchander avec trois des accusés contre lesquels elle détenait des preuves compromettantes – empreintes digitales, ADN, etc. – qui liaient ces individus à des meurtres. En juin, un marché semblait sur le point de se conclure avec les neuf autres plaignants quand le juge Paul, sans donner d'explications supplémentaires, a accordé des jours de congé aux avocats pour qu'ils puissent jouer au golf; il leur a également donné sept semaines de vacances durant la belle saison.

La négociation de peine reprendra à leur retour au début du mois d'août. Cette fois-ci, de façon exceptionnelle, le juge Paul décidera d'intervenir personnellement. Les deux parties se rencontreront et le magistrat les exhortera à en arriver à une entente. Neuf des accusés consentiront à plaider coupable à des charges de complot de meurtre, trafic de drogue et gangstérisme; cependant les deux parties, en désaccord quant au choix de la sentence, ne purent finaliser l'entente. La Couronne voulait des peines de 15 à 20 ans, alors que les avocats des motards visaient plutôt des sentences de 13 à 18 ans. Une chose était certaine: en tant que leaders des Hells, les 4 Nomads – Normand Robitaille, 35 ans; René Charlebois, 38 ans; Gilles Mathieu, 53 ans; et Denis Houle, 50 ans – écoperaient des peines les plus sévères. Un autre problème est venu ralentir les négociations: il était entendu que les accusations de meurtre seraient retirées, toutefois la défense voulait obtenir la garantie que ses clients ne seraient pas inculpés de nouveau pour ces meurtres dans l'avenir. La Couronne a finalement consenti à ce que les accusations de meurtre ne soient réitérées que si de nouvelles preuves étaient trouvées contre les défendeurs. En échange, la défense s'engageait à accepter les peines plus longues qu'exigeait la Couronne. Il ne manquait plus que l'approbation du ministre québécois de la Justice, Marc Bellemare, pour sceller l'accord. Mais, suivant l'avis de son sous-ministre Mario Bilodeau, Bellemare a finalement refusé de ratifier l'entente sous prétexte que les charges de complots de meurtre n'étaient pas assez sévères. Bellemare et Bilodeau voulaient que les Nomads en prennent pour 25 ans. Furieux de ce revirement soudain, les avocats de la défense ont demandé, dans une longue requête exposant l'historique des négociations, que le procès soit déclaré nul. Les avocats des motards prétendaient que la procédure avait été pervertie par l'intervention du ministre et par l'implication du juge dans les négociations. André Vincent, le procureur dans l'affaire, était furieux lui aussi. Ayant cru que le ministre lui donnait carte blanche pour négocier une entente avec la défense, Vincent se sentait cruellement trahi. Voyant que le procès entier était sur le point de s'écrouler, le procureur a demandé audience auprès du ministre pour lui expliquer clairement les motifs qui sous-tendaient l'entente. Rejetant les conseils de son sous-ministre, Bellemare a finalement abondé dans le sens de Vincent. Le 11 septembre, devant une salle d'audience remplie à capacité, sous l'œil satisfait du sergent-détective Benoît Roberge et du sergent Robert Pigeon, neuf motards plaidaient coupable. Les trois défendeurs restants auraient droit à un nouveau procès. Le mégaprocès, qui avait duré 11 mois, avait coûté des millions de dollars et au cours duquel 155 témoins avaient été entendus, était enfin terminé.

Par contre, dans la seconde salle d'audience du palais, l'autre mégaprocès présidé par le juge Boilard se heurtait à un sérieux écueil.

L'origine du problème remontait au 21 juin 2001, date où Boilard avait entendu une requête pour remise en liberté plaidée par l'avocat Gilles Doré. Reconnu pour son tempérament batailleur, Doré voulait que son client, un motard accusé de 17 meurtres, soit libéré. L'extravagance de la demande eut l'heur d'irriter Boilard. « Un avocat insolent est rarement utile à son client » dit-il en toisant Doré par-dessus ses lunettes. Boilard a ensuite sévèrement réprimandé Doré pour sa « rhétorique ronflante et hyperbolique » ainsi que pour son « outrecuidance ». Le magistrat a ajouté que la requête de l'avocat était « tout à fait ridicule ».

Par la suite, Doré a écrit au juge Boilard une lettre dans laquelle il se plaignait de l'attitude injurieuse du magistrat. Boilard a riposté en informant le Barreau du Québec du fait que Doré lui avait écrit une lettre personnelle alors qu'il plaidait une cause devant lui.

Boilard pensait sans doute avoir le dernier mot en agissant de la sorte, mais c'était sans compter sur la combativité de Gilles Doré. Après avoir été dénoncé par le vindicatif magistrat, Doré a porté plainte auprès du Conseil canadien de la magistrature, organisme qui supervise la conduite de tous les juges nommés par le gouvernement fédéral. Un an plus tard, soit le 15 juillet 2002, trois juges du Conseil ont écrit à Boilard une lettre de réprimande dont voici quelques extraits : « Vous avez fait à Me Doré des remarques désobligeantes et injustifiées [...] qui constituent des attaques personnelles à son égard [...] Vous avez non seulement terni votre image de justicier, mais vous avez également porté atteinte à la magistrature, dont l'image en est sortie malheureusement amoindrie. » Dans sa missive, le Conseil enjoignait Boilard de cesser de dénigrer les avocats, mais il ne préconisait aucune sanction à son égard.

Cette lettre du Conseil canadien de la magistrature aura des conséquences désastreuses sur le mégaprocès des motards. Une journaliste en obtiendra une copie et, quelques jours plus tard, le manque de patience et de tact du juge Boilard faisait la manchette des journaux du week-end. Le lundi suivant, soit le 22 juillet, Boilard était de retour sur sa tribune, mais il était de très méchante humeur. À la stupéfaction générale, il a annoncé qu'il n'avait plus « l'autorité morale ou même l'aptitude requise pour continuer [son] rôle d'arbitre dans ce procès ».

Même si Boilard était convaincu que la lettre du Conseil avait porté atteinte à son statut, il aurait pu demander aux avocats de la défense s'ils s'opposaient à ce qu'il continue de présider au procès ; advenant qu'aucun d'eux ne se serait formalisé, l'incident n'aurait pas pu être utilisé lors d'un appel éventuel. Cela aurait été une solution simple, mais Boilard décidera de procéder autrement. Visiblement vexé, il a annoncé qu'il était peut-être temps pour lui de prendre sa retraite et qu'il avait besoin de temps pour réfléchir à sa situation ; puis il a quitté sa tribune en trombe, laissant tout le monde dans la salle d'audience, y compris les avocats des motards, sans voix. L'après-midi même, le magistrat déchu tondait tranquillement sa pelouse.

Après cinquante jours de témoignages et de plaidoiries menés par dix avocats de la défense et quatre procureurs de la Couronne, après avoir mobilisé à plein temps trois enquêteurs de police pour travailler sur l'affaire, le procès a avorté. Boilard avait laissé derrière lui un véritable fiasco. Les jurés avaient entendu 123 témoins, examiné 1 114 pièces à conviction et pris connaissance de documents contenus sur 56 CD-ROM... mais en vain. Le juge Pierre Béliveau, qui venait de présider au procès de Mom Boucher, fut appelé pour remplacer au pied levé le juge Boilard et pour mettre de l'ordre dans tout ça; devant l'ampleur de la tâche, il a dû s'avouer vaincu. Il a donc renvoyé le jury et ordonné la tenue d'un nouveau procès.

La nouvelle a défrayé la manchette de tous les journaux. Les lignes ouvertes ne dérougissaient pas. Les Montréalais – qui croyaient pourtant avoir tout vu depuis le début de la guerre des motards quelque 10 années plus tôt – ne savaient plus s'il fallait en rire ou en pleurer. Le seul bon côté de l'affaire, c'était que le juge Béliveau avait coupé de moitié les honoraires des avocats de l'aide juridique en établissant un tarif de 750 $ par jour.

Le nouveau procès ne commencera que sept mois plus tard, soit en janvier 2003. Entre-temps, six des dix-sept motards accusés ont plaidé coupable à des charges de trafic de drogue et de gangstérisme; ils écoperont de peines allant de trois à onze ans de prison. Un septième motard inculpé fut dispensé parce qu'il était soi-disant en train de mourir de toute une panoplie de maladies – cirrhose du foie causée par l'hépatite B, diabète, hypertension; il souffrait également des séquelles de deux crises cardiaques. Comme ses médecins affirmaient qu'il lui restait à peine 10 mois à vivre, son avocat a tenté de faire annuler les accusations qui pesaient contre lui. Un an plus tard, le motard moribond semblait miraculeusement guéri. La police l'a aperçu alors qu'il se rendait d'un pas hardi dans un club vidéo pour se louer un film; il était manifestement pétant de santé.

Le juge Boilard avait finalement décidé de ne pas prendre sa retraite. Quelques mois à peine après son désistement, il était de retour sur sa tribune, confiant qu'il avait l'aptitude – et, il va sans dire, l'autorité morale – nécessaire pour s'acquitter de ses fonctions en tant que magistrat à la Cour supérieure du Québec.

Au début de l'année 2003, les mégaprocès impliquant des motards se sont multipliés au Québec, mais aussi ailleurs au

Canada. À London, en Ontario, l'engorgement des tribunaux était à son comble alors que la cinquantaine de Outlaws qui avaient été arrêtés en 2002 au cours du projet Retire se voyaient traduits en justice. Le système judiciaire de l'Ontario devait en outre s'occuper de la soixantaine de Bandidos qui avaient été appréhendés dans le courant de la même année. Au Québec, 24 Bandidos étaient appelés à comparaître devant les tribunaux.

Tandis que les tribunaux de la Belle province continuaient de s'escrimer pour mener à terme les deux mégaprocès des Hells Angels, un troisième procès visant les membres anglophones des Hells du Québec s'esquissait à l'horizon. Deux membres éminents des Nomads, Walter « Nurget » Stadnick et David « Pup » Stockford, voulaient être jugés en anglais et dans un procès séparé. Par la suite, on a ajouté un troisième Nomad, Michel Rose, au procès de Stockford et Stadnick. Les trois hommes étaient accusés de complot pour meurtre, de trafic et de gangstérisme ; Rose et Stadnick faisaient par ailleurs face à plusieurs chefs de meurtre au premier degré.

Michel Rose a choisi ses avocats avec le plus grand soin. Il a d'abord retenu les services de Marcel Danis, un ancien ministre du cabinet Mulroney qui avait déjà représenté Rose dans les années 1970. Danis, qui était maintenant vice-recteur de l'université Concordia à Montréal, a consenti à représenter le motard encore une fois, mais seulement à titre temporaire. Danis mettra finalement son client en contact avec l'avocat torontois Edward Greenspan.

Greenspan est sans contredit l'un des avocats criminels les plus connus au pays. Il a plaidé plusieurs causes célèbres, dont celle du producteur de Broadway Garth Drabinsky. Parmi ses clients, on retrouve également Robert Latimer, le fermier qui avait été reconnu coupable de meurtre au second degré après avoir gazé sa fille de 12 ans ; et Gerald Regan, l'ancien premier ministre de la Nouvelle-Écosse qui avait été acquitté de viol, de tentative de viol, de séquestration et de grossière indécence. Greenspan avait maintenant un autre défi de taille à relever, en l'occurrence, défendre un Hells qui était accusé d'avoir tué plusieurs motards de bandes rivales et qui avait assassiné par erreur un innocent. Greenspan soutenait qu'il était prêt à aller jusqu'en Cour suprême pour obtenir que son client ne soit pas jugé dans l'une des salles d'audience où avaient lieu les mégaprocès. Selon l'avocat, le fait que, dans ces pièces, une cloison vitrée sépare les défendeurs de leurs avocats portait atteinte au processus judiciaire. « Ce genre de chose est fondamentalement intolérable, surtout dans une société qui se veut libre et démocratique, d'affirmer Greenspan. Je ne peux pas parler à mon client à travers un mur de verre. »

À l'instar de Rose, Stadnick et Stockford n'entendaient pas lésiner sur leurs frais d'avocat. Les deux Nomads feront un choix judicieux en recrutant Alan D. Gold, l'avocat torontois qui avait été président de la Criminal Lawyers Association. Gold avait déjà mené plusieurs batailles judiciaires pour les motards. En décembre 2000, il avait aidé les avocats de Mom Boucher à préparer la requête qui allait être présentée devant la Cour suprême du Canada et qui visait à renverser l'annulation de son acquittement du meurtre des gardiens de prison par la Cour d'appel du Québec. Deux ans plus tard, Gold se rendait à Winnipeg pour représenter plusieurs Hells Angels qui avaient été impliqués dans des bagarres et des fusillades.

D'entrée de jeu, Gold et Greenspan ont opté pour une stratégie offensive en exigeant que l'ensemble des preuves – plus de 500 000 pages de texte et le contenu de 10 CD-ROM – soit traduit en anglais. Le gouvernement estimait que la tâche pouvait coûter jusqu'à 23 millions de dollars. Prétendant qu'il ne connaissait rien aux ordinateurs, Greenspan a également demandé que les documents des CD-ROM soient imprimés. Lorsque les tribunaux du Québec refuseront de se plier à leurs demandes, les deux avocats en appelleront à la Cour suprême.

En janvier 2003, le plus haut tribunal au pays refusait d'entendre l'appel ; fidèle à son habitude, la Cour suprême ne donnera pas les raisons de son refus. Greenspan et Gold retournèrent donc à Montréal où ils attendirent l'ouverture du procès. À eux deux, les avocats torontois avaient plus de 60 ans d'expérience devant les tribunaux. En comparaison, Randall Richmond, le procureur de la Couronne dans l'affaire, est beaucoup plus jeune. Avec sa silhouette menue et sa voix agréable et douce, Richmond tient davantage du comptable que du plaideur féroce. Ses spécialités sont le blanchiment de fonds et le crime commercial. Richmond se souvient qu'à l'époque où il faisait ses études de droit, soit quelque 20 années plus tôt, il nourrissait une admiration particulière à l'égard de Greenspan

– que d'aucuns considéraient comme « le plus grand avocat défendeur au pays ». Mais en dépit des apparences, Richmond n'avait rien d'un néophyte. Si on l'avait choisi pour plaider cette cause, ce n'était pas seulement parce qu'il était l'un des seuls procureurs parfaitement bilingues de la province, mais aussi parce qu'il était sous-procureur général du Québec pour les causes relatives au crime organisé et qu'il avait déjà obtenu la condamnation de plusieurs motards par le passé. Richmond affirme catégoriquement qu'il n'a pas l'intention de se laisser intimider par ses « très impressionnants adversaires ». Au contraire, il se dit enchanté d'avoir enfin l'occasion de se mesurer à eux.

Mais le procureur devra attendre un peu avant de batailler avec Gold et Greenspan. En tenant compte des délais habituels et des requêtes préliminaires, le procès de Rose, Stockford et Stadnick ne commencera probablement qu'en 2004.

Walter Stadnick, l'Ontarien qui, 20 ans plus tôt, rêvait de faire des Hells Angels un réseau national de motards, s'était toujours magnifiquement tiré d'affaire dans ses démêlés avec la justice… mais il n'avait jamais eu à faire face, comme c'était le cas présentement, à une accusation de meurtre au premier degré.

C'était néanmoins avec calme et assurance que Stadnick avait dit aux policiers qui l'avaient arrêté que, cette fois encore, on ne le garderait pas en prison très longtemps.

CHAPITRE 18

Entre le ciel et l'enfer

*Dans les années 1970, les motards n'étaient rien de plus que
des voyous désorganisés. Puis on les a vus prendre de l'expansion
et former des organisations multinationales. À mon avis, les motards
représentent pour la police un échec collectif.*
LE SURINTENDANT GARRY CLEMENT DE LA GRC,
ADMINISTRATEUR NATIONAL DE LA SECTION DES PRODUITS DE LA CRIMINALITÉ

Il règne dans Niagara Falls une perpétuelle atmosphère de carnaval. Avec ses attractions touristiques, ses musées de cire et son penchant pour tout ce qui est kitsch, cette ville qui se targue d'être la capitale mondiale de la lune de miel était l'endroit idéal pour la randonnée nationale annuelle des Hells Angels.

L'an 2002 fut pour les Hells une année particulièrement éprouvante : au Québec, pas moins de 80 membres de l'organisation faisaient face à des accusations de meurtre, de gangstérisme ou de drogue ; plus de la moitié de leurs membres manitobains faisaient l'objet de poursuites criminelles ou étaient déjà sous les verrous ; en Colombie-Britannique, trois membres de la bande étaient disparus et présumés morts, et deux autres avaient été arrêtés pour trafic de cocaïne ; quant au chapitre de Halifax, il était sur le point de s'effondrer alors que la majorité de ses effectifs avait été inculpée de trafic ou de meurtre.

Mais qu'importait : les Hells étaient venus à Niagara pour oublier leurs problèmes et faire la fête. Sans doute espéraient-ils vivre là une sorte de conte de fée sur deux roues.

La randonnée annuelle, qui s'était déroulée à Halifax, à Edmonton et à Winnipeg au cours des années précédentes, devenait invariablement le théâtre d'une sorte de rituel païen entre les motards et la police : les Hells arboraient leurs couleurs, les policiers avaient les leurs ; la police faisait acte de présence pour montrer au contribuable que son argent était utilisé à bon escient, et les motards s'efforçaient de démontrer aux citoyens canadiens que les forces de l'ordre dilapidaient leurs impôts en vains déploiements.

Lors de chaque randonnée annuelle, il se brasse généralement de grosses affaires. Au premier jour de l'événement, on assiste bien souvent à une conférence au sommet des têtes dirigeantes. Des représentants de chaque chapitre canadien se réunissent alors pour former une sorte de conseil de guerre.

Pour la police, la randonnée a également ses avantages. Des spécialistes des motards viennent de partout au pays pour faire connaissance et échanger des renseignements.

La randonnée annuelle donne par ailleurs aux Hells l'opportunité de redorer leur blason. L'événement s'inscrit définitivement dans leur programme de relations publiques. Dans un éditorial adressé à un quotidien local, Donny Petersen, le porte-parole des Hells Angels de l'Ontario, écrivait ceci : « Notre randonnée nationale annuelle répond d'abord et avant tout à un objectif récréatif. C'est pour nous l'occasion de rencontrer nos pairs et de parler motocyclette. »

En fait, Petersen semblait dire : « Chevauchez notre carrousel féerique et joignez-vous à nous, ne serait-ce que pour un bref instant. »

Avec ses grosses bottes et ses lourds gilets pare-balles, l'escouade de policiers qui sortait de Legion Hall avait des airs de bataillon militaire. À la ceinture des agents, *talkies-walkies*, téléavertisseurs et caméras vidéo rivalisaient d'éclat avec l'acier impitoyable des pistolets.

La scène se déroulait le mardi 23 juillet, sous le soleil de midi. Dans quelques heures, un cortège de motards envahirait la ville. Au Legion Hall, que la police avait réquisitionné pour en faire son poste de commande, le sergent-détective Don Bell de l'Unité de lutte contre les bandes de motards (ULBM) supervisait ses troupes alors qu'elles veillaient aux préparatifs de dernière minute avec leurs homologues de la GRC et d'autres corps policiers canadiens. La police locale était de la partie et elle n'avait rien laissé au hasard : bien que nous nous trouvions au cœur de l'été, tous les congés avaient été reportés.

Les Hells Angels avaient investi deux hôtels entiers de la chaîne Days Inn. L'un de ces hôtels se trouvant à proximité d'un musée de cire, les touristes se pressaient, hypnotisés, pour contempler le spectacle de cette multitude de fabuleux Harley qui défilaient un à un jusque dans le parking de l'établissement. Plus d'une douzaine de policiers montait la garde en filmant diligemment chaque motard. Un jeune agent de la ULBM notait frénétiquement le numéro de plaque de chaque moto qui entrait ou sortait du stationnement. Pendant ce temps, dans une chambre du premier étage, les Hells Angels menaient leur propre campagne d'espionnage, photographiant les policiers et les journalistes qui, dehors, talonnaient leurs confrères.

Contre toute attente, il régnait sur les lieux un étrange climat de camaraderie. Après tout, bon nombre de ces policiers et de ces motards se connaissaient depuis belle lurette. « Hé, les gars, comment ça marche ? » avait lancé un motard en passant devant les gardiens de la paix.

« Vous avez donc ben l'air sérieux, avait dit un autre. Enwèyez, souriez un peu ! »

À mesure que les Harley s'empilaient dans le parking du Days Inn, on avait idée, en déchiffrant les divers écussons cousus au dos des vestes de cuir, de la progression tentaculaire des Hells au Canada. Des chapitres de partout au pays étaient représentés : il y avait le club Bacchus de Albert County dans le Nouveau-Brunswick ; une délégation entière de Nomads de la Colombie-Britannique ; des représentants du chapitre torontois de Richmond Hill ; etc.

Les jeunes *prospects* et *hangarounds* qui étaient venus accompagner les membres *full patch* rongeaient leur frein sur le trottoir. Ils semblaient un peu honteux du fait qu'aucune *patch*, qu'aucun emblème au nom du club ne venait orner leurs vestes de cuir noir. Pour compenser cette lacune, ils parlaient et riaient fort en exhibant leurs tatouages aux couleurs criardes.

Quand une poignée de Hells du Québec sont arrivés dans le stationnement, quelqu'un a lancé en français d'une voix moqueuse : « Hé ! vous êtes loin de chez vous. » C'est avec un air de défi que Stéphane Trudel, un motard montréalais qui était maintenant à la tête du chapitre Nomad de l'Ontario, a répondu : « Non, on est chez nous ici. » Et il avait raison : à Niagara, les Hells Angels québécois se trouvaient bel et bien sur leur territoire.

Donny Petersen est arrivé un peu plus tard dans l'après-midi, tout de cuir vêtu et arborant fièrement ses couleurs. Avec sa barbe soigneusement taillée et ses cheveux coupés ras, il avait vraiment belle allure. « Votre suite est prête, monsieur » lui a annoncé la jeune femme qui travaillait à la réception de l'hôtel ; elle était visiblement impressionnée de voir le porte-parole des Hells en chair et en os. Petersen a déposé sa carte de crédit CIBC or sur le comptoir en remerciant poliment l'employée. Le motard s'est montré moins cordial envers un journaliste qui l'a approché pour obtenir une entrevue. « Non, je n'ai rien à dire, a déclaré Petersen en serrant tout de même la main du reporter. Chaque fois que je parle aux médias, ils déforment mes propos. »

À l'occasion d'une conférence de presse, le sergent-détective Don Bell a dit aux journalistes : « C'est certain que les Hells vont bien se comporter durant la randonnée. Ils veulent faire croire à tout le monde qu'ils sont d'inoffensifs amateurs de moto – ça fait partie de leur stratégie de marketing. Mais il ne faut pas oublier que ce sont des criminels. » Faisant allusion à la typique rengaine de relations publiques de Donny Petersen, Bell a ajouté : « Les Hells Angels disent qu'ils sont venus ici parce qu'ils apprécient la région de Niagara et qu'ils veulent contribuer à son économie, mais l'argent qu'ils dépensent ici provient d'activités illégales. Nous, on ne veut pas de cet argent-là. »

Les commerçants de Niagara Falls n'étaient malheureusement pas tous de l'avis de Don Bell. À deux pâtés de maison de la conférence de presse, le propriétaire du restaurant Paesano's, Frank Marchese, accostait les motards qui passaient devant son établissement pour les attirer à l'intérieur. Quelle ne fut pas la joie du restaurateur lorsque trois Hells de la Colombie-Britannique se sont laissés tenter par la carte du midi. Mieux encore, les trois hommes furent bientôt rejoints par trois autres confrères du chapitre de Trois-Rivières. Dans la salle à manger du Paesano's, deux jeunes et jolies filles – Jennie, la sœur du proprio et Melanie, sa nièce – se sont affairées à servir ces clients pour le moins spéciaux. Dans un mauvais anglais, un motard québécois aux cheveux longs et aux bras couverts de tatouages a commencé à chanter la pomme à la petite Melanie. Quand le Hells lui a demandé son numéro de téléphone, la mère de la jeune femme a jugé bon de s'interposer. « Non mais, vous voulez rire ? a-t-elle lancé en balançant un doigt grondeur en direction du motard. C'est encore un bébé. Elle n'a que seize ans ! »

Les motards ont préféré rire de l'incident plutôt que de s'en offusquer. En fait, tout au long du dîner, l'atmosphère est demeurée joviale. « Ils ont agi en gentlemen, de dire Marchese. Et puis ils laissent des bons pourboires – 30 p. 100. »

Quatre jours plus tard, la randonnée annuelle des Hells était terminée. Les motards ont quitté la péninsule de Niagara dans un calme relatif – pas de violence, mais il y avait tout de même ces centaines de Harley qui pétaradaient –, après avoir fait les délices des propriétaires de bars et de restaurants de la ville. Aux sourires entendus que les motards lançaient à la ronde, on devinait que leur campagne de relations publiques avait encore une fois supplanté celle de la police.

Outre les Hells, Niagara Falls avait accueilli cette semaine-là 6 000 fidèles à l'occasion d'un pèlerinage religieux. Mauvaises langues et plaisantins s'étaient amusés à répéter que la ville se trouvait prise entre le ciel et l'enfer. Certains fidèles qui étaient venus dans la région expressément pour voir le pape Jean-Paul II à Toronto n'ont pas dédaigné se faire prendre en photo avec des policiers et des motards. Un prêtre catholique proclamait même que la présence simultanée des Hells Angels et du pape en Ontario était l'œuvre de la divine providence. « Notre boulot, c'est de sauver des âmes, a-t-il dit à un journal local. Or, il faut nécessairement que cela inclue tous les pécheurs, sinon notre ministère ne vaudrait pas grand-chose. Je pense que les motards se sont retrouvés ici en même temps que Notre Saint-Père parce qu'il y a eu intervention divine. Au fond, c'est une bénédiction. »

Mais la différence entre le pape et les Hells, c'est que le pontife est bientôt retourné à Rome en ne laissant derrière lui qu'un céleste souvenir de son passage ; les Hells, en revanche, avaient la ferme intention de rester dans les parages pour poursuivre leur mission infernale.

Pour les Hells Angels, la randonnée de Niagara Falls fut un succès de relations publiques parmi tant d'autres. La bande a ouvert
un peu partout au Canada des boutiques spécialisées dans les-
-quelles elle vend tout un éventail de produits – vêtements, autocollants, etc. – à l'effigie du club. On retrouve de ces commerces –
qui, soit dit en passant, sont tout à fait légitimes – dans les villes
ontariennes de Toronto, Durham, Welland et Oshawa ; à Edmonton dans le Manitoba ; et à Haney en Colombie-Britannique. À
Winnipeg, les motards ont essayé de convertir un atelier de tatouage
du très branché Exchange District en boutique officielle des Hells.
Voyant leurs efforts contrecarrés pour une question de formalités,
les Hells Angels ont riposté en ouvrant un magasin de motos, River
City Choppers, à deux pas des bureaux du ministre provincial de
la Justice.

Outre leurs boutiques, les Hells ont une dizaine de sites Internet officiels ; on en compte quatre en Ontario, deux sur la côte Est,
deux dans l'ouest du pays et deux autres à Saskatchewan. (Contrairement à leurs homologues du reste du Canada, les Hells du
Québec n'ont pas leur propre site Internet.) Sur ces sites, on trouve
des vidéos et des photos prises lors de rassemblements de Hells
Angels ainsi que les toutes dernières nouvelles concernant le club.
Il est également possible de contacter l'organisation par courrier
électronique. Une page d'un des sites ontariens comprend un lien
qui renvoie à un site intitulé Know Your Cops (connaissez vos
policiers) où on trouve des photos de policiers spécialistes des
motards. Les ventes de vêtements griffés effectuées sur les sites des
Hells Angels – toutes les cartes de crédit sont acceptées – permettent de récolter des fonds pour financer leurs batailles juridiques. « Nous faisons partie des 15 marques les plus connues au
monde, disait Donny Petersen à un journaliste du *Globe and Mail*.
Comparativement aux logos des plus grosses corporations canadiennes, notre logo est plus largement reconnu du public. »

Ernie Dew, le président des Hells Angels du Manitoba, a ceci
à dire de l'image publique du club : « Il y a en ce moment une
guerre de relations publiques entre nous et la police... et je pense
que c'est nous qui sommes en train de gagner. »

La triste réalité est que les Hells Angels sont maintenant partie intégrante du paysage culturel canadien – au même titre que

le sirop d'érable, par exemple. La police et la presse ont bien souvent tendance à présenter les gangs criminels comme des phénomènes venus de l'étranger. On parle volontiers des triades asiatiques et des bandes jamaïcaines, mais, contrairement à ces organisations exotiques, les Hells Angels ont su s'enraciner au cœur même de nos communautés. Au Québec, hormis quelques exceptions, les Hells sont tous francophones ; le chapitre de Halifax est presque exclusivement composé de gars de la côte Est ; et les membres du Manitoba et de l'Alberta sont pour la plupart originaires des provinces des prairies.

Si les Hells sont parvenus à devenir l'organisation criminelle la plus puissante au Canada, c'est parce que, pendant trop longtemps, la police et les politiciens les ont laissés proliférer sans intervenir. Malgré les avertissements répétés de certains policiers qui savaient que les Hells Angels travaillaient inlassablement à dominer la scène criminelle canadienne, personne n'a jugé bon d'intervenir. Quand les autorités sont entrées en action, il était déjà trop tard. Au Québec, les bombes sautaient avec la même régularité qu'en Irlande du Nord ; néanmoins il aura fallu attendre la mort d'un garçon de 11 ans pour que la police et le gouvernement sortent de leur torpeur. Et encore ! En vérité, ce n'est que quand la police a découvert, en 1999, une liste de cibles où figuraient les noms de plusieurs ministres que la complaisance des politiciens à l'endroit des motards s'est véritablement volatilisée. Dans d'autres provinces, il faudra encore quelques années avant que les autorités ne saisissent pleinement l'ampleur de la menace. Et lorsqu'on a enfin accordé aux forces policières les budgets et les ressources dont elles avaient besoin, les motards avaient déjà formé leur empire criminel national. Le surintendant Gary Clement, administrateur national de la Section des produits de la criminalité de la GRC, déplore vivement cette période de léthargie qui a permis aux motards de s'organiser. « Dans les années 1970, dit-il, les motards n'étaient rien de plus que des voyous désorganisés. Puis on les a vus prendre de l'expansion et former des organisations multinationales. À mon avis, les motards représentent pour la police un échec collectif. »

Quand les politiciens et les hautes instances policières se sont enfin réveillés, ce furent les rivalités entre les corps policiers qui sont venues brouiller les cartes. Divisés par de mesquines jalousies, par la compétition dans la course aux budgets et par l'orgueil de ses agents, les forces de l'ordre ne pouvaient mettre sur pied une offensive concertée.

Seuls la Nouvelle-Écosse et l'Ontario sont parvenus à colmater les rivalités policières. L'Ontario dispose d'une escouade mixte en la ULBM. À Halifax, une unité spéciale, la Metro Integrated Intelligence Unit (Unité métropolitaine mixte de renseignements), fut créée pour contrer les motards. Sur Oxford Street, dans les modestes bureaux régionaux de la Gendarmerie royale, des agents de la GRC et de la police de Halifax travaillent en harmonie dans la poursuite d'un objectif commun. Le Québec n'a pas eu cette chance : pendant plusieurs années, son escouade Carcajou fut paralysée par de virulentes querelles intestines. En Colombie-Britannique, l'OCA et la GRC ne parviennent que rarement à s'entendre. La situation n'est pas plus reluisante à Winnipeg, où des tensions entre la police locale et la GRC n'ont pas permis d'envisager une initiative conjuguée. Dans une province que l'on ne peut nommer ici pour des raisons de sécurité, une enquête qui durait depuis deux ans et demi et dans laquelle un important informateur était impliqué a avorté parce que la police régionale et la GRC ne pouvaient s'entendre quant à la façon de procéder. Dommage, car ils étaient sur le point d'arrêter deux *prospects* et trois membres en règle des Hells Angels pour trafic de cocaïne. Cela aurait été la plus grosse saisie de l'histoire de la province en ce qui avait trait aux Hells, mais l'affaire fut abandonnée en janvier 2003. Encore une fois, les motards échappaient à la justice à cause de la foncière inimitié existant entre les corps policiers.

L'absence totale de coordination nationale des forces policières est un autre élément qui joue en faveur des motards. « Les motards ont une stratégie nationale qui les sert magnifiquement. À mon avis, la police devrait imiter leur exemple » affirme le sergent-détective Rick Lobban de la police de Winnipeg. Une stratégie nationale pour combattre les bandes de motards hors-la-loi existe en théorie depuis 1996. Avec ses aspirations avouées de « vision nationale » et d'« échange régulier d'information », cette orientation stratégique devait être coordonnée par le Service canadien des renseignements criminels à Ottawa. On avait prévu que trois officiers de la GRC, dont Jean-Pierre Lévesque, travailleraient à plein temps sur le cas des motards, mais Lévesque s'est bientôt retrouvé seul : un de ses collègues a été assigné aux gangs d'Europe de l'Est ; son second partenaire a quitté l'équipe pour être remplacé par un autre qui est lui aussi parti peu après. À ce moment-là, la GRC comptait davantage d'officiers dans sa police montée et dans son Carrousel que d'agents affectés aux motards. Ce n'est qu'au début de 2003 qu'il a de nouveau été question de reconstituer une équipe de trois membres.

Les corps policiers n'ont pas les budgets nécessaires pour permettre à des spécialistes des motards tels Larry Butler de Vancouver ou Steve Pacey de Hamilton de se rencontrer plus d'une fois par année. Malheureusement, les motards ont davantage d'occasions que les policiers d'échanger des conseils et de l'information. Qui plus est, les avocats des motards informent régulièrement leurs clients des dernières tactiques policières et des lois qui les concernent ; cette information est ensuite transmise à tous les chapitres de l'organisation. En 1998, Jean-Pierre Lévesque avait mis sur pied le Legal Advisory Workgroup (LAW), un groupe d'étude qui a permis à dix-huit procureurs spécialisés dans les causes impliquant les motards de se réunir environ deux fois par année pour échanger de l'information. « Durant les réunions, dit Lévesque, ils parlaient des décisions des juges concernant divers aspects des procès en cours. Il était aussi question des derniers développements judiciaires dans les provinces. Ça fonctionnait bien. Les procureurs aimaient ça se rencontrer et discuter. » Puis quelqu'un au ministère fédéral de la Justice a eu vent du fait qu'un policier – un sergent, par-dessus le marché – s'employait à coordonner les avocats de la Couronne. Ce fut la fin du groupe d'étude. La dernière réunion date de décembre 2000.

D'un ressort territorial à l'autre, les ordinateurs de la police ne communiquent pas entre eux de façon efficace. En revanche, tous les corps policiers du pays ont accès au réseau du Centre d'information de la police canadienne (CIPC), un service de renseignements informatisé qui gère chaque année plus de 100 millions de requêtes provenant de 15 000 points d'accès. Mais la base de données du CIPC est limitée, en ce sens qu'elle ne répertorie que les casiers judiciaires ; les fichiers de renseignements de la police n'en font pas partie. Cela signifie que quand un policier de l'Ontario effectue un contrôle routier sur un motard qui vient de l'Alberta, il ne pourra obtenir de l'information à travers le CIPC que si ce motard a un casier judiciaire. Advenant que l'individu en question ait un casier vierge, le réseau du CIPC ne révélera rien au policier des connexions criminelles ou du *modus operandi* de celui-ci.

La GRC a sa propre base de données criminelle nationale, mais seuls ses officiers y ont accès. La plupart des autres corps policiers canadiens stockent leurs fichiers de renseignements dans une base de données distincte de celle de la GRC qui répond à l'acronyme de SARC, pour «Système automatisé de renseignements sur la criminalité». On trouve au Québec une troisième base de données nommée «G-11». Les trois systèmes ne partagent pas d'informations et ne communiquent pas entre eux. Il y a des années que l'on parle de créer une base de données centralisée, cependant le projet n'a pas encore été mis en branle.

Notre police est donc confrontée à de nombreux écueils. Qui plus est, les lois et les tribunaux canadiens ne sont pas d'un grand secours dans la guerre des motards. «Un criminel qui se fait prendre aux États-Unis peut s'attendre à pourrir en prison, de dire un officier de la Section antidrogue de la GRC. S'il se fait prendre au Canada, il est probable qu'il n'ira même pas en taule.» Aux États-Unis, un trafiquant de bas étage qui vend ne serait-ce que des petites quantités de cocaïne peut écoper de dix ans ou plus; au Canada, le même individu en prendra pour moins de cinq ans et il pourra s'attendre à être libéré après avoir purgé un sixième de sa peine. Que préféreriez-vous: passer quelques années en prison ou dénoncer un type comme Mom Boucher?

La loi C-24 qui fut adoptée au début de l'année 2002 apporte d'importantes modifications à la loi antigang fédérale de 1997. Entre autres choses, elle simplifie la définition de ce qu'est une organisation criminelle et permet de prouver plus facilement l'appartenance d'un individu à ce type d'organisation. Selon l'ancienne loi, pour qu'une organisation soit dite criminelle, elle devait compter au moins cinq membres ayant perpétré des crimes au profit de l'organisation pendant les cinq années précédentes; avec la loi C-24, le nombre de membres nécessaires est réduit à trois et la période de cinq ans a été abolie. Autre amélioration importante : la participation à une organisation criminelle en toute connaissance de cause est désormais considérée comme une infraction. Cela signifie que toute personne qui travaille pour l'organisation, qu'il s'agisse d'un comptable ou d'un garde du corps, peut faire l'objet de poursuites judiciaires, et ce, même si ce qu'elle fait serait considéré légitime en d'autres circonstances.

En vue d'éviter le genre d'assaut que les motards avaient lancé dans les années précédentes contre le système de justice, la nouvelle loi vise à protéger les policiers, les juges, les témoins à charge et même les journalistes – personne n'a oublié l'attentat dont a été victime Michel Auger – contre les actes d'intimidation. Contrairement à l'ancienne loi, la loi C-24 fait la distinction entre les membres ordinaires d'une bande de motards et les chefs de gang. Est chef d'une organisation criminelle quiconque donne l'ordre à une autre personne de commettre un acte criminel. Les *leaders* font maintenant l'objet de peines plus sévères pouvant aller jusqu'à l'emprisonnement à perpétuité.

La nouvelle loi stipule enfin que toute personne reconnue coupable d'une infraction relative au crime organisé devra purger au moins la moitié de sa peine avant d'être éligible à la libération conditionnelle, et non le tiers comme c'était le cas précédemment.

Malheureusement, la loi C-24 a été adoptée trop tard pour être appliquée lors des mégaprocès québécois. Elle sera invoquée pour la première fois en Ontario, dans une affaire mineure impliquant trois Hells Angels et une antenne parabolique. Insatisfaits de la réception du système de télévision par satellite qu'ils venaient de faire installer dans leur repaire, les Hells du chapitre de Woodbridge ont dépêché trois hommes pour aller rendre visite au commerçant qui leur avait vendu l'antenne parabolique. Le 31 janvier 2002, les trois individus étaient arrêtés et accusés d'extorsion. Désireux de mettre la nouvelle loi à l'épreuve, la police et les procureurs ont décidé de hausser la mise en inculpant les trois hommes de participation à une organisation criminelle. Steven «Tiger» Lindsay et Raymond Bonner furent accusés d'être membres des Hells Angels. En accompagnant ainsi une infraction mineure d'une accusation beaucoup plus sévère, la Couronne prenait un risque sérieux : elle aurait à prouver que Tiger et son comparse étaient coupables de menaces et d'extorsion, mais elle allait également devoir prouver que les accusés avaient commis ces actes à titre de membre d'une organisation criminelle. Bref, c'était le procès des Hells Angels que le procureur se proposait de faire. La stratégie des avocats de la défense serait, bien sûr, de remettre en cause le bien-fondé de la nouvelle loi antigang.

En dépit des améliorations apportées à la nouvelle législation criminelle, les autorités se révèlent toujours impuissantes à faire obstacle aux opérations les plus sophistiquées des Hells Angels – le blanchiment de fonds, par exemple. Une bonne part des profits criminels des motards est injectée dans des activités de prêt usuraire, ce qui constitue une méthode simple, efficace et éprouvée de blanchir l'argent. Dany Kane avait mentionné le fait que Mom Boucher avait pu mettre 10 millions de dollars en circulation de cette manière. Le prêt usuraire est en outre étroitement lié à tout ce qui est casino et jeu de hasard. Les casinos sont l'endroit rêvé pour blanchir les profits du crime : le transit de l'argent est rapide et son flux, constant. C'est là une triste ironie du sort quand on pense que bon nombre de casinos appartiennent à l'État. Il y a d'ailleurs belle lurette que le Canada est reconnu comme le paradis des blanchisseurs de fonds. «Voilà plusieurs années que nous sommes le maillon faible de la chaîne, d'affirmer le surintendant Garry Clement de la Section des produits de la criminalité de la GRC. Nous n'avons tout simplement pas le système judiciaire et policier qu'il faut pour contrer ce genre de chose.»

Dans le courant de l'année 2002, le gouvernement canadien a mis en place le Centre d'analyse des opérations et déclarations financières du Canada (CANAFE). Sa mission est de détecter toute activité de blanchiment d'argent. À partir d'analyses préliminaires visant des millions de transactions bancaires, CANAFE relève les transactions douteuses et produit des rapports qu'il se doit, du moins en principe, de transmettre à la GRC. À ce jour, seulement quelques-uns de ces rapports ont été communiqués à la Gendarmerie royale.

Mais le pire, c'est que, pour des raisons de sécurité, la police n'a pas accès à la base de données de CANAFE. Cela signifie que si un policier sait qu'un motard de Vancouver reconnu comme trafiquant visite régulièrement une banque extraterritoriale, il n'est pas autorisé à consulter le dossier financier de ce motard. Cet état de choses est d'autant plus déplorable que les officiers de la GRC ont libre accès à FINCEN, le pendant américain de CANAFE. En d'autres mots, un policier canadien peut savoir ce que fait un blanchisseur de fonds canadien avec son argent aux États-Unis, mais il ne pourra pas savoir ce qu'il fait avec son argent au Canada.

À ce jour, les enquêtes policières visant spécifiquement les opérations de blanchiment de fonds des Hells Angels sont rares. Les fortunes colossales amassées par les motards demeurent hors de la portée des autorités. Ainsi, quand un motard est incarcéré, il sait que son argent l'attendra à sa sortie de prison. « L'arrestation de Mom Boucher a été un coup de filet magistral dont la police du Québec peut être fière, dit Garry Clement, mais est-ce que cela a nui à l'infrastructure financière des Hells ? Je pense au contraire que l'aspect financier de leur organisation va aller en prospérant dans les années à venir. »

Si les motards ont connu une telle floraison au Canada, c'est aussi parce que, plus que toute autre organisation criminelle, ils ont tout mis en œuvre pour ne pas devenir des cibles faciles pour la police. Eu égard à leur structure complexe et stratifiée, les organisations criminelles sont par définition difficiles à infiltrer et à attaquer en justice. Cela est particulièrement vrai dans le cas des Hells Angels, qui disposent d'une réserve quasi intarissable de jeunes recrues loyales et disciplinées prêtes à servir leurs couleurs. Chez les Hells, il n'y a pas de parrain, pas de chef singulier que l'on peut éliminer pour faire basculer l'empire entier. Les Hells Angels fonctionnent un peu comme les restaurants McDonald's : même si vous fermez une franchise, les autres franchises continuent de prospérer.

En fait, les Hells ont beau jeu parce qu'ils bénéficient d'un réseau national et international permettant la coopération entre les cellules, mais sans les inconvénients d'une structure hiérarchique pyramidale. Le terme « cellule » s'applique d'ailleurs fort bien aux Hells Angels : chacun de leurs chapitres est comme une cellule terroriste distincte. En matière d'autoprotection, même Al-Qaïda ne fait pas mieux ! Si la police de Vancouver arrêtait tous les leaders et la moitié des membres du chapitre de Nanaimo, cela ne ralentirait en rien les opérations des autres chapitres. La situation au Québec illustre bien cet état de choses : quand les Hells de la province ont vu leurs rangs décimés, deux de leurs membres haut placés ont promptement rempli le vide laissé par Mom Boucher et ses Nomads et se sont immédiatement employés à rebâtir l'organisation.

Pour se débarrasser des Hells une fois pour toutes, la police se doit de pénétrer et de détruire chacune de ces cellules. Or, il n'y a qu'un seul moyen d'en arriver là : infiltrer l'organisation par le biais d'informateurs qui peuvent être soit des mouchards de petite envergure comme Robert Molsberry (Vancouver) ou Robert Coquete (Winnipeg), soit des délateurs de la trempe de Stéphane Gagné, dont le témoignage a mené à l'arrestation et à la condamnation de Mom Boucher. Mais l'idéal est de recruter des motards comme Dany Kane pour en faire des agents. En procédant de cette façon, il devient possible d'infiltrer les bandes de motards en profondeur et d'obtenir un flot continu de renseignements à leur sujet.

Sans délateur, sans espion pour infiltrer les rangs, il est presque impossible de faire tomber une organisation aussi secrète et disciplinée que celle des Hells Angels. Le problème est que les bons informateurs sont rares. Même si l'on tombe sur un Dany Kane, l'entreprise demeure précaire et dangereuse. « Les enquêtes centrées autour d'un informateur sont habituellement longues et coûteuses, explique l'inspecteur Andy Richards de l'Agence de lutte contre le crime organisé de la Colombie-Britannique. Il faut donc de l'argent, mais aussi un engagement de la part des organismes policiers. Il fait avoir la volonté d'aller jusqu'au bout. »

Encore aujourd'hui, ce type d'engagement demeure une denrée rare.

Les Hells Angels sont un véritable ramassis de contradictions : d'un côté, ils contrôlent l'essentiel du commerce de la cocaïne au pays et, de l'autre, ils expulsent leurs membres qui consomment trop de drogue ; d'un côté, ils se disent rebelles et s'opposent à toute forme d'autorité ; de l'autre, ils obéissent à des règles plus strictes et contraignantes que toute autre organisation criminelle ; d'une part, ils affichent ouvertement leurs couleurs et, d'autre part, ils font partie d'un empire clandestin dont les rouages sont tenus farouchement secrets.

Toutes ces contradictions font qu'il est pratiquement impossible de prédire ce que l'avenir réserve à cette bande de motards mythique. « En ce qui concerne les Hells, il est carrément impossible de faire des prédictions » disait Andy Stewart après avoir évolué pendant plusieurs années au sein de l'Unité de lutte contre les bandes de motards. Et effectivement, qui aurait pu prévoir la foudroyante expansion qui a eu lieu en Ontario après la grande cérémonie d'intronisation du 29 décembre 2000 ? Qui aurait pu prophétiser que l'opération Printemps 2001 allait entraîner la chute des Hells au Québec ?

Il est clair que le principal atout des Hells est qu'ils conservent une structure indépendante et cellulaire. À preuve, c'est dans les endroits où ils n'avaient qu'une seule cellule ou chapitre, notamment à Halifax et à Winnipeg, qu'ils se sont avérés les plus vulnérables aux assauts des policiers ; c'est dans ces endroits que leur emprise a été la plus sérieusement diminuée.

Mais de tous les chapitres, c'est celui de Halifax qui a été le plus gravement touché. En avril 2001, la police arrêtait un membre en règle du nom de Neil Smith ainsi que trois de ses complices pour meurtre au premier degré. Comme bon nombre de ses amis motards, la victime, Sean Simmons, travaillait comme pointeur au port de Halifax. Simmons était un petit revendeur de drogue qui avait déjà cherché à se joindre aux Hells, mais qui avait fini par se les mettre à dos. Un informateur de la police a par la suite témoigné du fait que Simmons s'était fait tuer en partie parce qu'il avait couché avec la maîtresse de Mike McCrea, le président du chapitre.

Puis, le 5 décembre 2001, les Hells de Halifax avaient droit à une surprise de taille alors que plus de 200 agents de la GRC et de la police régionale fondaient sur leur repaire et leurs résidences privées. Au cours de cette razzia qui était le point culminant d'une enquête amorcée dix mois plus tôt et qui portait le nom de « projet Hammer », trois membres à part entière furent arrêtés pour des infractions relatives à la drogue: Clay McCrea, le frère de Mike McCrea ; Art Harrie ; et Jeff Lynds. En baptisant l'opération *Hammer*, qui veut dire « marteau » en français, les autorités entendaient porter un grand coup aux Hells de Halifax. Or, le coup de massue final sera asséné le 29 janvier 2003 quand Clay McCrea et Art Harrie seront condamnés à six ans d'emprisonnement pour trafic. Après avoir admis qu'ils avaient vendu 200 g de cocaïne à un agent secret, les deux hommes ont plaidé coupable. Quant à Jeff Lynds, il écopera d'une peine de trois ans pour avoir tenté de vendre mille pilules d'ecstasy à un agent. Les trois motards ont également été frappés d'une interdiction à perpétuité de posséder une arme à feu.

Les Hells de Halifax ont finalement essuyé un terrible affront lorsque le juge qui présidait au procès a accepté une requête de la Couronne voulant que le bunker de Dutch Village Road soit saisi. Le gouvernement fédéral devenait dès lors l'heureux propriétaire d'un repaire de Hells Angels légèrement usagé.

Avec trois de ses membres en prison et un quatrième, Neil Smith, accusé de meurtre au premier degré et détenu en attente de procès, le club de Halifax ne comptait plus que trois membres en liberté. Depuis la création du chapitre, c'était la quatrième fois que son statut se trouvait en péril.

Après la razzia du 4 décembre 2001, Mike McCrea a dû démissionner de son poste de secrétaire mondial des Hells Angels. Il a par ailleurs délaissé ses responsabilités de porte-parole et prend des cours d'informatique à plein temps. « Il y a trop d'affaires qui le préoccupent en ce moment, dit le sergent Jean-Pierre Lévesque de la GRC. Il a de la misère à se maintenir à flot. »

David « Wolf » Carroll est toujours en cavale. Où qu'il se cache, il ne fait aucun doute qu'il est démoralisé de voir son empire s'écrouler ainsi. Son royaume de la côte Est est en déroute et tous ses complots, toutes ses manigances n'ont abouti à rien.

Les Hells du Manitoba ont également vu plusieurs de leurs membres et de leurs *prospects* emprisonnés au cours des deux dernières années. Au début de 2003, trois membres en règle faisaient face à des accusations ou étaient déjà en prison. Cinq hommes – Ian Grant, Sean Wolfe, Ralph Moar, Harold Amos et Dale Donovan – étaient inculpés de trente-six chefs d'accusation, dont complot de meurtre, crime d'incendie volontaire, intimidation et participation à une organisation criminelle – en l'occurrence, le club-école les Zig Zags. Dans l'adversité, Ernie Dew et ses Hells manitobains ont agi avec fougue et détermination : trois *prospects*, dont Dale Donovan, ont été promus pour remplacer les membres incarcérés, ce qui portait à douze le nombre de membres du chapitre.

Les deux autres provinces des prairies comptent cinq chapitres : deux en Saskatchewan et trois en Alberta, dans les villes d'Edmonton, Calgary et Red Deer. Tous ces chapitres sont florissants ; néanmoins, les Hells de l'Alberta ont éprouvé quelques difficultés en mars 2001, alors que la moitié des membres du chapitre de Calgary étaient arrêtés lors d'une descente de police. En novembre 2002, deux Hells Angels d'Edmonton étaient accusés du meurtre d'un homme qui avait déjà travaillé comme videur dans une boîte de nuit de Medicine Hat.

En Colombie-Britannique et en Ontario, les Hells Angels n'ont rien perdu de leur pouvoir. C'est sans aucun doute dans ces deux provinces que demeureront les piliers de l'organisation, et ce, pour des raisons différentes : en Colombie-Britannique parce qu'ils ont le fric, et en Ontario parce qu'ils ont l'avantage du nombre. « Les Hells d'ici sont puissants et leur expansion continue » dit Larry Butler de l'Unité de lutte contre les bandes de motards hors-la-loi de la police de Vancouver. Fort de ses quinze membres en règle, de ses sept *prospects* et de ses trois *hangarounds*, le chapitre de l'est de Vancouver est sur le point d'établir un nouveau chapitre à Kelowna. Dans cette ville de nantis du sud de la province, les Hells du chapitre de l'Est ont dépêché six de leurs *prospects* ainsi qu'un de leurs membres, Guy Stanley, pour former un club-école. Quand les hommes de Stanley seront sacrés membres *full patch*, Kelowna deviendra le huitième chapitre des Hells Angels en Colombie-Britannique. L'événement fera date en ce sens que ce sera la première fois que les Hells auront une présence officielle dans le centre de la province ; jusque-là, tous leurs chapitres étaient concentrés dans la région côtière et sur l'île de Vancouver.

Avec ses 260 membres, *prospects* et *hangarounds*, l'Ontario abrite environ la moitié des effectifs des Hells Angels au Canada. Au chapitre Nomad et aux onze autres chapitres qui furent créés lors de la grande cérémonie d'intronisation de décembre 2000, les Hells ont ajouté quatre nouveaux chapitres : un à Niagara Falls, un dans le Nord de Toronto, un à Richmond Hill et un autre à Sudbury. Formé à la fin de l'année 2002, le chapitre de Sudbury est le plus récent. Les Hells comptent donc maintenant quinze chapitres officiels en Ontario, plus un repaire à London. Deux autres chapitres devraient bientôt éclore dans les villes de Hamilton et d'Etobicoke. À la date de parution du présent ouvrage, moins d'une douzaine de Hells ontariens étaient sous les verrous.

Compte tenu du fait que l'Ontario est actuellement la province la plus riche au Canada et que c'est là que le commerce de la drogue rapporte le plus d'argent, il est certain que, dans un proche avenir, les Hells Angels de l'Ontario deviendront la clef de voûte de toute l'organisation. Bien que ce soit les chapitres du Québec qui, à l'origine, ont parrainé les motards de l'Ontario, la chute des principaux Nomads anglophones, en l'occurrence Walter Stadnick, Pup Stockford et Wolf Carroll, a remis en cause la suprématie des Hells québécois. « Je pense que l'influence des Hells du Québec est en train de diminuer très rapidement, affirme le policier torontois George Coussens. Leurs homologues ontariens les considèrent maintenant avec mépris. »

Mais les Angels du Québec n'en ont pas dit leur dernier mot pour autant. Bien que l'opération Printemps 2001 ait mené à l'arrestation de 120 motards, à peine une cinquantaine d'entre eux étaient des membres en règle des Hells Angels et de leurs clubs-écoles. Quelque soixante-dix membres et une douzaine de supporters ont échappé aux autorités et sont demeurés libres de poursuivre leurs activités. « On n'a pas réussi à les achever, mais au moins on a retardé leur progression de plusieurs années » déclare le sergent Tom O'Neill de la GRC. Depuis la chute des Nomads, la mainmise des Hells sur le très lucratif marché montréalais de la drogue n'est plus assurée. Les chapitres de Saint-Basile-le-Grand, de Sorel et de Sherbrooke font ce qu'ils peuvent pour empêcher que la mafia et ou une autre organisation criminelle prenne le dessus sur eux. Le chapitre de Sherbrooke qui, avec les Nomads de Mom Boucher, s'est toujours imposé comme l'un des principaux point de concentration du pouvoir des Hells au Québec, continue d'être un protagoniste redoutable dans le paysage criminel de la province.

Le sergent-détective Benoît Roberge de la police de Montréal prédit que, dans les années à venir, les Hells Angels du Québec vont se restructurer, mais discrètement, en prenant bien garde de se faire trop remarquer. « Je pense que la majorité des Hells vont dire que les Nomads sont allés trop loin, surtout en attaquant le système judiciaire, de dire Roberge. Il y a une différence entre la *business* et le terrorisme. À court terme, ce que Mom a fait peut paraître ben fort, mais à long terme, c'était pas bon pour la *business*. »

En prison, Mom Boucher n'avait pas la vie facile. En mai 2002, on l'installait dans une cellule du pénitencier à sécurité maximum de Sainte-Anne-des-Plaines, juste au nord de Montréal, et il est vrai que ses premières semaines en milieu carcéral ont été plutôt relaxantes. Pour se distraire, Boucher aimait jouer au volley-ball. Le 25 juin, il s'est entretenu avec un orienteur professionnel. La démarche peut sembler louable, mais on se demande quel choix de carrière le système correctionnel aurait bien pu conseiller à un ancien chef des Nomads qui, de surcroît, ne sortirait de prison qu'à l'âge de 73 ans.

Comme la plupart des prisons du Québec, le complexe de Sainte-Anne regroupe les motards de même allégeance dans une aile spécifique : les Hells sont placés dans l'aile E ; leurs ennemis, les Rock Machine, occupent l'aile F ; et l'aile D est réservée aux motards des autres bandes. Tant et aussi longtemps qu'il resterait avec les siens, Mom Boucher serait en sécurité. En tant que souverain, sans doute avait-il été destitué, néanmoins, tant qu'on ne le dépossédait pas de son entourage, il pouvait jusqu'à un certain point continuer de régner.

Mais la chance de Boucher tournera lorsque, dans le courant de l'été, il se verra transféré dans l'Unité spéciale de détention (USD) de la prison. Parmi ses nouveaux voisins, on retrouve Clifford Olson, le notoire tueur d'enfants de la Colombie-Britannique, ainsi qu'Allan Légère, alias le « Monstre de Miramichi », qui avait été l'auteur de quatre meurtres au Nouveau-Brunswick. Seul motard incarcéré dans l'USD, Boucher se sent vulnérable et isolé. Celui qui avait été l'homme le plus craint au Québec vivait maintenant dans une angoisse perpétuelle. Nerveusement, il s'assurait que la voie était libre chaque fois qu'il s'aventurait en dehors de sa cellule.

Boucher avait bien raison de se faire du mauvais sang. Le 13 août 2002, un prisonnier tentait de le poignarder. Six autres détenus ont volé au secours de l'ancien chef des Nomads, battant sauvagement son attaquant puis le poignardant avec son propre couteau. Moins d'un mois plus tard, Maurice Boucher était victime d'un second attentat.

Au début du mois de septembre, Boucher attendait tranquillement son dîner quand le prisonnier qui faisait la distribution des plateaux a glissé le canon d'une arme dans l'ouverture de la porte de sa cellule. Il s'agissait d'un rudimentaire pistolet à ressort fabriqué à l'aide d'un tube de carton provenant d'un rouleau de papier de toilette ; le projectile et le détonateur avaient été façonnés à partir de pièces de téléviseur. Surpris par le geste du détenu, Boucher s'est retrouvé les quatre fers en l'air, dans une position peu flatteuse, surtout pour un ancien dieu du crime. Empressé de sauver la face, il s'est vite relevé et s'est fendu le visage d'un large sourire.

Le motard pouvait encore une fois s'estimer heureux ; seul son orgueil avait été atteint.

Les attaques contre Mom Boucher donneront lieu à une série de folles spéculations. La presse affirmait que le premier assaillant était un autochtone originaire de la Saskatchewan et que le second, un ami du premier, faisait partie du Indian Posse, un gang de rue autochtone. Cet été-là, au pénitencier de Stoney Mountain dans le Manitoba, un membre des Zig Zags, le club-école des Hells, avait jeté un codétenu membre d'un gang autochtone en bas d'un escalier. Le Indian Posse avait riposté en faisant poignarder un supporter des Hells. On présumait que Boucher était victime de représailles dans cette guerre des gangs. Il ne s'agissait peut-être que de suppositions, n'empêche que les gangs autochtones avaient les contacts qu'il fallait dans le milieu carcéral pour déclencher une offensive contre l'ancien leader des Nomads.

Quoi qu'il en soit, ces agressions démontraient sans l'ombre d'un doute que Mom Boucher était tombé bien bas. Contrairement à ces parrains de la mafia qui peuvent continuer de gérer leur empire depuis leur cellule, Boucher avait peu de parents ou d'amis sur lesquels compter à l'extérieur du pénitencier. Les millions qu'il avait faits grâce à son réseau de trafic de drogue avaient très certainement été planqués en lieu sûr, mais, bien qu'encore riche, Boucher n'en avait pas moins vu son pouvoir s'estomper considérablement.

Plusieurs figures dominantes des Hells Angels ont échappé à la justice, notamment Wolf Carroll, qui est toujours fugitif. À Vancouver, les meurtres de Donny Roming et Ernie Ozolins, deux membres des Hells, n'ont jamais été élucidés. À Winnipeg, la police tente toujours de résoudre trois meurtres et une disparition qui, de toute évidence, sont l'œuvre des motards. À Halifax, un autre membre des Hells, Neil Smith, et un sympathisant de l'organisation du nom de Paul Wilson sont en attente de procès pour meurtre au premier degré.

Aimé Simard, l'assassin devenu délateur qui avait dénoncé plusieurs motards, dont son ancien amant Dany Kane, est toujours derrière les barreaux. La vie en milieu carcéral est pour lui un véritable enfer : reconnu comme dénonciateur et rejeté des autres prisonniers, il a tenté de se suicider en avalant des pilules et en s'ouvrant les veines. « Je me sens traqué » a-t-il confié au journal *La Presse*. Le calvaire d'Aimé Simard s'est terminé le vendredi 18 juillet 2003, jour où il fut trouvé mort dans sa cellule du pénitencier de Prince Albert, en Saskatchewan. Il avait été poignardé 106 fois.

Depuis sa stressante et épuisante victoire sur Mom Boucher, France Charbonneau a cessé de plaider, peut-être de façon définitive. Pour l'instant, elle reste chez elle ; ses activités se résument à répondre aux questions d'ordre juridique que la police lui pose par téléphone. Le commandant André Bouchard de la police de Montréal est sur le point de prendre sa retraite et il essaie d'arrêter de fumer. Tom O'Neill, le sergent de la GRC qui avait coordonné la razzia de l'opération Printemps 2001, ne fait plus partie de l'escouade Carcajou ; il travaille maintenant pour la Section antidrogue de la GRC à Montréal. Ray Parry, le sergent-détective de la police de Winnipeg, a été promu au rang de sergent et a quitté la brigade antigang peu après son ancien partenaire, Rick Lobban. La plupart des autres policiers canadiens qui sont affectés aux motards demeurent fidèles au poste... pour le moment.

« Personne ne vient vous voir pour vous dire que vous avez fait du bon travail, dit l'un d'eux. On est un peu comme des concierges : personne ne se rend compte combien c'était sale avant qu'on fasse notre boulot. Tout ce que les autres voient, c'est les petites merdes qu'on n'a pas pu nettoyer. Ils n'ont aucune idée du bordel que ce serait si on n'était pas là. »

Bon nombre de citoyens considèrent qu'il y a encore beaucoup de nettoyage à faire. Hélène Brunet, la serveuse de Montréal-Nord qu'un Hells avait utilisée comme bouclier humain lors d'une fusillade, continue de dénoncer publiquement la violence des motards. Elle est secondée dans cette mission par Josée-Anne Desrochers, la mère du petit garçon de 11 ans qui a trouvé la mort dans cet attentat à la bombe qui avait scandalisé l'opinion publique, et par la mère de Francis Laforest, le propriétaire de bar qui avait été battu à mort pour avoir osé tenir tête aux motards. Les trois femmes ont participé à plusieurs événements médiatiques à titre de conférencières. Les médias ont baptisé leur trio les «Elles Angels».

Depuis son suicide en août 2000, le fantôme de Dany Kane continue de hanter le sombre univers des motards. Il hante les corridors des prisons où Mom Boucher et quelques douzaines de ses disciples sont enfermés à cause des secrets qu'il a révélés à leur sujet. Il hante les couloirs des palais de justice où des juges et des avocats participent à des procès intentés grâce à ses activités d'espionnage.

Si le fantôme de Dany Kane continue de hanter les motards et la police, c'est que tout le monde sait que son esprit rôde toujours, cherchant à s'infiltrer dans le cœur de délateurs potentiels. Il est là, sur les quais de Vancouver, dans les bars de danseuses de Winnipeg, dans les casinos de Niagara Falls, dans les rues de Montréal et les ruelles de Halifax. Il est là… néanmoins tout le monde est à sa recherche.

La police tente désespérément de le trouver, de le recruter, de le former, puis de le relâcher parmi les motards pour qu'il infecte leurs rangs, détruise leurs cellules.

Les motards veulent eux aussi être les premiers à le détecter, mais pour l'écraser, comme un virus.

Tout le monde est à la recherche du prochain Dany Kane.

CHRONOLOGIE DES ÉVÉNEMENTS RELIÉS AUX HELLS ANGELS

1948
Création du premier chapitre des Hells Angels à San Bernardino en Californie.

1957
Ralph «Sonny» Barger fonde le chapitre de Oakland, Californie. L'organisation établit peu après ses quartiers généraux internationaux dans cette ville.

5 décembre 1977
Trente-cinq membres des Popeyes adoptent les couleurs des Hells Angels et forment le premier chapitre canadien de l'organisation à Sorel, Québec.

14 août 1979
Création du chapitre de Laval, Québec.

1982
L'Ontarien Walter «Nurget» Stadnick joint les rangs des Hells Angels du Québec.

23 juillet 1983
Les Hells fondent trois chapitres en Colombie-Britannique : à Vancouver, à White Rock et à Nanaimo.

22 décembre 1983
Création du chapitre de l'est de Vancouver (East End).

Septembre 1984
Walter Stadnick est gravement brûlé dans un accident de moto.

5 décembre 1984
Création des chapitres de Sherbrooke et de Halifax.

1er mai 1987
Maurice «Mom» Boucher devient membre en règle des Hells Angels.

13 juin 1987
Création du chapitre de Haney, en Colombie-Britannique.

1988
Stadnick est nommé président national.

Septembre 1989
Un membre du chapitre de l'est de Vancouver, Lloyd Robinson, est inculpé du meurtre d'un propriétaire de boîte de nuit. Les accusations seront finalement retirées.

1990
Au Québec, la guerre entre les Hells Angels et les Rock Machine fait de plus en plus de victimes.

1992
La police de Vancouver lance le projet «Eliminate» qui vise le marché des danseuses nues contrôlé par les Hells. L'enquête ne donnera lieu à aucune arrestation.

1993
Eric Mott de la police des ports montre à son nouveau patron, Bruce Brine, des fichiers de renseignements détaillés qui font état des activités et des contacts des motards dans le port de Halifax. Deux ans plus tard, Brine est congédié.

1er avril 1994
En Ontario, Dany Kane est arrêté après avoir été identifié comme l'un des dirigeants des Demon Keepers.

Août 1994
Un rapport de la police des ports de Vancouver dévoile l'existence d'un «réseau d'importation de drogue de plus d'un milliard de dollars» qui serait contrôlé par les Hells Angels.

17 octobre 1994
Une fois sorti de prison, Dany Kane contacte le sergent Jean-Pierre Lévesque et devient informateur pour la GRC.

9 décembre 1994
Mom Boucher fonde les Nomads, un chapitre des Hells Angels qui allait bientôt devenir le chapitre plus puissant au Canada.

9 août 1995
Au plus fort de la guerre des motards, un petit garçon de 11 ans, Daniel Desrochers, est tué à Montréal lors d'un attentat à la bombe. Scandalisée, l'opinion publique se soulève contre les motards.

23 septembre 1995
Création de l'escouade Carcajou, une unité policière spéciale née d'un partenariat entre la Sûreté du Québec, la GRC du Québec et les corps policiers locaux.

27 février 1997
Dany Kane et son amant, Aimé Simard, assassinent Robert MacFarlane à Halifax.

Mars 1997
Le chef de la police des ports de Vancouver, Mike Toddington, est congédié. Il poursuivra ses supérieurs pour renvoi injustifié et aura gain de cause.

30 avril 1997
Kane est arrêté pour le meurtre de MacFarlane.

26 juin 1997
Stéphane Gagné et André «Toots» Tousignant assassinent la gardienne de prison Diane Lavigne.

Juillet 1997
En dépit d'avertissements répétés de la part de la police, de ses propres conseillers et des gouvernements provinciaux, Ottawa abolit la police des ports.

24 juillet 1997
La police met en place un barrage routier à l'extérieur de Calgary et arrête environ 150 motards, venus pour la plupart de la Colombie-Britannique. Un juge de l'Alberta réprimandera les policiers pour avoir enfreint certains «principes de justice fondamentaux» et parce qu'ils ne pouvaient pas prouver que les motards étaient engagés dans des activités criminelles.

27 juillet 1997
Les Hells fondent de nouveaux chapitres à Edmonton et à Calgary.

8 septembre 1997
Stéphane Gagné et Paul «Fonfon» Fontaine assassinent le gardien de prison Pierre Rondeau.

9 octobre 1997
Un membre des Para-Dice Riders de l'Ontario, Donny Petersen, prend la parole au prestigieux Empire Club de Toronto.

18 octobre 1997
Walter Stadnick se rend à Winnipeg à l'occasion du 30e anniversaire du club Los Brovos. Des Hells venus de partout au pays se joignent aux festivités.

5 décembre 1997
À la suite de son arrestation, Stéphane Gagné accepte de témoigner contre Mom Boucher.

18 décembre 1997
Mom Boucher est arrêté et inculpé du meurtre des gardiens de prison.

Juin 1998
Création en Ontario d'une brigade spéciale destinée à enquêter sur les motards. Restructurée en 2000, la brigade sera rebaptisée « Unité de lutte contre les bandes de motards » (ULBM).

Été 1998
Un membre d'un chapitre local des Hells Angels qui veut devenir informateur est rejeté par la GRC de la Colombie-Britannique. C'est la seconde fois en deux ans que la GRC de la province refuse une chance d'infiltrer l'organisation des Hells.

23 juillet 1998
Création du chapitre de Burnaby en Colombie-Britannique.

27 novembre 1998
Mom Boucher est acquitté du meurtre des gardiens de prison.

18 décembre 1998
Le procès de Dany Kane pour le meurtre de MacFarlane est déclaré nul. Kane est libéré.

11 mars 1999
Création de l'Agence de lutte contre le crime organisé de la Colombie-Britannique.

Printemps 1999
L'escouade Carcajou lance le projet Rush. L'objectif de l'opération est de démanteler le réseau des Hells Angels au Québec.

23 août 1999
Dany Kane est recruté comme informateur par le sergent-détective Benoît Roberge de la police de Montréal et le sergent Robert Pigeon de la SQ.

31 octobre 1999
Disparition de Randy Mersereau, un rival des Hells en Nouvelle-Écosse. Kane dit à la police que Wolf Carroll voulait la mort de Mersereau.

10 mars 2000
Kane confesse ses crimes et signe un contrat d'agent-source.

Juin 2000
Kane révèle à la police que Wolf Carroll et les Hells de Halifax complotent de tuer Kirk Mersereau.

21 juillet 2000
À Winnipeg, Los Brovos devient un chapitre *prospect* des Hells Angels.

8 août 2000
Dany Kane se suicide.

Septembre 2000
La police du Québec lance le projet Océan.

10 septembre 2000
Kirk Mersereau et son épouse sont tués dans leur domicile, à quelque 200 km de Halifax en Nouvelle-Écosse.

13 septembre 2000
Le journaliste québécois Michel Auger est victime d'un attentat orchestré par les motards. Il est atteint de six balles au corps et survit.

10 octobre 2000
La Cour d'appel du Québec annule le verdict d'acquittement de Mom Boucher et ordonne la tenue d'un nouveau procès.

16 décembre 2000
Ernie Dew et ses Brovos reçoivent les couleurs officielles des Hells Angels après une période probatoire de seulement cinq mois – la période probatoire habituelle est de douze mois.

29 décembre 2000
En Ontario, les Hells Angels assimilent 179 membres d'autres clubs et créent 12 nouveaux chapitres, devenant ainsi le club le plus important de la province.

22 janvier 2001
Près de cinq ans après le début du projet Nova, deux membres en règle des Hells Angels, Ronaldo Lising et Francisco « Chico » Pires, sont reconnus coupables de trafic de cocaïne. Il y a plusieurs années qu'un Hells n'a pas été condamné pour un crime aussi sérieux en Colombie-Britannique.

28 mars 2001
Au Québec, la police arrête plus de 120 motards dans le cadre de l'opération Printemps 2001.

6 août 2001
Gerry Matticks, le caïd du crime organisé qui est à la tête des opérations de contrebande dans le port de Montréal, plaide coupable à des accusations de trafic et est condamné à 12 ans de prison.

5 décembre 2001
L'opération Hammer donne lieu à une razzia importante visant le repaire des Hells Angels de Halifax. Trois membres en règle sont arrêtés et font face à des accusations relatives à la drogue.

12 janvier 2002
400 Hells Angels venus de partout au Canada se rendent à Toronto pour célébrer le premier anniversaire de l'implantation du club en Ontario. Le maire de la ville, Mel Lastman, réserve aux motards un accueil chaleureux et s'expose à la risée générale lorsqu'il se fait photographier en train d'échanger une poignée de mains avec un Hells.

31 janvier 2002
En Ontario, deux membres des Hells Angels, dont Tiger Lindsay, sont arrêtés et accusés d'extorsion. Au cours de leur procès, la nouvelle loi antigang fédérale est éprouvée.

Avril 2002
Le mégaprocès des motards commence à Montréal.

5 mai 2002
Mom Boucher est reconnu coupable du meurtre des gardiens de prison et est condamné à perpétuité.

5 juin 2002
Lors de razzias simultanées, la police du Québec et de l'Ontario arrête presque tous les Bandidos de Toronto, de Kingston, de Montréal et de Québec.

22 juillet 2002
À Montréal, le mégaprocès des motards entre dans une impasse lorsque le juge Jean-Guy Boilard démissionne.

26 septembre 2002
La police de l'Ontario arrête presque tous les membres des Outlaws dans le cadre du projet Retire.

29 janvier 2003
Trois Hells Angels de Halifax plaident coupables à des charges relatives à la cocaïne et écopent de peines allant de trois à six ans de prison. Le repaire du club est confisqué.

11 septembre 2003
Quatre membres des Nomads du Québec et cinq Rockers plaident coupable à des accusations de complot de meurtre, de trafic de drogue et de gangstérisme.

REMERCIEMENTS

L orsqu'on écrit un livre-enquête, on doit nécessairement solliciter l'aide de plusieurs personnes. Le présent ouvrage ne fait pas exception à cette règle, mais, compte tenu de la nature du sujet, le lecteur comprendra que certains de nos collaborateurs ont préféré demeurer anonymes.

Des journalistes de partout au pays nous ont gracieusement offert leurs opinions et leurs analyses. À Halifax, Dean Jobb et Patricia Brooks du *Halifax Herald* nous ont aidés en ce sens, ainsi que Phonse Jessome, qui assurait la couverture des Hells Angels pour le réseau CBC. Au Québec, Paul Cherry a fait pour nous des recherches exhaustives dans les dossiers criminels des Hells. En Ontario, Linda Guerriero de l'émission du réseau CBC *The Fifth Estate* nous a fourni de nombreuses pistes ; Peter Edwards du *Toronto Star* ainsi que Bill Dunphy et Paul Legault du *Hamilton Spectator* nous ont apporté une aide constante. À Winnipeg, Melanie Verhaeghe de la CBC et Krista Erickson se sont avérées de précieuses collaboratrices ; un gros merci également à Bruce Owen et Mike McIntyre de la *Winnipeg Free Press*. À Vancouver, Kelly Ryan de la CBC, Neal Hall et David Baines du *Sun* et tout particulièrement Brent Mudry de *Stockwatch* nous ont prêté main-forte à maintes reprises, tandis que le journaliste indépendant Mike Laanela a effectué pour nous des recherches juridiques. Aux États-Unis, nous avons bénéficié de l'expertise de Mike Carter du *Seattle Times* ; Erik Schelzig nous a tenus au courant de ce qui se passait dans les tribunaux de Miami.

Les policiers Cal Broeker de Toronto et Bill Cotter de Vancouver nous ont renseignés en matière de techniques de blanchiment d'argent et de stratégie policière.

Tous les journalistes qui couvrent les motards tiennent à remercier Me Mark Bantey pour s'être systématiquement opposé aux

445

ordonnances de non-publication. Nous lui sommes éternellement redevables des longues heures qu'il a passées à nous prodiguer des conseils juridiques.

Nous remercions toute l'équipe des Éditions de l'Homme pour la version française du livre.

Nous tenons également à remercier nos familles de leur aide et de leur soutien. Et pour finir, un tendre merci à nos épouses et collègues journalistes, Lisa et Janet.

Julian Sher
juliansher@canada.com

William Marsden
wjmarsden@hotmail. com

Juin 2003

Julian Sher est l'auteur du livre à succès intitulé *Until You Are Dead : Steven Truscott's Long Ride into History* et de *White Hoods : Canada's Ku Klux Klan*. Il a été pendant 10 ans réalisateur à l'émission de journalisme d'enquête du réseau CBC *The Fifth Estate*. Ses reportages télévisés lui ont valu un prix Gemini ainsi que le prix Michener pour service méritoire en journalisme. Il vit à Montréal.

William Marsden est coauteur de l'ouvrage *The Water Barons*. Son travail de journaliste d'enquête au quotidien montréalais *The Gazette* lui a valu deux prix de l'Association canadienne des journaux ainsi que trois prix Judith-Jasmin – la plus haute distinction pour un journaliste au Québec. Il a récemment coréalisé un documentaire d'une heure sur les Hells Angels pour l'émission du réseau CBC *The Fifth Estate*. Il vit à Montréal.

TABLE DES MATIÈRES

Achevé d'imprimer au Canada
en octobre 2003
sur les presses des Imprimeries Transcontinental Inc.,
division Imprimerie Gagné